B.C.Info

CATIA를 이용한 Mechanical Design

권대규·최성윤·박동민 공저

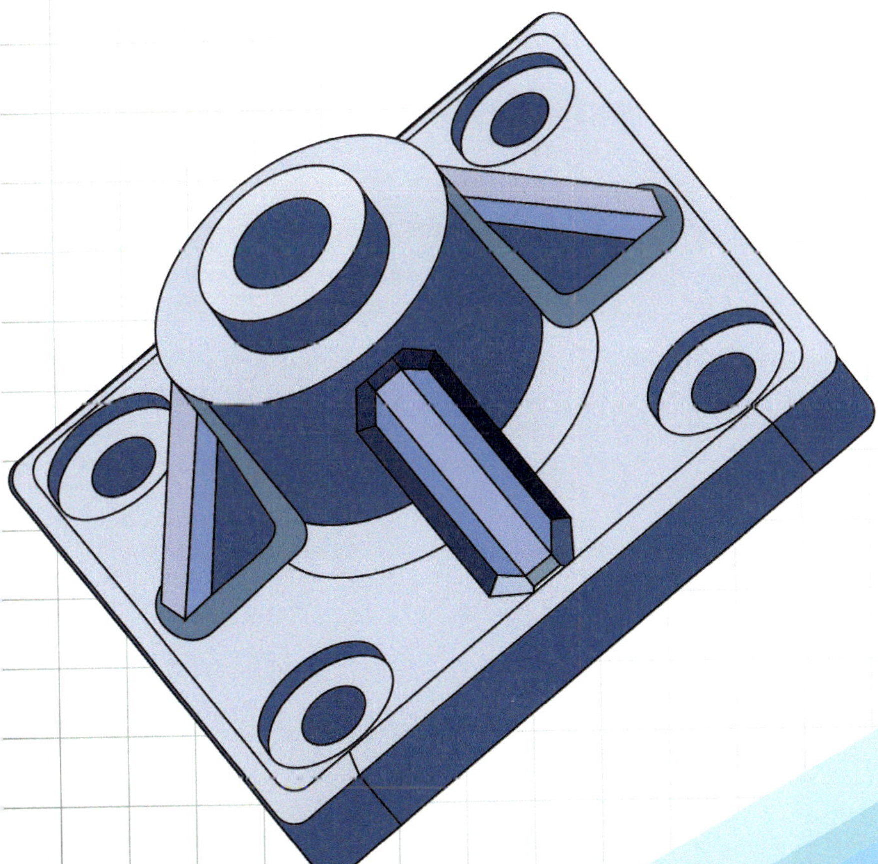

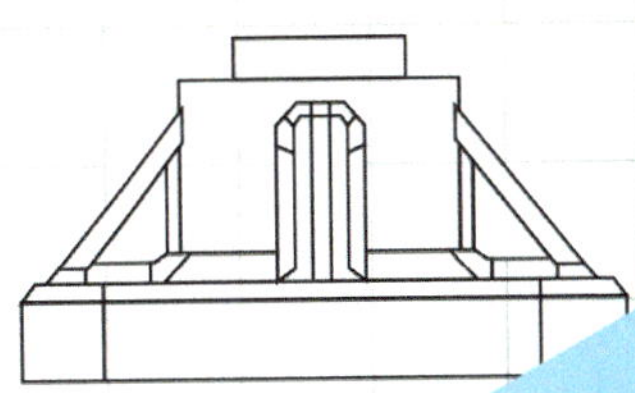

머리말

PREFACE

기계 설계에 관심을 가지면서, 지금껏 열심히 공부하고 관련 자료를 찾아가며 노력한 세월이 많이 흘렀습니다. 주변의 학생 및 지인들 중에 기계설계 관련 자격증을 취득하려는 사람들의 실기시험 학습을 도와주다 보니, CATIA 컴퓨터응용기계설계 관련 교재는 많지만, 실기 시험을 위한 전용 교재가 마땅히 없다는 것을 알게 되어 본서를 출간하게 되었습니다.

하지만 출판하려고 하니 또 다른 걱정이 앞섭니다. 수년 기간 동안 집필하고, 편집하면서 많은 고민을 하고 작성하였습니다. CATIA V5 기능을 다양하게 사용하여 활용범위와 응용력의 극대화를 기대할 수 있도록 하였습니다.

본서는 초보자들이 쉽게 이해하며 따라할 수 있도록 집필되었습니다. CATIA 기초과정으로 기본적인 CATIA 기능들을 이해하도록 하였고 각 단계별로 아이콘 설명 및 예제가 따라하는 방식으로 구성이 되어 있고 CATIA를 통해 설계까지 가능하도록 한 것이 큰 특징입니다.

이 책을 통해서 많은 독자분들이 CATIA V5를 쉽게 다룰 수 있기를 바라며 현업에서까지도 많은 도움이 되기를 바랍니다. 많은 시간과 정성, 열의로 집필하였지만 내용에 있어 부분적으로 미흡한 부분이 있으리라 생각됩니다. 이러한 부분은 지속적으로 수정 보완할 것이며, 많은 지적과 충고를 바랍니다.

끝으로 이 책이 나오기까지 도와주신 모든 분들께 진심으로 감사의 말씀을 전하며, 이 책을 출판할 수 있도록 도와주신 출판사 관계자분들에게 감사의 말씀을 전합니다.

2022년 6월

저자

차례

CONTENTS

1

CATIA 정의

Chapter 1. CATIA V5 개념 정리

Computer Aided Three-Dimensional Interactive Applications

CHAPTER

01 CATIA V5 개념정리

1 CATIA란 무엇인가?

Computer **A**ided **T**hree-Dimensional **I**nteractive **A**pplications

사용자와 컴퓨터 간에 Communication이 가능한 Interactive Software이다. 즉, CATIA 화면의 대화창(Dialogue Windows)에서 사용자가 컴퓨터에게 내린 명령을 스크린으로 컴퓨터가 응답을 나타내주는 대화식 작업방식이다. 프랑스의 DASSAULT AVIATION사에서 항공기 설계를 위한 목적으로 개발하여 1969년에 처음 세상에 등장한다.

제품의 모델을 설계개념에서 제품생산까지 전 과정에 걸쳐 제작, 수정, 관리할 수 있도록 해주는 제품 생명주기 관리인 PLM(Product Lifecycle Management)을 구현하고 지식 기반 설계의 Knowledge를 적용하여 제품 생산기술의 노하우를 직접 제품에 적용할 수 있는 최고의 CAD/CAM/CAE 통합 소프트웨어이다. 항공, 자동차, 조선, 기계, 건설, 에너지, 방송장비, 영화 등 다양한 분야에서 사용되고 있으며, 전 세계적으로 매년 생산되는 자동차의 2/3 이상이 CATIA로 설계되고 있다.

우리나라는 현대자동차(1982년)가 국내 처음 도입해서 현재는 KAI, 현대기아차, 르노자동차, 로템, 볼보코리아, 현대위아, 대한항공, 두산중공업, 현대중공업, 두산인프라, 삼성테크윈 등

대기업과 그 관련 중소 협력업체 등에 사용되고 있으며 앞으로 더욱더 사용범위가 확장되어갈 것이다.

2 CATIA의 주요기능

1) Part & Assembly Design

Part & Assembly Design(부품 디자인)은 단품 설계에서 복잡한 구조의 어셈블리 형상까지 모든 설계과정을 효율적으로 수행하도록 지원한다. Part Design은 CATIA의 강력한 Feature기반의 Hybrid 모델링 엔진을 사용하여 Solid 및 Surface 형상이 통합된 최적의 방법으로 설계를 할 수 있으며, 유연한 포스트 디자인 Parametric 기법을 이용하여 원하는 형상에만 필요한 구속조건을 부여할 수 있으므로 설계 변경이 용이하다. 또한 모든 기능들이 윈도우 NT의 표준 사용자 환경과 같으므로 손쉽게 작업을 할 수 있다. Assembly Design은 제품의 조립 구조에서 Part 설계를 수행하는 하향식(Top-Down)방법과 반대로 Part를 조립하여 제품을 완성하는 상향식(Bottom-Up)방법이 모두 가능하다. 이를 통해 제품설계에 참여하는 여러 분야의 설계인원이 Part 설계와 Assembly 설계를 동시에 진행하는 Concurrent Engineering을 수행할 수 있으며, 이 기능들은 모두 부품 디자인과 통합되어 있어 하나의 창에서 모든 작업이 가능하다.

2) Generative Drafting

Generative Drafting(도면 생성)은 3차원으로 설계된 단품 및 조립 설계된 제품에서 2차원 도면을 자동으로 생성한다. 이 모듈은 View Creation Wizard, 미리 보기 기능 등을 제공하여 도면 생성 작업의 생산성을 향상했으며, 3차원 형상과 연관되어 있어 모델을 수정한 후 도면을 Update(갱신)하면 3차원 형상에 이 변경사항이 적용이 된다. 또한 1각법, 3각법 및 ISO, ANSI, JIS와 같은 여러 표준들을 지원해 사용자가 원하는 형식의 도면을 쉽게 만들 수 있으며 하나의 파일에 여러 개의 도면을 모아서 저장할 수 있다. 이러한 도면정보 파일(*.CATDrawing)로 저장이 되며 A0에서 B5용지까지 지원한다.

3) Smart Shape Designer

Smart Shape Designer(지능형 형상 디자이너)는 고품질의 Surface를 생성하고 수정할 수 있는 모듈로 CATIA 고유의 Bezier 기술과 NURBS 기술을 접목해 고품질을 유지하면서 원하는 형상대로 수정하는 강력한 기능을 제공한다. 또 작업 중 실시간으로 원하는 곡선이나 Surface의 곡률, 반사곡선 등을 확인할 수 있다. 여기서 만들어진 곡선과 Surface는 모두 Part Design제품과 동일한 Hybrid Modeling Engine을 사용하므로 Solid작업 시 다양하게 이용할 수 있다.

4) DMU Navigator

DMU Navigator는 Part Design작업을 통해 설계된 3차원 모델을 CATIA시스템 안에서 가상으로 조립한 Digital Mock-up을 이용하여 외형검사(DMU Navigator), 조립성 검사(DMU Fitting), 간섭검사 및 단면 검사(DMU Space Analysis), 운동성 검사(DMU kinematics)를 수행하여 설계 품질을 향상하고 실제의 Mock-up을 제작하지 않고 필요한 검사를 수행하여 설계비용과 개발 기간을 단축할 수 있다. 또한 결과를 바로 CATIA모델이나 일반 Text 또는 HTML문서로 저장하여 설계자에게 제공할 수 있다.

5) Knowledge Advisor

Knowledge Advisor(지식 데이터 뱅크)는 설계자의 지식이나 기술을 데이터화한다. 이를 위해 설계에 필요한 파라미터나 수식을 저장하며, 간단한 스크립트로 만들어진 규칙을 저장하거나 적용할 수가 있다. 이를 통해 설계를 처음 시작하는 사람도 이미 정의된 규칙과 매개변수를 이용하여 복잡한 설계를 수행할 수 있으며 설계오류를 자동으로 정정하고 이를 반영할 수 있다. 일반적으로 설계를 수행할 때에 제품의 사양으로부터 설계자의 경험 또는 지식을 응용하여 작업을 수행한다. 이 모듈은 설계자의 지식을 함수로 저장할 수 있으며 수식으로 표현되지 못하는 정보에 대해서는 IF/THEN/ELSE를 이용한 룰(Rule)로써 정의할 수 있다. 또한 모델이 항상 사내의 규칙이나 표준에 맞게 설계가 되고 있는지를 Check기능을 이용하여 확인해 볼 수가 있다.

6) Generative Part Structural Analysis

Generative Part Structural Analysis(부품 구조 해석)는 설계자가 3차원으로 설계한 부품의 내부응력, 변위 및 진동을 쉽게 할 수 있는 모듈로 실제의 정밀한 해석은 전문가가 전문 해석 소프트웨어를 사용하여 수행하는 것이 일반적이지만 설계자가 설계한 단품에 대해 필요한 단품에 대해 필요한 간단한 해석을 직접수행을 한다면 제품의 설계의 정밀도가 더욱 향상될 것이다. 설계가 완성된 단품에 재질을 부여하고 PSA작업장을 시작한다. Mesh를 생성하고 여기서 경계조건(변위 값이 0인 지점)과 하중(압축력, 인장력, 토크)을 솔리드의 면이나 모서리에 부여한 후 계산을 수행하면 결과를 보여준다. 이상의 작업은 3차원형상과 연관되어 있어 형상의 변형이 일어나면 해석결과 역시 다시 계산만 해주면 된다. 해석 결과는 *.CATAnalysis의 형식으로 저장이 된다. 따라서 구조의 강도가 중요한 제품 설계 시 생산성을 향상할 수 있다.

참고

CAD [Computer Aided Design]
컴퓨터 지원 설계

CAM [Computer Aided Manufacturing]
컴퓨터 지원 제조

CAE [Computer Aided Engineering]
컴퓨터 이용 공학

DMU [Digital Mock-Up]
디지털 환경에서의 제품의 가상 설계(시뮬레이션)

Modeling의 정의
Modeling이란 설계하고자 하는 기하학적 형상을 Computer를 사용하여 전산 Data의 형태로 표현하는 기법을 통칭한다.

3 CATIA의 Mechanical Design 모듈

우리는 이 책을 통해 Mechanical Design에 대해 배우게 된다. Mechanical Design안에도 여러 Product로 나뉘어진다. 여기서는 Sketcher, Part Design, Wireframe & Surface Design, Assembly, Drafting을 배우게 된다. 각각의 Product가 어떤 역할을 하는지에 대해 설명하고 예제문제를 보고 직접 모델링을 해보도록 한다. 다음은 이 책에서 다루게 될 Mechanical Design의 각 워크벤치들이다.

1) CATIA-Sketcher

Sketcher는 CATIA 모델링에 가장 기본 Base가 되는 툴로써, 기준면에 대해서 2차원 단면 Profile 또는 Guide 형상을 그리는 워크벤치(작업장, 작업대)이다. 이러한 Sketcher에서의 2차원 형상은 그 자체만으로 완료하는 경우는 별로 없고 나중에 3차원 Solid 또는 Surface 형상을 만드는데 사용된다. 즉, Sketch가 선행되어야 그것을 기반으로 모델링을 할 수 있다.

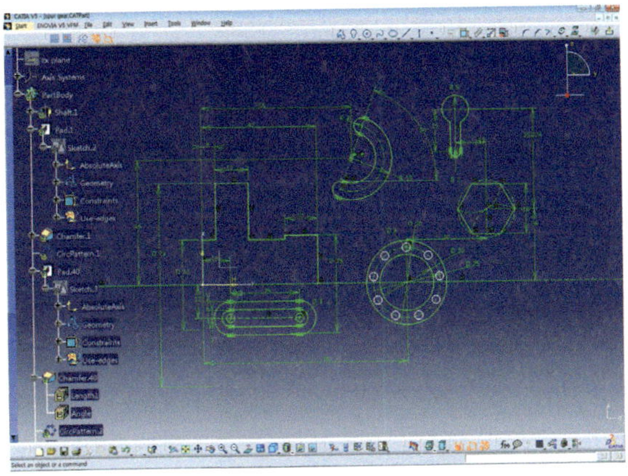

[그림 1-1]

2) CATIA-Part Design

단품으로 구성된 3차원 Solid 형상을 만드는데 사용하는 워크벤치다. Sketcher에서 작업한 단면 스케치를 이용해 Solid 형상을 생성 및 편집 가능하며 제품 디자인에 있어 가장 기반이 되는 워크벤치다.

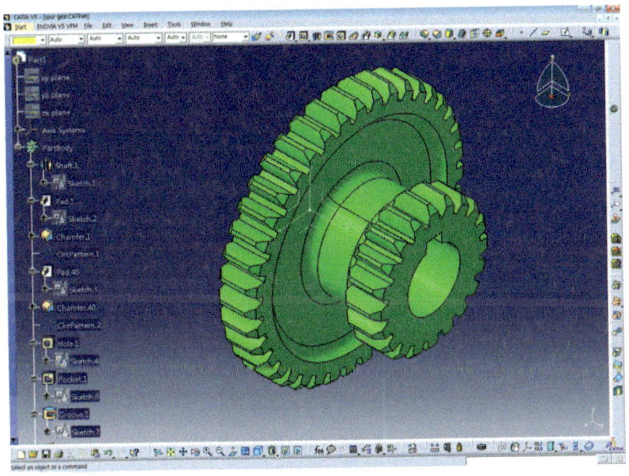

[그림 1-2]

3) CATIA-Wireframe & Surface Design

Part Design의 작업을 더욱 풍요롭게 해주는 워크벤치로 일반적인 Wireframe이나 Surface로 형상을 만든다. Solid 형상에 비해 표현 능력이 우수하며 모델 완성 후, Part Design 워크벤치로 이동해 Surface 형상을 Solid로 만들어 주는 작업을 하기도 한다.

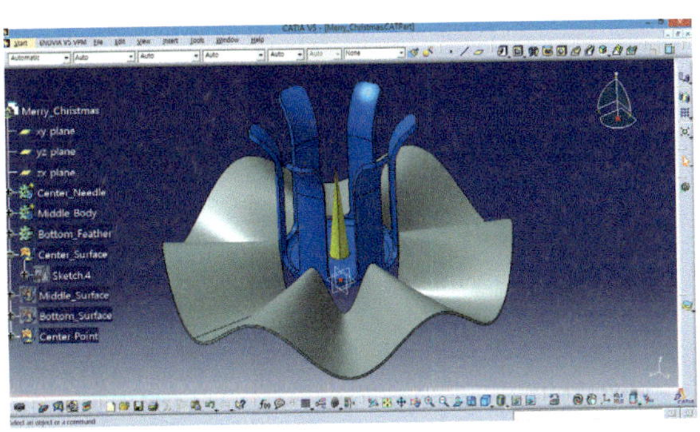

[그림 1-3]

4) CATIA-Assembly Design

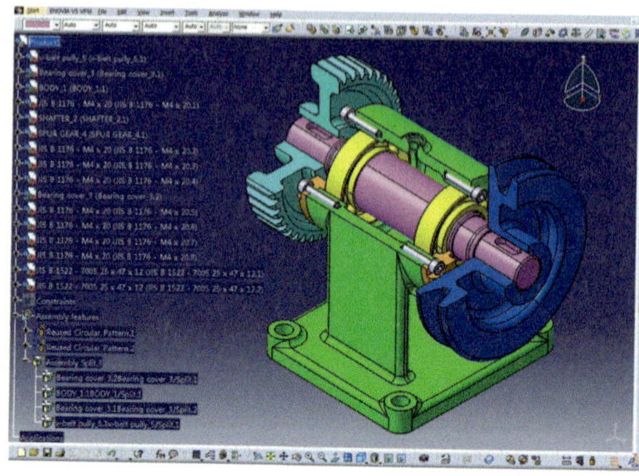

[그림 1-4]

CATIA에서 여러 Part 도큐먼트(CATIA 문서 형식) 또는 Sub Assembly들을 하나의 Product로 조립하는 작업을 하는 워크벤치다. 작업된 단품들을 상향식, 하향식으로 조립하여 간섭체크, 단면확인, 무게중심 등 다양한 기능이 제공된다. Assembly Design 워크벤치를 기반으로 나중에 DMU나 Analysis와 같은 고수준의 작업을 펼치게 된다.

5) CATIA-Drafting

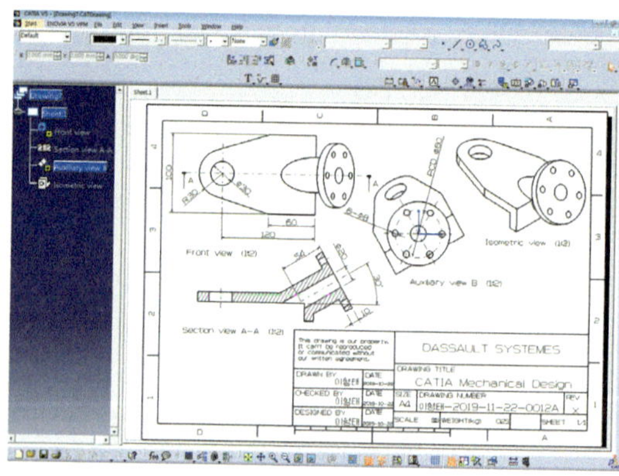

[그림 1-5]

작업된 단품 및 조립체를 도면화시키는 워크벤치로 Part 도큐먼트, Product 도큐먼트와 연계하여 도면을 손쉽고 빠르게 만들어 낸다. 단품이나 조립체가 수정되면 도면에 자동 반영되어 업데이트 되어진다.

2

CATIA 시작하기

Computer Aided Three-Dimensional Interactive Applications

CHAPTER 01

CATIA V5 실행하기

1 CATIA 실행하기

CATIA가 설치된 컴퓨터에서는 다음과 같이 바탕 화면의 아이콘을 실행하거나, 시작 메뉴에서 CATIA 폴더의 실행 아이콘을 찾아 실행할 수 있다.

1) 바탕화면 CATIA 아이콘 더블클릭 또는 시작메뉴 – CATIA 아이콘 더블클릭

[그림 2-1]

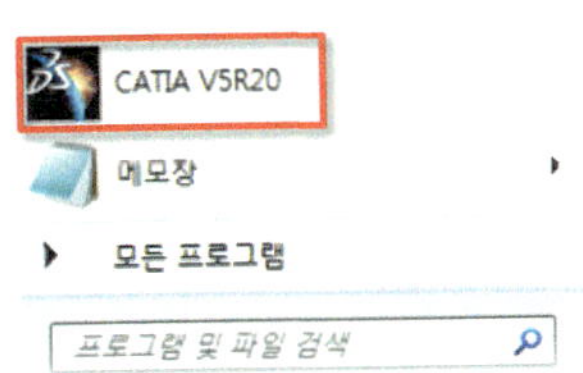

[그림 2-2]

CATIA는 초기 실행이 다른 프로그램에 비해 늦게 실행이 되므로 실행 아이콘을 여러 번 클릭을 하지 않도록 주의한다. 실행 후 아래와 같은 초기화면이 나타난다.

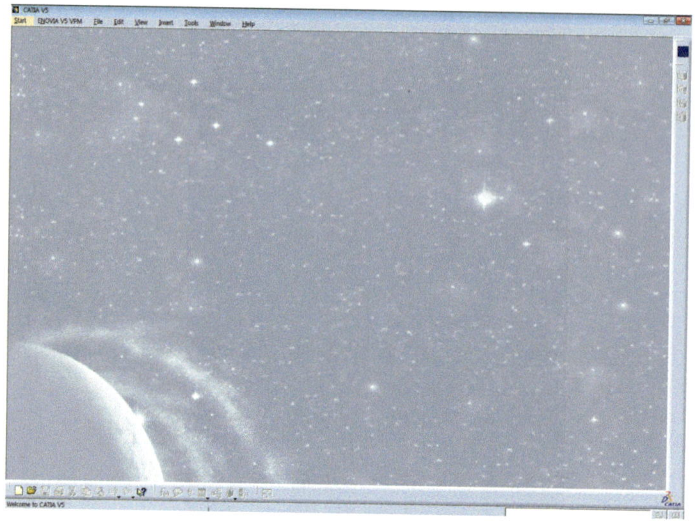

[그림 2-3]

2 Mechanical Design 경로

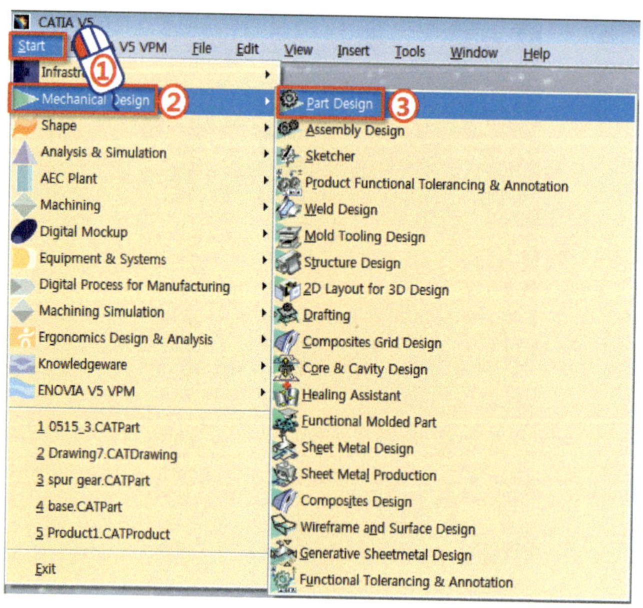

[그림 2-4]

New Part 창이 나타나면 Part name 입력 후, OK를 클릭한다. Part name은 반드시 영어로 입력해야 하며 품번과 품명을 적어서 입력하는 것이 좋다. 이러한 습관을 들이자.

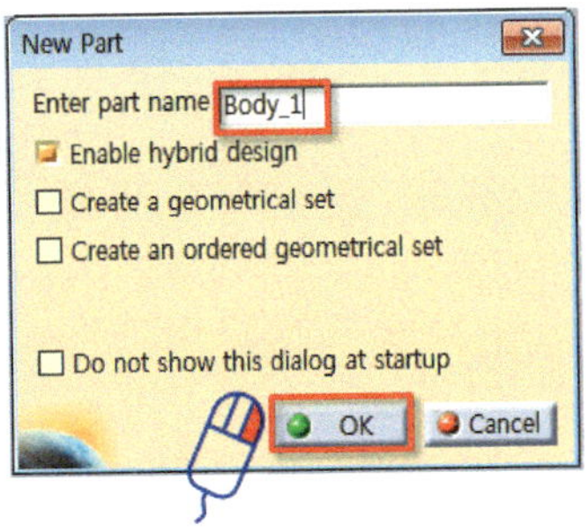

[그림 2-5]

3 CATIA V5 화면구성

새로운 Part Design 작업을 실행 시 열리는 기본화면이다.

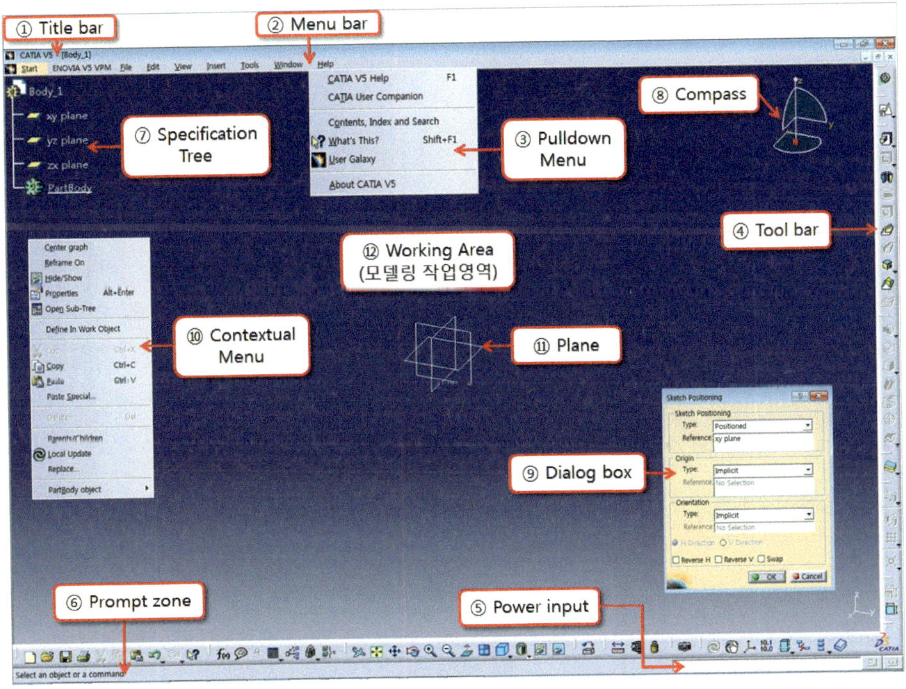

[그림 2-6]

[그림 2-6]의 각 부위에 대한 설명은 다음과 같다.

① Title bar : 현재 작업중인 Part name을 표시한다.
② Menu bar : Workbench의 실행, File관리, CATIA의 환경설정 등을 제공한다.
③ Pulldown Menu : 메뉴표시줄에서 선택한 메뉴에 대한 하위메뉴를 표시한다.
④ Workbench Toolbar : 작업 툴에서 작업하는 명령 아이콘을 모아 놓은 곳이다.
⑤ Power Input : 명령어나 Data값 등을 입력하는 곳이다.
⑥ Prompt Zone : 작업자가 앞으로 해야 할 메시지를 나타내어 준다.
⑦ Specifications Tree : 작업효율을 높이기 위해 작업한 순서나 명령 등을 나열한 순서도.
⑧ Compass : Working Area의 방향표시 및 조정을 할 수 있다.
⑨ Dialog Box : 명령을 실행하면 나타나는 대화상자를 말한다
⑩ Contextual Menu : 마우스 오른쪽 버튼을 클릭하면 나타나는 메뉴를 말한다.
⑪ Plane : XY Plane, YZ Plane, ZX Plane을 나타낸다.
⑫ Working Area : 실제 모델링 이루어지는 영역을 나타낸다.

4 Toolbar 관리와 사용법

CATIA의 Toolbar들은 명령에 접근하기 위해 같은 부류의 명령들끼리 모아져 있다. 또한 이러한 Toolbar들은 항상 제 위치에 고정된 것이 아니고 사용자의 편의에 따라 위치를 자유롭게 이동시킬 수 있다. Toolbar들 중에 현재 체크되지 않은 것은 화면에 출력되지 않는다.

Toolbar의 명령들은 Toolbar를 이용하지 않고 Menu bar에서 직접 선택할 수도 있으며 화면에 표시되지 않은 Toolbar라 하더라도 Menu bar에는 나타나 있다.

Toolbar들은 위치가 고정적이지 않으며 동시에 화면에 필요한 Toolbar 일부분만을 보이게 하고 나머지는 선택적으로 감추어 둘 수도 있다. 즉, 화면에 모든 Toolbar가 나타나는 것이 아니다. Toolbar는 현재 자신이 들어온 워크벤치의 것만이 나타난다.

다른 워크벤치의 Toolbar는 해당 워크벤치로 이동하였을 경우에만 나타난다.

4.1 Toolbars 사용 예시

– Menu bar의 ① View – ② Toolbars – ③ View 선택

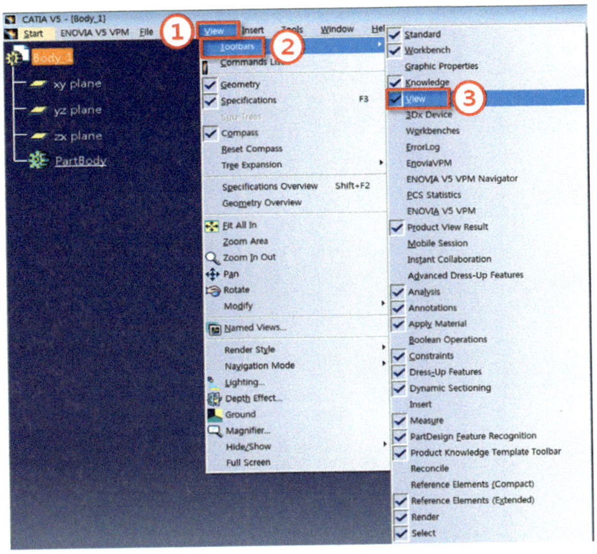

[그림 2-7]

4.2 Toolbars 사용 예시

④ Separator 표시 마우스로 클릭 후, 이동 및 세루정렬 – ⑤ Toolbars 숨기기

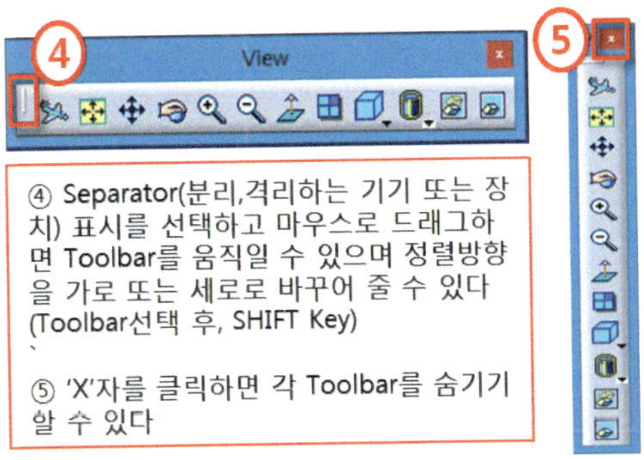

[그림 2-8]

4.3 숨겨진 Toolbars

[그림 2-9]에서 이중 화살표가 있는 부분에는 Toolbar가 숨겨져 있다. 마우스로 클릭해서 드래그하면 숨겨진 Toolbar를 밖으로 빼낼 수 있다.

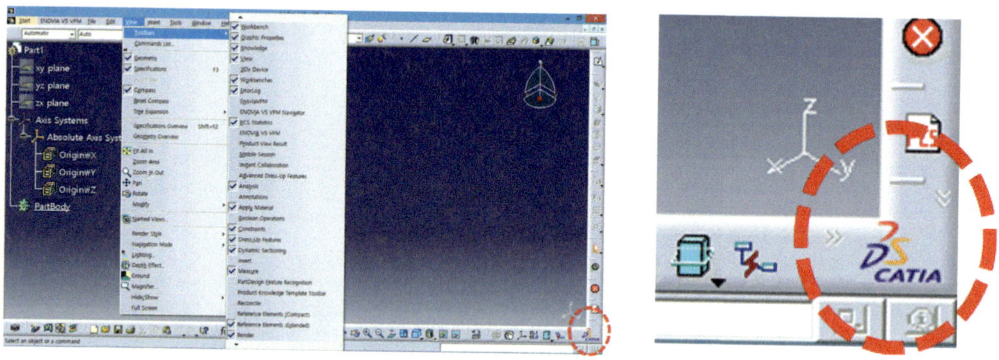

[그림 2-9]

4.4 Toolbar 관리 주의사항

CATIA에서는 모든 작업툴에서 Toolbar들을 자유자재로 이동가능하며 가로배열 혹은 세로배열이 가능하다. Toolbar는 본인이 작업을 할 때 가장 편리한 위치에 배치시키면 작업의 효율성을 높이지만 반대로 배열이 엉망으로 되어버리는 경우도 있다. 그러므로 작업자들마다 사용편의성에 따라 Toolbar위치가 각각 다를 수 있다.

이 책에서는 기본적으로 아래 영역은 공통적으로 사용되는 Toolbar들을 배열시키고, 위측과 우측에는 해당 작업툴에 사용되는 Toolbar들을 배열시키도록 하겠다.

4.5 Toolbar의 Sub Toolbar

Toolbar를 구성하는 명령은 현재 Toolbar에 나타난 것이 전부가 아니고 세부적인 Sub Toolbar를 더 가지고 있다. Toolbar들에서 검은색 화살표시(Arrow) ▼가 있는 부분에는 항상 그 하위 Sub Toolbar가 있으며 화살표를 클릭하면 그 Sub Toolbar가 따라 나오게 된다.

4.6 Sub Toolbar 사용 예시

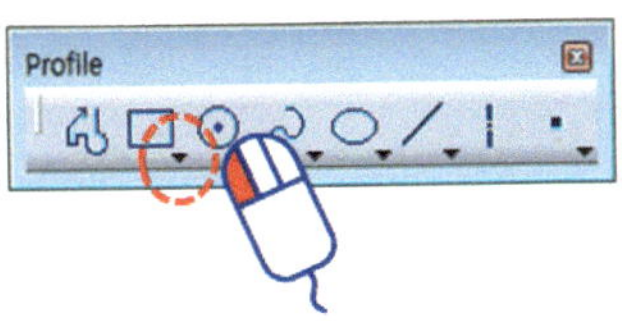

[그림 2-10] Profile Toolbar 화살표시 클릭

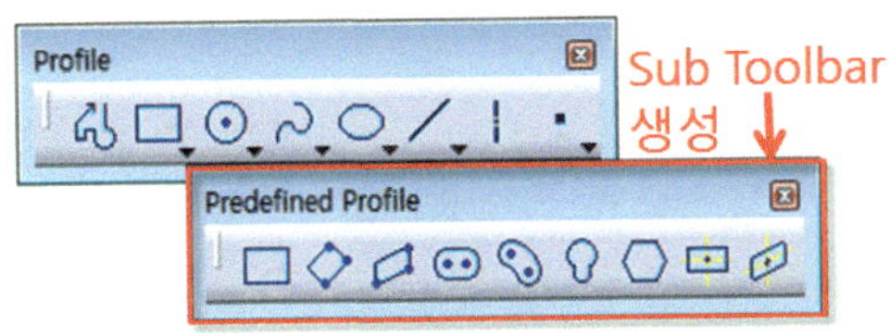

[그림 2-11] Sub Toolbar가 생성됨

5 마우스 사용법

카티아에서 마우스 사용법은 중요하다. 마우스를 잘 다루어야 모델링 시 이동, 확대, 축소, 회전 기능을 사용하여 신속하고 정확한 모델링을 할 수 있다. 카티아는 마우스의 중앙 버튼을 많이 사용하기 때문에 3버튼 마우스를 사용하는 것이 좋지만, 휠 마우스도 기능은 동일하기 때문에 사용해도 무방하다.

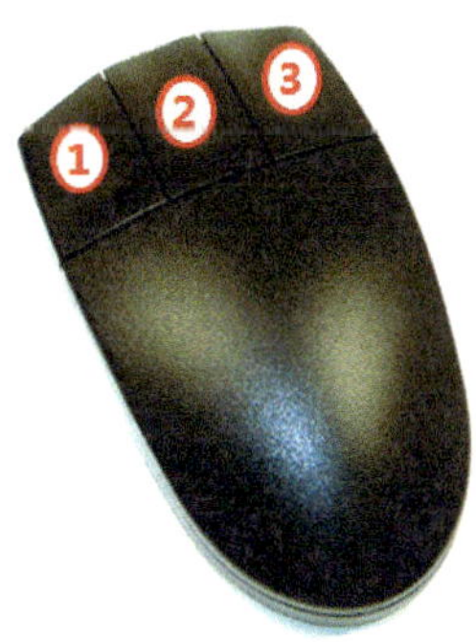

[그림 2-12] 3버튼 마우스

MB1	■ 요소 선택 시 (대상물과 Icon 선택) ■ Ctrl +MB1 = Geometry 다중선택 ■ Drag = 영역을 지정할 때 드래그
MB2	■ Pan = 대상물을 상하좌우 이동 시 ■ MB2 + MB1 (MB3) = 대상물 회전 시 (Rotate 기능) ■ MB2 + MB1누른 후 다시 MB1을 뗀 후 + 마우스를 상/하 움직임 = Zoom In /Out
MB3	■ 팝업메뉴 (Contextual Menu) 표시역할 ■ MB3 + MB2 = 대상물 이동역할

View Toolbar의 [그림 2-13]과 같은 아이콘을 이용하여서도 모델링 객체를 이동, 회전, 축소, 확대를 할 수 있다. 마우스 1번 버튼으로 해당 아이콘을 클릭 후, 객체를 선택 후 실행한다.

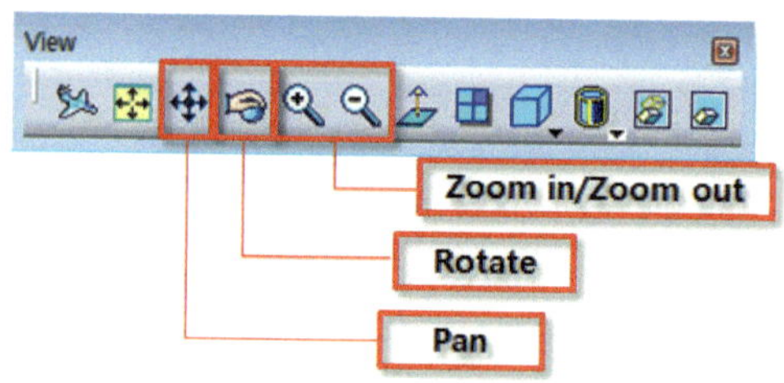

[그림 2-13]

이동	**②번 mouse 선택 후 드래그**	
회전	**②+① mouse 선택 후 드래그**	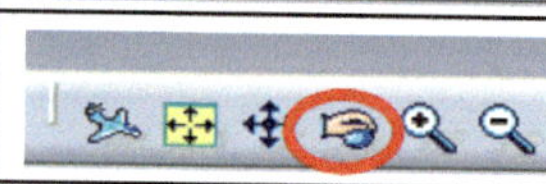
축소/확대	**②+①-① 후 선택 후 상하 드래그**	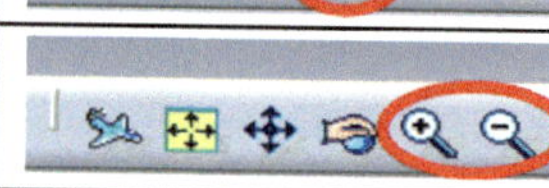

6 CATIA V5 Menubar 구성

6.1 Start Menubar

시스템에 설치된 CATIA V5의 모든 제품구성을 나타낸다.

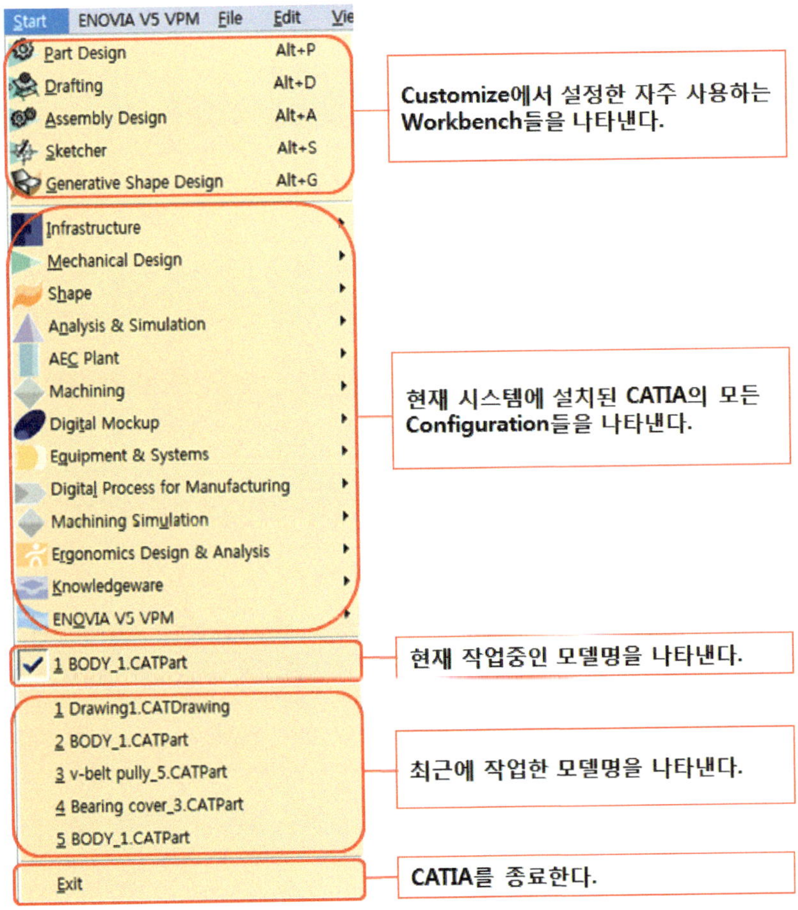

[그림 2-14]

6.2 File Menubar

파일들을 관리할 수 있는 메뉴바이다.

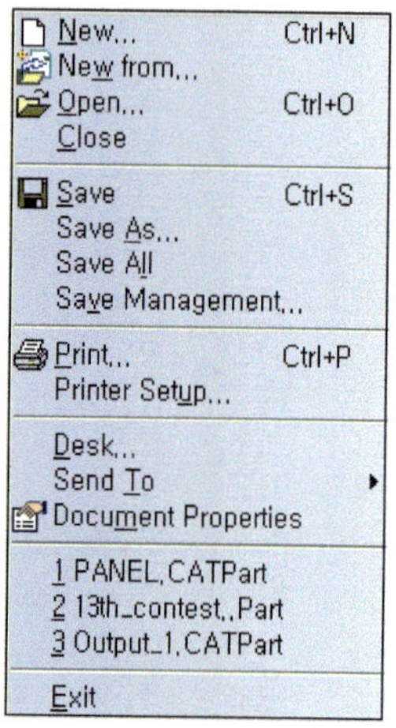

[그림 2-15]

- New : 새로운 작업파일을 생성한다.
- New from : 작업 중인 모델을 새로운 작업창에 불러와 다른 파일로 생성한다.
- Open : 저장된 파일을 연다.
- Close : 현재 작업중인 파일을 닫는다.
- Save : 작업한 파일을 저장한다.
- Save As : 현재 파일을 다른 이름으로 저장한다.
- Save All : 현재 열려있는 모든 파일들을 저장한다.
- Save Management : 열려진 파일들의 저장을 관리한다.
- Print : 현재 작업 중인 파일을 프린트 한다.
- Desk : 현 작업 모델과 연관성 정보를 보여준다.
- Send To : 작업된 모델을 메일 또는 다른 작업 디렉토리에 저장한다.

상세설명

① New(Ctrl+N) : 새로운 작업파일을 생성한다.

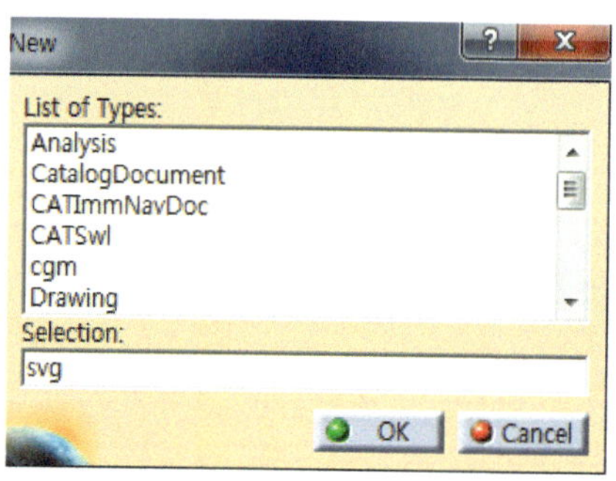

[그림 2-16] New Dialog Box

- Analysis : 새로운 해석 작업을 생성.
- CatalogDocument : 새로운 카달로그 작업을 생성.
- CATSwl : 새로운 Product Structure작업을 생성.
- cgm : 새로운 Digital Mock-Up 2D작업을 생성.
- Drawing : 새로운 도면작업을 생성.
- Part : 새로운 모델링 작업을 생성.
- Process : 새로운 가공작업을 생성.
- Product : 새로운 Assmebly작업을 생성.

② New from : 작업중인 모델을 새로운 작업창에 불러와 다른 파일로 생성한다.

③ Open(Ctrl+O) : 저장된 파일을 연다.

- All CATIA V5 File : CATIA V5에 사용하는 모든 파일을 Open한다.
- All CATIA V4 File : CATIA V4 사용되는 모든 파일 (model, session, library)을 Open한다.
- All Standard File : 국제규격 공용파일 igs, wrl, stp, step확장자 파일을 Open한다.
- All Vector File : 벡터 파일을 open한다.
- All Bitmap File : 이미지파일 bmp, jpg, tiff파일 등을 Open한다. (단, gif파일은 열리지 않는다.)

④ Close : 현재 작업중인 파일을 닫는다.

⑤ Save(Ctrl+S) : 현재 작업중인 파일을 저장한다.

- CATPart : CATIA Modeling파일을 나타낸다.
- stl : 국제규격표준 파일로써 솔리드 모델 파일을 나타낸다.
- igs : 국제규격표준 파일로써 Surface 모델 파일을 나타낸다.
- model : CATIA V4 Modeling파일을 나타낸다.
- stp : RP제작을 하기 위한 데이터를 나타낸다.
- 3dmap : 맵핍 작업을 위한 데이터를 나타낸다.
- cgr : 이미지 파일화시킨 데이터를 나타낸다.
- wrl : VRML형식의 데이터를 나타낸다.

⑥ Save As : 다른 이름으로 저장한다.

⑦ Save All : 현재 CATIA에 열려있는 모든 파일들을 저장한다.

⑧ Save Management : 열려진 파일 저장을 관리한다.

⑨ Print(Ctrl+P) : 현재 작업중인 파일을 프린트하는 기능이다.

⑩ Printer Setup : 기본프린터 설정 및 환경설정을 할 수 있다.

⑪ Desk : 현재 작업중인 모든 Document를 한눈에 tree구조 표시 및 정보를 확인할 수 있다.

⑫ Send To : 현재 작업중인 모델을 Mail또는 다른 작업 Directory로 저장할 수 있다.

⑬ Document Properties : 현 작업문서의 속성(저장된 경로, 데이터 size, 저장된 날짜, 수정된 날짜)을 확인할 수 있다.

6.3 Edit Menubar

작업중인 파일들을 편집할 수 있는 메뉴바이다.

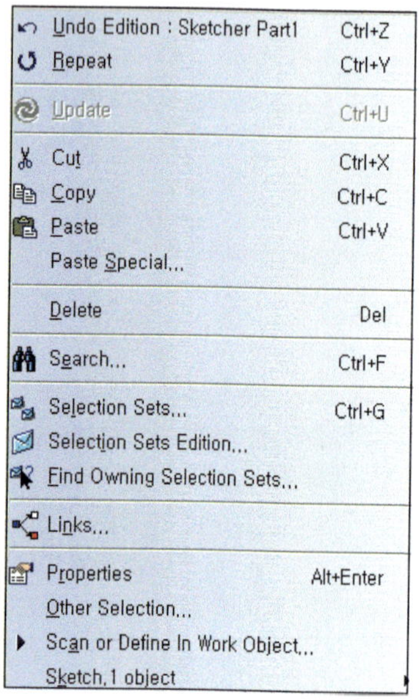

[그림 2-17]

- Undo : 이전에 적용한 작업을 취소시킨다.
- Repeat : Undo한 작업을 취소시킨다.
- Update : 작업오류 시, 수정 후 갱신한다.
- Cut, Copy : 요소를 자르고, 복사한다.
- Paste : 자른 요소를 붙여넣기 한다.
- Paste Special : 모델의 정보를 선택해 붙여넣기 한다.
- Delete : 요소를 삭제한다.
- Search : 특정요소를 filter하여 요소를 찾는다.
- Link : 서로 연결된 문서를 보여주고 편집한다.
- Properties : 선택한 요소의 속성을 수정한다.
- Other Selection : 선택요소의 상하위 관계를 tree로 나타내어준다.
- Scan or Define In Work Object : 대상물의 생성과정을 Step으로 나타내어 준다.

상세설명

① Undo(Ctrl+Z) : 현재 작업한 명령을 취소한다. 즉, 현재 명령을 실행하기 이전의 상태로 되돌린다.

② Repeat(Ctrl+Y) : Undo를 이용해 취소한 명령을 되살린다. Undo의 반대 기능이다.

③ Update(Ctrl+U) : 작업수정 후 모델에 변경이 되지 않거나 에러 발생시 최적의 상태로 갱신하는 기능이다.

④ Cut(Ctrl+X) : Geometry요소를 잘라낸다.

⑤ Copy(Ctrl+C) : Geometry요소를 복사한다.

⑥ Paste(Ctrl+V) : 잘라낸 Geometry요소를 붙여넣기 한다.

⑦ Paste Special : 잘라낸 Geometry의 속성들을 선택하여 붙여넣기 한다.

⑧ Delete(Del) : Geometry요소를 삭제한다.

⑨ Search(Ctrl+F) : 특정 대상물을 Name, Type, Color 등의 속성별로 요소를 찾아 선택할 수 있다.

⑩ Selection Sets(Ctrl+G) : 그룹화된 set을 list로 나타내며 선택할 수 있다.

⑪ Selection Sets Edition : 특정 요소를 묶어 그룹을 생성, 편집 등이 가능하다.

⑫ Find Owning Selection Sets : 대상물을 지정하여 어느 set에 속한지를 찾을 수 있다.

⑬ Links : 작업중인 대상물과 연관되어 있는 파일들을 나타내고, 편집할 수 있다.

⑭ Properties(Alt+Enter) : 선택한 요소의 그래픽 속성 등을 정의한다.

⑮ Other Selection : 선택한 요소의 상, 하위 관계를 tree로 나타나내어 준다.

⑯ Scan or Define In Work Object : 대상물의 생성과정을 step별로 보여준다.

6.4 View Menubar

Toolbar, Tree, Geometry 등 작업공간에 표시되는 요소들을 관리한다.

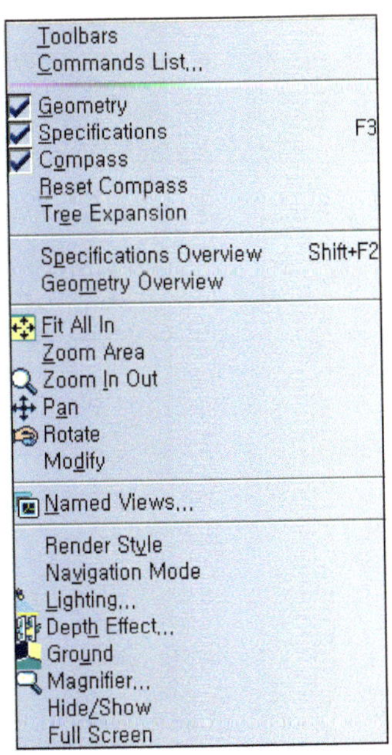

[그림 2-18]

- Toolbars : 각 Workbench의 툴바들을 표시한다.
- Geometry : Geometry를 공간에 보여주거나 숨김
- Specifications : Tree를 보여주거나 숨김. (F3)
- Compass : Compass를 보여주거나 숨김.
- Reset Compass : Compass를 원래위치로 되돌림.
- Tree Expansion : Tree에 보이는 내용을 확장/숨김.
- Fit All In : 대상물을 화면에 꽉 채운다.
- Zoom Area : 대상물의 특정부분을 확대해 표시.
- Zoom In Out : 대상물의 확대/축소시킨다.
- Pan/Rotate : 대상물을 이동/회전시킨다.
- Named Views : 특정 View를 만들어 표시한다.
- Render style : 3D Geometry의 표시형태를 관리.
- Lighting : 대상물에 빛 조절을 관리.
- Depth Effect : 대상물의 3차원 깊이효과를 조절.
- Ground : 대상물에 Grid모양의 Background를 표시.
- Magnifier : 특정부분을 확대하여 새창에 표시.
- Hide/Show : 대상물을 숨기거나/보이게 한다.
- Full Screen : 현 작업창을 전체화면에 표시한다.

상세설명

① **Toolbar** : 각 Workbench에서 사용되는 Toolbar를 필요에 따라 표시/숨김을 적용한다.

② **Commands List** : 전체 명령어를 문자로 리스트가 표시되며 명령을 실행한다.

③ **Geometry/Specifications/Compass** : Geometry/Tree/Compass를 표시 및 숨긴다.

④ **Reset Compass** : Compass를 이용해 element이동시 Compass의 방향이 변경된다. 변경된 Compass의 방향을 본래의 방향으로 되돌려 놓는다.

⑤ **Tree Expansion** : Tree에 보이는 내용을 확장 및 숨김 기능을 제공한다.

- Expand First Level : 첫 번째 단계까지 Tree를 확장한다.
- Expand Second Level : 두 번째 단계까지 Tree를 확장한다.
- Expand All Levels : 모든 단계까지 Tree를 확장한다.
- Collapse All : 모든 Tree단계를 숨긴다.
- Expand Selection : 단계를 선택하여 Tree를 확장한다. (All Level, 1~5단계)

⑥ **Specifications Overview /Geometry Overview** : Tree, 모델을 확대 및 축소하여 관찰할 수 있다.

⑦ **Fit All In** : Geometry요소를 화면에 꽉 차도록 배치시킨다.

⑧ **Zoom Area** : 선택한 구역을 확대한다.

⑨ **Zoom In Out** : MB1클릭으로 위아래 드래그 하여 Geometry를 확대 및 축소한다.

⑩ **Pan / Rotate** : MB1을 이용하여 Geometry 이동/ 회전할 수 있다.

⑪ **Modify** : 모델을 관찰하기 위한 기능들로 보조적으로 기능을 포함하고 있다.

⑫ **Named View** : 모델을 보고자 하는 View형태로 배치해 준다. 디폴트로 CATIA V5에서 7개의 View(front, back, left, right, top, bottom, iso)는 제공하고, 사용자 정의 View도 생성할 수 있다.

⑬ **Render Style** : 3D Geometry 요소의 표시 형태를 관리한다.

- Wireframe (NHR) : 와이어프레임 형태로 표시한다.
- Dynamic Hidden Line Removal : Hidden Line제거 형태로 표시한다.
- Shading (SHD) : 요소를 채운 형태로 표시한다.
- Shading With Edges : 채워진 요소에 Edge를 표현한다.
- Shading With Edges And Hidden Edges : Hidden Edge까지 표현한다.
- Apply Customized View : 부여한 재질 형태로 표현한다.
- Customize View : 사용자가 원하는 뷰의 형태를 정의하고 표현한다.

- Perspective : 3D Geometry를 원근투영 형태로 표시한다.
- Parallel : 3D Geometry를 평행한 형태로 표시한다.

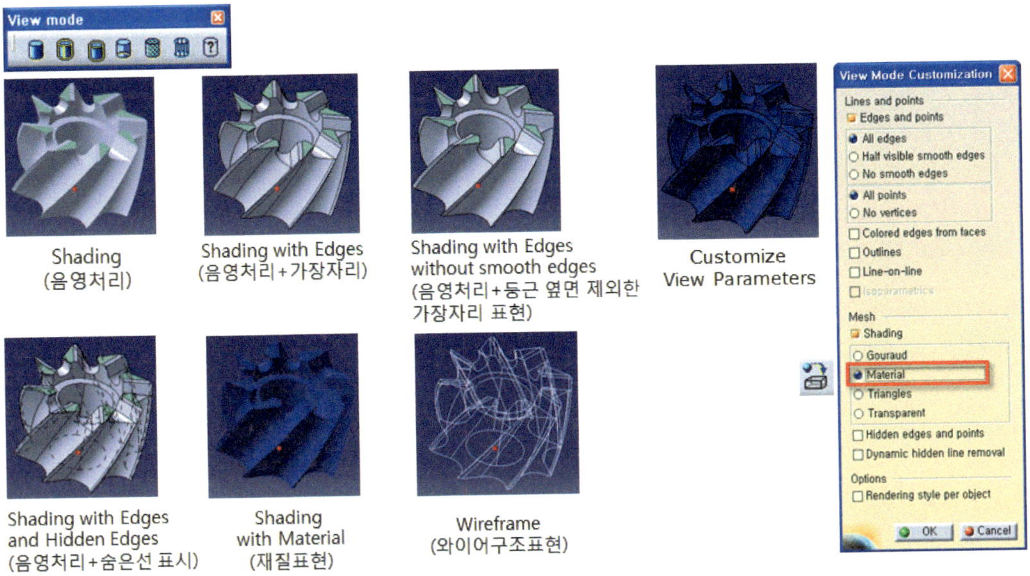

[그림 2-19]

⑭ Navigation Mode : 모델의 형태를 관찰할 때 사용한다.

⑮ Lighting : 모델에 광원의 방향 및 양을 정의한다.

- No Light : 광원을 제거한다. 즉 빛을 없앤다.
- Single Light : 한 방향의 광원으로 대상을 비춘다.
- Two Light : 두 방향의 광원으로 대상을 비춘다.
- Neon Light : 네온광원으로 대상을 비춘다.
- Ambient : 빛의 밝기를 조절한다.
- Diffuse : 빛의 범위를 조절한다.
- Specular : 빛의 반사를 조절한다.

⑯ Depth Effect : 대상물의 3차원 깊이효과(대상의 절단 및 안개효과)를 조절한다.

⑰ Ground : 대상물의 3차원 효과를 위한 Grid모양의 Background를 표시한다

⑱ Magnifier : 대상물의 특정 부분을 확대하여 새창에 표시한다.

⑲ **Hide/Show** : 대상물을 숨기거나 보이게 설정한다.

- Hide/Show : 대상물의 숨기거나 보이게 한다. 즉, 대상물을 Hide공간으로 보내거나, Hide공간으로 보냈던 대상을 다시 Show공간으로 보내는 기능이다.
- Swap visible space : Hide공간으로 가거나, 다시 Show공간으로 돌아갈 때 사용한다. CATIA 화면상에서 실제 작업영역과 숨김 영역을 오가며 작업을 할 수 있다. 모델링을 하면서 작업 후에 필요 없게 된 대상을 화면에 나타낼 경우 작업에 방해는 물로 보기에 좋지 못하다. 그렇다고 해서 현재의 모델링과 연결이 되어있는 상태라서 그냥 지워버릴 수도 없다. 이럴 경우 Hide/Show 기능을 이용하면 원하는 대상을 숨기가가 가능하다. 기본적으로 솔리드를 생성하면 그의 Parent인 Sketch profile은 자동으로 Hide창으로 숨겨진다.

⑳ **Full Screen** : 현제 작업창을 전체화면으로 나타낸다. 해제 시에는 MB3 버튼을 클릭하여 Full Screen을 체크하여 해제한다.

6.5 Insert Menubar

각 Workbench의 기능이 각 툴바로 구분되어져 있다.

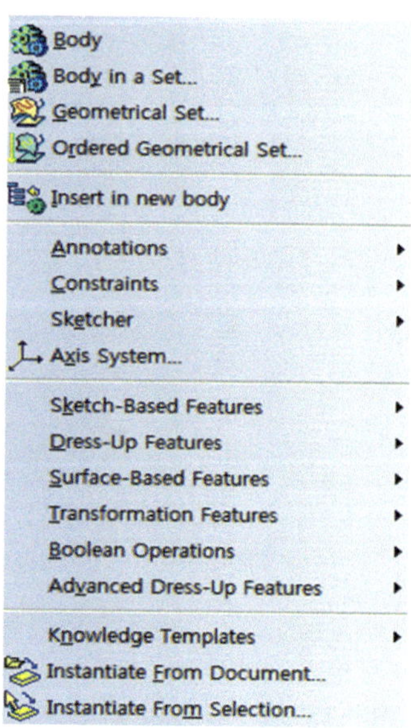

[그림 2-20]

- Insert 메뉴 : 지오메트리 세트나 바디세트를 추가할 수 있는 메뉴나, 축 시스템에 대해 설정하는 메뉴 등이 있다. 해당 Workbench에 사용가능한 모든 기능들이 나열되어 있으며, 각 Workbench의 기능이 각 툴바로 구분되어져 있다.

6.6 Tools Menubar

수식정의, 이미지 저장, 사용자 환경정의 등의 기능들을 제공한다.

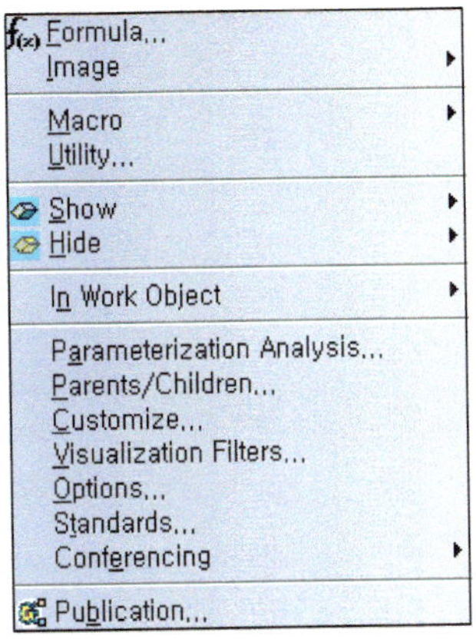

[그림 2-21]

- Formula : Parameter를 정의하거나 수식정의
- Image : 3D 형상의 이미지, 동영상을 저장한다.
- Show : 요소별 구분하여 요소를 보이게 설정.
- Hide : 요소별 구분하여 요소를 보이지 않게 설정.
- In Work Object : 현재 작업중인 모델의 작업과정을 확인할 수 있다.
- Parameterization Analysis : CATPart구조를 분석.
- Parents/Children : 요소사이의 논리적 관계를 보여 준다.
- Customize : Workbench 및 Toolbar 정의와 단축키 지정 등 작업상 필요한 설정을 할 수 있다.
- Options : CATIA상의 모든 작업에 대한 설정.
- Visualization Filter : Layer추가 및 생성된 Layer 중 원하는 Layer만 Filter하여 화면상에 나타냄.

CHAPTER

02 Customize 실행하기

1 Customize 설정 경로

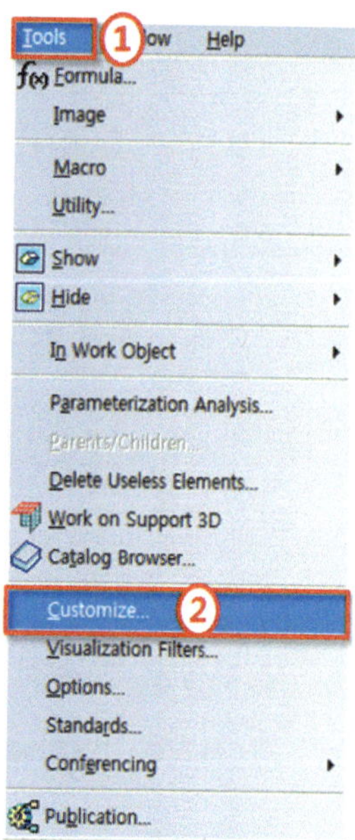

[그림 2-22]

① CATIA 메뉴 바의 'Tools' 아이콘 클릭
② 'Customize' 선택

여기서는 Start Menu를 설정하고, 단축키 지정 및 아이콘 크기 설정, 툴팁 표시설정, 사용자 인터페이스 설정이 가능하다

Workbench 및 Toolbar를 사용자의 기호에 맞게 편리하게 정의가 가능하다.

언어를 한글, 영문 등으로 변경이 가능하다.

2 Start Menu 설정하기

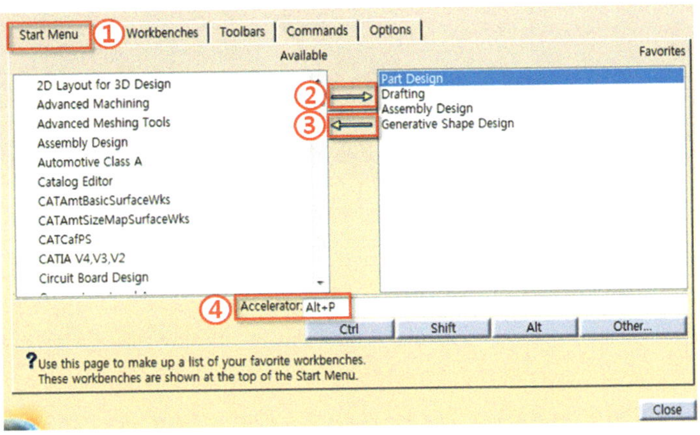

[그림 2-23]

① Start Menu 탭 선택

② Available에 있는 Workbench를 선택 후, 화살표를 클릭하면 Favorites로 추가됨

③ Favorites에 있는 Workbench를 선택 후, 화살표를 클릭하면 Available로 추가됨

④ Favorites에 있는 Workbench를 선택 후, Accelerator(단축키)에서 Ctrl Shift Alt 등의 키를 조합하여 Workbench 이동 단축키를 지정할 수 있다. [예] : Part Design은 Alt+p로 단축키 설정

- Available : 설치된 CATIA상에서 사용가능한 모든 Workbench를 나타내어 준다.
- Favorites : 자주 사용하는 Workbench를 즐겨찾기 등록하여 Start Menu에 등록시켜 원하는 Workbench를 빨리 찾아 갈 수 있다.

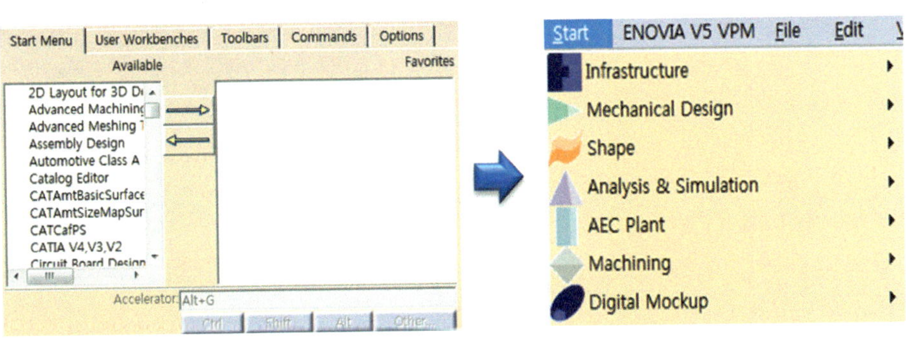

[그림 2-24] Favorites에 아무것도 추가하지 않았을 경우
: CATIA Start 메뉴에 기본적인 기능 외에는 따로 표시되지 않음

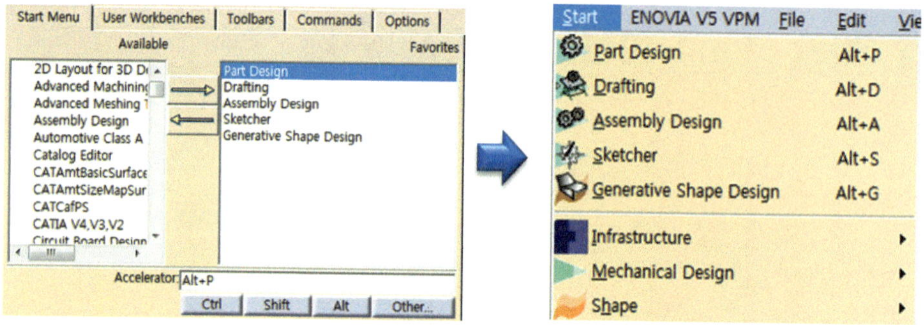

[그림 2-25] Favorites에 자주 사용하는 Workbench를 추가할 경우
: CATIA Start 메뉴에 추가한 Workbench가 맨 위에 나타남

3 Toolbars 초기화하기

각각의 워크벤치에서 사용하는 툴바들을 CATIA를 처음 설치했을 때의 상태로 초기화 할 수 있다. 모델링을 하는 중에 원하는 툴바가 보이지 않거나, 오랜 사용으로 툴바가 정돈되어 있지 않을 경우 초기화시켜 툴바를 재위치시킬 때 사용한다.

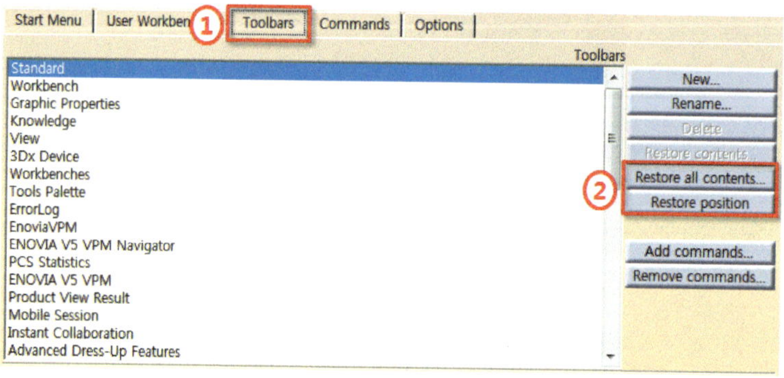

[그림 2-26]

① Toolbars tab 탭 선택

② Restore all contents와 Restore position 클릭

- Restore all contents : 현재 Product의 모든 툴바에 변경된 Contents를 복구할 수 있다.
- Restore position : Toolbar의 위치를 초기 기본 값 위치로 복구할 수 있다.

4 사용자 언어 주의하기

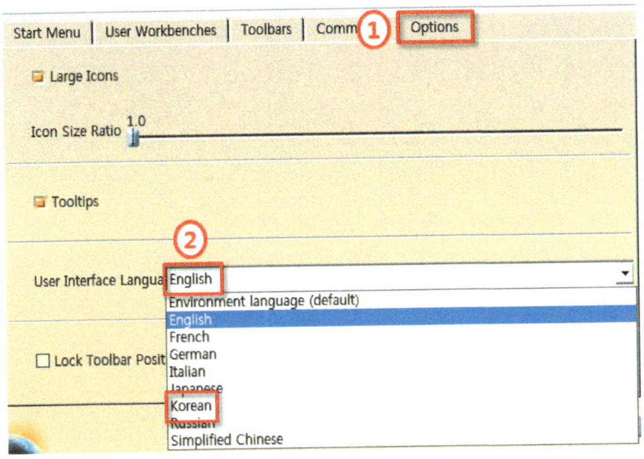

[그림 2-27]

① Options tab 탭 선택

② User Interface Language 클릭 후, 원하는 언어 선택

- Large Icons : 옵션 체크 시 아이콘 크기를 크게 설정한다.
- Tooltips : 옵션 체크 시 Tooltip을 표시한다.
- Lock position of toolbars : Toolbars 위치를 현재 놓여진 위치에 고정시킨다.
- User Interface Language : CATIA 인터페이스 언어를 설정할 수 있다.

Lock position of toolbars 이외의 옵션은 CATIA를 완전히 닫고 재실행시 옵션이 적용된다.

참고 **Tooltips란?**

표현하는 기법을 통칭한다. 아이콘 위에 마우스 포인트를 위치시킨 채 잠시 멈추고 있으면 그 아이콘에 대한 간략한 설명이 표시된다. 그것을 Tooltip이라고 부른다.

5 명령어의 단축키 만들기

Commands 탭에서 명령어의 단축키를 임의로 설정하거나 변경이 가능하다. CATIA에는 수많은 명령어가 존재한다. 명령어 마다 단축키를 설정한다면 그것을 외우는데 많은 시간을 할애해야 할 것이다. 그래서 자주 사용되는 기능들만 적절히 단축키로 설정하여 사용하는 것이 좋다. Ctrl+S, Ctrl+C, Ctrl+V 등 CATIA나 컴퓨터 윈도우 프로그램에 설정되어 사용되고 있는 단축키는 명령어 단축키와 중복되므로 사용할 수 없다. 만약, 중복된 단축키를 설정한다면 아래와 같은 Warning창이 나타난다.

[그림 2-28]

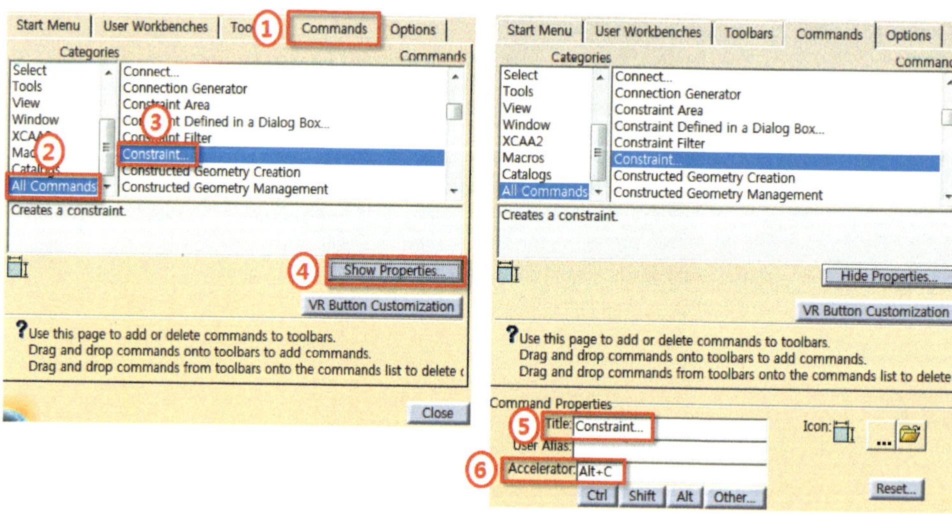

[그림 2-29]

① Commands 탭 선택

② Categories 창에 있는 All Commands를 선택하면 Commands창에 현재 사용 가능한 명령어가 모두 나타난다.

③ 단축키 지정 예시 명령어로 'Constraints' 선택

④ Show Properties 버튼을 클릭해 Command Properties가 보이도록 한다,

⑤ Title에 'Constraints' 명령어 확인

⑥ Accelerator에서 Ctrl | Shift | Alt 키를 조합하여 단축키를 생성한다.

[예] : Constraints를 Alt+C로 단축키 설정

참고 **아이콘 모양 변경**

[그림 2-29]의 하단 오른 쪽에 Icon 모양을 클릭하면 다양한 아이콘 모양이 나타나며, 필요에 따라 Icon에서 아이콘 모양을 변경할 수 있다.

CHAPTER

03 Option 설정하기

앞서 Customize 설정을 통해 CATIA 설치 후 사용자에게 필요한 설정을 해주는 것을 보았다. 이제 CATIA의 사용 환경설정을 담당하는 Options을 볼 것이다. 이 부분을 통하여 우리는 실제 작업에 중요한 설정을 다루는 방법을 알게 될 것이다. 자주 사용하는 기능들만 설정해 보겠다. Options 설정은 풀다운 메뉴에서 Tools - Options에서 정의한다.

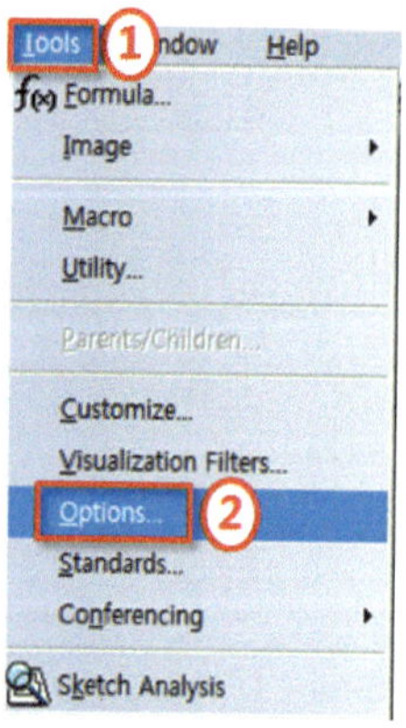

[그림 2-30]

① CATIA 메뉴 바의 'Tools' 아이콘 클릭
② 'Options' 선택
위에서 Customize 설정을 통해 CATIA 설치 후 사용자에게 필요한 설정을 하였다.
Option에서는 CATIA의 사용 환경 설정을 한다.

1 CATIA Data 자동 저장시간 설정

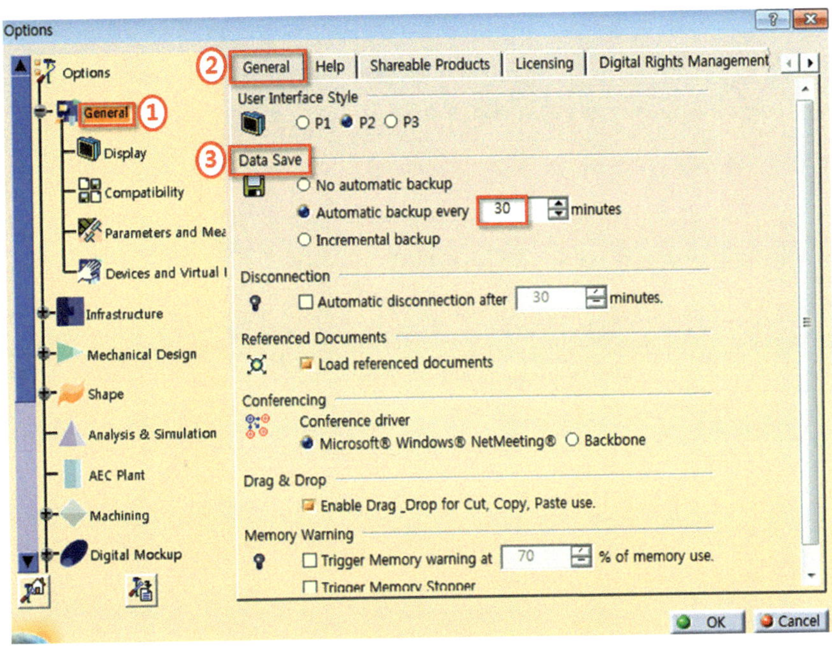

[그림 2-31]

CATIA에서 작업한 데이터를 사용사가 지정한 시간마다 back-up 여부를 설정 가능하다.

① 옵션 스펙트리에서 General 선택
② General 탭 선택
③ Data Save에서 30을 입력하면 CATIA 작업 중 30초마다 데이터가 자동 저장된다.

2 Option 초기화 및 Undo 횟수 설정

여기서는 우리가 작업을 실행하고 나서 작업을 다시 취소하는 Undo의 횟수를 결정할 수 있다. 손쉽게 'Ctrl+Z'를 누르면 작업을 취소할 수 있었던 것이 바로 이 기능 때문이다. 수가 크면 클수록 실제 컴퓨터 메모리상에 그 이전까지의 많은 작업 정보를 기록하고 있기 때문에 컴퓨터 메모리 소모가 심하다. 따라서 너무 지나치게 이 값을 크게 할 필요는 없다고 본다.

초기 설치에는 Stack size가 10으로 되어있다.

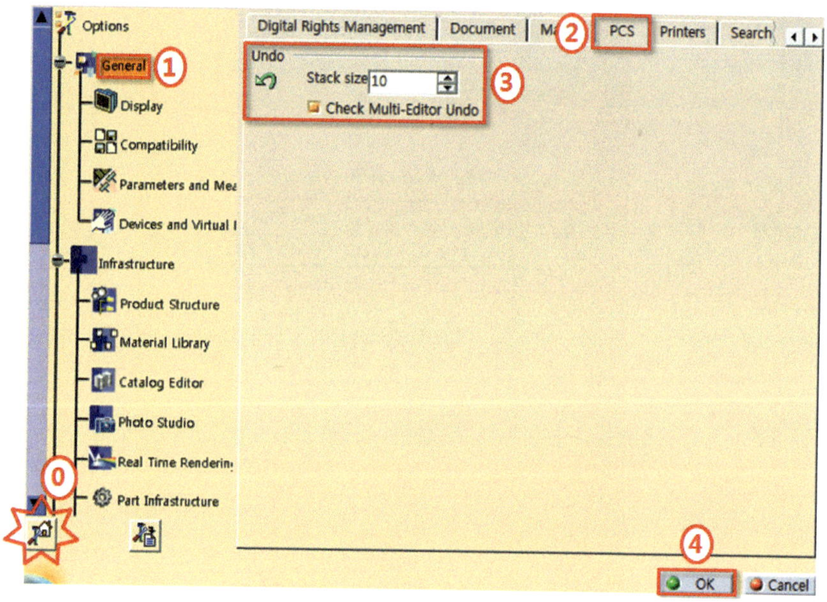

[그림 2-32]

① 옵션 스펙트리에서 General 선택
② PCS 탭 선택
③ Stack size가 10으로 설정

[그림 2-29]의 ⓪번은 Option을 초기화하는 기능이다.

3 2D, 3D 정밀도 설정

CATIA로 모델링시 원을 스케치하거나 Solid 구나 원통 형상을 만들면 왠지 원이 완전한 원형이 아니고 여러 개의 다각형으로 모델링이 될 때가 있다. 이것은 2D, 3D정밀도와 관련되는데 Performance에서 다루게 된다. 그림과 같이 Fixed로 된 것을 Proportional로 바꾸고 그 값을 가장 왼쪽으로 값을 내려주면 Accuracy 값이 가장 정밀한 값으로 된다.

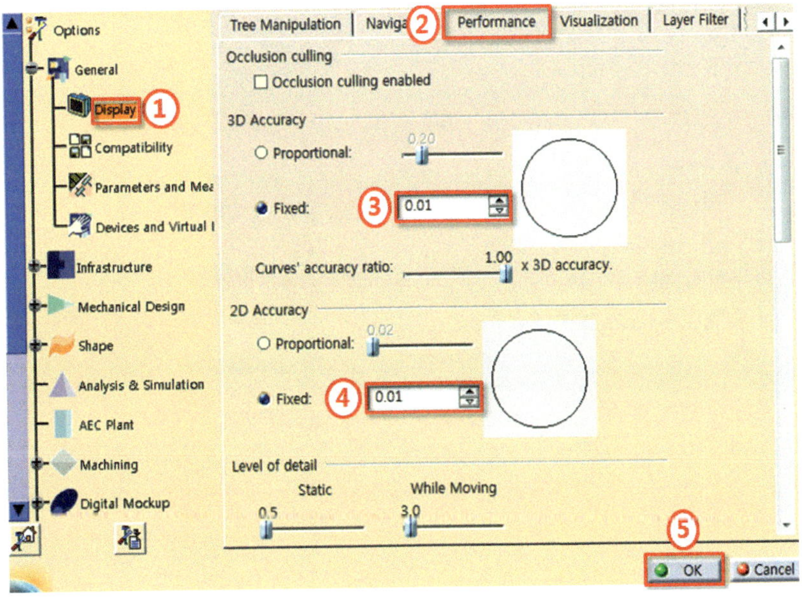

[그림 2-33]

① 옵션 스펙트리에서 Display 선택
② Performance 탭 선택
③ 3D Accuracy 값을 0.01로 설정
④ 2D Accuracy 값을 0.01로 설정
⑤ OK

4 바탕화면 배경색 설정

CATIA는 전체적인 배경 색상 및 기타 색상에 대해 설정 관리한다. 간단히 바탕화면 정도만을 자신의 상황과 기호에 맞게 바꾸어 사용하기를 권한다. 'Graduated color background'는 화면 배경 색상이 위에서 아래로 갈수록 연하게 밝아지는 표현을 해준다.

Anti-aliasing 부분에서는 2차원 및 3차원에서 곡률진 부분에 대한 계단 효과를 제거하여 부드러운 라운드 형상을 보여주게 설정해 줄 수 있다.

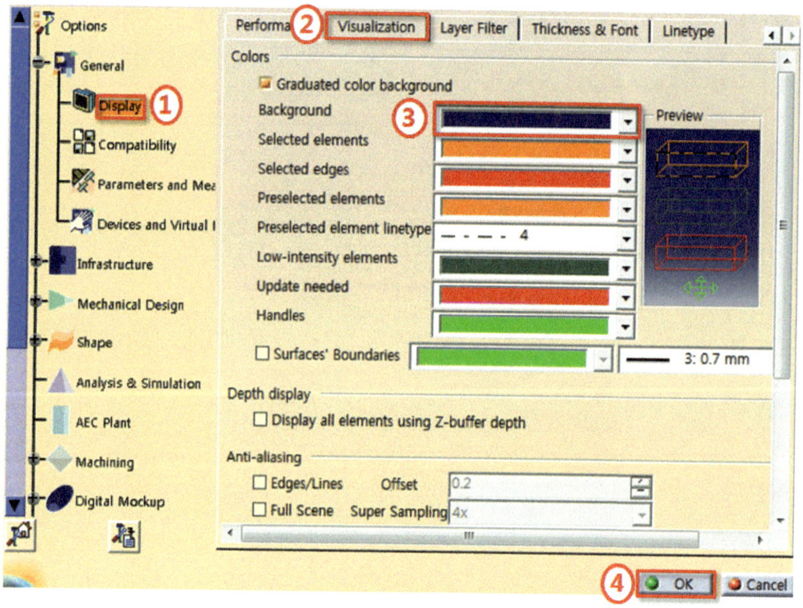

[그림 2-34]

① 옵션 스펙트리에서 Display 선택
② Visualization 탭 선택
③ Background 색상선택
④ OK

5 객체의 페이스 및 모서리 강조 표시

모델링 중인 객체의 면을 선택했을 때 면의 전체가 강조가 되게 하는 기능이다. 사용자가 어떤 면이 선택되었는지 확실하게 알 수 있다. 이 또한 선택 사항이므로 사용자의 취향에 따라 결정해서 사용하면 된다.

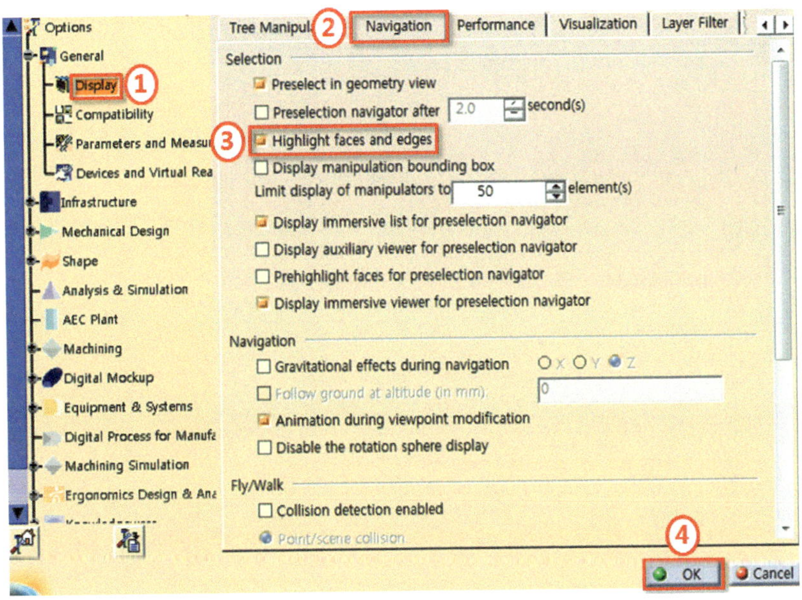

[그림 2-35]

① 옵션 스펙트리에서 Display 선택

② Navigation 탭 선택

③ Highlight face and edges 체크

④ OK

6 단위 설정

CATIA는 수많은 나라에서 사용되고 있다. 따라서 그 많은 나라들의 혹은 한 곳에서라도 필요에 따른 단위계의 변환이 필요할 때 CATIA는 이를 잘 충족시켜 주고 있다. 이 Tap에서 원하는 단위가 무엇이든 CATIA는 그에 따라 단위를 손쉽게 바꾸어 줄 수 있다.

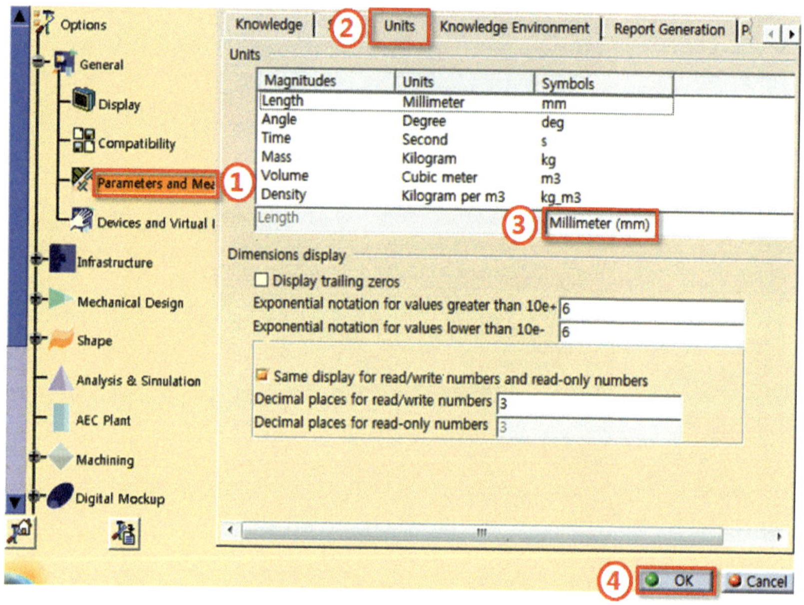

[그림 2-36]

① 옵션 스펙트리에서 Parameter and Measures 선택
② Units 탭 선택
③ Units 설정
④ OK

7 치수 색상 설정

Sketcher 워크벤치에서 2D 도면을 스케치할 때 치수색상을 변경할 수 있다. Constraint Style에 Resolved Constraint의 색상을 변경하면 된다.

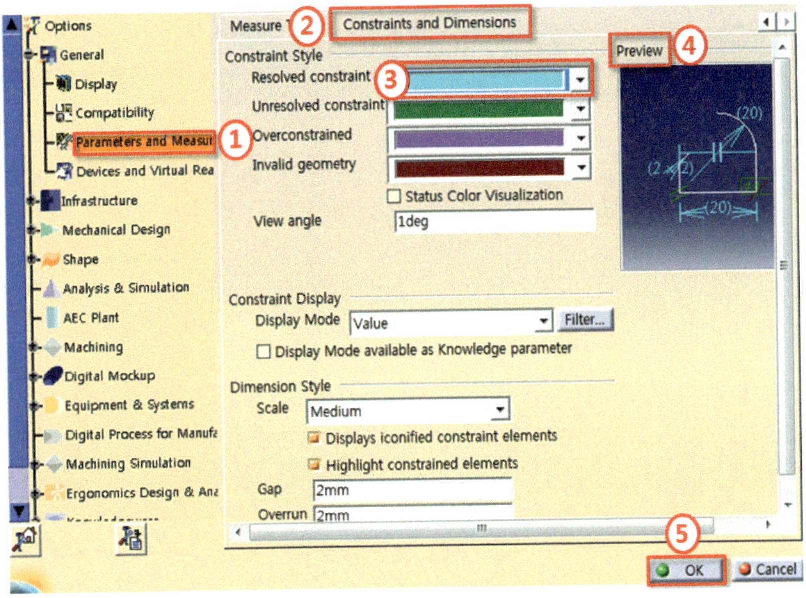

[그림 2-37]

① 옵션 스펙트리에서 Parameter and Measures 선택

② Constraints and Dimensions 탭 선택

③ Constraint Style에 Resolved Constraint의 색상을 변경

④ 미리보기 창 확인

⑤ OK (임의로 지정한 색상으로 바뀐다)

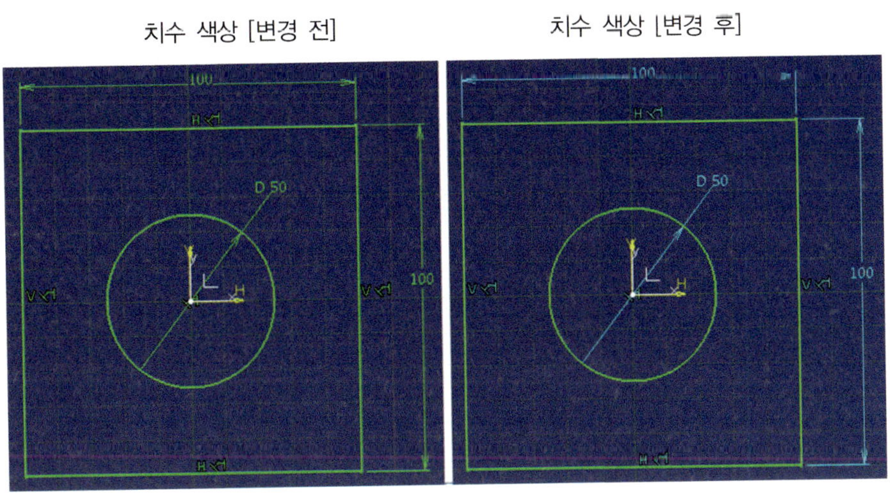

[그림 2-38]

8 Update – Automatic/Manual

CATIA는 작업자와 작업간의 상호적인 의사소통이 좋은 장점이 있다. Update 옵션은 CATIA의 Part 도큐먼트의 업데이트 방식을 결정하며, Automatic으로 설정하면 수정한 것에 대해서 즉각적인 업데이트가 실행된다. Manual로 설정하면 업데이트 명령을 해주어야 수정된 사항이 반영된다.

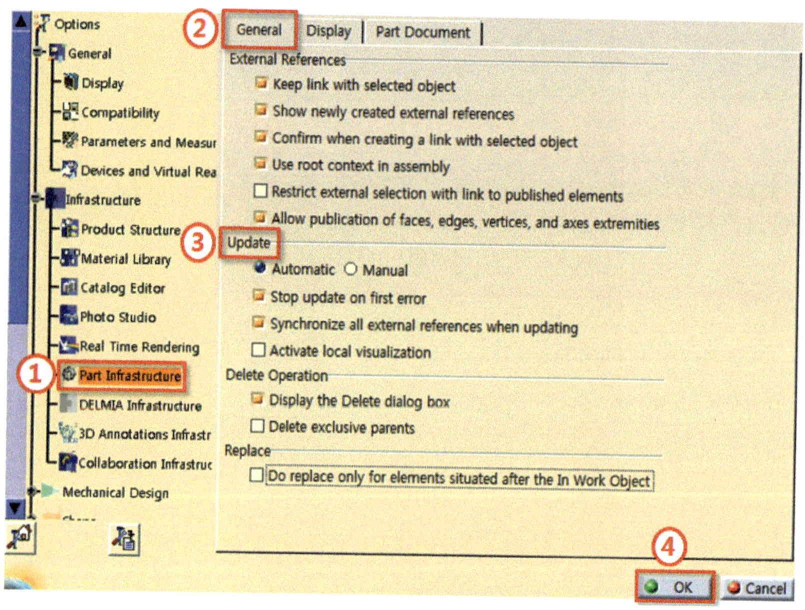

[그림 2-39]

① 옵션 스펙트리에서 Part Infrastructure 선택

② General 탭 선택

③ Update에Automatic/Manual 선택

④ OK

2

9 axis system 생성

Axis System이란 하나의 원점과 3개의 축(X, Y, Z), 3개의 평면(XY, YZ, ZX)을 가진 요소를 말하는데 CATIA에서 Part 도큐먼트를 시작할 때 기본적으로 생성되는 XY, YZ, ZX 평면의 구성처럼 사용할 수 있다. 이 Axis System의 이점은 하나의 기준점에 대해서 원점, 3개의 축, 3개의 평면을 동시적으로 생성할 수 있다는 점과 쉽게 그 생성이 가능하여 절대 좌표계에 상대 좌표계처럼 작업화면 곳곳에 Axis System을 만들 수 있다.

이 옵션을 체크하면 화면에 위와 같은 Axis가 생성이 되면서 Part 도큐먼트가 시작된다. 물론 Plane은 숨겨져 화면에 보이지 않게 된다. 다시 Show시켜 사용할 수 있다.

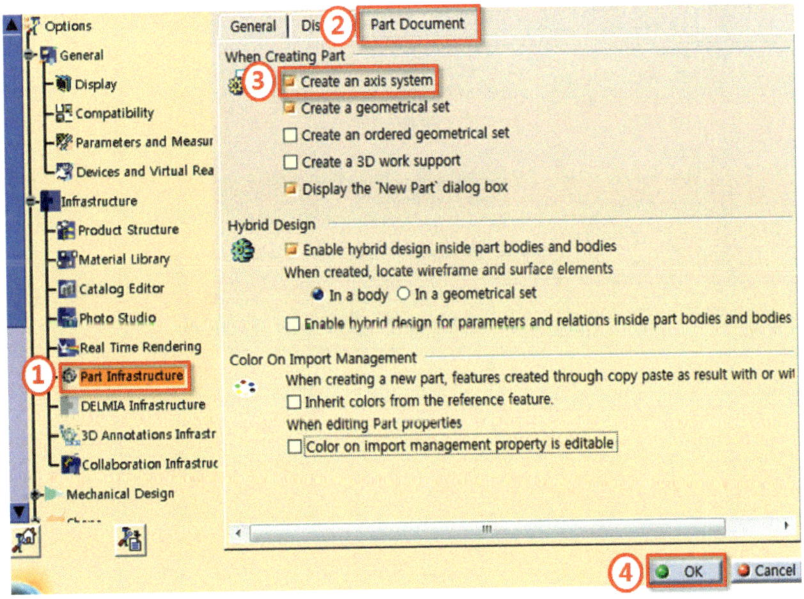

[그림 2-40]

① 옵션 스펙트리에서 Part Infrastructure 선택
② Part Document 탭 선택
③ Create an axis system 체크
④ OK

10 axis system 크기 설정

이 값은 우리가 화면에 작업을 하기 위해 사용하는 Axis나 Plane의 크기를 말한다. 필자는 15(mm) 정도의 크기로 사용한다. 이 크기 값은 절대적인 것은 아니며, 사용자의 취향에 맞게 설정하면 되지만 Axis나 Plane이 너무 작을 경우 선택에 장애가 되기 때문에 그 크기를 적당히 조절할 수 있어야 하겠다.

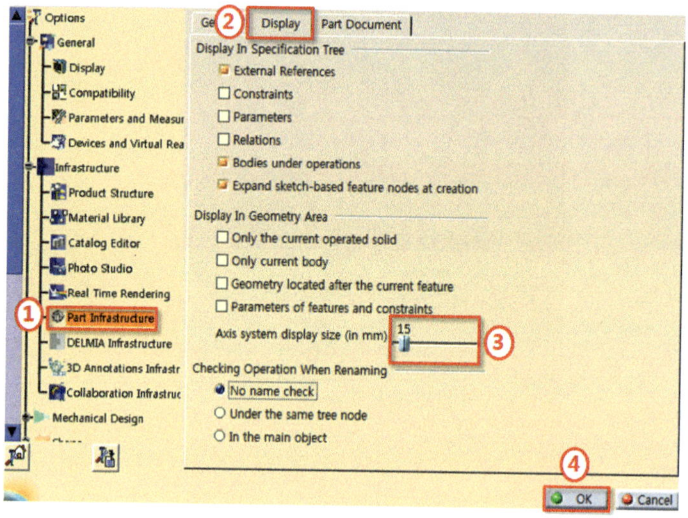

[그림 2-41]

① 옵션 스펙트리에서 Part Infrastructure 선택
② Display 탭 선택
③ Axis System display size(in mm) 15 설정
④ OK

기본 값 Plane [변경 전] Axis System 생성 [변경 후]

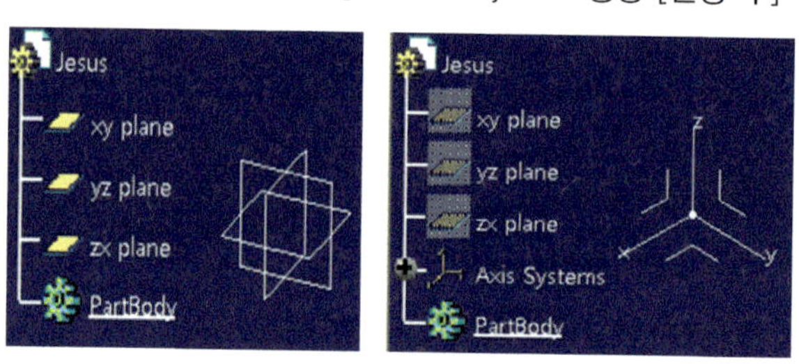

[그림 2-42]

11 새 파트 대화상자 표시 설정

CATIA에서 새로운 Part 도큐먼트를 만들 때마다 dialog box를 띄어 Hybrid Design을 활성화 할 것인지, Geometrical Set를 넣을 것인지, Part name을 어떻게 할 것인지 등을 설정할 수 있는 'New Part dialog box'가 [그림 2-43]처럼 나타난다. 이 대화상자를 설정하는 방법을 배워보도록 하자.

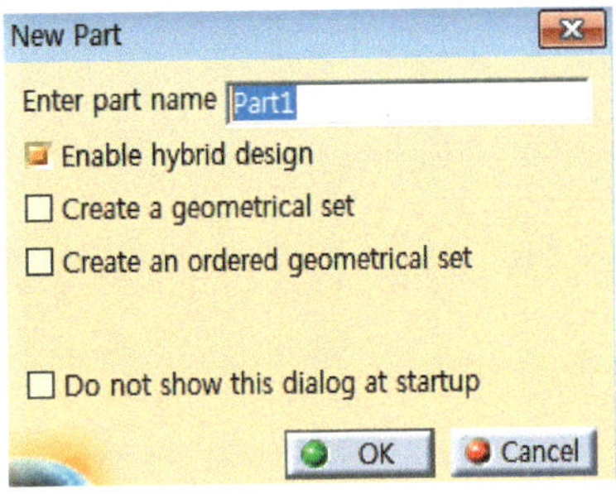

[그림 2-43]

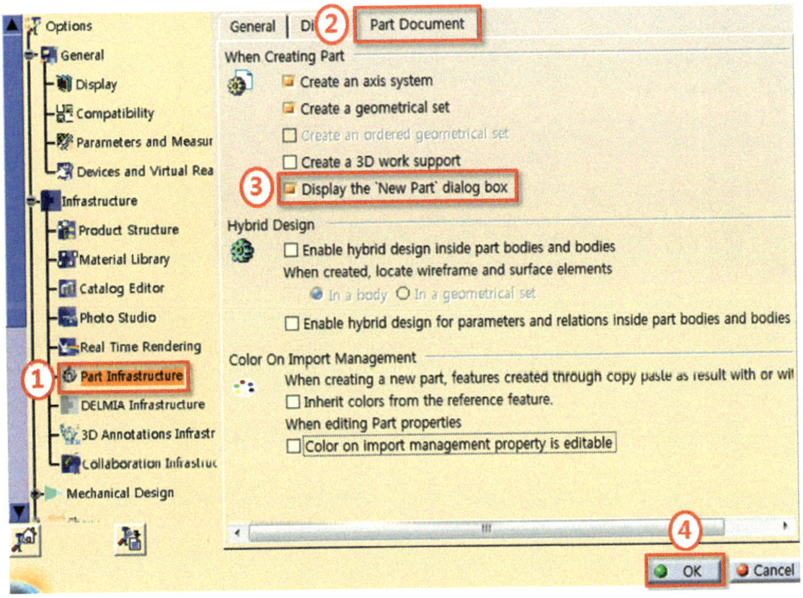

[그림 2-44]

① 옵션 스펙트리에서 Part Infrastructure 선택
② Part Document 탭 선택
③ Display the 'New Part' Dialog box 체크
④ OK

※ 체크 해제하면 'New Part' Dialog box가 나타나지 않는다.

12 Assembly Design에서 Update 설정

Assembly에서 구속조건을 주었을 때, Update를 자동으로 할 것인지, 수동으로 할 것인지를 설정 가능하다. 일반적으로 수동으로 해놓는 경향이 많다.

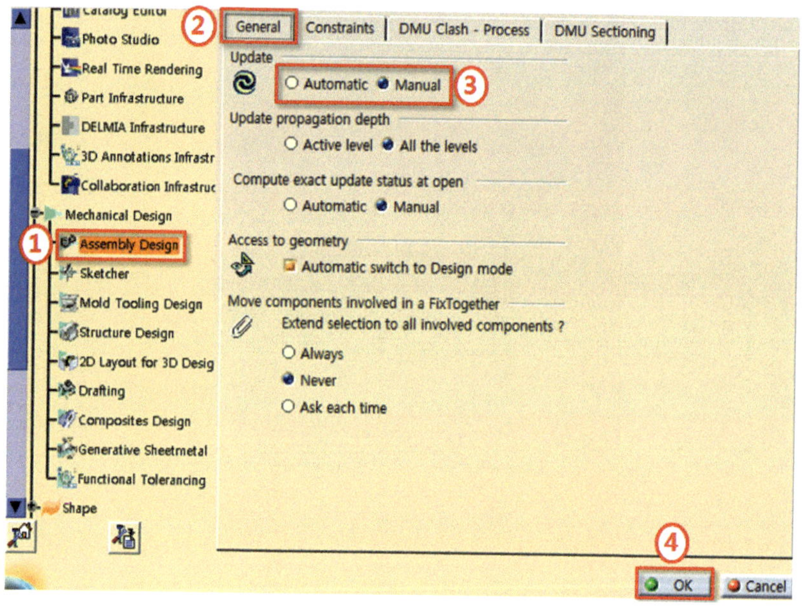

[그림 2-45]

① 옵션 스펙트리에서 Assembly Design 선택

② General 탭 선택

③ Update에서 Automatic/Manual 선택

④ OK

2

13 Sketcher에서 Grid 간격 설정

Sketcher 워크벤치에서 Grid 간격은 100mm 내에 10mm 간격으로 기본 설정이 되어있다. 사용자가 경우에 따라 Grid 간격이나 Snap 기능 등을 설정할 수 있다.

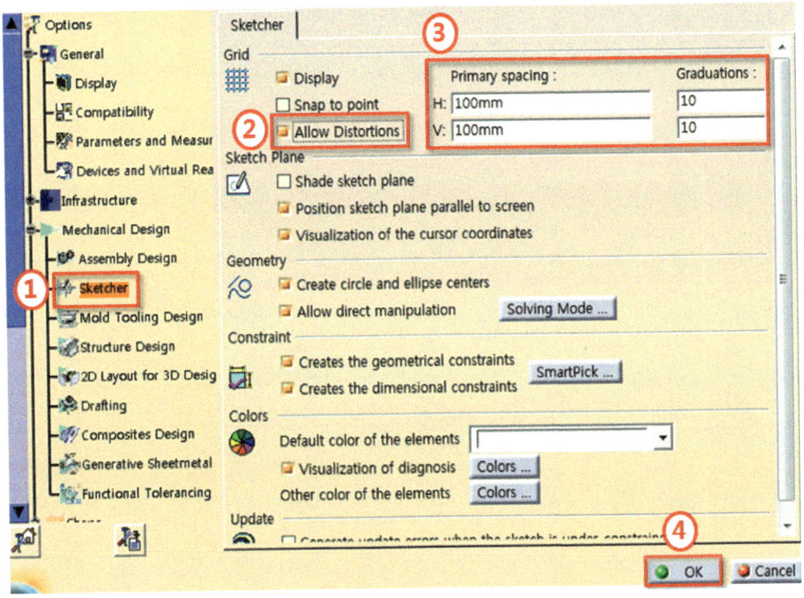

[그림 2-46]

① 옵션 스펙트리에서 Sketcher 선택

② Allow Distortions 체크

③ Grid 간격 값 입력

④ OK

14 Sketch 상에서 요소의 색상 설정

'Colors'에서는 Sketch상에서 요소의 색상 및 구속에 의한 색상으로의 판별을 결정할 수 있다. 즉, Sketch할 때 요소의 색상을 보고 상황을 판별할 수 있다. 프로파일이 구속이 되었는지, 치수가 중복되게 주어졌는지 등을 색상을 보고 알 수 있으며, 그 색상을 우리는 여기서 정의할 수 있다. Default color of the elements에서는 기본적으로 스케치를 그릴 때의 색상을 정의한다. Default color는 하얀색이지만 경우에 따라 색을 변경할 수 있다.

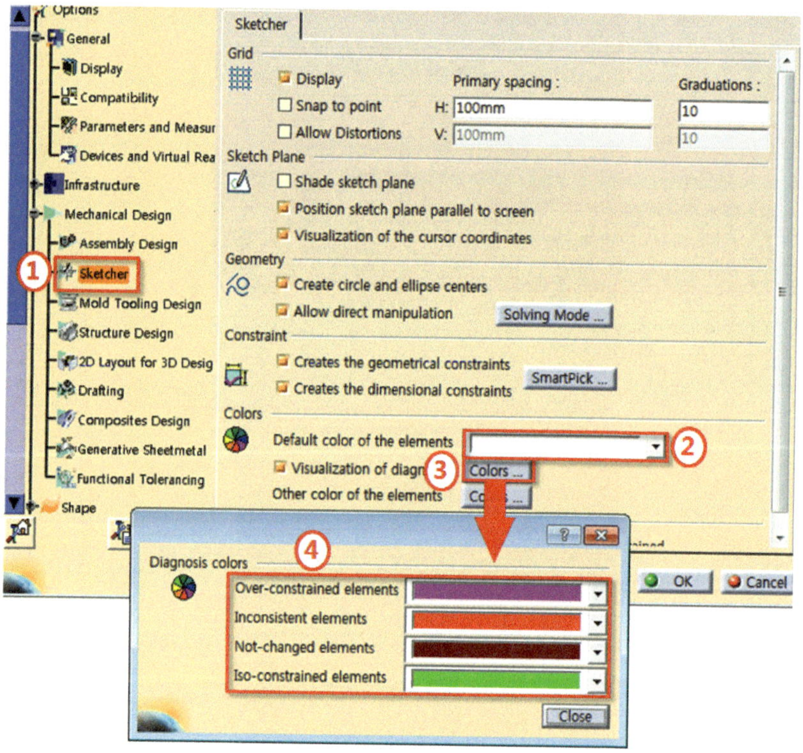

[그림 2-47]

① 옵션 스펙트리에서 Sketcher 선택
② 'Default color of the elements' 흰색 체크
③ 'Visualization of diagnosis' colors 클릭
④ diagnosis colors

[그림 2-47] ③번 'Visualization of diagnosis'에서는 스케치에 주어진 구속의 상태에 따라 그 상태를 ④번 'diagnosis colors'와 같이 설정된 색으로 나타내어 준다. 즉, 스케치가 구속이 완전 구속인지, 불완전 구속인지, 중복 구속인지를 색으로 알 수 있다.

각 색상은 다음과 같은 의미를 가지고 있다.

Over-constrained elements	현재 스케치 구속이 다른 구속과 중복됨. 불필요한 구속 - 보라색
Inconsistent	현재 주어진 구속이 올바른 구속이 아님. 잘못된 구속 - 빨간색
Not-changed	구속을 주었으나 그 구속에 의해 형상이 변하지 않음 - 갈색
Iso-constrained elements	구속이 적절히 잘 들어감. 완전구속 - 녹색

CHAPTER

04 Workbench 이동하기

CATIA는 여러 작업의 통합 환경이 장점이다. 하나의 모델을 가지고 이 모델을 작업하기 위해 여러 개의 작업 공간을 이동하며 작업을 완료할 수 있다. 이러한 작업 공간들을 'Workbench'라고 부르며, 각 Workbench 별로 고유한 작업 기능을 가지고 있다.

필요한 작업을 수행하기 위해서 각 Workbench로 이동하는 방법에는 세 가지 방법이 있다.

1 Workbench로 이동하는 방법

① Menubar의 Start Menu에서 Workbench를 선택하여 이동할 수 있다.

② Workbench Toolbar 아이콘을 클릭해서 이동할 수 있다. Customize의 Start Menu에서 추가 설정한 Workbench들이 나타난 것을 확인할 수 있을 것이다.

③ Customize의 Start Menu tab에서 설정한 Workbench의 단축키를 이용해 이동할 수 있다.

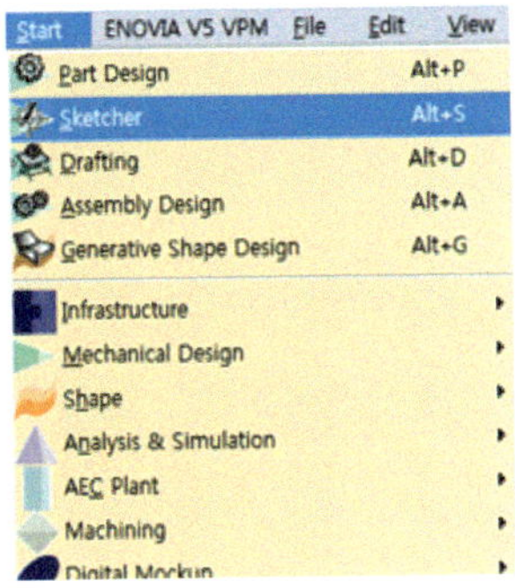

Workbench 이동 방법 – ①
[그림 2-48]

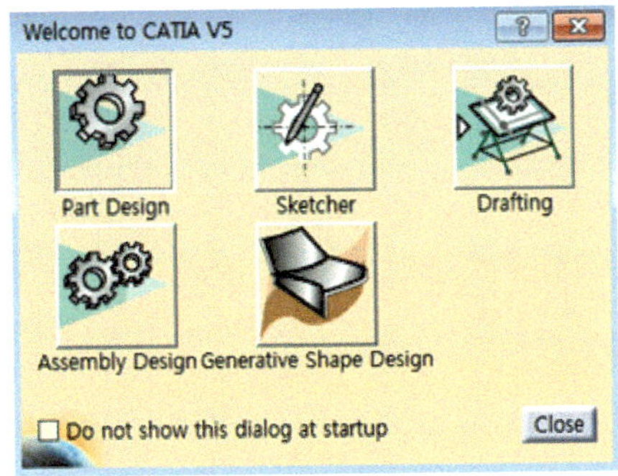

Workbench 이동 방법 – ②
[그림 2-49]

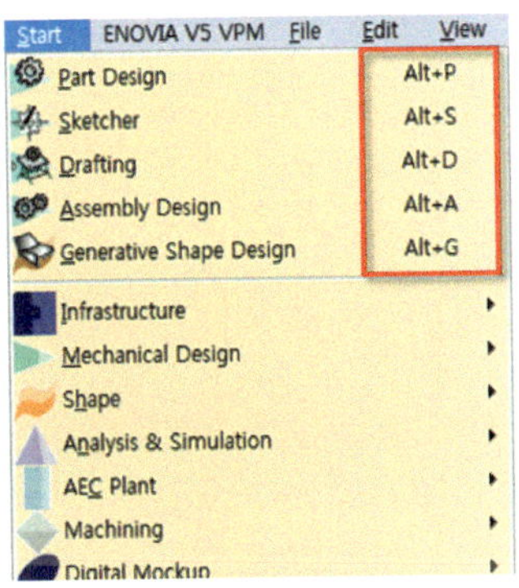

Workbench 이동 방법 – ③
[그림 2-50]

- 키보드의 자판을 이용해서 단축키를 누르면 원하는 워크벤치로 이동한다.

  [예] Alt + P를 누르면 Part Design 워크벤치로 이동한다.

- 가장 신속하게 각 워크벤치를 이동할 수 있는 방법이므로 권장함

3

Sketcher - Workbench

Chapter 1. Sketcher 시작하기
Chapter 2. Sketcher Toolbar

Computer Aided Three-Dimensional Interactive Applications

CHAPTER

01 Sketcher 시작하기

Sketcher Workbench는 3D 형상을 만들기에 위해 그 기본 형상이 되는 단면 프로파일이나 가이드라인과 같은 2차원 형상을 임의의 평면을 기준으로 그리는 작업을 한다. 3차원 상에서 자주 사용되고 기본적인 형상의 프로파일을 제공을 하고 있으나 복잡하거나 Detail이 요구되는 형상은 Sketcher Workbench에서 작업을 해주어야 한다.

1 Sketcher 작업 순서

Sketcher 작업은 Part 도큐먼트를 사용한다. Sketcher 작업을 시작하기 위해 아래 그림과 같이 Part Design 워크벤치를 실행시킨다.

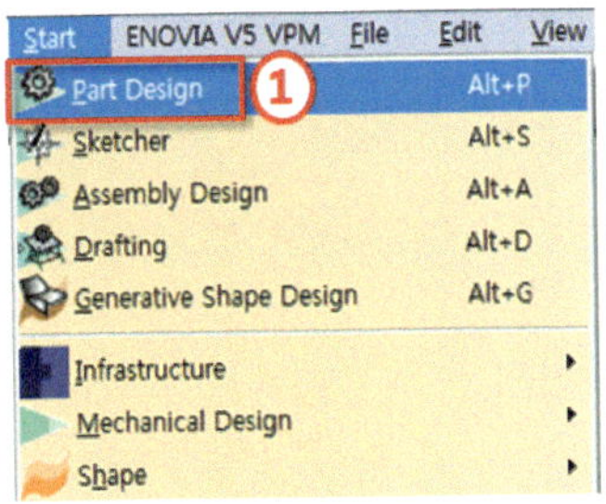

[그림 3-1]

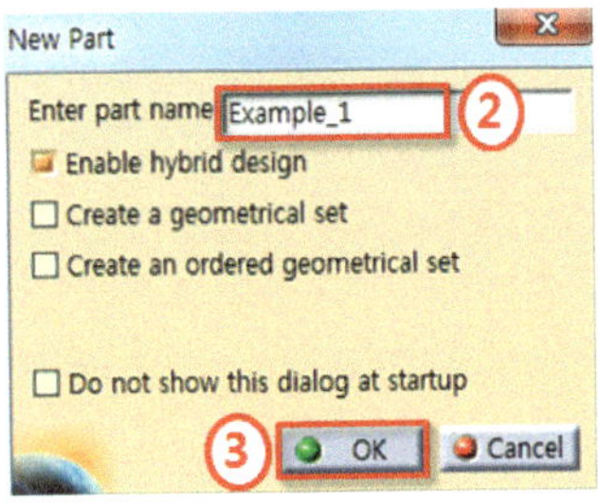

[그림 3-2]

① Start 메뉴의 Part Design 클릭
② Part name 입력(영어로 입력)
③ OK
④ Axis의 임의의 Plane을 선택
⑤ Positioned Sketch 아이콘 - 클릭
⑥ Reverse와 Swap으로 스케치 Plane 방향 설정
⑦ OK

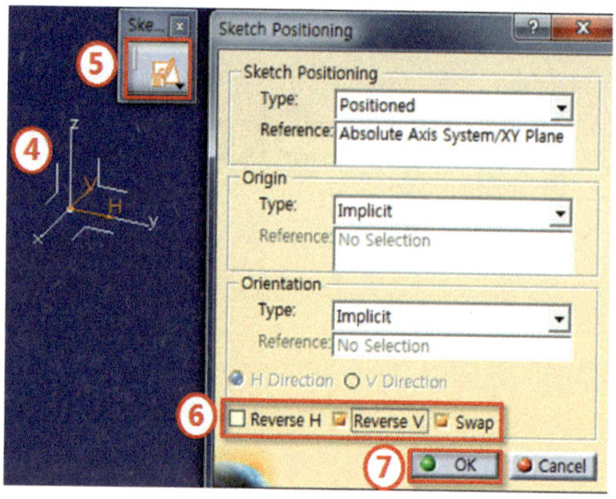

[그림 3-3]

OK하면 아래 그림과 같은 2D 스케치 환경의 화면이 나타난다. 여기서 Profile, Operation, Constraint 툴바들을 이용하여 3D모델링을 하기위한 스케치 작업을 진행한다.

[그림 3-4]

CHAPTER

02 Sketch Toolbar

1 Sketcher 주요 Toolbar

[표 3-1]

	스냅기능, 보조선 변환, 자동 치수구속, 자동 기하학적구속 등 Tools가 가지는 기본 기능 외에 다른 아이콘의 보조적인 역할 수행, Profile의 치수입력, 크기, 각도 입력
	Sketcher Workbench에서 각종 Sketch를 생성할 수 있는 툴바
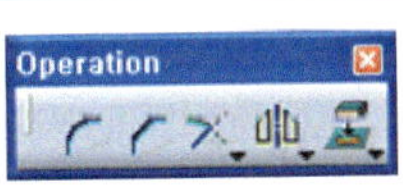	생성된 Profile에 필렛, 챔버, 미러, 배열 및 투영할 수 있는 툴바
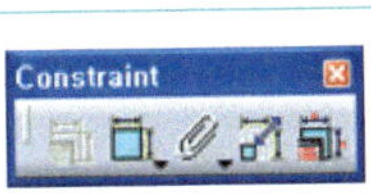	생성한 스케치에 치수 및 기하학적 구속 부여

2 Sketcher Tools Toolbar

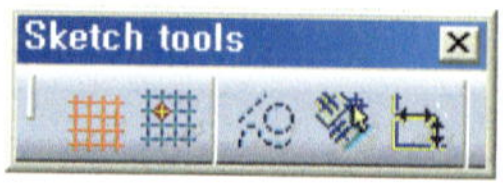

[그림 3-5]

- Grid : 스케치 배경화면을 바둑판처럼 보이게 할 때 사용한다. 격자.
- Snap to Point : 마우스의 부드러운 이동 또는 한칸씩 이동하게 할 때 사용한다.
- Construction/Standard Element : 선이나 원 곡선 등의 도형을 보이지 않게 하여 참조 그림으로만 쓸 수 있게 한다.

[Standard Element]

- 일반적인 2차원 스케치 요소
- Sketcher 워크벤치에서 작업을 마치고, 3차원 작업 워크벤치로 이동하여서도 그 요소를 사용할 수 있음
- 일반적으로 스케치에서 그리고, 구속하는 대상임

[Construction Element]

- Sketcher 워크벤치에서만 그 기능을 다하고, 3차원 워크벤치로 이동하게 되면 화면에 나타나지도 않으며, 그 요소를 사용할 수 없음
- Sketcher 워크벤치에서 제도 작업을 수행하는데 필요한 보조도구
- Sketcher 워크벤치상에서 점선으로 나타나며, 워크벤치를 나가면 나타나지 않음

- Geometrical Constraints : Profile 작업시 도형의 구속조건을 자동으로 설정할 때 사용한다. Default로 이 아이콘은 활성화시키는 것을 권장한다.
- Dimensional Constraint : Profile 작업시 도형의 구속조건을 자동으로 설정할 때 사용한다. Default로 이 아이콘은 활성화시키는 것을 권장한다.

Automatic Constraints(Geometrical Constraints)

형상에 대한 구속으로, 수치로 나타나는 구속이 아닌 수직, 수평, 평행, 직교등과 같은 기하학적인 구속조건을 자동으로 부여할 것인지를 설정.

SmartPick기능 비활성화 방법 : 스케치 작업시 Shift키를 누른채 작도

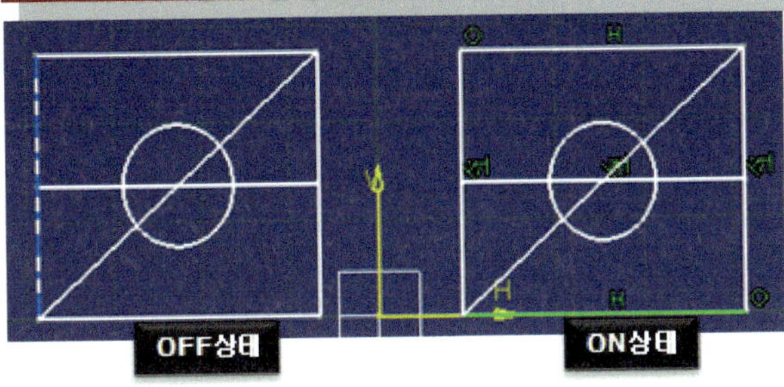

Automatic Dimensions(Dimensional Constraints)

필렛, 챔버등을 작성할 때 자동으로 치수를 부여할 것인지를 설정.

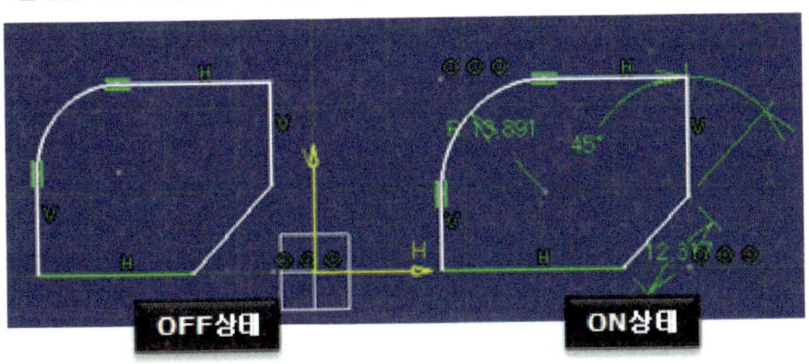

[그림 3-6]

3 Profile Toolbar

[그림 3-7]

Sketch할 Element를 생성하는 기능들로 묶인 툴바다. Rectangle형, Line형, Arc형, Spline형 profile과 Point 등을 생성할 수 있다. profile을 구성하는 명령은 현재 Toolbar에 나타난 것이 전부가 아니고 하위 메뉴를 더 가지고 있다. 검은색 역삼각형을 클릭하면 아래와 같이 Sub Toolbar가 나온다.

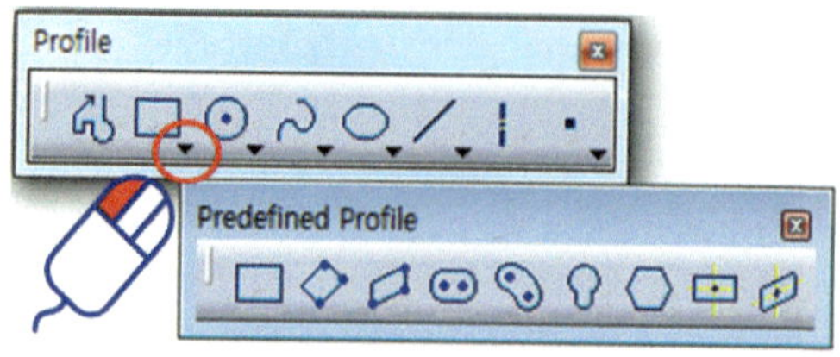

[그림 3-8]

1) Profile

[그림 3-9]

다각형 형상을 그리는 명령으로 Sketch에서 형상을 그리는데 가장 사용빈도가 높은 아이콘이다. Line형과 Arc형으로 이루어진 연속적인 profile을 생성할 수 있다. profile 아이콘을 클릭하면 Sketch Tools Toolbar에 3개의 부가적인 옵션이 확장되면서 나타난다.

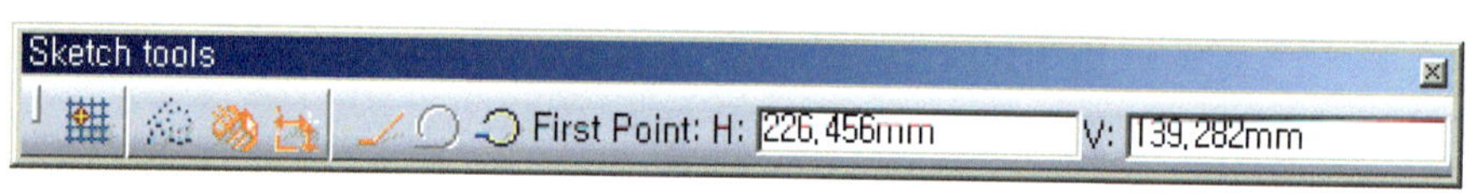

[그림 3-10]

▣ Sketch tools Toolbar에 추가되는 3가지 type 아이콘

- Line : 직선형 profile을 연속적으로 생성한다. 여러 개의 직선으로 이루어진 다각형을 그리는데 탁월한 기능이다.
- Tangent Arc : 생성한 Line에 접선인 호를 생성한다.
- Three Point Arc : 세 점을 이용해 호를 생성한다.

▣ profile 명령의 종료

일반적인 명령들은 한번 클릭하면 형상을 그리는 명령이 종료된다. 그러나 profile 기능으로 형상을 그리게 되면 무한 반복이 되는데 작업을 종료하는 방법 3가지를 알아보자.

- profile의 시작점과 끝점을 닫아준다. Closed Profile.
- 작업이 끝나면 Double click을 한다.
- Esc Key를 두 번 연속 누른다.

▣ SmartPick

SmartPick은 왼쪽 그림의 형태로 Sketch 작업을 보다 수월하게 도와주는 기능이다. 형상 프로파일을 그리는 과정에서 현재 그리는 대상에 적용할 수 있는 다른 요소들과의 일치점, 수평, 수직, 직교, 평행, 중심점과 같은 구속들을 자동으로 찾아 준다. 편리하게 스케치 작업을 수행할 수 있게 해주지만 다소 불편한 경우에 SmartPick을 사용하지 않으려면 옵션에서 끄거나 SHIFT Key를 누른 상태에서 작업을 하면 된다.

▣ SmartPick을 Option에서 설정하는 방법 – [그림3-11] 참조

- Menubar에서 Tools ➪ Option ➪ Mechanical Design ➪ ① Sketcher ➪ Sketcher tab ➪ Constraint ➪ ② SmartPick 버튼을 클릭한다.
- ③ 우측에 나타나는 6가지 Type을 Check/Uncheck하여 적용할 사항을 선택할 수 있다.
- ④ Close ➪ ⑤ OK, 설정완료

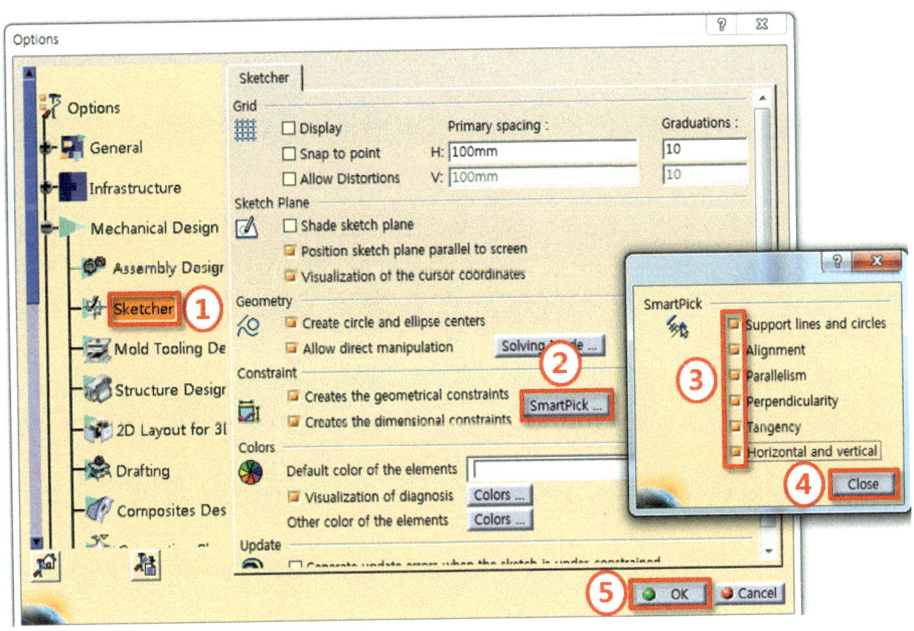

[그림 3-11]

▣ SmartPick에서 Hide Coordinates하기

SmartPick에 좌표값이 보이지 않게 설정할 수 있다. Menubar ➪ Tools ➪ Option ➪ Mechanical Design ➪ Sketcher ➪ Sketcher tab으로 이동한다.

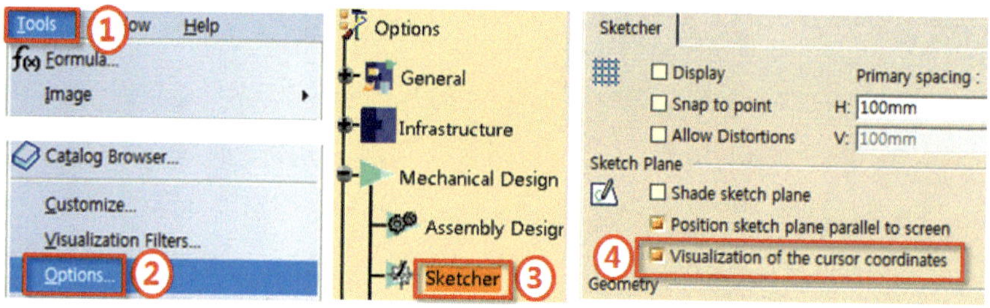

[그림 3-12]

2) Predefined Profile (사전 정의된 프로파일)

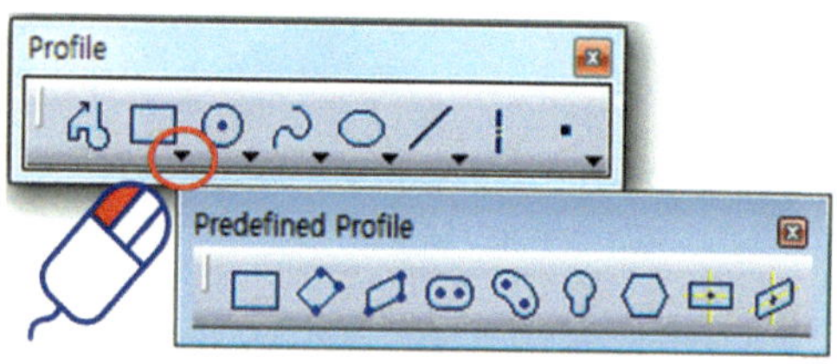

[그림 3-13]

- Rentangle : 사각형을 그린다. 사각형을 생성할 First point지점과 Second point 지점을 지정하여 사각형 profile을 생성한다.
- Oriented Rectangle : 3개 점을 찍어 사각형을 그린다. 사각형을 생성할 First point 지점을 지정하고 방향성과 With가 될 Second point지점을 지정한다. 마지막 Third point는 사각형의 Height가 될 지점을 지정한다. 마주보는 두 변이 평행하고, 방향성을 가지는 직사각형 profile이 생성되었다.
- parallelogram : 2개의 점을 이용하여 사각형을 그릴 수 있다. 사각형을 생성할 First point지점을 지정하고 첫 번째 방향과 With가 될 Second point 지점을 지정한다. Third point는 사각형의 Height와 두 번째 방향이 될 지점을 지정한다. 두 방향성을 가지는 평행사변형 profile이 생성되었다.
- Elongated Hole : 연장된 홀 형상 profile을 생성한다. 2개의 점을 기준으로 양쪽 양 끝점을 잇는 호가 있는 그림을 한 번에 그릴 때 사용한다.
- Cylindrical elongated Hole : 원통형 Elongated Hole을 생성한다. 하나의 가상의 원의 중점을 중심으로 임의로 정한 호의 길이를 중심으로 그림을 그릴 수 있다.
- Keyhole Profile : 열쇠구멍 형상 profile을 생성한다.
- Hexagon : 육각형 profile을 생성한다.
- Centered Rectangle : Rectangle의 중심점을 기준으로 등간격 거리의 사각형을 생성한다.
- Centered parallelogram : 지정한 두 Line의 교차점이 평행사변형의 중심이 되고, 두 Line에 평행한 평행사변형을 생성한다.

3) Circle

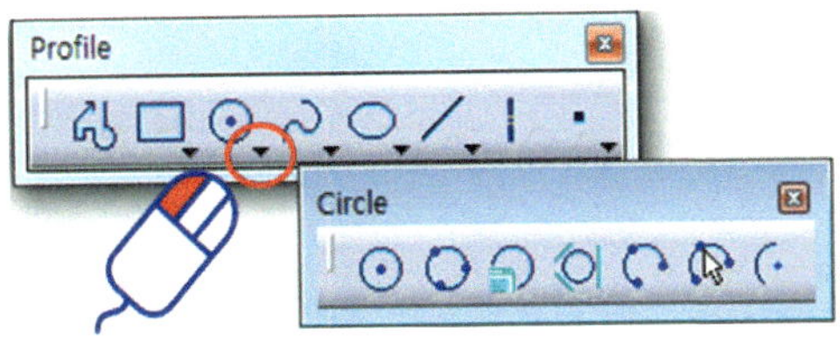

[그림 3-14]

- Circle : 한점을 중심으로 원을 그릴 때 사용한다. 원의 Center point 지점을 지정한 후 반지름이 될 지점을 지정하여 원을 생성한다.
- Three Point Circle : 3점을 이용해 3점을 지나는 원을 그릴 때 사용한다.
- Circle using coordinates : 좌표값을 입력해서 원을 그릴 때 사용한다.
- Tri-tangent Circle : 3개의 Element를 접하는 원을 그릴 때 사용한다.
- Three Point Arc : 3점을 지나는 호를 생성한다. [시작점 - 중간점 - 끝점 순서]
- Three Point Arc starting with limit : 호의 양 끝점을 먼저 지정한 후 마지막 point는 arc의 반지름을 결정하는 지점을 지정하여 호를 생성한다. [시작점 - 끝점 - 중간점 순서]
- Arc : 한 점의 중점을 중심으로 원하는 각만큼 원을 그린다.

4) Spline

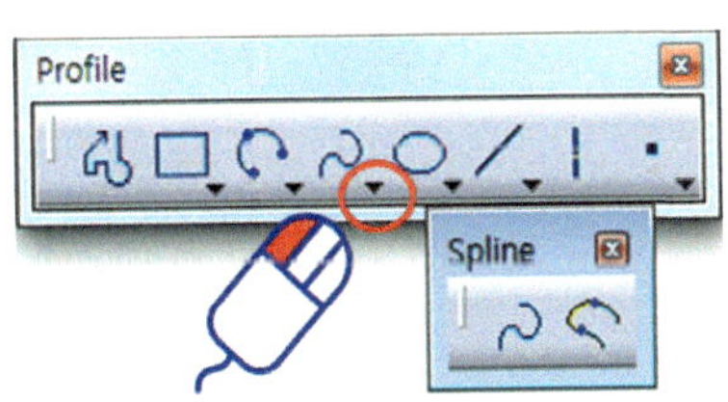

[그림 3-15]

- spline : 자유 곡선을 생성한다. 생성한 Spline을 더블클릭하여 Spline의 Control point와 Tangency 방향 등을 변경할 수 있다.
- connect : 두 개의 직선의 끝점을 호나 곡선으로 연결한다.

5) Conic (원뿔, 원추의)

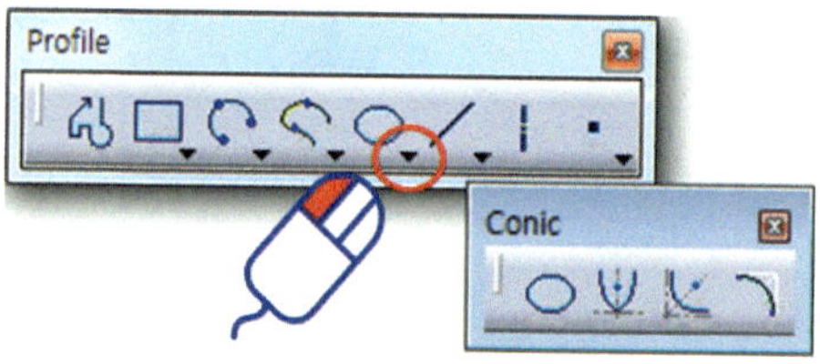

[그림 3-16]

- Ellipse : 타원을 생성하는 기능이다. 타원의 Minor Radius, Major Radius(단축, 장축)를 지정하여 생성한다.
- Parabola by focus : 한 점을 정하여 그 점에서 떨어진 거리만큼의 포물선을 그릴 때 사용한다.
- Hyperbola by focus : 쌍곡선을 그릴 때 사용한다.
- Conic : 교차하는 두 직선에 인접하는 포물선을 그릴 때 사용한다.

5) Line

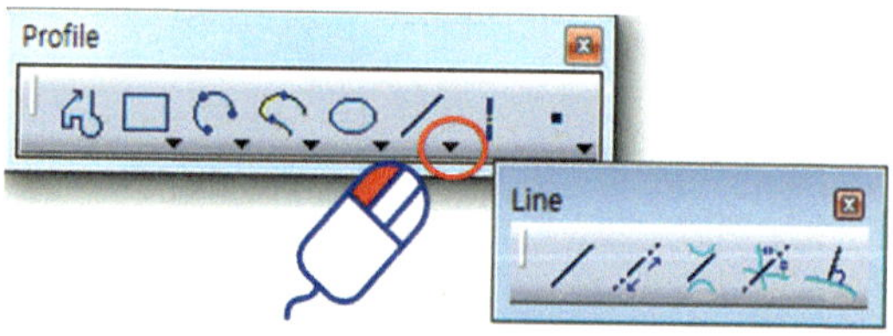

[그림 3-17]

- line : Start Point, End Point를 지정하여 Line을 생성한다.
- Infinite line : 가로, 세로, 각도가 있거나 두 점을 지나는 무한한 선을 생성한다.
- Bi-tangent line : 원과 선을 tangency하게 접촉 시킨다.
- Bisecting line : 두 선의 가운데를 가로지른다.
- Line normal to curve : 선과 원의 법선을 만든다.

6) Axis

[그림 3-18]

축을 생성하는 기능이다. 축은 회전체를 생성할 때 회전체의 중심축으로 사용된다. Axis는 2차원 요소로 만들 때부터 Construction Elements이다. Sketch상에서만 확인할 수 있고 3차원 워크벤치로 이동해서는 보이지 않는다. 또한 Axis는 만들 때부터 Construction Elements로 생성되기 때문에 보조선을 그리는데 사용할 수도 있다.

7) Point

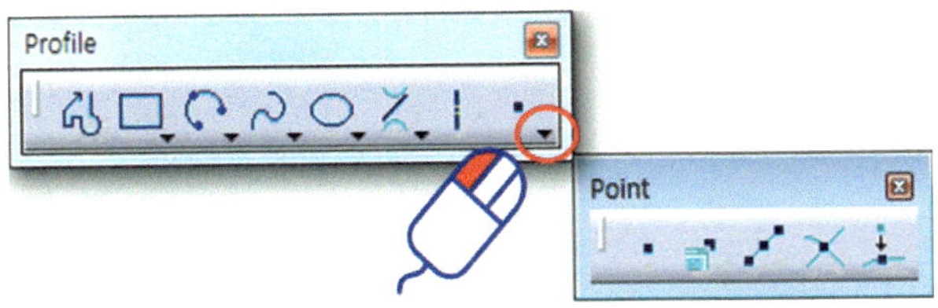

[그림 3-19]

- Point by clicking : 임의의 지점에 점을 생성한다.
- Point by using coordinates : 좌표를 설정하여 점을 찍을 때 사용한다.
- Equidistant Point : 선택한 curve 상에 등간격의 point를 생성한다. curve를 선택한 후 Start point 지점을 지정하여 point개수 or 간격값 or 전체 길이 값을 입력하여 생성한다. Equidistant Point를 이용해 생성하면 우측그림과 같이 Formula가 적용된다. 처음치수를 수정하면 등간격으로 생성된 치수들이 함께 수정된다.
- Intersection Point : 교차하는 두 직선의 교차점을 찾을 때 사용한다.
- Projection Point : 선택한 점을 임의의 curve에 수직방향으로 투영시키는 기능이다. 투영할 Point를 선택 후 투영될 curve를 지정하면 수직방향으로 curve상에 point가 생성된다. 면에서 점을 가져올 때 사용한다.

4 Operation Toolbar

생성한 profile을 편집하는 기능들로 묶여있는 툴바이다. 라운딩 작업이나 모따기, 자르기, 미러, 3D 프로젝트 등으로 구성된 도구막대이다.

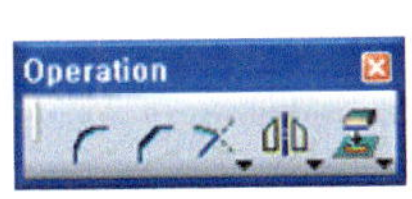

[그림 3-20]

1) Corner

두 Element를 선택하여 라운드를 생성한다. Corner 아이콘을 클릭하면 Sketch Tools Toolbar가 확장되며 6가지 Type으로 나뉜다.

[그림 3-21]

- Trim All Elements : Corner의 Tangency point지점에서 두 Line모두 Trim된다.
- Trim First Element : 첫 번째 Element만 Trim되면서 라운드를 생성한다.
- No trim : 두 Element가 모두 Trim되지 않으면서 라운드를 생성한다.
- Standard Lines Trim : Trim되는 두 Element는 Standard Line으로 설정된다.
- Construction Lines Trim : Trim되는 두 Element는 Construction Line으로 설정된다.
- Construction Lines No Trim : Trim될 요소가 Construction Element로 설정되고, 모두 Trim되지 않는다.

2) Chamfer

두 Element에 사선으로 모따기를 생성한다. Corner와 동일한 6가지 Type으로 나뉜다. 사용방법과 옵션은 코너와 같으며 추가옵션 사항은 아래와 같다.

[그림 3-22]

- Trim All Elements : Corner의 Tangency point지점에서 두 Line 모두 Trim된다.
- Trim First Element : 첫 번째 Element만 Trim되면서 모따기를 생성한다.

- No trim : 두 Element가 모두 Trim되지 않으면서 모따기를 생성한다.
- Standard Lines Trim : Trim되는 두 Element는 Standard Line으로 설정된다.
- Construction Lines Trim : Trim되는 두 Element는 Construction Line으로 설정된다.
- Construction Lines No Trim : Trim될 요소가 Construction Element로 설정되고, 모두 Trim되지 않는다.

Chamfer의 치수표현 방법에는 [그림3-23]와 같이 3가지 Type으로 나뉜다. 치수표현 방법은 [Angle/Hypotenuse(빗변), Length1/Length2, Length1/Angle] 순서이다.

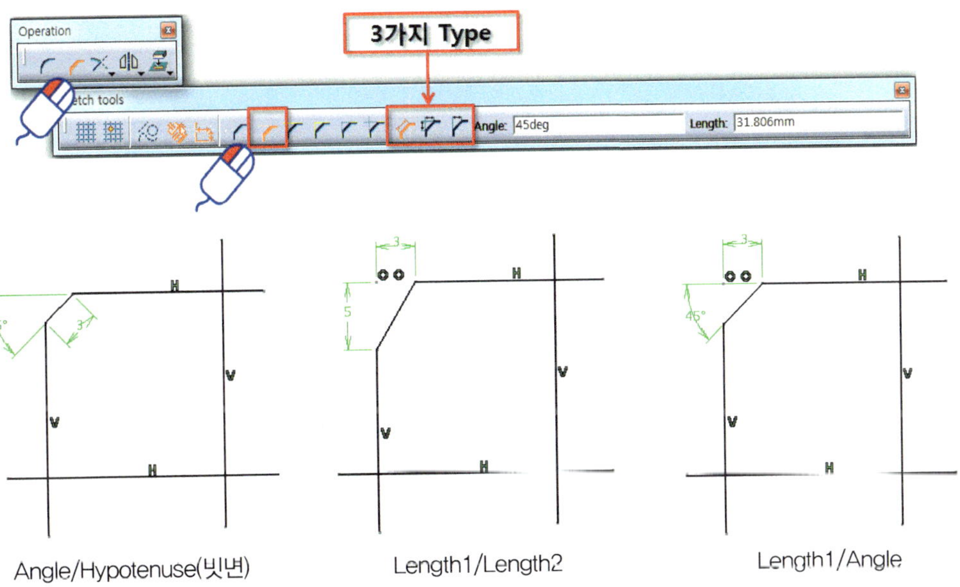

[그림 3-23]

3) Relimitations Sub Toolbar

불필요한 Element를 자르거나 끊고 지울 수 있으며, 선을 늘일 수도 있다. 열려있는 호를 원으로 생성할 수 있고 호를 그릴 수도 있는 기능이다.

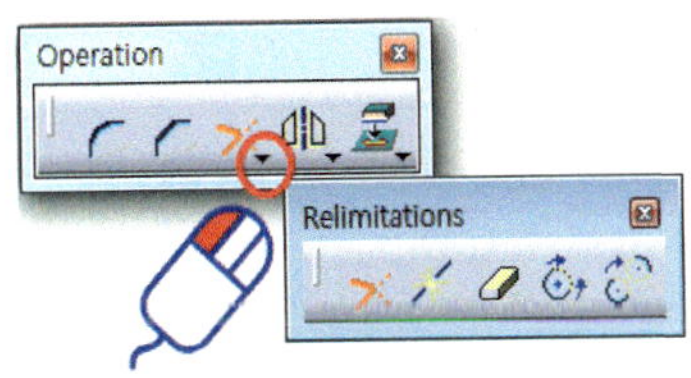

[그림 3-24]

4) Trim

교차되는 두 Element의 불필요한 부분을 제거하거나 선을 늘여 생성할 수 있는 기능이다. Sketch Tools Toolbar가 확장되며 2개의 Type이 있다.

[그림 3-25]

- Trim All Element : 두 Element의 교차점을 기준으로 지정한 부분 이외의 모든 부분을 제거한다. 선택한 부분이 남겨지고 선택 안 된 부분이 삭제가 된다.
- Trim First Element : 두 번째 Element를 기준으로 첫 번째 Element의 지정한 부분만 제거한다. 즉, 먼저 선택한 요소만 제거하는 기능이다.

5) Break

[그림 3-26]

교차된 선분 중 하나를 다른 선분으로 분리하는 기능이다.
먼저 자르고자 하는 요소를 선택하고 기준이 되는 요소를 선택한다. Break된 요소는 교차점을 중심으로 각각의 선분으로 분리되어 삭제할 수 있다. (Element1 : 끊을 요소/ Element2 : 기준이 될 요소)

6) Quick Trim (즉시 자르기)

교차점을 중심으로 요소의 선택된 부분을 제거하는 기능이다. 가장 쉽게 자를 수 있는 기능이다.

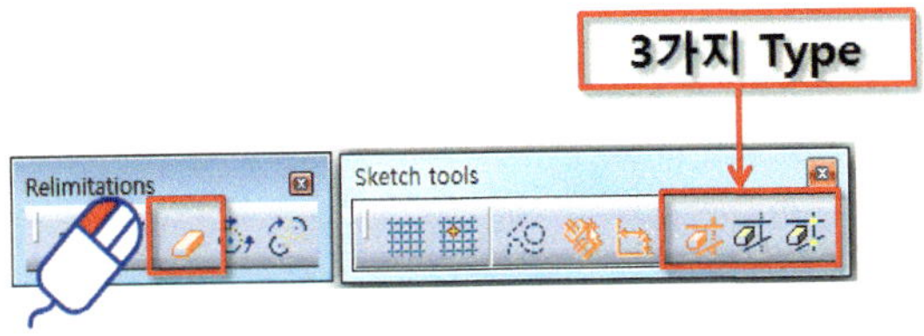

[그림 3-27]

- Beak and Rubber In : 교차점을 기준으로 선택한 지점의 요소를 제거한다.
- Break and Rubber out : 교차점을 기준으로 선택한 Element이외의 요소를 제거한다.
- Break and Keep : 교차점을 기준으로 선택한 Element를 제거하지 않고 끊는다.

7) Close arc

완전하지 못한 원을 완전한 원으로 이어 주는 기능이다. 즉, 열린 호를 Circle로 생성한다.

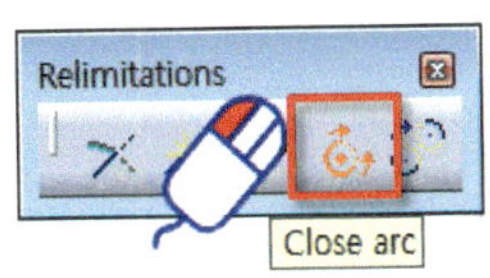

[그림 3-28]

8) Complcment

열린 호의 빈대쪽 호를 생성한다. 즉, 원호 또는 잘려진 원의 나머지 부위로 형상을 변경하는 기능이다.

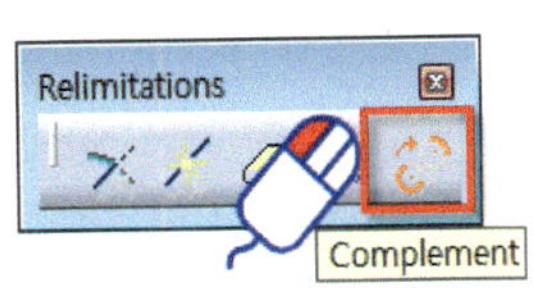

[그림 3-29]

9) Transformation Sub Toolbar

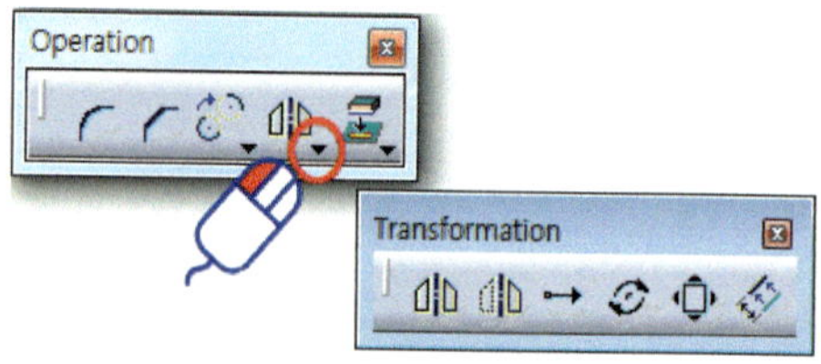

[그림 3-30]

- Mirror : 임의의 기준선이나 축을 대칭으로 선택한 Elements를 대칭 복사하는 기능이다. 사용방법은 Mirror 아이콘을 클릭하고 대칭 복사하고자 하는 Elements를 먼저 선택한 후, 대칭 기준이 되는 선이나 축을 선택한다.
- Symmetry : Mirror와 비슷한 형상을 가지고 있으나 이 명령은 대칭 이동의 기능이다. 원본 형상을 임의의 기준선이나 축을 기준으로 대칭 이동시켜 준다.
- Translate : 선택한 Elements를 다른 지점으로 옮기거나 하나의 원본 대상을 Sketch에 여러 개 복사할 때 사용하는 명령이다. Translate 하기 위해서는 반드시 기준점이 되는 위치를 찍어 주어야 한다.
- Rotate : 원본 형상을 회전 이동시키거나 회전 방향으로 복사하는 기능이다.
- Scale : 해당 Elements의 크기를 일정 비율로 크게 하거나 작게 할 수 있는 기능이다.
- Offset : 선택한 Elements를 일정 간격을 띄워서 만들어 주는 명령이다. Offset 아이콘을 클릭하면 [그림 3-31]과 같이 Sketch Tools Toolbar가 확장되며 4개의 Type이 있다. Offset 하고자 하는 대상을 선택하고 마우스를 이동하면 Offset 형상이 점선으로 나타난다.

[그림 3-31]

- No Propagation : 선택한 Element만 Offset시킨다.
- Tangent Propagation : 선택한 Element에 Tangent한 요소도 함께 Offset시킨다.
- Point Propagation : 선택한 Element에 연결된 모든 Element를 Offset시킨다.
- Both Side Offset : 위 3가지 Type에 모두 적용가능하며 양방향으로 Offset시킨다.
- Instance(s): 1 : Offset할 개수를 설정한다.

- New Position: H: 20mm : Offset될 Element를 H, V좌표 값으로 위치를 지정한다.
- Offset: 5mm : Offset할 간격값을 설정한다.
- 3D geometry

  3D geometry sub Toolbar는 현재 Sketch가 아닌 다른 Sketch나 3차원 상의 Surface, Wireframe, Solid의 요소를 현재의 Sketch의 2차원 요소로 가져오는 명령들이다. 3차원 요소의 모서리나 꼭지점, 면을 다시 스케치하지 않고 원하는 스케치 평면상으로 투영시킬 수 있다.
  아래 그림과 같이 3가지 Type이 있다. 이 3가지 Type을 상황에 맞게 사용하면 된다.

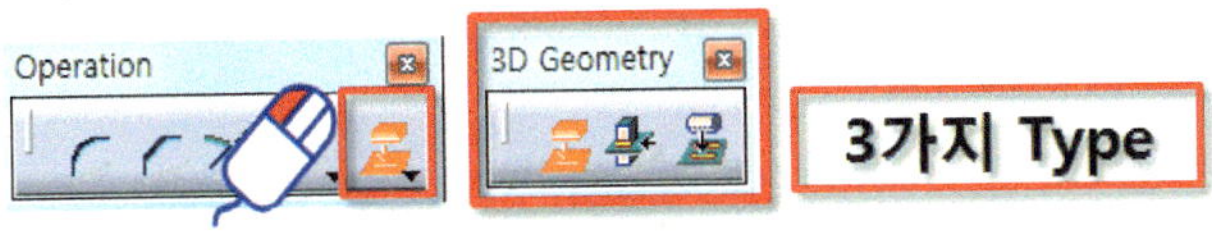

[그림 3-32]

- Project 3D Elements : 솔리드 요소를 현재 Sketch plane에 수직으로 profile로 투영시킨다. 솔리드 면이나 Edge, Point등을 지정하여 원하는 요소를 투영할 수 있다.
- Intersect 3D Elements : 솔리드 요소와 Sketch plane이 교차하는 Element를 추출한다. 선택한 Sketch plane과 지정한 면의 교차되는 Line이 생성된다.
- Project 3D Silhouette Edges : 회전체의 옆면 실루엣 형상을 Sketch plane에 투영시킨다. 실린더와 구와 같은 회전에 만들어진 옆면 부분은 일반적인 Project 3D Elements로 생성할 수 없다.

5 Constraint Toolbar

3D모델링을 위해 생성한 Sketch Profile을 치수구속 및 형상구속으로 제어하는 기능들로 묶여 있다. 치수는 형상이 가지는 각 요소들의 형상이나 길이 등에 의미 있는 가치를 부여하는 역할을 한다. 이 기능들을 이용해 Profile이 완전구속(Profile color : Green)이 되도록 만드는 것을 권장한다.

[그림 3-33]

Constraints Defined in Dialog Box : 형상에 Geometrical Constraint 구속을 부여하는 방법으로 하나 이상의 요소를 선택하여 Constraint Dialog Box에 나타나는 구속종류 중 하나이상의 조건을 선택하여 구속하는 기능이다.

Constraint : 수치로 형상 요소의 구속을 정의한다. 요소들의 길이, 각도, 반경, 직경 등의 치수 구속조건을 부여한다. 구속을 부여할 Element를 선택한다. 다른 Constraint type을 지정하려면 Constraint에서 오른쪽 마우스를 클릭하면 Contextual Menu가 나타난다. 여기서 원하는 Constraint type을 설정할 수도 있다.

Contact Constraint : 구속을 부여할 선택된 요소에 적절한 구속을 자동으로 부여해주는 기능이다. 두 형상 간에 구속이 잡힐 수 있는 조건을 CATIA가 스스로 찾아준다는 점에서 Auto Constraint와 유사하다고 할 수 있다. Contact Constraint에서 생성할 수 있는 구속은 Coincidence, Concentricity, Tangency Constraint가 있다. 선택한 요소에 따라 구속되는 Type이 달라진다.

Fix Together : Sketch 형상요소들을 특정 치수를 넣지 않고 현재 상태의 위치에 구속하는 기능이다. 형상들을 한꺼번에 이동시키거나 별다른 치수 없이 현재 위치에 구속하고자 할 때 사용하기도 한다.

Animate Constraint : Sketch에 주어진 구속 값을 변수로 하여 치수가 정해진 범위를 움직여 볼 수 있게 할 수 있다. 이는 선택된 구속 부분에 치수 값의 범위를 가늠하거나 변경하였을 때 다른 부분과 간섭이나 충돌이 없는지 보고자 할 때 사용할 수 있다. Sketch 형상을 만드는데 사용하는 명령은 아니며 크게 중요하지 않다.

Edit Multi-Constraint : 매우 유용하게 사용할 수 있는 명령이다. 구속을 주는데 사용하는 것이 아니고 구속의 치수 값을 수정하고자 할 때 즉, Dimensional Constraints의 치수 값을 수정할 때 매우 용이하다. Sketch 구속에 대해서 이 값을 수정하려면 일일이 각 구속의 값을 더블 클릭하여 수정을 해야 하지만 이 기능을 사용하면 현재의 화면에 있는 모든 구속이 수정 가능하다.

4

Sketcher - 예제도면

Computer Aided Three-Dimensional Interactive Applications

연습도면	1	CATIA DRAWING
Sketch		
Part Design - Pad		

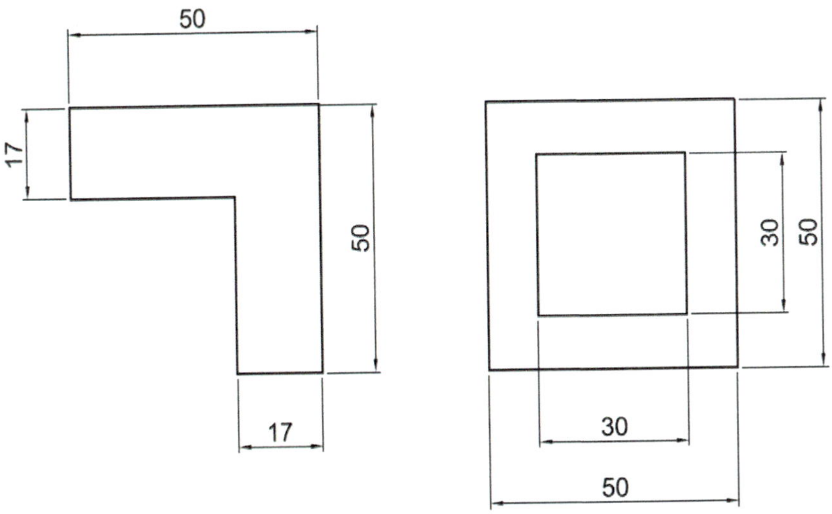

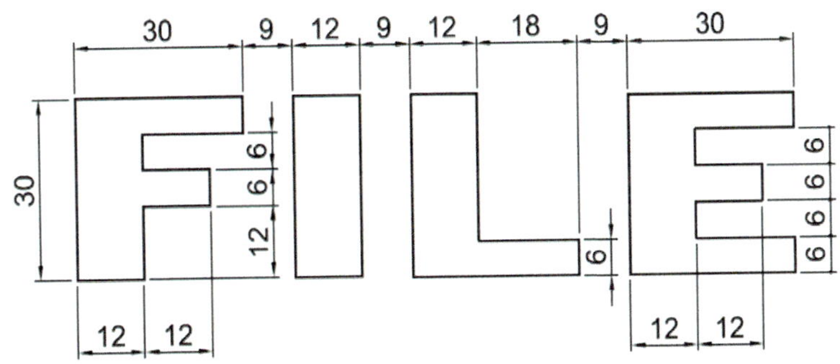

연습도면	2	CATIA DRAWING
Sketch		
모따기,필렛		

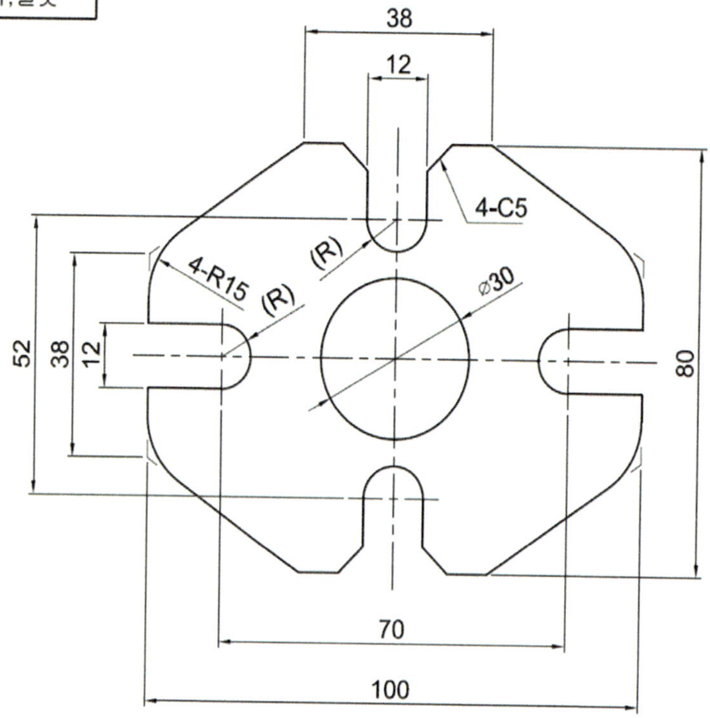

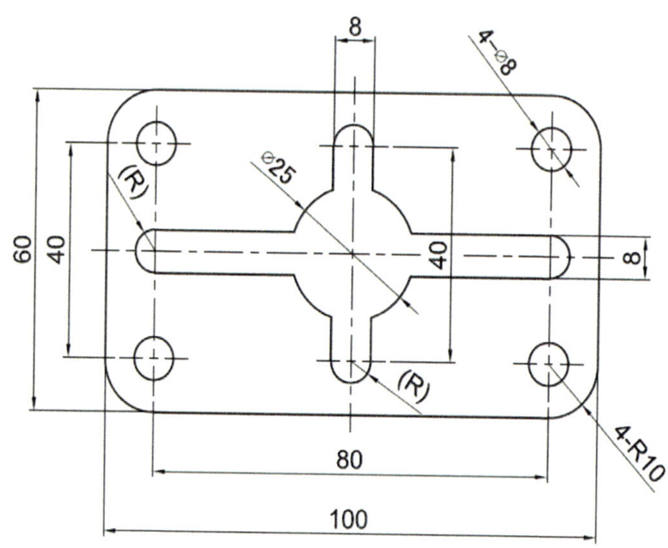

연습도면	3	CATIA DRAWING
Sketch		
폴리곤/대칭		

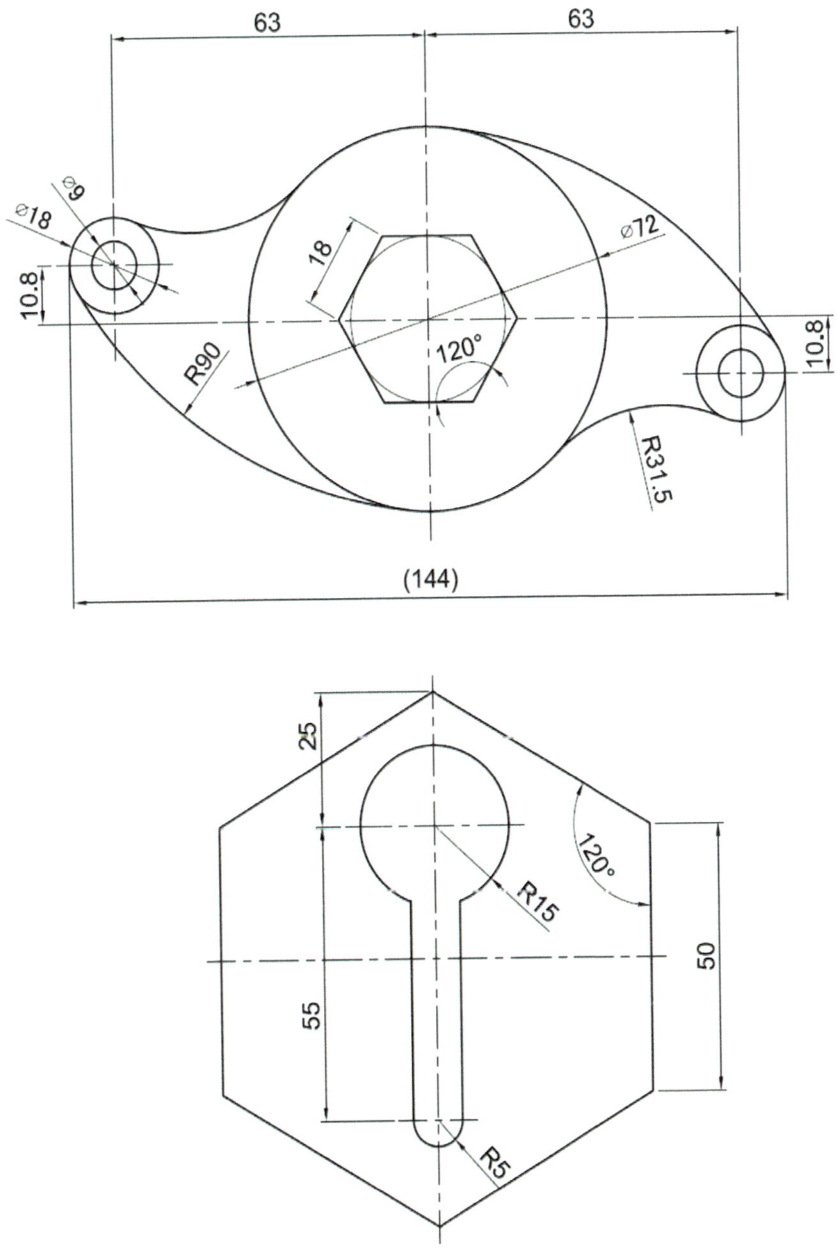

연습도면	4	CATIA DRAWING
Part Design – Pad		
복사/이동		

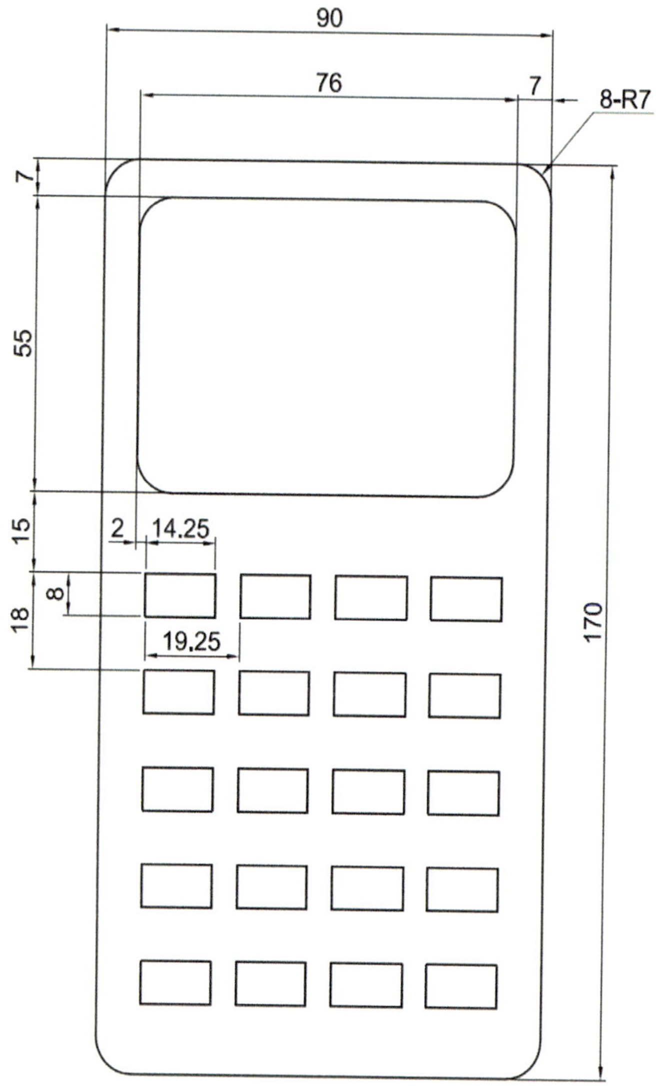

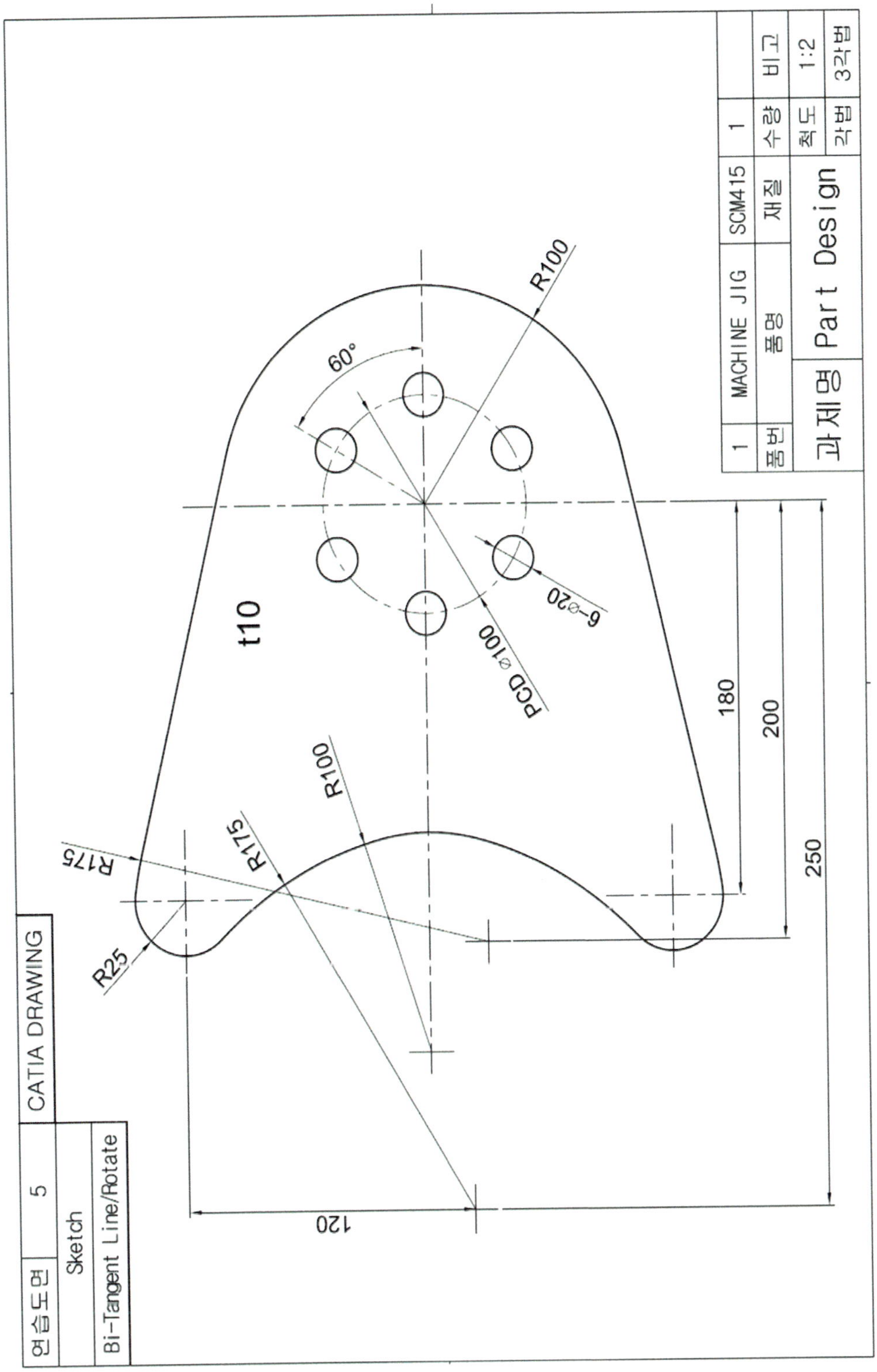
연습도면 5 CATIA DRAWING
Sketch
Bi-Tangent Line/Rotate
1 MACHINE JIG SCM415 1
품번 품명 재질 수량 비고
과제명 Part Design 척도 1:2
각법 3각법
R100
60°
6-⌀20
PCD ⌀100
t10
R100
R175
R175
R25
180
200
250
120

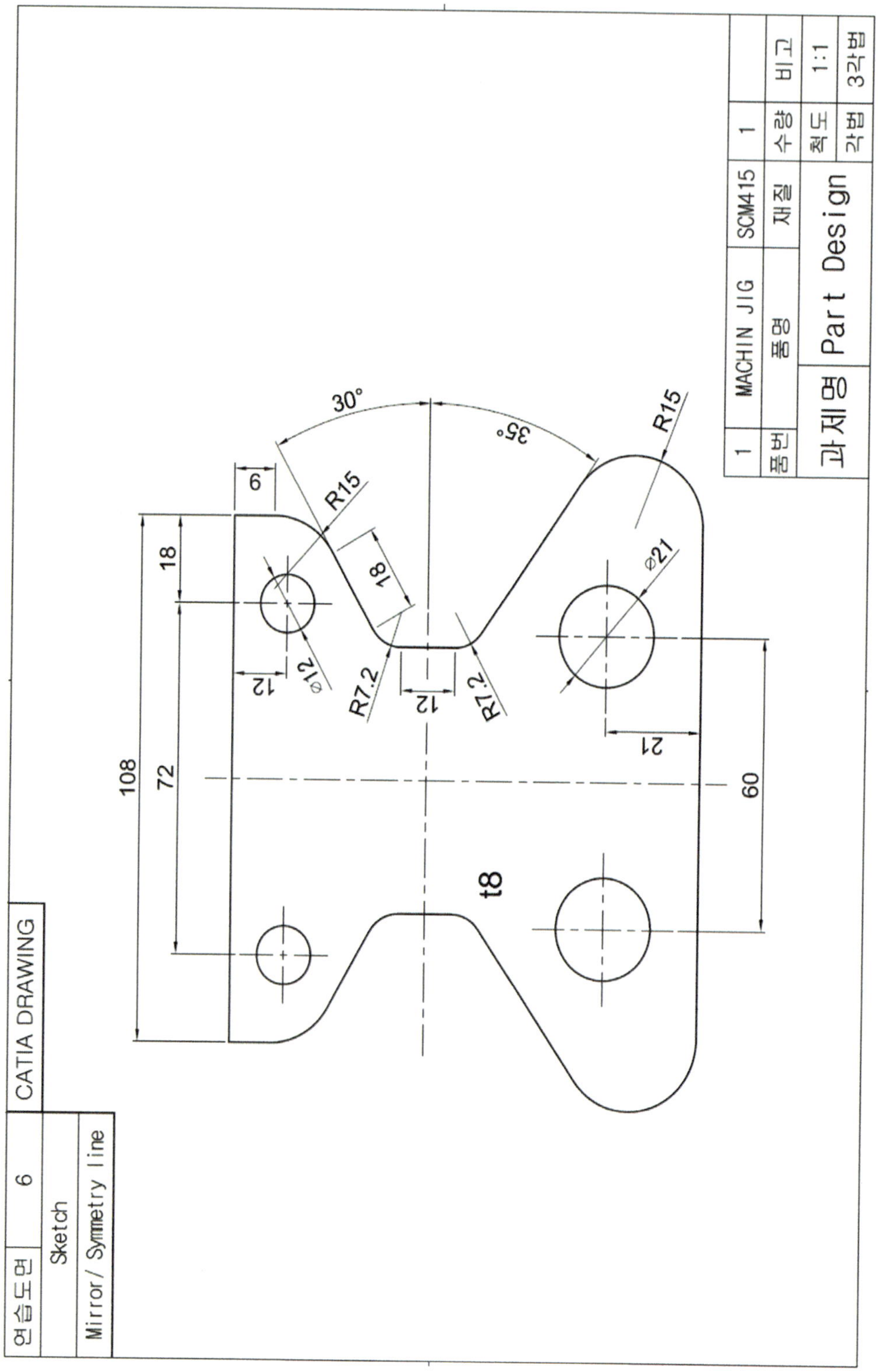
1
MACHIN JIG
SCM415
1
품번
품명
재질
수량
비고
과제명
Part Design
척도
1:1
각법
3각법
R15
30°
35°
6
R15
18
18
⌀21
⌀12
12
R7.2
12
R7.2
21
108
72
60
t8
연습도면
6
CATIA DRAWING
Sketch
Mirror/ Symmetry line

연습도면	7	CATIA DRAWING
Sketch		
Rotate/Auto-constraint/ Trim 기능사용		

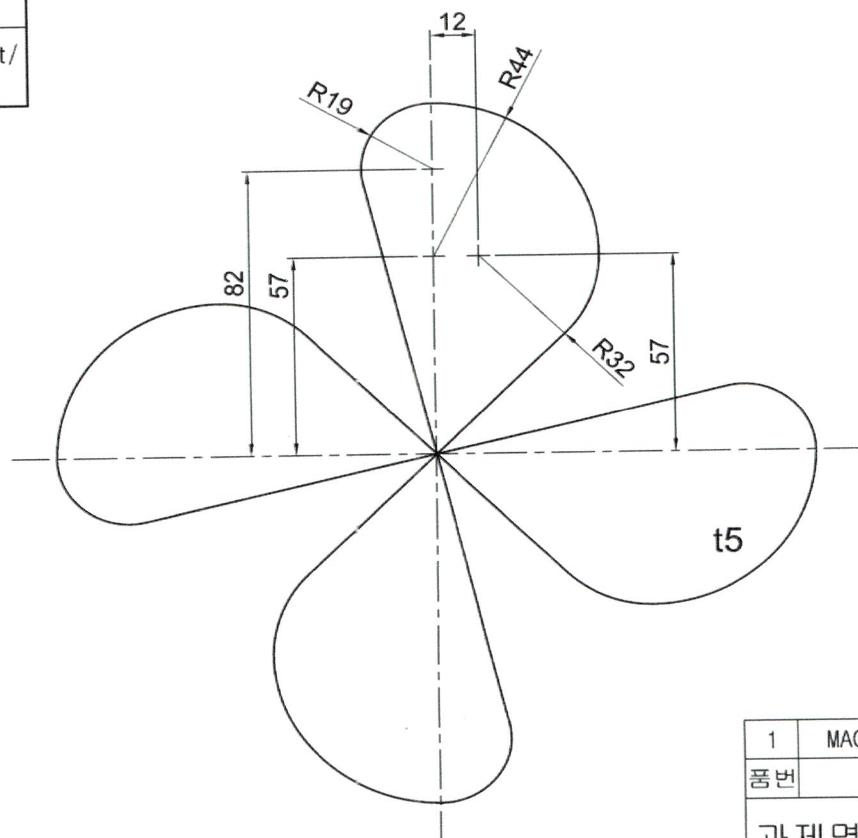

1	MACHINE JIG	SCM415	1	
품번	품명	재질	수량	비고
과제명	Part Design		척도	NS
			각법	3각법

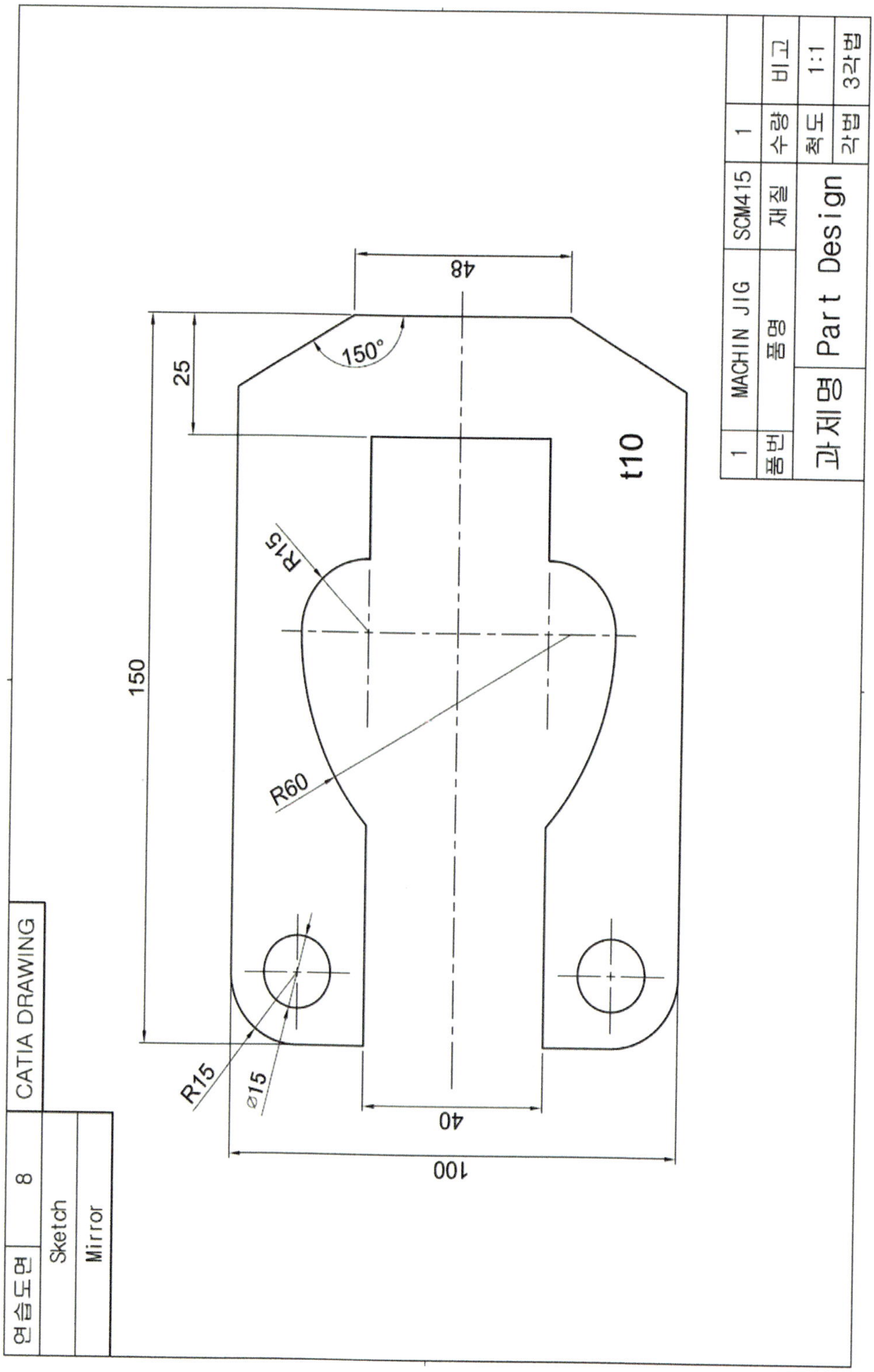
연습도면
8
Sketch
Mirror
CATIA DRAWING
1
MACHIN JIG
SCM415
1
품번
품명
재질
수량
비고
척도
1:1
각법
3각법
과제명
Part Design
t10
48
25
150°
150
R15
R60
R15
⌀15
40
100

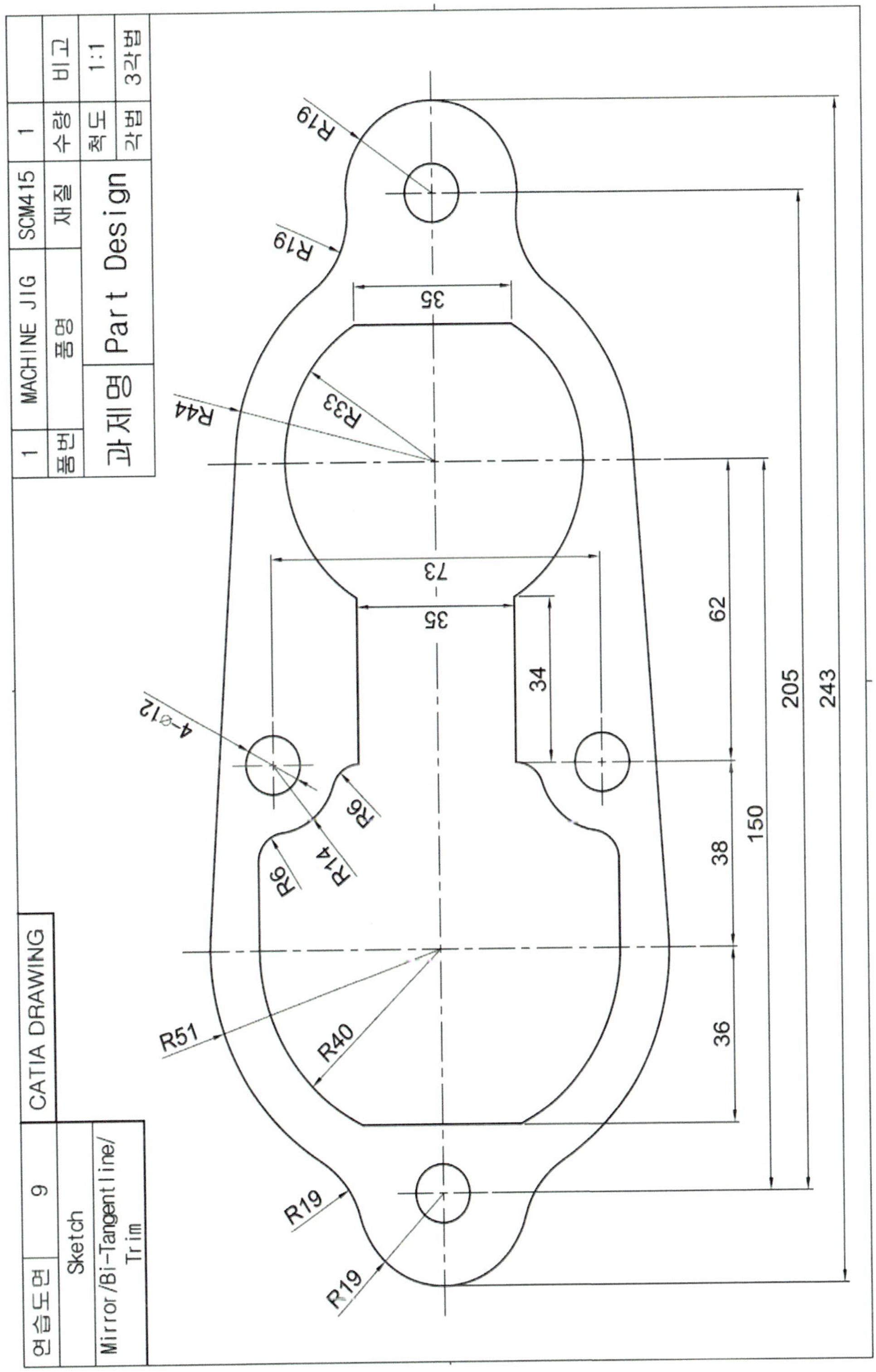
1
MACHINE JIG
SCM415
1
품번
품명
재질
수량
비고
척도
1:1
각법
3각법
과제명
Part Design
연습도면
9
CATIA DRAWING
Sketch
Mirror/Bi-Tangent line/Trim
R19
R19
35
R44
R33
73
35
4-⌀12
R6
R14
R6
34
62
205
243
150
38
36
R51
R40
R19
R19

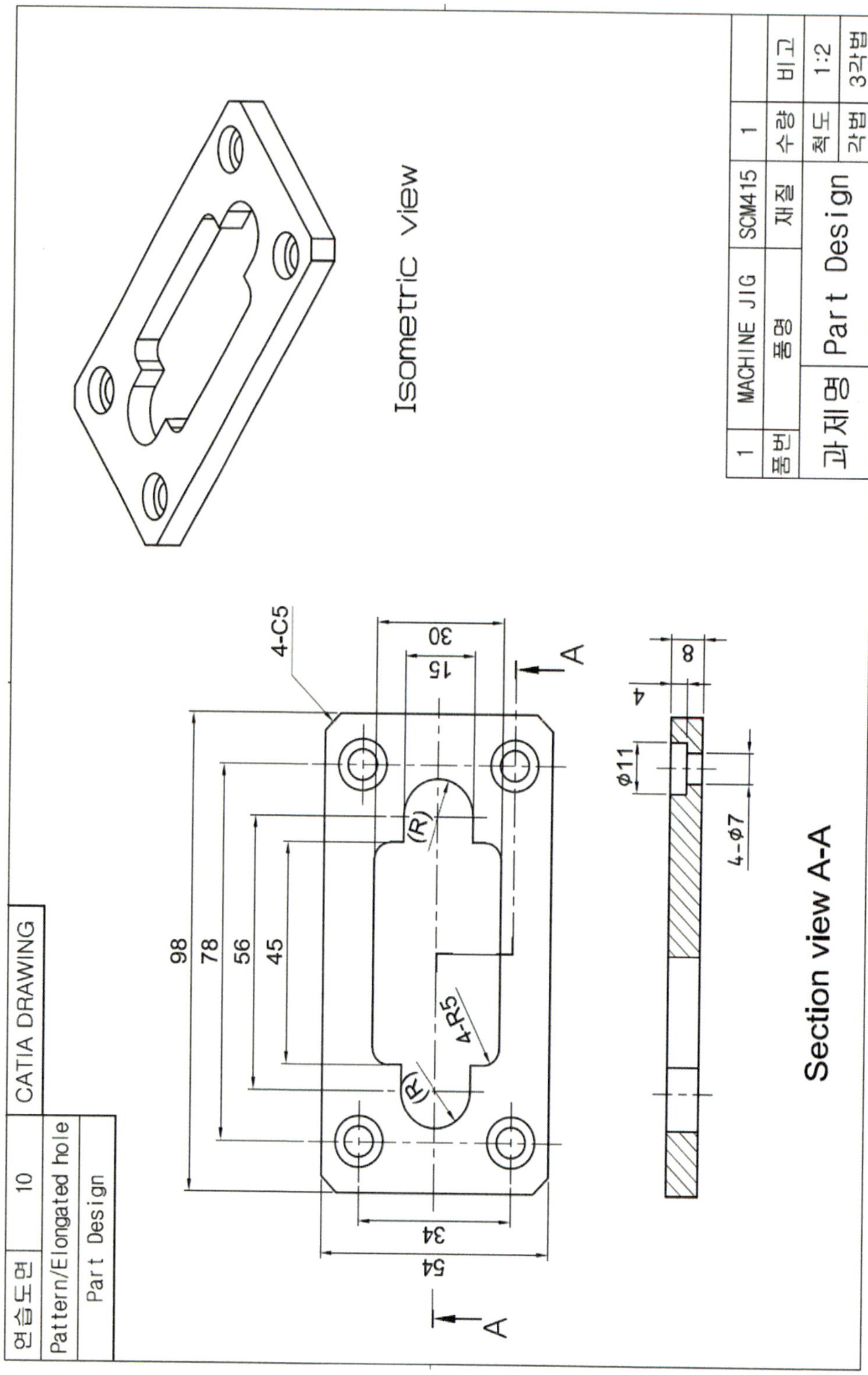
Isometric view
Section view A-A
연습도면 10 CATIA DRAWING
Pattern/Elongated hole
Part Design
1 MACHINE JIG SCM415 1
품번 품명 재질 수량 비고
과제명 Part Design 척도 1:2
각법 3각법
4-C5
4-R5
4-Φ7
Φ11

5

Part Design Workbench

Chapter 1. Part Design 시작하기
Chapter 2. Part Design Toolbar

Computer Aided Three-Dimensional Interactive Applications

CHAPTER

01 Part Design 시작하기

Part Design은 CATIA의 단품 Solid 형상을 만드는 워크벤치다. Sketch 워크벤치에서 생성한 profile들을 이용하여 Solid로 생성하는 작업장이다. Feature를 생성, 편집, 변형 등의 작업들을 이용해 원하는 Solid 작업을 진행한다. Solid 형상이란 형상의 외형은 물론이고 내부까지 꽉 차있는 형상을 말한다.

1 Workbench 들어가기

1) 지정한 단축키를 이용해서 들어가는 방법

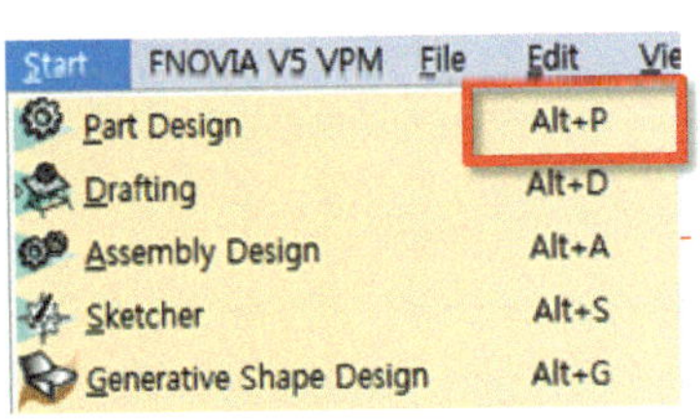

[그림 5-1]

단축키를 'Alt+P'로 지정했다면 CATIA 시작 후, Alt+P를 누르면 Part Design 워크벤치로 들어간다.

2) 즐겨찾기로 설정해서 들어가는 방법

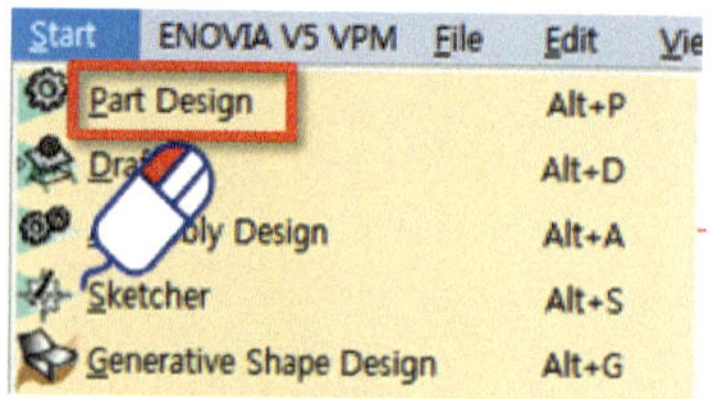

[그림 5-2]

Start메뉴를 클릭하면 Customize에서 즐겨찾기로 설정한 워크벤치들이 상단에 나타난다. Part Design을 클릭하면 해당 워크벤치로 들어간다.

3) Start Menu로 들어가는 방법

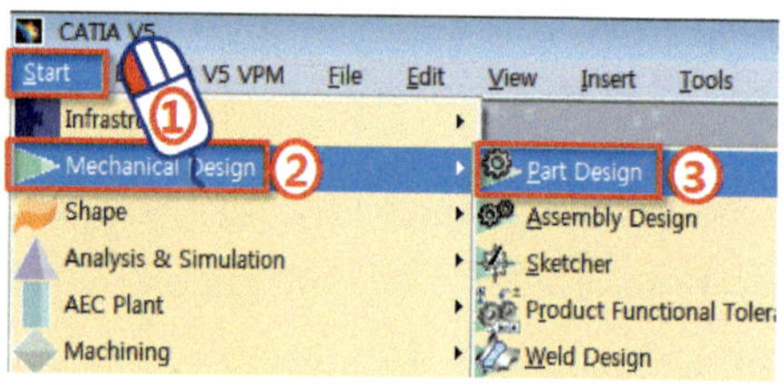

[그림 5-3]

① Start메뉴를 클릭
② Mechanical Design
③ Part Design을 클릭하면 해당 워크벤치로 들어간다.

위 3가지 방법 중에서 어느 것을 사용해도 무방하지만 신속하고 효율적인 작업을 위해서는 즐겨찾기 설정과 단축키를 지정해서 사용을 권장한다.

2 Part Design 작업순서

Part Design 워크벤치에서 모델링을 위해서는 작업의 흐름이 있다. 적절한 흐름을 기준으로 작업의 방향을 잡게 되면 쉽고 효율적으로 모델링 작업을 할 수 있다.

❶ Part Design 워크벤치로 들어간다. (상기 방법을 이용)
❷ Part Name을 입력하고 OK 한다.

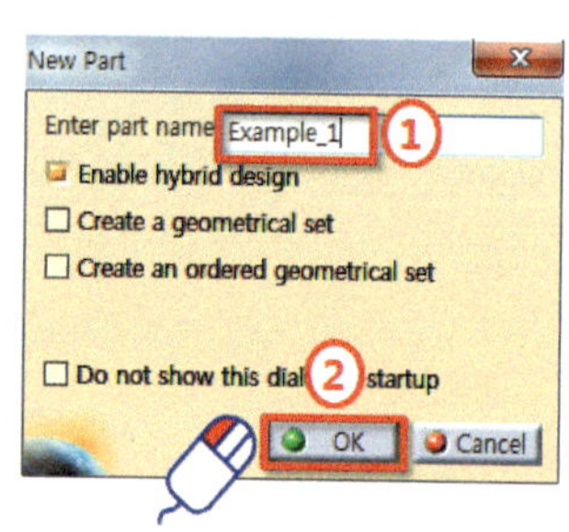

[그림 5-4]

❸ 절대좌표계의 임의의 Plane를 선택한다.

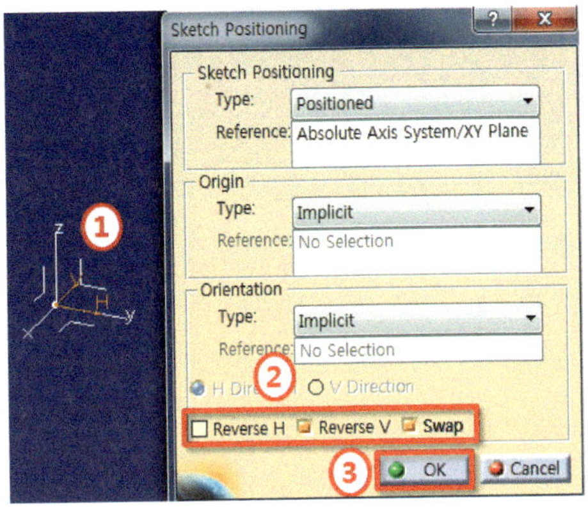

[그림 5-5]

① 절대좌표계에서 스케치 면이 될 임의의 Plane 를 선택
② Reverse와 Swap을 이용해서 스케치면의 방향 을 지정
③ OK

❹ 스케치를 한다. (Profile, Operation 툴바 등을 이용) - 완료 후 Exit Workbench 한다.

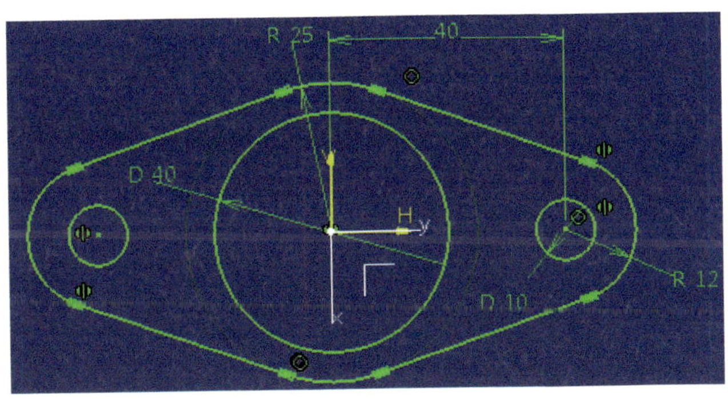

[그림 5-6]

❺ Sketch-Based Features Toolbar의 Multi-Pad를 이용하여 2차원 스케치 형상을 이용한 Solid 형상을 만든다.

① Multi-Pad 아이콘 클릭
② 각 요소의 값을 입력
③ 미리보기
④ OK

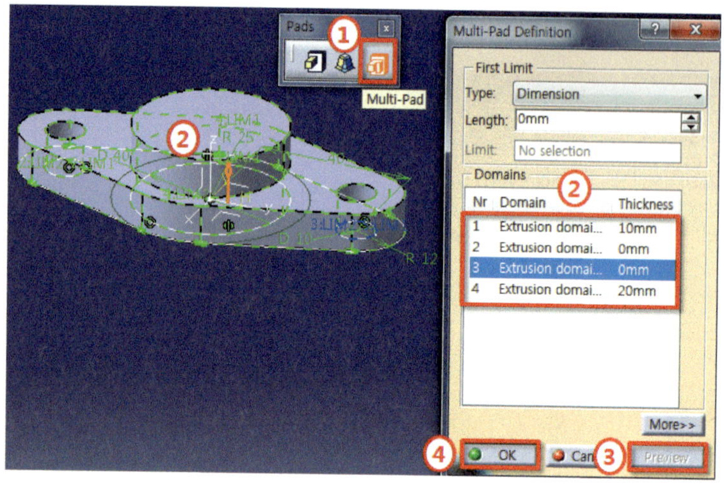

[그림 5-7]

❻ Sketch-Based Features Toolbar의 Hole을 이용하여 2차원 스케치 형상 없이 Solid 형상을 만든다.

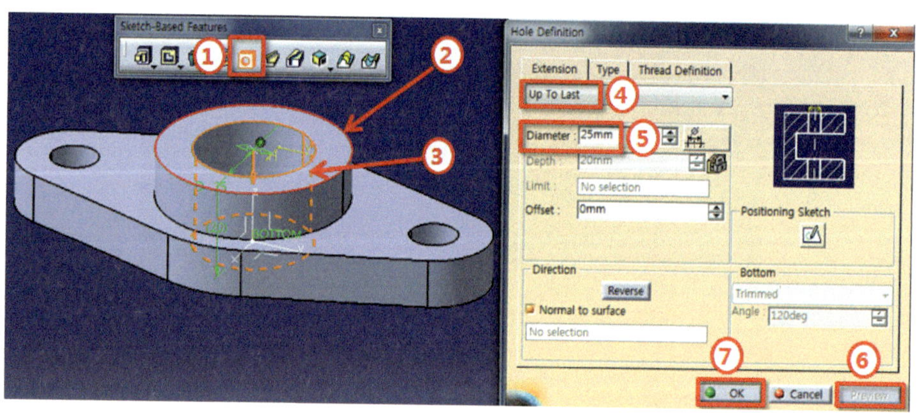

[그림 5-8]

① Hole 아이콘 클릭
② Edge 선택
③ 구멍 뚫을 면 선택
④ 구멍 깊이 지정
⑤ 구멍 직경 지정
⑥ 미리보기
⑦ OK

❼ Dress-Up Features Toolbar를 사용하여 형상을 다듬어 준다. 이 Toolbar는 스케치 없이 형상을 다듬을 수 있는 기능들로 구성되어 있다. 먼저 C1로 모따기를 해보겠다.

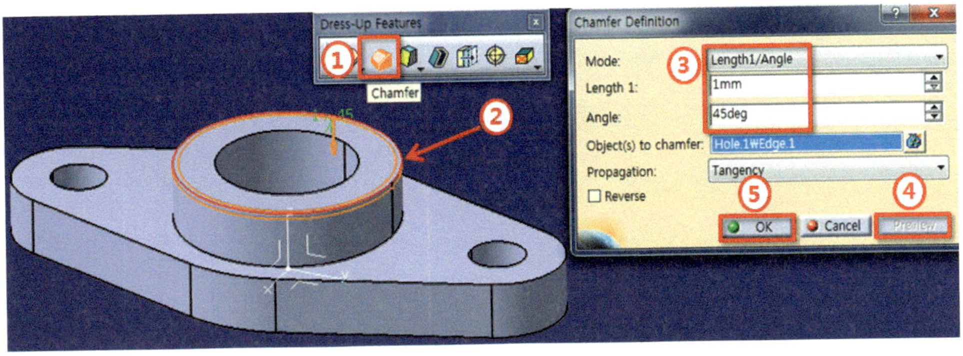

[그림 5-9]

① Dress-Up Features의 Chamfer 아이콘 클릭
② Edge선택
③ 모따기 유형과 값을 입력
④ 미리보기
⑤ OK

❽ Dress-Up Features Toolbar의 Edge Fillet 기능을 사용하여 모서리에 라운딩 형상으로 다듬어 준다. R1로 모깎기를 해보겠다. 클릭으로 다중선택이 가능하다.

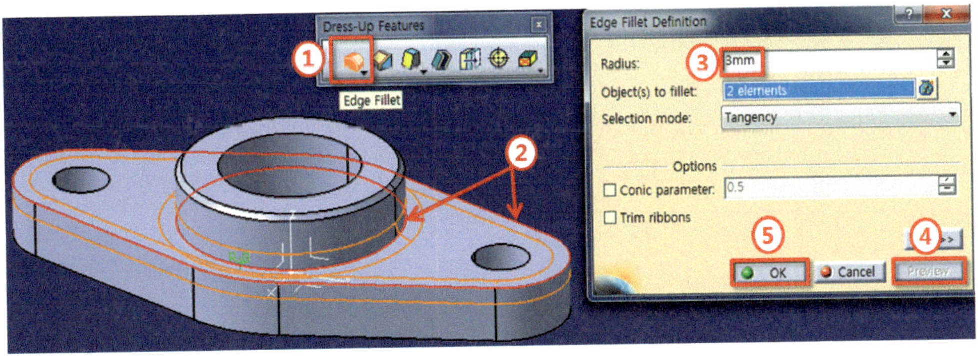

[그림 5-10]

① Dress-Up Features의 Edge Fillet 아이콘 클릭
② Edge 2곳 선택
③ 모깍기 유형과 R값을 입력

④ 미리보기
⑤ OK

❾ 3D모델링 완성. Graphic Properties Toolbar를 이용해 Color입혀 완성.

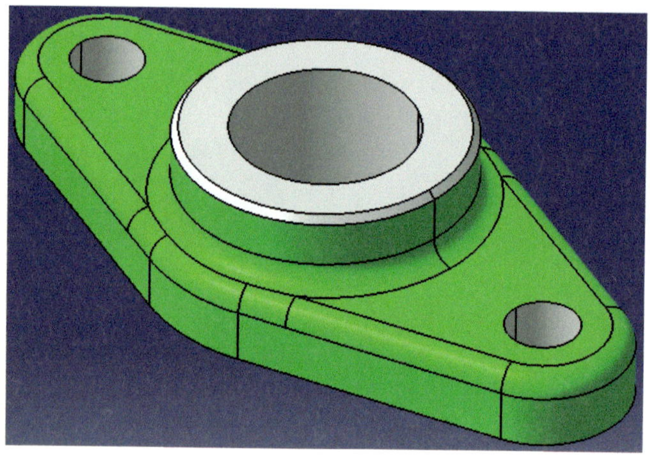

[그림 5-11]

❿ Part Design 작업순서 실습 도면
- 93쪽에 게시

⓫ Part Design 작업순서 정리
① 2차원 상에서 형상 스케치를 한다.
② Sketch-Based Features Toolbar를 사용하여 2차원 스케치 형상을 이용한 Solid 형상을 만든다.
③ Dress-Up Features Toolbar를 이용하여 Solid 형상을 다듬는다.

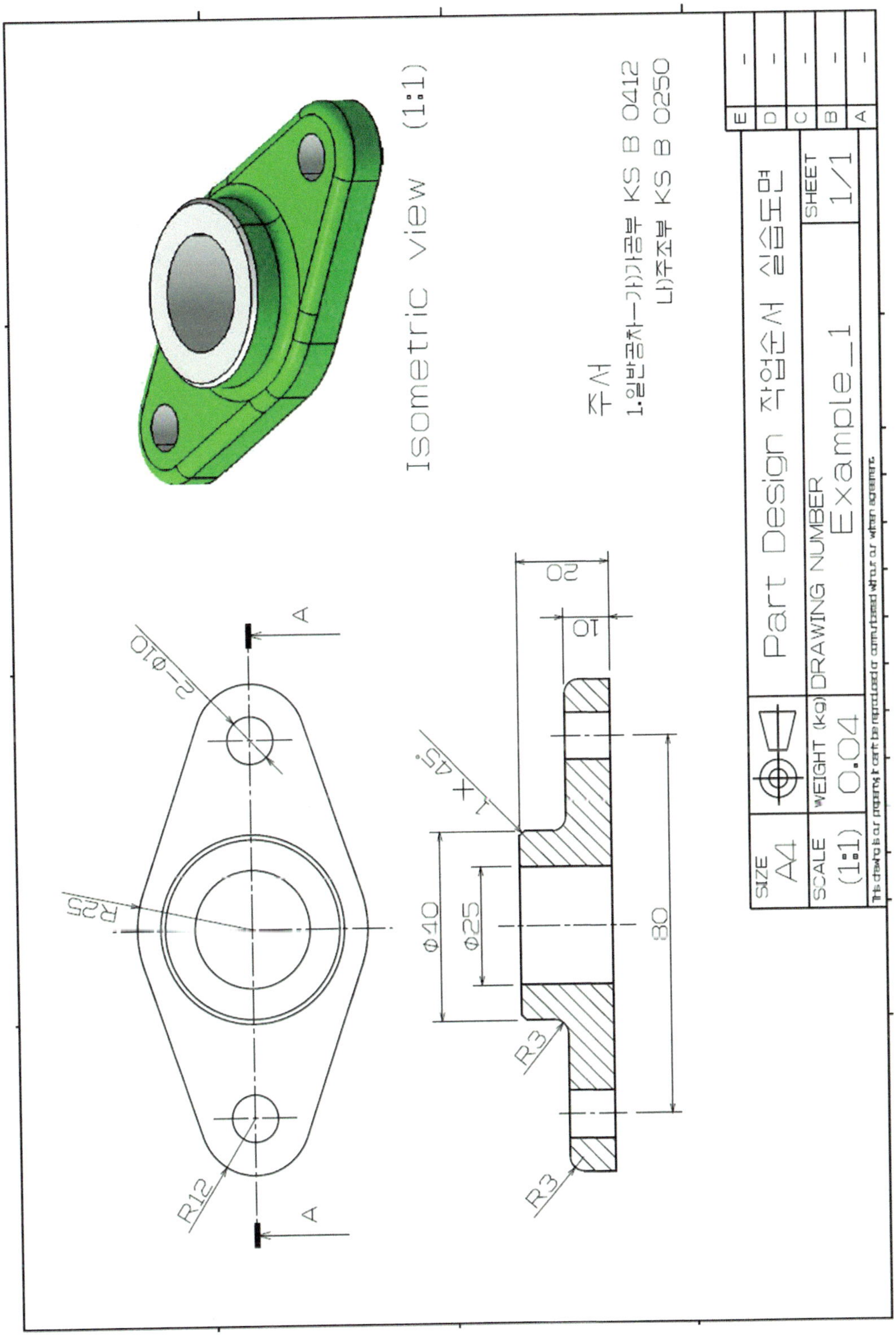
Isometric view (1:1)
주서
1.일반공차-가)가공부 KS B 0412
나)주조부 KS B 0250
2-φ10
R25
R12
A
A
φ40
φ25
80
20
10
1 × 45°
R3
R3
SIZE
A4
SCALE
(1:1)
WEIGHT (kg)
0.04
DRAWING NUMBER
Example_1
SHEET
1/1
Part Design 작업순서 실습도면
E
D
C
B
A

CHAPTER

02 Part Design Toolbar

1 Sketcher Toolbar

[그림 5-12]

- Sketch 아이콘(왼쪽)
- Positioned Sketch 아이콘(오른쪽)

1) Sketch 아이콘 

CATIA에서는 3D모델링을 하기위해서는 Sketch로 Profile을 생성해야 한다. 하지만 Sketcher Toolbar의 Sketch 아이콘을 사용해서 스케치를 하려면 화면이 내가 원하는 방향으로 생성되지 않고 의도치 않게 막 돌아가는 경우가 생길 것이다. 이유는 Sketch에는 H방형과 V방향이 존재하는데, Horizontal과 Vertical이다.

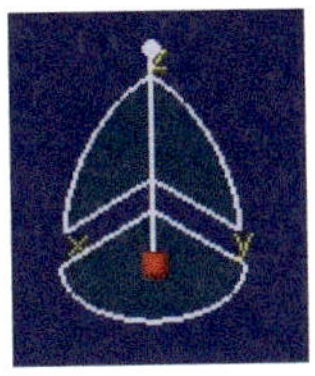

[그림 5-13]

수평, 수직이 [그림5-13]의 Compass 기준으로 생성이 된다.

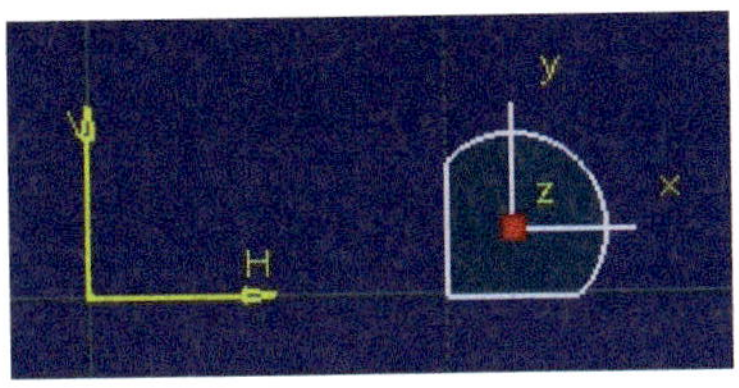

[그림 5-14]

Sketch 아이콘을 클릭해서 X,Y Plane을 선택하고 들어갈 경우 [그림5-14] 그림과 같이 H, V가 설정된다.

6

2) Positioned Sketch 아이콘 

Positioned Sketch는 H, V를 변경할 수 있다. 말 그대로 위치를 잡고 스케치를 할 수 있는 기능이다.

Positioned Sketch 아이콘을 클릭하고, [그림 5-15]와 같이 절대좌표계에서 3D모델링을 할 제품의 형상과 용도에 적절한 임의의 Plane를 선택한다. Sketch Positioning 정의 창이 나타나면 Reverse H, Reverse V, Swap을 체크해서 방향을 변경할 수 있다. Reverse H는 H방향을 반대로, Reverse V는 V방향을 반대로, Swap은 H와 V를 맞바꿔주는 역할을 한다.

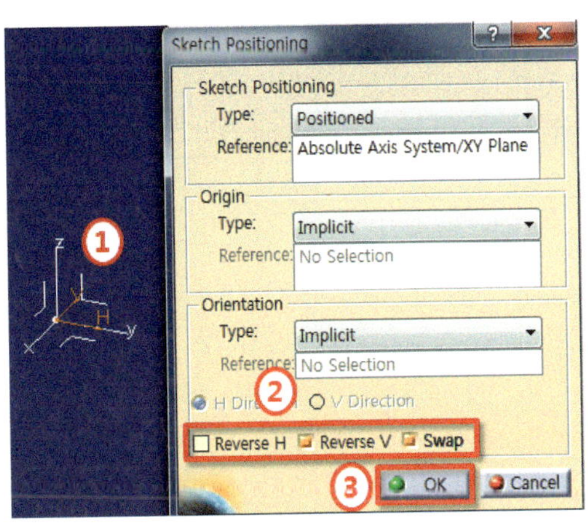

[그림 5-15]

[작업순서]

① 절대좌표계에서 스케치 면이 될 임의의 Plane를 선택
② Reverse와 Swap을 이용해서 스케치면의 방향을 지정
③ OK

2 Sketch-Based Feature Toolbar

[그림 5-16]

2차원 Sketch를 완성 후, 이 스케치를 이용해서 Solid 형상을 만들고자 할 때 반드시 거쳐야 하는 Toolbar가 Sketch-Based Feature Toolbar이다. 2D 스케치를 이용해 3D 형상을 만드는 도구막대다.

1) Pads Sub Toolbar

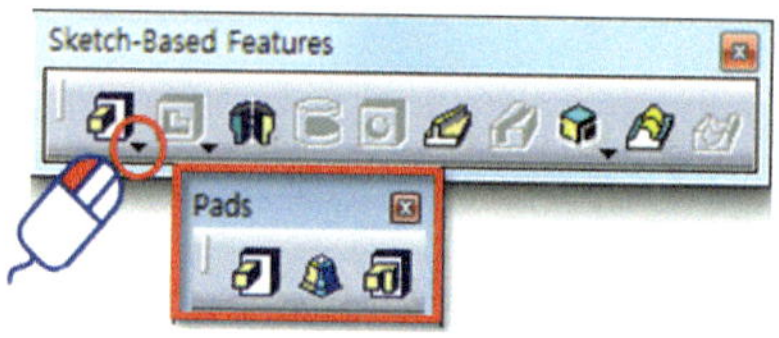

[그림 5-17]

-  Pad : Sketch에서 작성한 profile을 임의의 방향으로 솔리드를 돌출시키는 기능이다. Sketch-Based Features에서 가장 기초적인 형상 생성 명령으로 사용이 매우 단순하면서도 가장 많은 작업에 사용되며 시작 단계에서 가장 많은 시간을 할애하여 설명하는 명령이다. Pad 한 가지만 잘 습득한다면 다른 명령들에서도 비슷한 적용이 가능하므로 쉽게 적용할 수 있다.

프로파일 스케치를 하고 Pad 아이콘을 클릭하면 [그림 5-18]과 같은 Pad Definition 창이 나타난다.

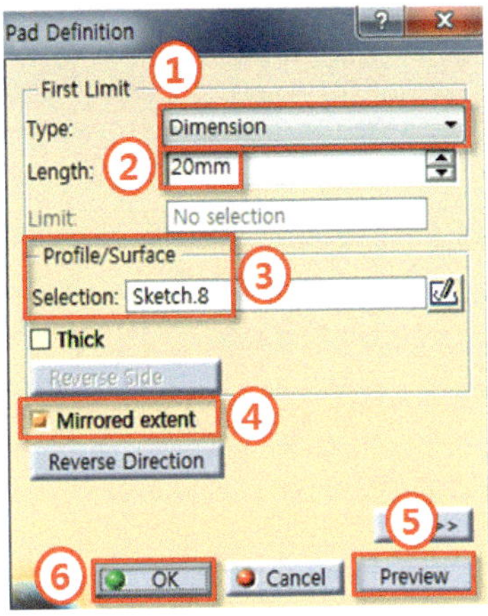

[그림 5-18]

① Pad의 치수 입력 Type으로 몇 가지 방법이 있다. Dimension Type은 디폴트로 사용하며 Pad 길이를 수치로 정의한다. 양수, 음수 모두 가능하며, 음수는 원래방향과 반대방향으로 치수를 주는 것과 같은 의미다.
② Dimension Type일 때 활성화되며 Pad 할 길이 값을 입력한다.
③ Pad 할 요소 선택
④ 하나의 길이 값을 양쪽방향에 똑같이 적용 시킨다.
⑤ 미리보기
⑥ OK – [그림 5-19]와 같이 3D모델이 완성된다.

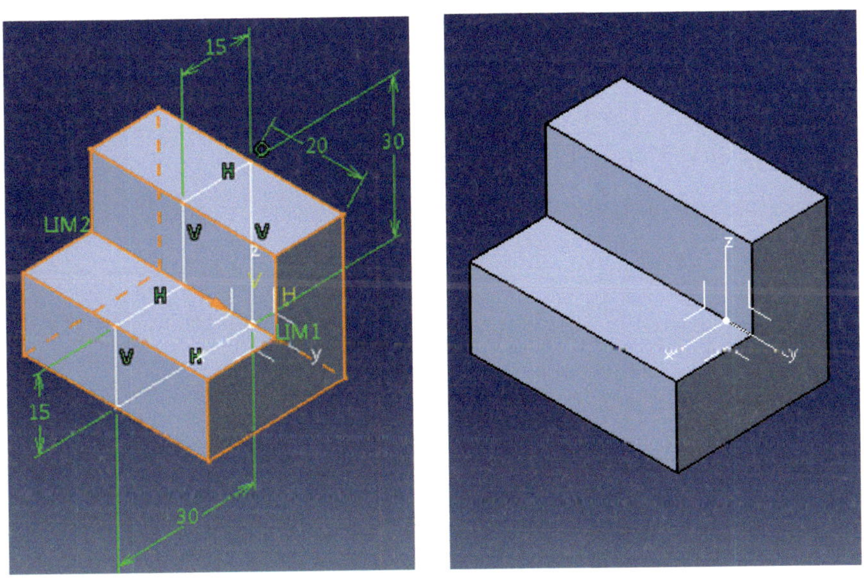

[그림 5-19]

▣ Pad Definition 상세 정의

[Pad Definition 창]

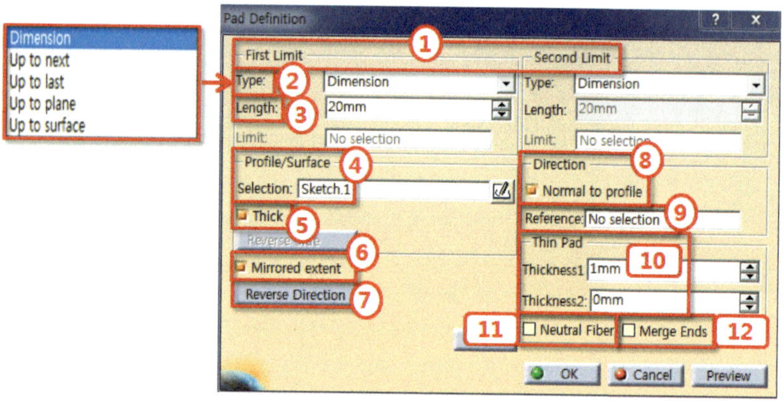

[그림 5-20]

① First Limit와 Second Limit

Pad는 양방향으로 객체를 돌출시킬 수 있다. 돌출을 하기 위해 Pad 아이콘을 클릭하면 Pad Definition 창에 First Limit만 나타난다. 양방향의 돌출 길이를 다르게 하거나, Thick 기능을 사용해야할 경우에는 More>> 아이콘을 클릭해서 Second Limit를 확장해서 사용할 수 있다.

② Pad의 치수 입력 Type

Pad의 값을 정의하는 방법에는 3차원 형상의 수치를 직접 입력하는 Dimension방식 외에 몇 가지 추가적인 방법이 더 있다.

- Up to next : 가장 가까운 면까지 Solid를 돌출시키는 type이다.
- Up to last : 마지막 면까지 Solid를 돌출시키는 type이다.
- Up to plane : 지정하는 면이나 평면까지 Solid를 돌출시키는 type이다.
- Up to surface : 지정하는 surface까지 Solid를 돌출시키는 type이다.

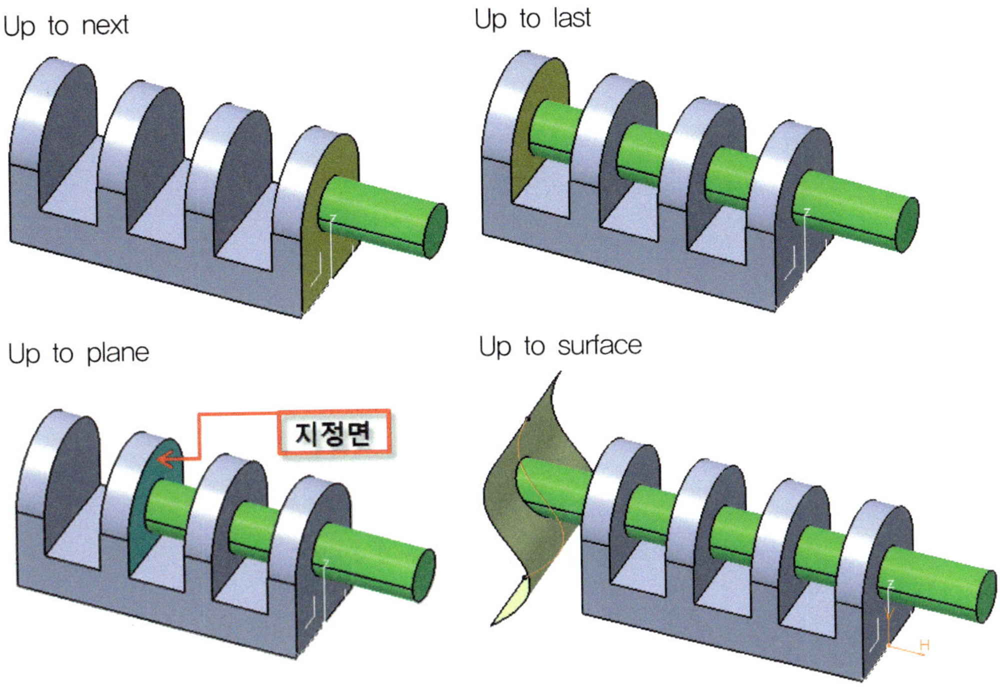

[그림 5-21]

③ Length : 돌출되는 길이 값 입력 창

④ Profile/Surface

Pad하고자 하는 대상을 선택하는 창이다. Profile을 선택할 때 주의할 것은 기본적으로 Pad는 닫힌 형상(Closed Profile)에 대해서 만들어지기 때문에 완전히 닫혀 있지 않거나 Trim이 잘못된 경우 Pad생성이 안되고 경고창이 뜬다. (단, Thick 기능은 예외)

⑤ Thick

닫힌 Profile이 아닌 열려있는 프로파일에 Thick 아이콘을 체크하여 두께를 가진 Pad를 생성할 수 있다. 물론, 닫힌 Profile에도 Thick 기능을 사용할 수 있다.

Thickness 1은 스케치 Profile의 안쪽 방향으로 두께가 생성되고, Thickness 2는 바깥 방향으로 지정한 값의 두께가 생성된다.

⑥ Mirrored extent

Section profile을 기준으로 양방향 동일한 값으로 돌출시키는 옵션이다. Mirrored extent 옵션을 체크하면 First Limit의 값에 따라가므로 Second Limit는 자동으로 비활성화 된다.

⑦ Reverse Direction / Reverse Side

Definition창에 있는 버튼을 클릭하거나 3D상에 나타나는 화살표를 클릭하여 돌출되는 방향을 변경하는 기능이다.

- Reverse Side : Section profile을 기준으로 생성될 Side면 방향을 변경하는 옵션이다.
- Reverse Direction : 솔리드 돌출방향을 변경하는 옵션이다.

⑧ Normal to profile

기본적으로 Pad는 Profile의 기준면과 수직방향으로 돌출된다. 그런데 필요에 따라 Pad의 방향을 바꾸어야 할 경우에 'Normal to profile'을 해제하고 임으로 그린 직선이나 기준요소를 선택하여 Pad의 방향을 바꾸어 줄 수 있다.

⑨ Reference

Pad의 방향을 바꾸기 위해 'Normal to profile'을 해제하고 임으로 그린 직선이나 기준요소를 선택하는 기능이다.

⑩ Thin Pad

Thick 기능을 사용할 때 스케치의 Profile에 두께 값을 주는 기능이다. Open profile이나 Close profile 모두 사용가능하며 Profile을 기준으로 한 방향이나 양 방향으로 두께를 부여하여 Solid를 생성한다.

⑪ Neutral Fiber

스케치 Profile을 기준으로 Thickness1의 1/2값으로 각각 양방향으로 두께를 부여하는 옵션이다.

⑫ Merge Ends

Merge Ends기능은 Thick를 체크해야만 사용할 수 있는 기능으로 Merge Ends 옵션을 체크하면 스케치 Profile이 최대 연장이 될 수 있는 면까지 Solid 형상으로 돌출한다.

참고 Go to profile definition

하나의 Sketch에 여러 profile이 존재할 경우 특정부분의 profile만 지정하여 돌출시킬 수 있는 옵션이다. Selection란에서 MB3 버튼을 클릭하여 Go to profile definition 옵션을 선택한다.

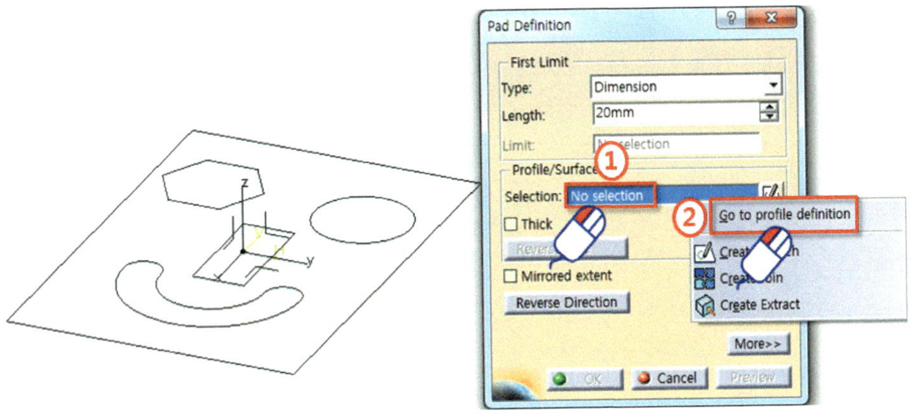

[그림 5-22]

Pad 아이콘을 클릭하면 [그림 5-22]와 같은 profile definition 창이 나타난다. Selection을 선택하고 MB3를 클릭하여 Go to profile definition을 선택한다.

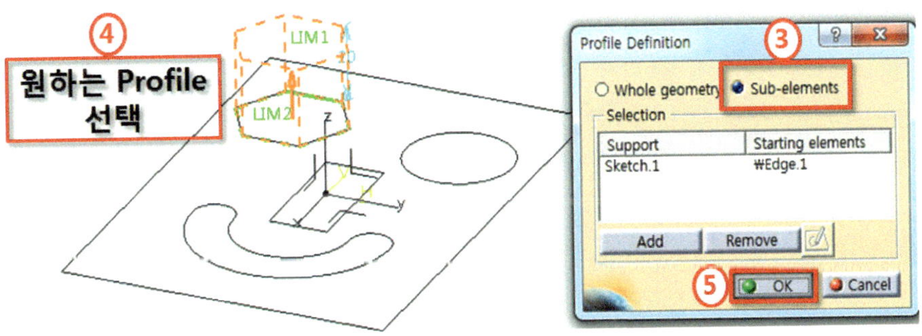

[그림 5 23]

③ Sub-element 선택

④ 원하는 Profile 선택

⑤ OK

> **참고** Sub-element : 개별 요소가 선택 된다.
> Whole geometry : 모든 요소가 선택 된다.

- Drafted Filleted Pad : 몇 개의 명령이 복합된 것으로 Pad를 하면서 동시에 Solid 면에 Draft로 각도를 주고 Fillet으로 라운드 처리까지 해주는 기능이다. 즉, 한번에 Pad, Draft, Edge Fillet 작업을 동시에 수행하는 명령이다.
- Multi-Pad : 한 Sketch상에 여러 개의 Section profile이 있을 경우, 각각의 치수를 주어 돌출시킬 때 사용하는 기능이다. 한 번에 여러 높이의 Pad를 신속하고 효율적으로 만드는 방법이다.

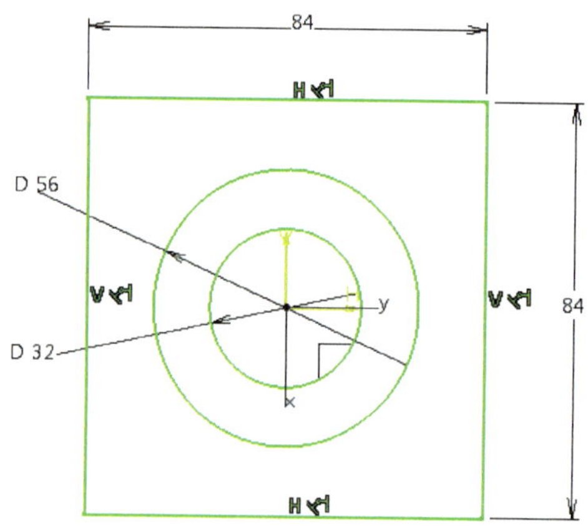

[그림 5-24]

첫 번째 Domain은 8mm, 두 번째 Domain은 119mm, 세 번째 Domain은 99mm를 입력하여 [그림 5-25]와 같은 결과를 나타낼 수 있다.

Multi-Pad에서 주의할 것은 각 Profile이 완전한 Domain으로 구분되어야 한다. 각 스케치가 이어지거나, 공유되거나, Open 프로파일이면 Multi-Pad가 생성되지 않는다.

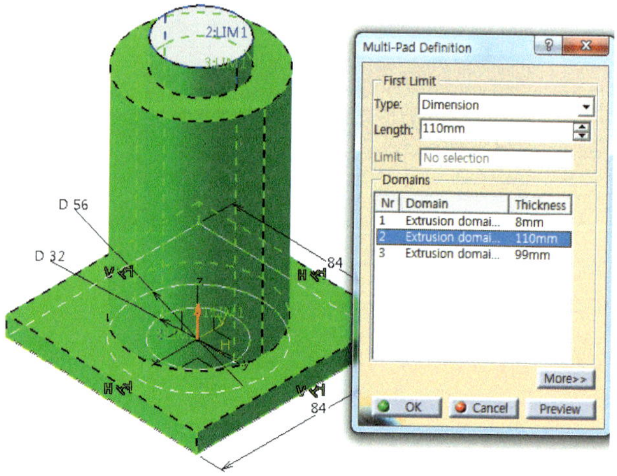

[그림 5-25]

2) Pockets Sub Toolbar

[그림 5-26]

- Pocket : 임의의 Sketch를 사용하여 그 스케치 형상대로 Body의 Solid 형상을 일정방향으로 제거하는 기능이다. Pocket을 하기 위해서는 현재 Body에 임의의 Solid 형상이 있어야 한다. Pocket과 같이 어떤 형상에서 제거하는 명령들은 Part 도큐먼트에 형상이 없으면 활성화가 되지 않는다. Body의 Solid 형상을 제거하는 속성 외에는 작업방식이나 세부 옵션이 Pad와 동일하므로 Pad 부분을 참고하기 바란다.

[Pocket의 기본적인 작업순서]

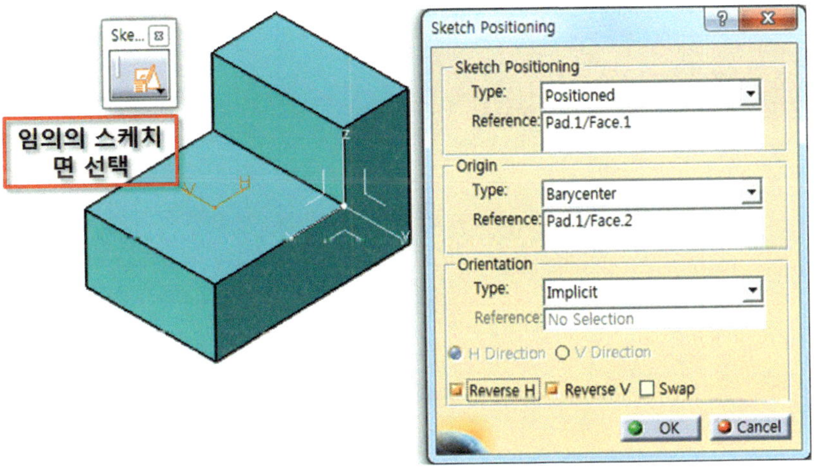

[그림 5-27]

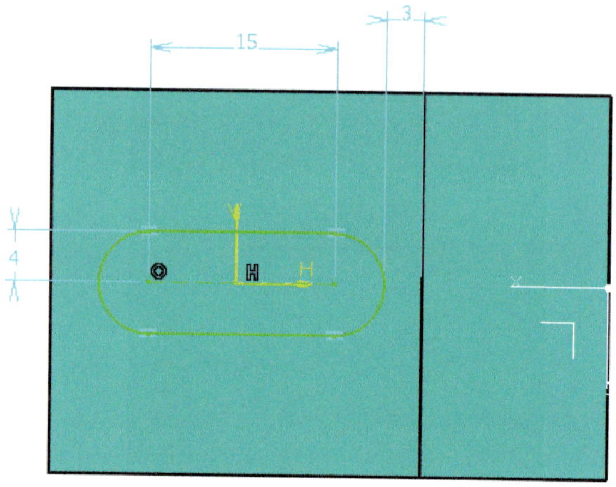

[그림 5-28] 임의의 지정면에 스케치

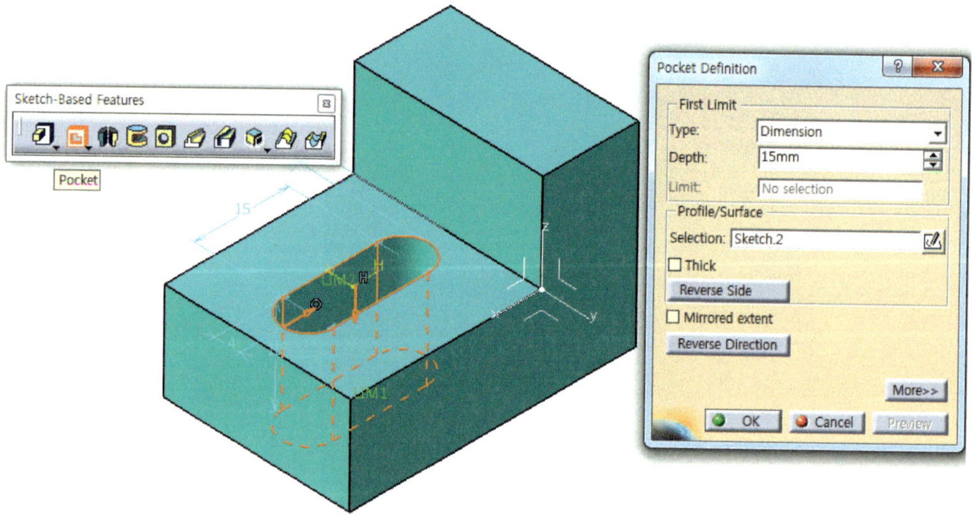

[그림 5-29] Pocket 실행

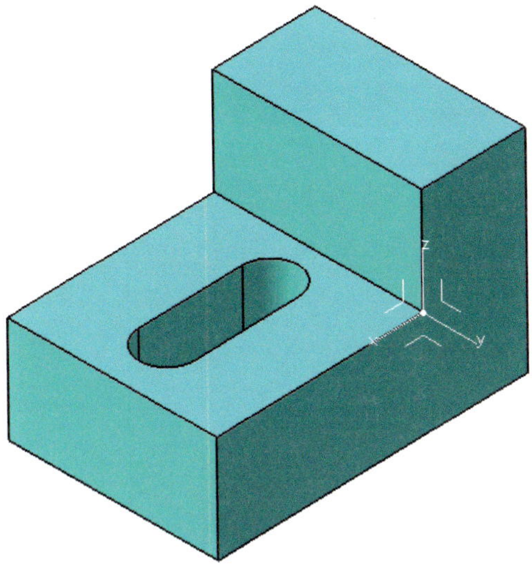

[그림 5-30] Pocket이 완성된 모델

- Drafted Filleted Pocket : Pocket + Draft + Filleted의 3가지 기능이 동시에 작업이 가능하다.
- Multi-Pocket : 한 Sketch에 여러 Profile을 각각의 다른 Depth값으로 빼내는 기능이다. 각 부분마다 내가 원하는 두께를 지정하여 제거할 수 있다.

_ Pad & Pocket 예제 1

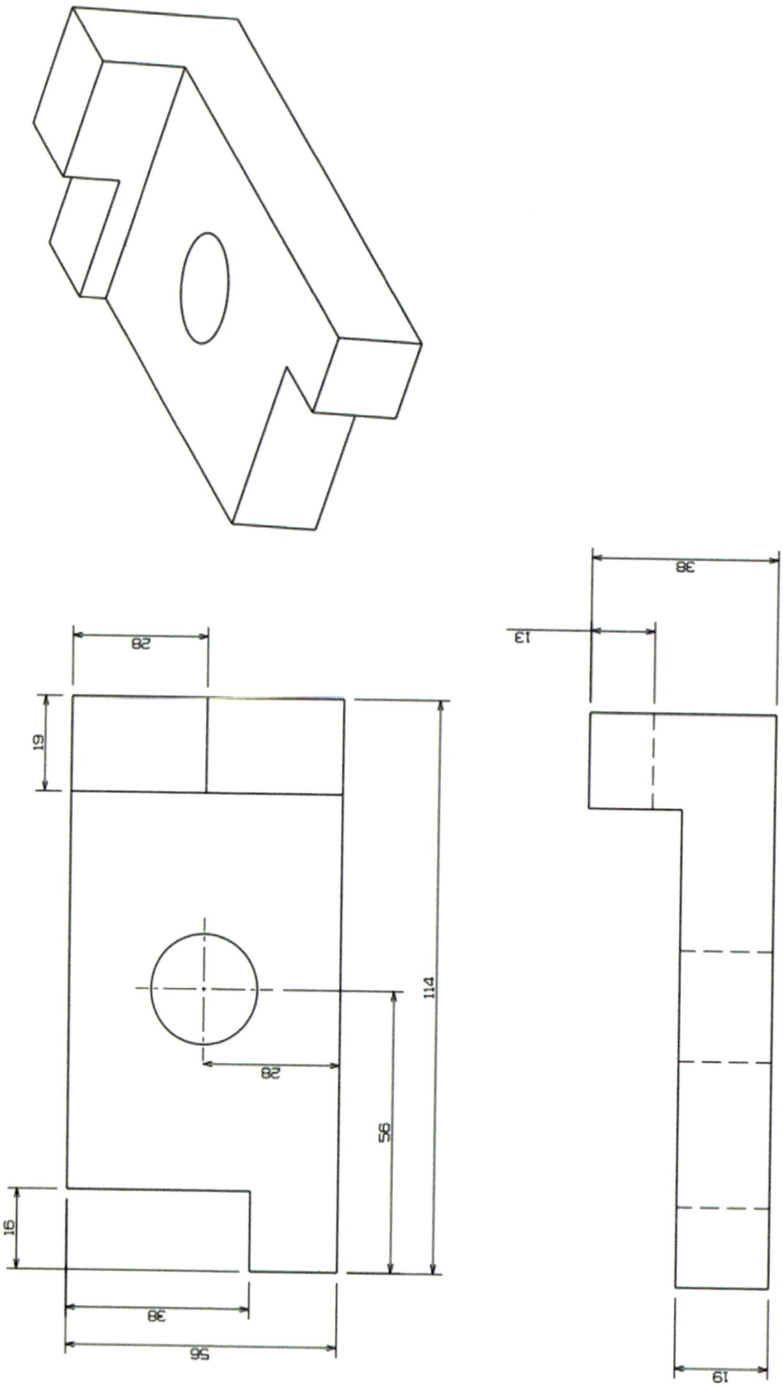

_ Pad & Pocket 예제 2

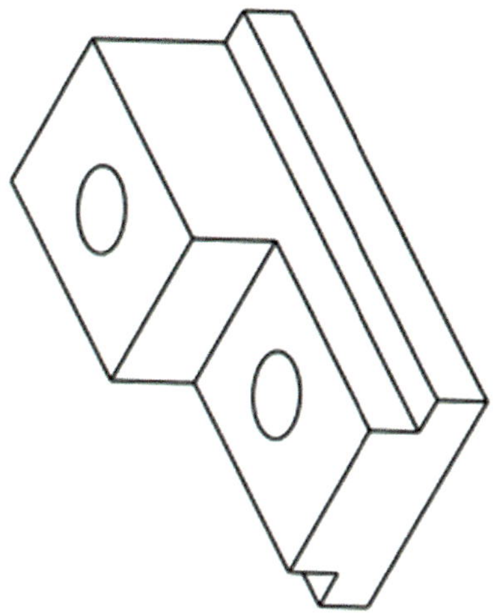

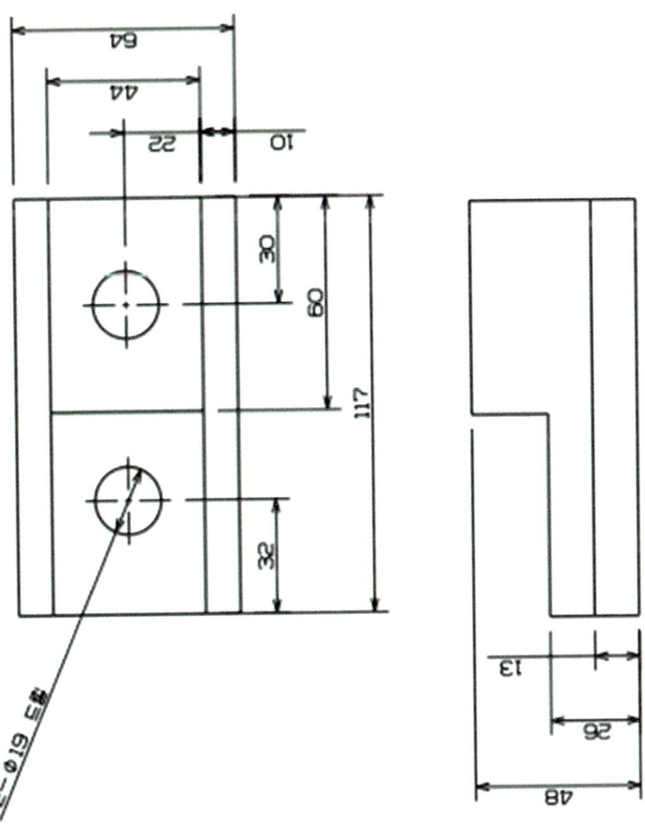

_ Pad & Pocket 예제 3

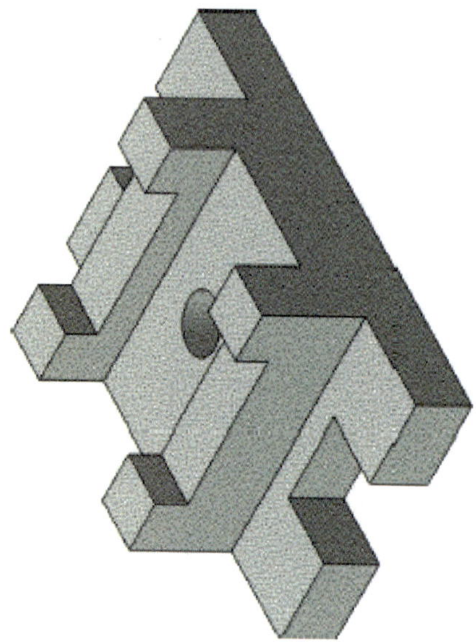

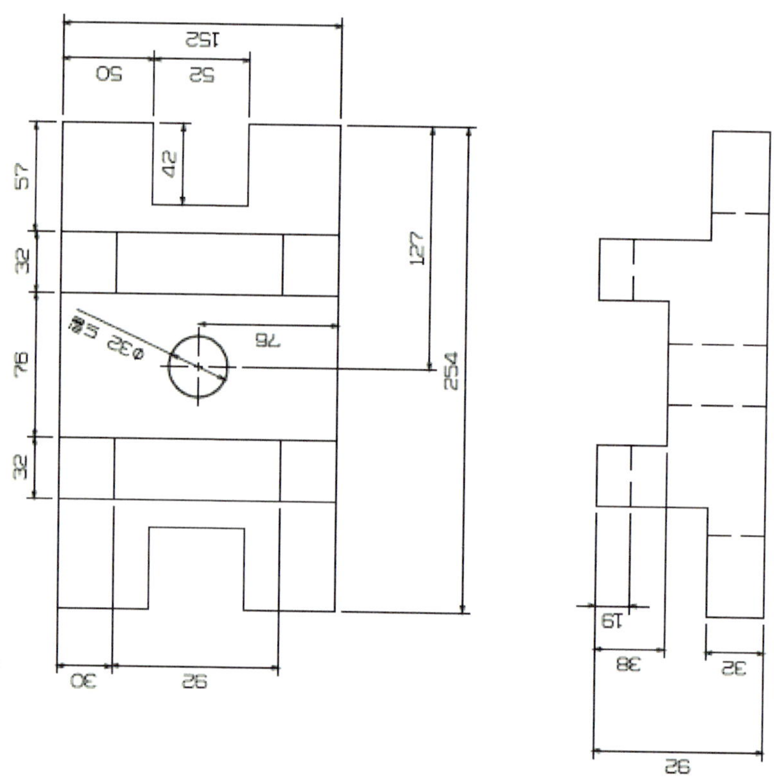

_ Pad & Pocket 예제 4

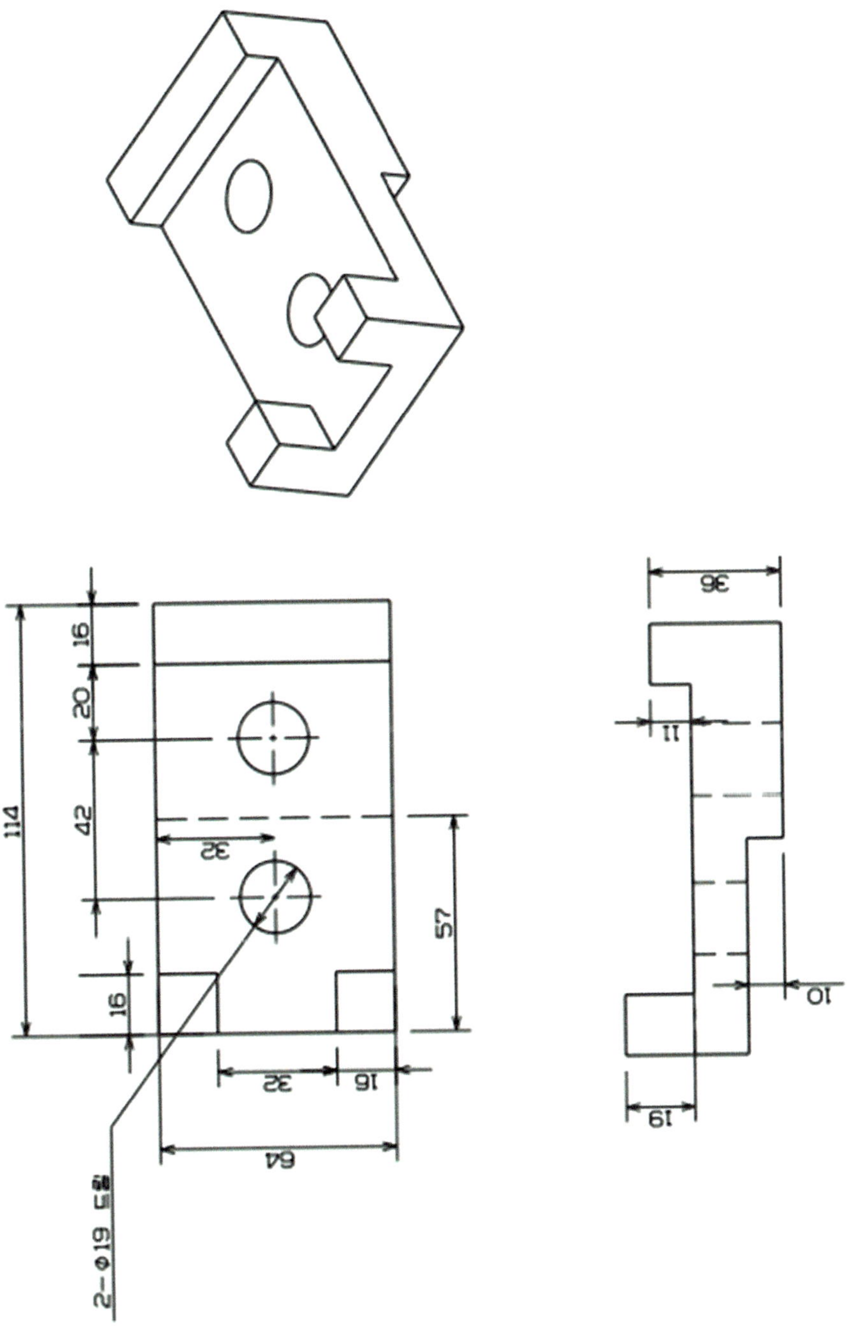

_ Pad & Pocket 예제 5

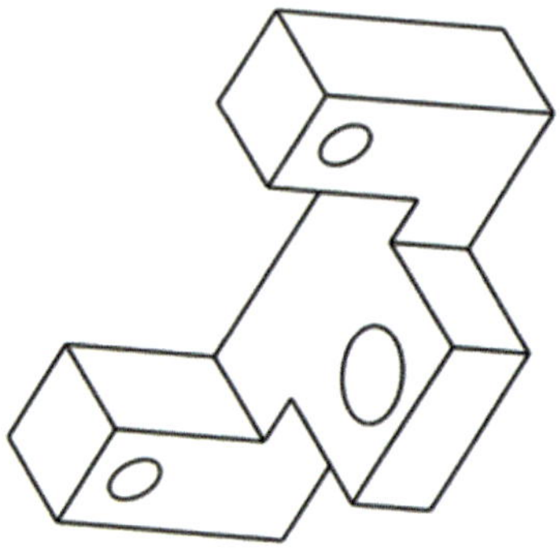

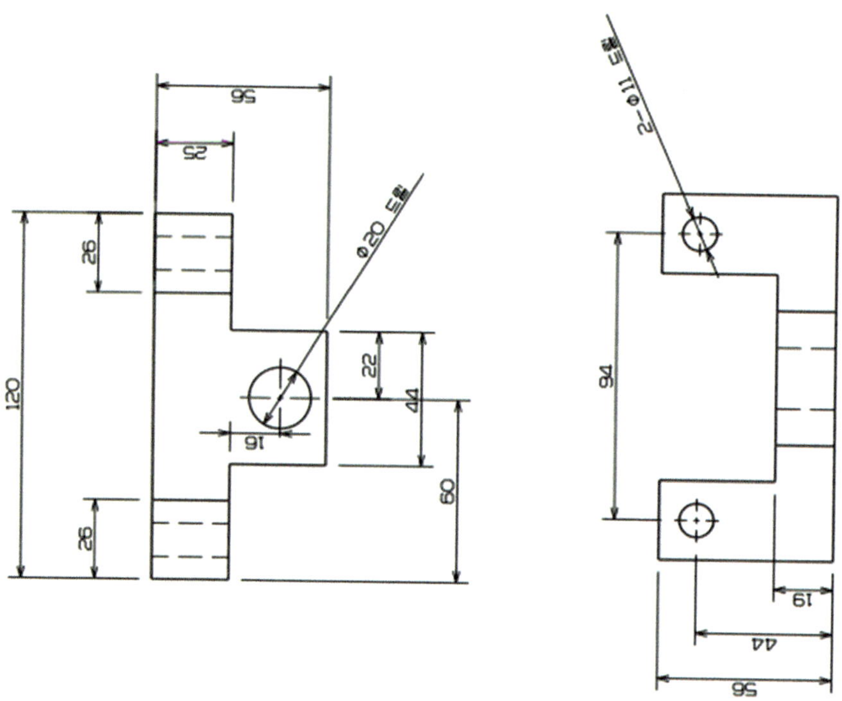

_ Pad & Pocket 예제 6

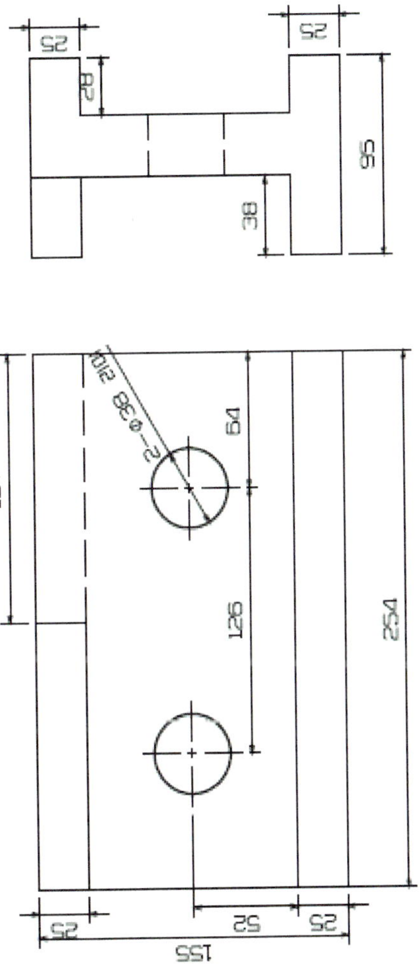

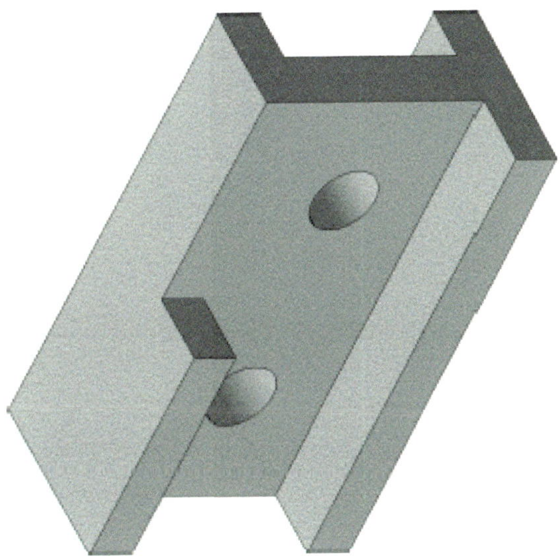

_ Pad & Pocket 예제 7

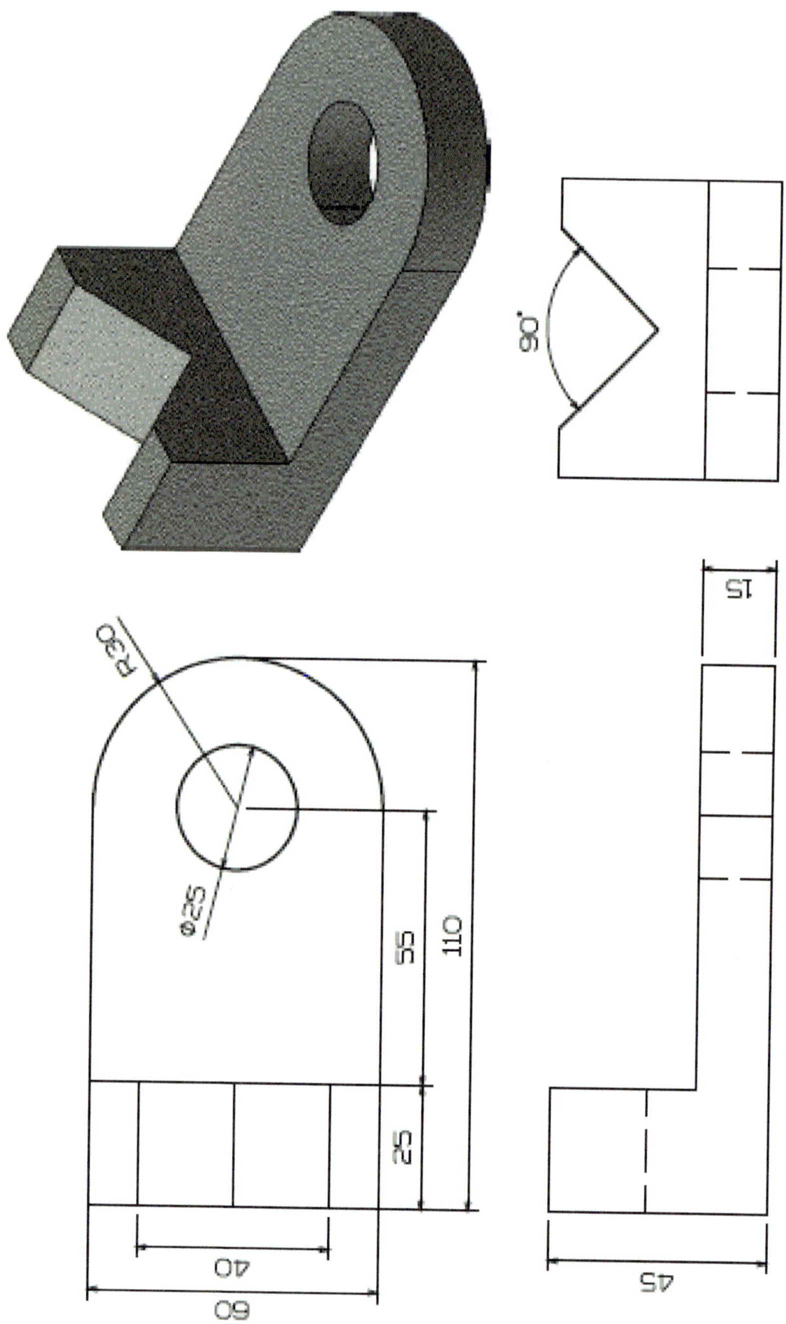

3) Shaft

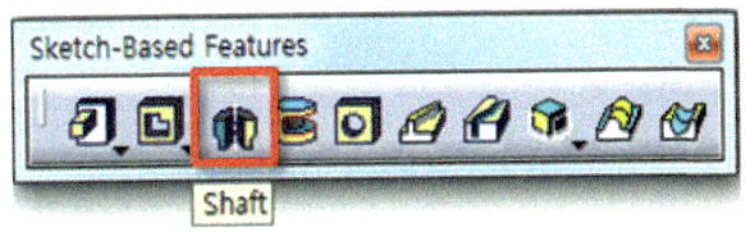

[그림 5-31]

임의의 중심축을 기준으로 회전체 솔리드를 만드는 기능이다. 스케치 작업 시 회전축이 될 축과 회전 형상을 스케치를 한다. 3D상으로 나와서 회전 값 First angle에 각도값을 입력하여 회전체를 만들면 작업이 완성이 된다.

6

▣ Shaft Definition 상세 정의

▪ Shaft Definition 창

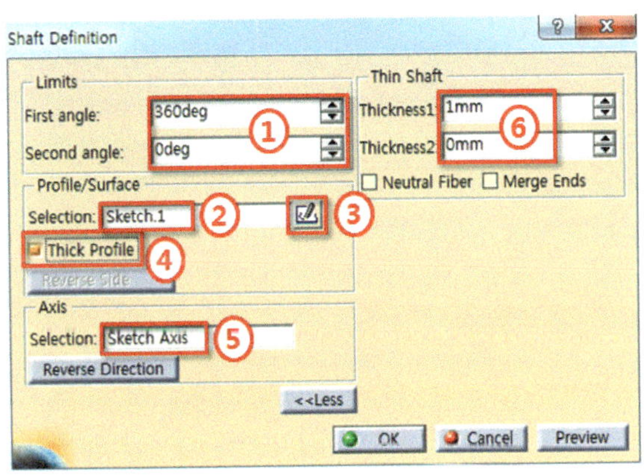

[그림 5-32]

① Limits

Shaft를 사용하는데 회전축을 중심으로 Profile이 회전하는 임의의 각도를 입력한다.

② Profile/Surface

Sketcher 워크벤치에서 생성한, 회전체 Solid 형상을 만들기 위한 Profile을 선택한다.

③ 스케치 수정 아이콘

스케치를 수정하고자 할 때 아이콘을 누르면 작업했던 Sketcher 워크벤치를 들어간다.

④ Thick Profile

Shaft를 하기위해 스케치한 Profile이 열린 형상이거나, 닫힌 형상을 두께가 있는 형상으로 Shaft하고자 할 때 이 옵션을 체크해 준다. 그러면 두께 값을 입력할 수 있는 창이 ⑥번처럼 활성화 된다.

⑤ Axis

회전하고자 하는 대상이 기준으로 삼고 회전하는 회전 중심축이다. 회전축은 Sketch 워크벤치에서 Axis를 사용하여 그려주는 것이 가장 효율적이다. 또는 형상 자체의 직선요소(모서리)를 선택하거나 곡률이 들어간 3D형상을 선택해도 Shaft를 할 수 있다.

⑥ Thin Shaft

앞서 설명한 ④번 Thick Profile 옵션을 체크하면 Thin Shaft 기능이 활성화 된다. 'Thickness 1'과 'Thickness 2'는 회전 Profile을 기준으로 안쪽과 바깥쪽의 두께 값을 입력한다. 그 아래쪽의 'Neutral Fiber'를 체크하면 'Thickness 1' 값을 형상을 기준으로 안쪽, 바깥쪽으로 등분하여 두께를 만든다. 'Merge End' 기능을 사용하면 Shaft 스스로가 Profile의 부족한 부분을 채워서 완성한다.

■ Shaft 기본적인 작업순서

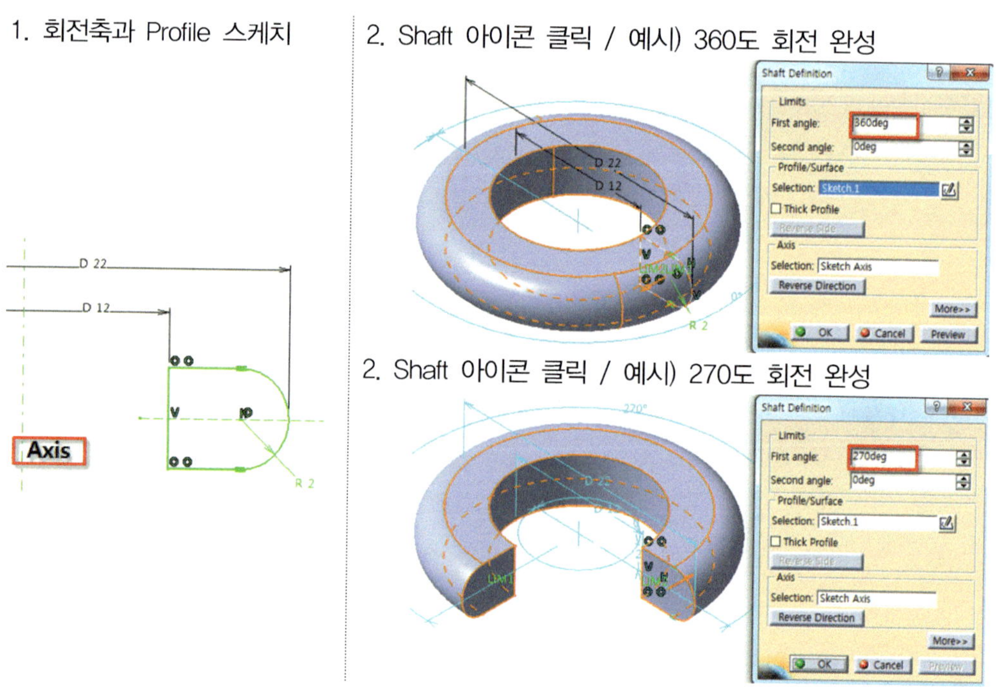

[그림 5-33]

▣ Sketcher profile에 Axis를 그리고 Shaft를 실행했을 경우

Sketch상에서 Axis 기능을 이용하여 축을 생성한 후 Shaft를 실행하면 별도의 회전축 지정이 없이 바로 회전체를 생성할 수 있다.

- First angle : 반시계 방향은 +, 시계방향은 － 값으로 회전하며 솔리드를 생성한다.
- Second angle : 시계방향은 +, 반시계 방향은 － 값으로 회전하며 솔리드 생성한다.

6

▣ Sketch profile에 Axis를 그리지 않고 Shaft를 실행했을 경우

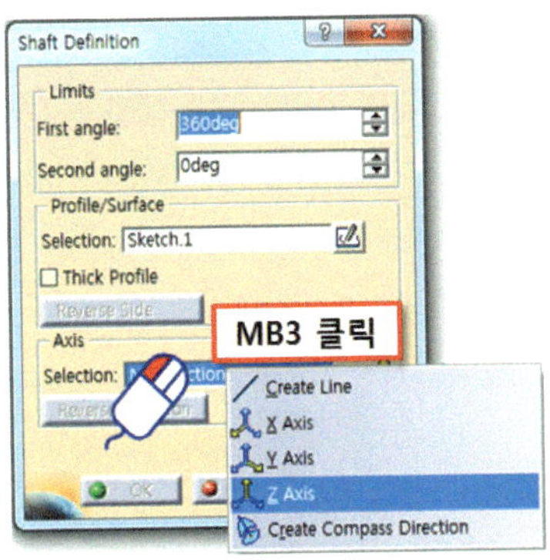

[그림 5-34]

Axis의 Selection란에서 MB3버튼을 클릭해 회전체의 기준축이 될 대상을 상황에 맞게 직접 지정해준다. 지정한 Axis를 기준축으로 Shaft를 완성할 수 있다.

- Create Line : 3차원 상에 Line을 생성하여 기준 축을 지정한다.
- X, Y, Z Axis : X, Y, Z Axis를 기준 축으로 지정한다.

▣ Thick Profile

열린 Sketch profile에 두께를 주어 회전체를 생성하는 옵션이다. Sketch profile로 Line과 Axis를 생성하여 'Thick Profile' 옵션을 체크해서 회전체를 생성하면 지정한 임의의 두께가 있는 Solid-Model을 생성할 수 있다.

〈열린 Sketch profile〉 〈 'Thick Profile' 옵션으로 Shaft〉

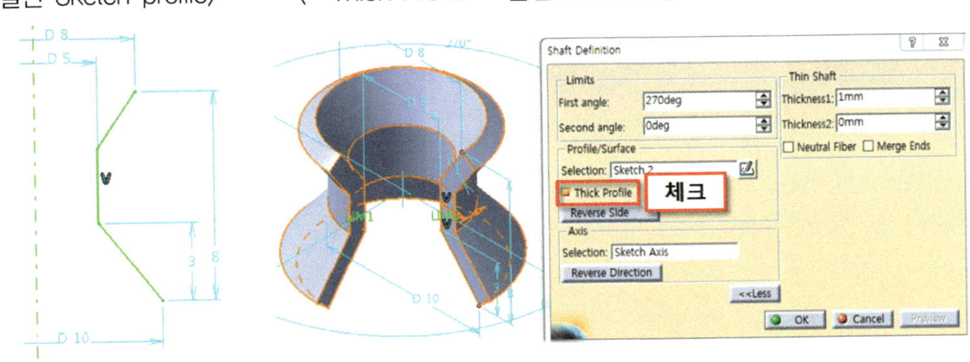

[그림 5-35]

4) Groove

Groove는 Shaft와 짝을 이루는 기능으로 임의의 Sketch Profile을 회전축을 기준으로 회전시켜 형상을 제거해 낸다. 세부 옵션은 Shaft와 동일하므로 생략하도록 한다.

[그림 5-36]

■ Groove 생성방법

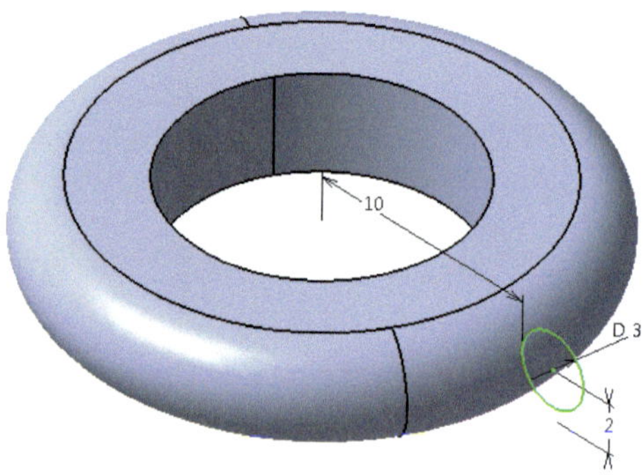

[그림 5-37]

Solid 객체 또는 Shaft로 완성한 객체의 임의의 면에 Profile을 그린다.

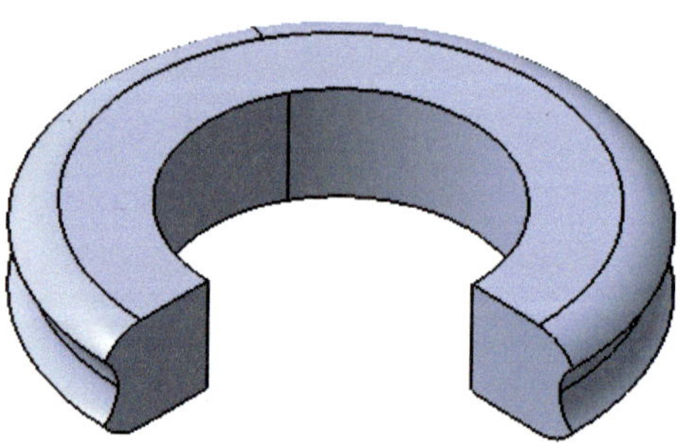

[그림 5-38]

Groove 아이콘을 클릭해서 조건에 맞게 객체를 완성한다. Sketch Profile의 형상대로 Solid가 제거된 것을 알 수 있다.

※ [그림 5-38]은 Groove로 모양 형성 후, Groove 이후의 단면을 자세히 보여주기 위해 Pocket으로 일부를 잘라낸 것임.

_ Shaft & Groove 도면 1

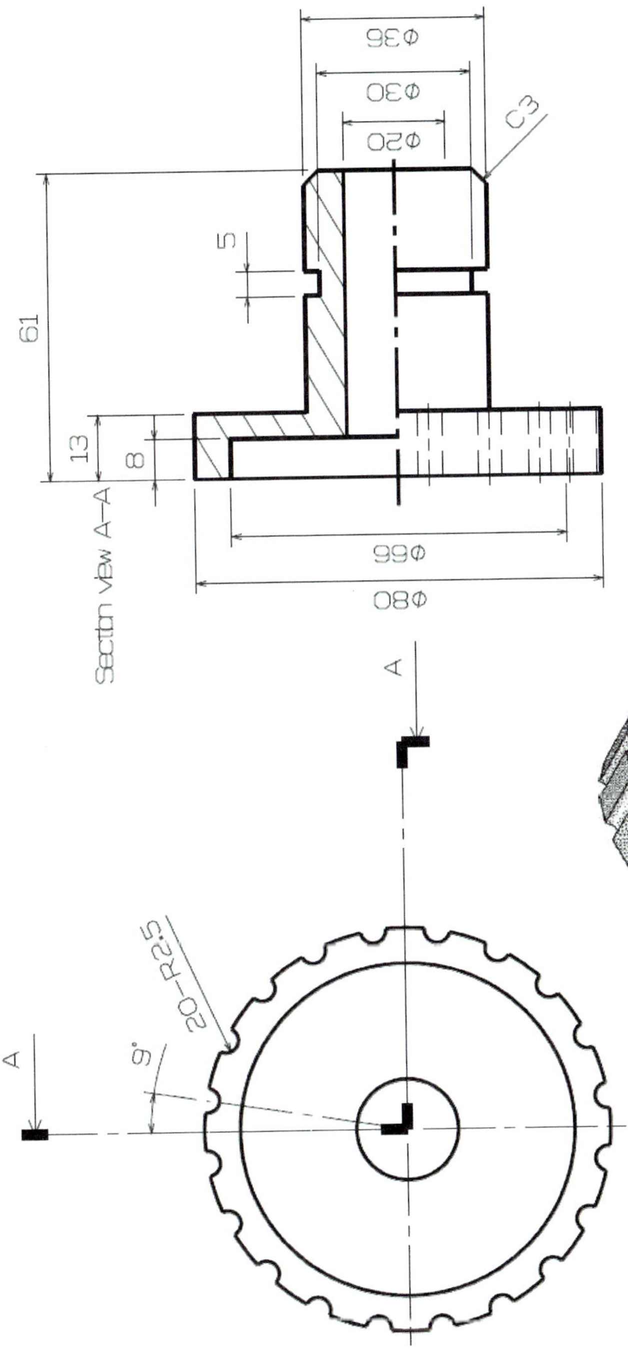

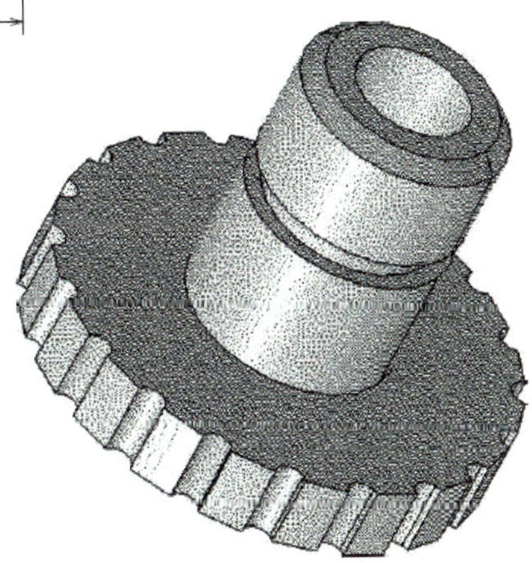

_ Shaft & Groove 예제 2

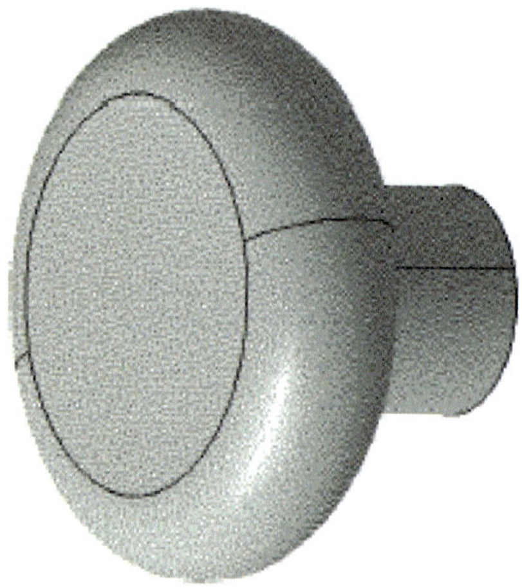

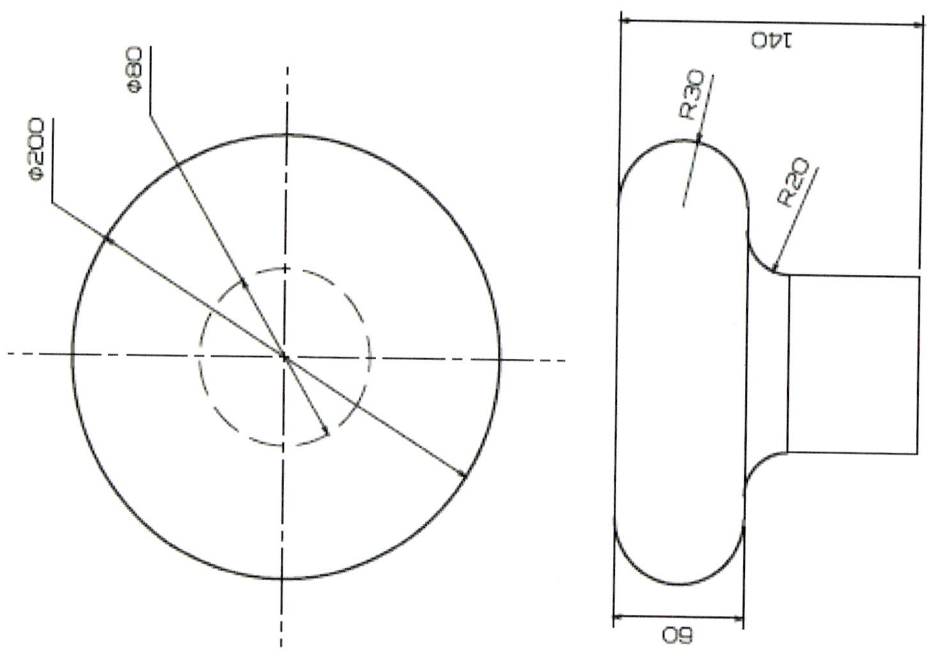

_ Shaft & Groove 예제 3

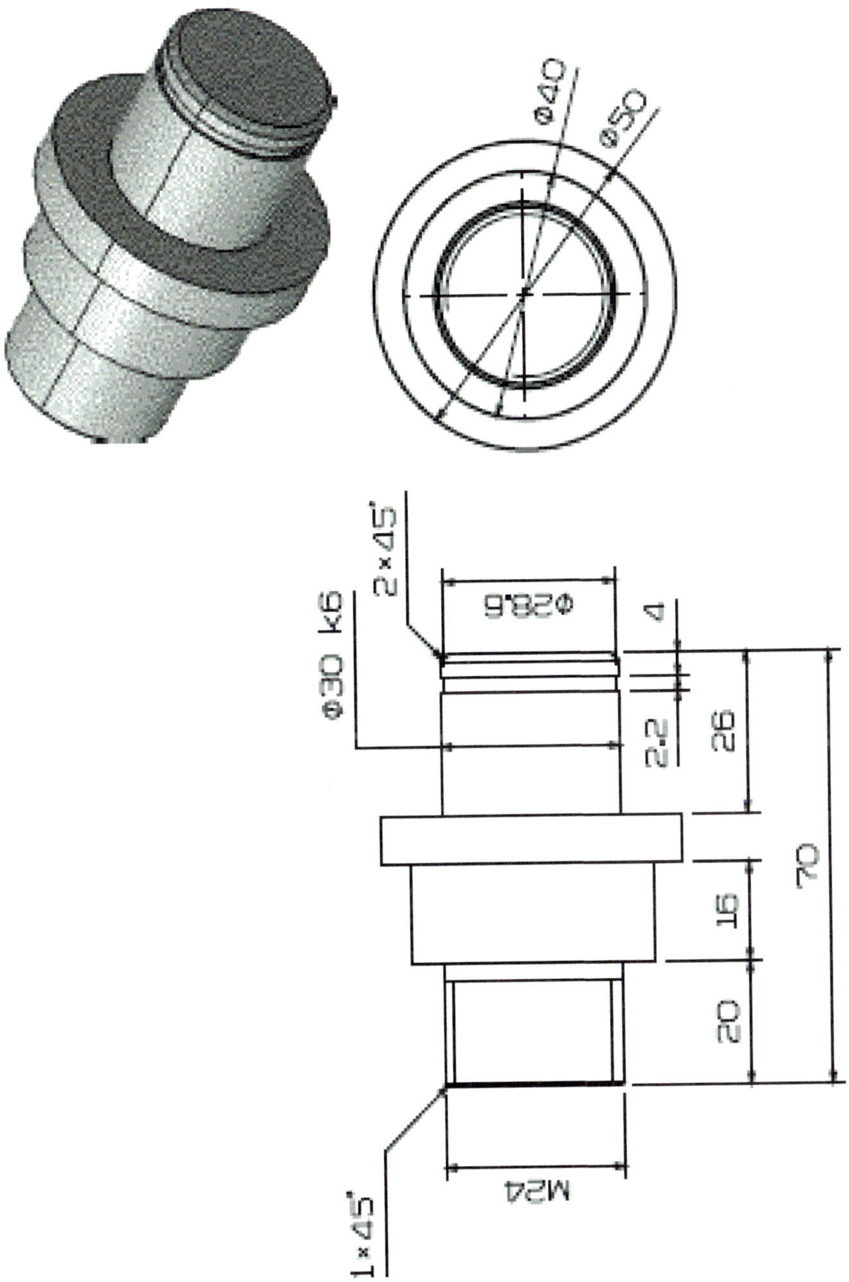

5) Hole

스케치 없이 Solid 객체에 여러 Type의 Hole을 생성하고 Thread를 동시에 생성하는 명령이다. Hole 기능으로 Thread를 생성한다고 해서 3D상에서 나사산까지 자세하게 나타나는 것은 아니다. 3D Solid 형상에 나사 정보를 입력하여 Drafting 워크벤치에서 도면 생성 시, 기호로 나타나게 된다.

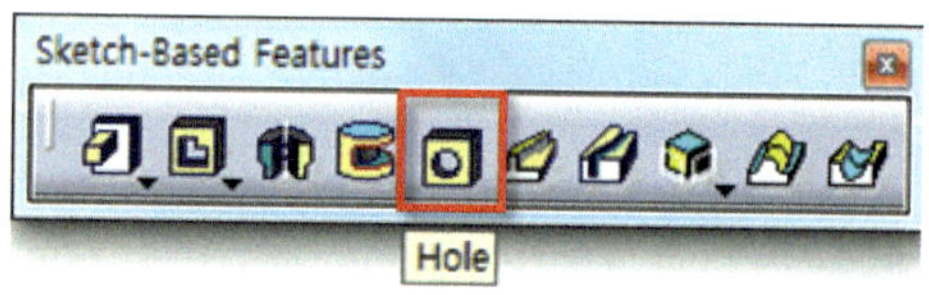

[그림 5-39]

▣ Hole Definition 상세 정의

■ Hole Definition 창

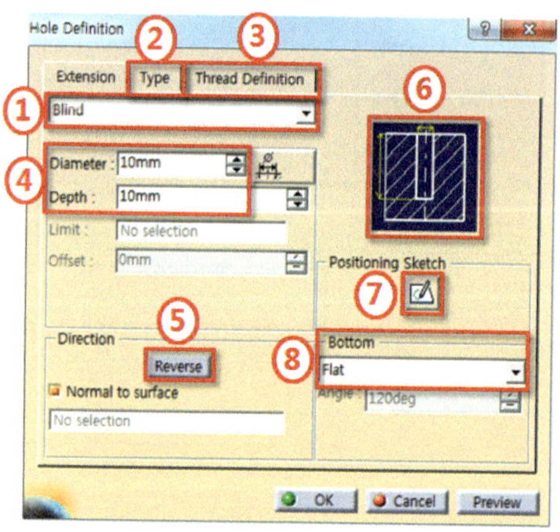

[그림 5-40]

① Hole의 Limit 설정

Hole의 깊이에 대한 정의를 한다. Blind, Up To Next, Up To Last, Up To Plane, Up To Surface로 나뉜다. Blind는 Depth값을 설정하여 Hole을 생성하는 Type이고 그 외는 Pad의 Limit Type과 동일하다.

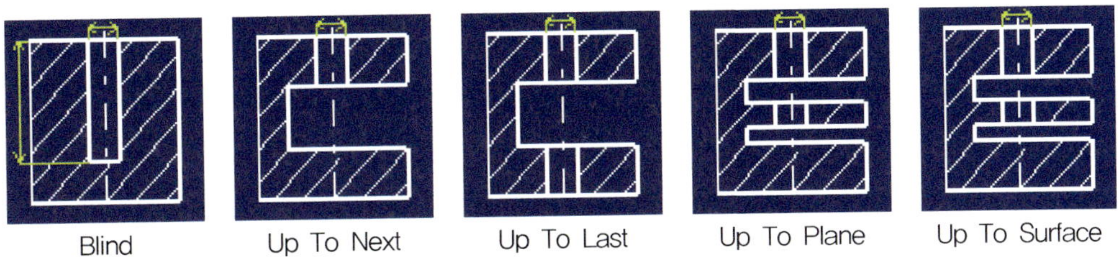

[그림 5-41]

② Hole의 세부 유형 정의

Hole의 type에는 Simple, Tapered, Counter bored, Counter sunk, Counter drilled의 5가지 type으로 나뉜다.

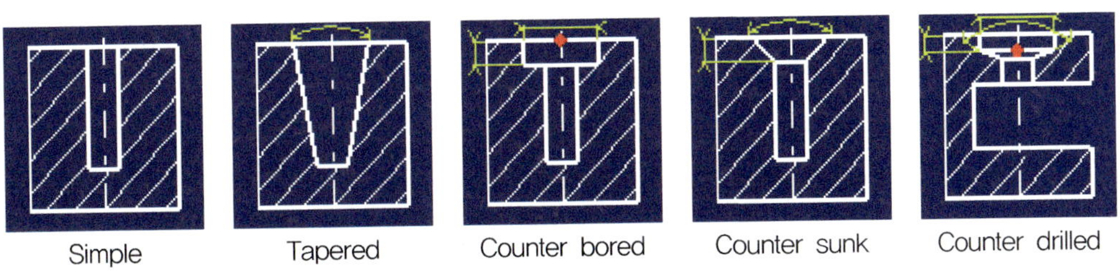

[그림 5-42]

- Simple : 단순 Hole을 생성하는 Type이다. 원으로 Pocket 한 것과 동일하다.
- Tapered : Taper진 Hole을 생성하는 Type이다. (Angle값 설정)
- Counter bored : 볼트머리를 생성하는 Type이다. (볼트머리의 Diameter와 Depth값 설정)
- Counter sunk : 나사머리를 생성하는 Type이다. (나사머리의 Depth와 Angle값 설정)
- Counter drilled : Core와 나사머리 모양을 생성하는 Type이다. (Diameter, Depth, Angle값, Anchor Point 위치 설정)

③ Thread Definition

Hole을 생성하고 Thread를 동시에 생성한다. 3D상에서 나사산까지 자세하게 나타나는 것은 아니며 Drawing에서 도면을 생성하면 나사산이 표현된다.

- Thread Type : No Standard/ Metric Thin Pitch/ Metric Thick Pitch의 3가지 Type.
  - No Standard : 표준제품을 사용하지 않고 Hole의 치수를 직접 기입하는 Type이다.
  - Metric Thin Pitch : Thread Diameter에 M8~M39까지 15종이 있다.
  - Metric Thick Pitch : Thread Diameter에 M1~M90종 까지 44종이 있다.

- Right Thread, Left Thread : 오른나사, 왼나사를 설정한다.
- Standard : 사용자가 설정해 놓은 Thread 값을 불러와 사용할 수 있다.

④ Diameter / Depth

Thread가 아니라 Hole을 생성하고자 할 때 Hole의 직경과 깊이 값을 입력한다.

⑤ Direction – Reverse

Hole과 Thread을 Pad나 Pocket처럼 스케치 면에 대해서 수직 또는 임의의 직선 방향으로 값을 들어가는 것을 설정해 줄 수 있다. 'Normal to Surface'를 해제하고 방향이 될 축이나 직선을 선택하면 임의의 방향으로 Hole과 Thread를 생성할 수 있다.

⑥ 미리보기 창

Hole과 Thread 생성을 위해 값을 설정하면 그 값에 대한 형상을 미리보기로 보여준다.

⑦ Positioning Sketch (Hole 위치 잡기)

Hole을 생성할 면을 선택한 후 'Positioning Sketch' 아이콘을 클릭하면 Sketch 워크벤치로 들어간다. H, V 축과 Hole의 중심을 나타내는 포인트가 보일 것이다. 이 원점을 원하는 위치로 Constraint 시켜 Hole의 위치를 지정할 수 있다.

⑧ Bottom

Hole과 Thread을 생성할 때 바닥 부분을 평평(Flat)하게 할 것인지, Taper각을 주어 뾰족(V-Bottom)게 할 것인지 정한다. 일반적으로 Hole과 Thread 가공의 바닥 부분은 120도 각도의 V-Bottom으로 설정한다.

6) Rib

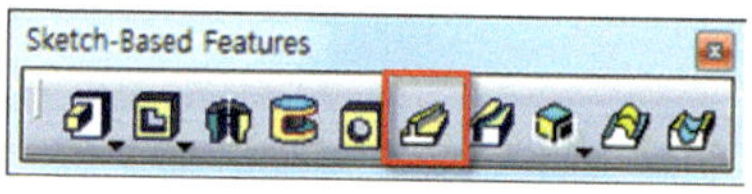

[그림 5-43]

하나의 단면 Profile을 임의의 Guide Curve를 따라 지나가도록 Solid 형상을 만드는 명령이다. Pad에서는 직선 방향으로만 Solid 형상을 생성하지만 Rib는 직선과 곡선에도 Solid 형상을 생성한다.

▣ Rib Definition 상세 정의

■ Rib Definition 창

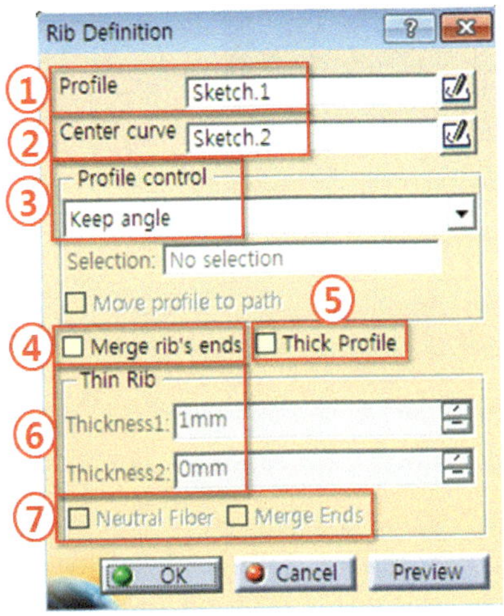

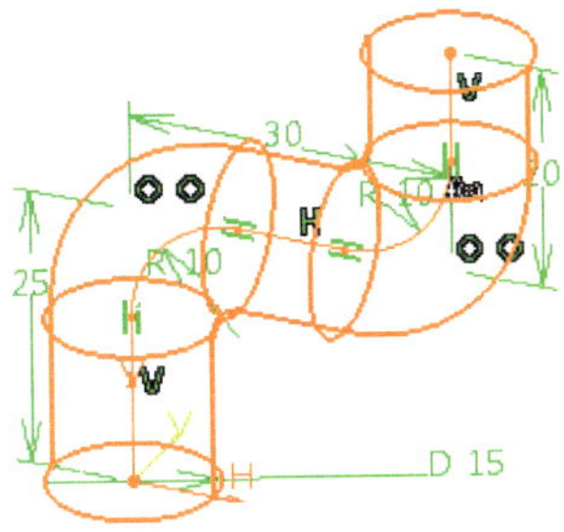

미리보기

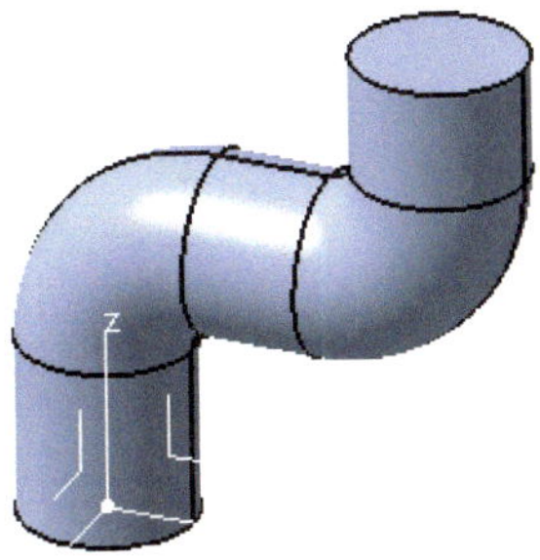

최종 완성

[그림 5-44]

① **Profile** : Center curve를 따라서 생성될 형상의 단면을 선택한다.

② **Center curve** : 경로지정. Profile이 따라갈 안내 곡선을 선택한다.

③ **Profile control** : 형상을 생성하는 방법을 지정하는 옵션으로 Keep angle, Pulling direction, Reference surface로 세 가지 Type이 있다.

- **Keep angle** : 단면과 Center Curve가 이루는 각을 그래도 유지한 상태로 Rib를 수행함
- **Pulling direction** : Profile을 임의의 방향으로 정한 상태에서 Rib수행. Center Curve를 따라가지만, Center Curve와 일정한 각을 유지하지는 않는다.
- **Reference surface** : Profile을 Surface를 사용하여 Center Curve를 따라가게 함

[Rib 실습 예제1]

Profile
(Y–Z면에 스케치)

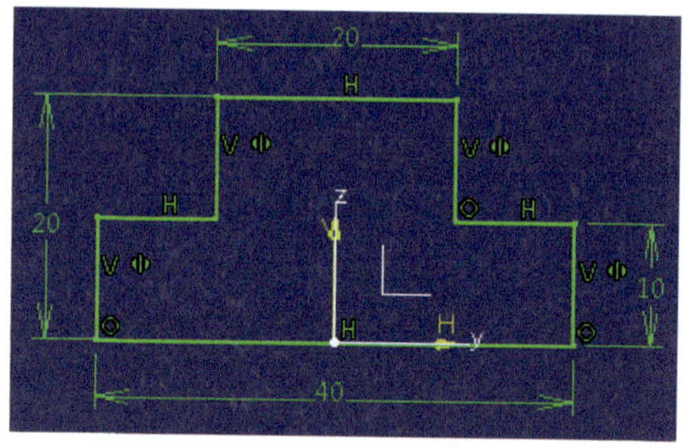

Center curve

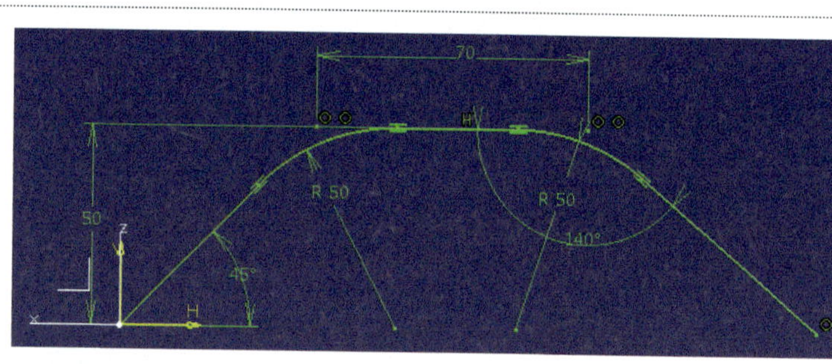

Profile+Center
curve
(Rib 실행 준비)

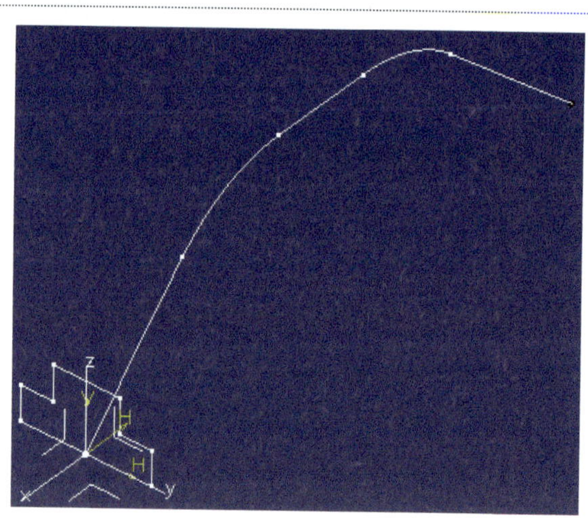

[그림 5–45]

■ Keep angle 방식으로 완성된 모델

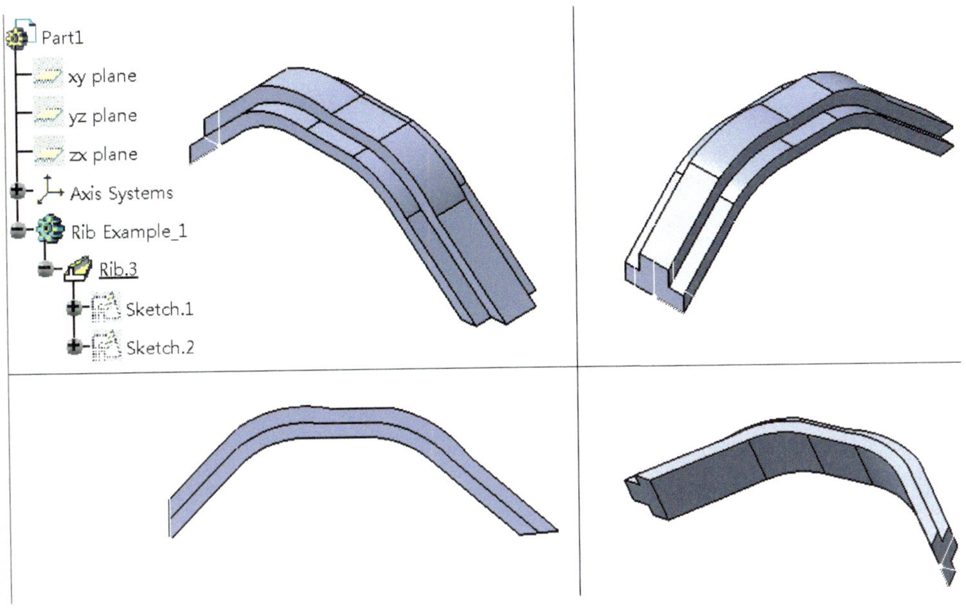

[그림 5-46]

■ Pulling direction 방식으로 완성된 모델(Z방향 선택)

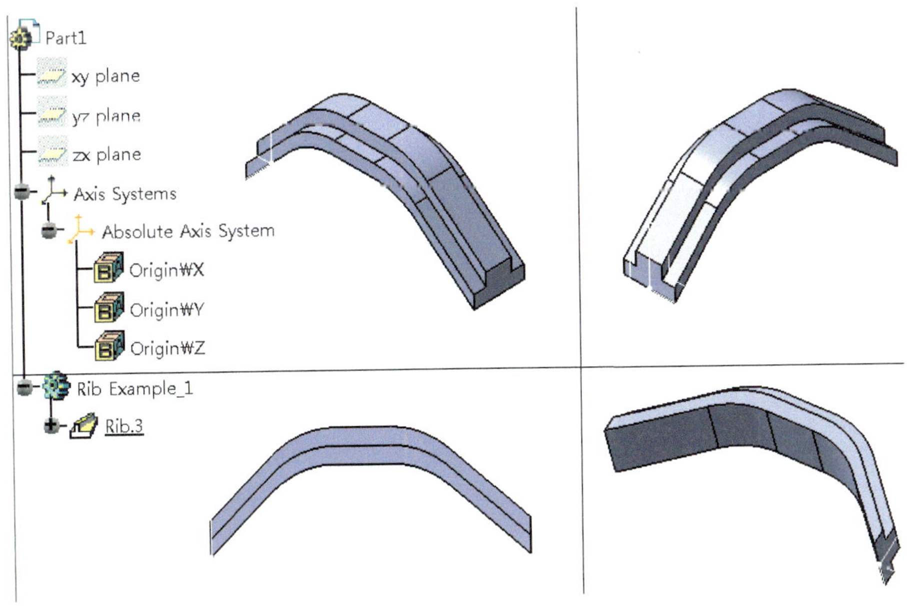

[그림 5-47]

■ Keep angle 방식 ■ Pulling direction 방식

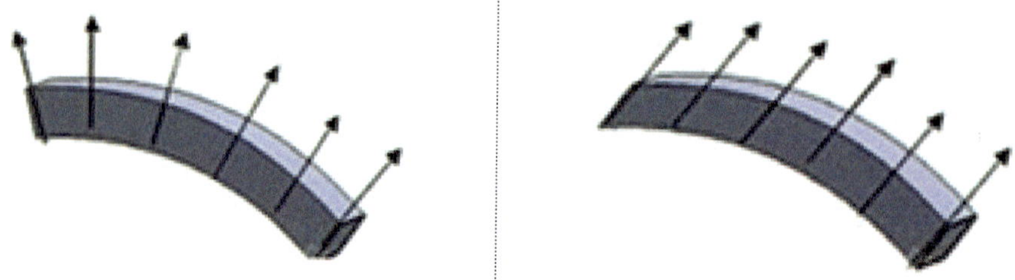

[그림 5-48]

④ Merge rib's ends

리브의 끝 병합 옵션은 프로파일 위치에서 시작하여 첫 번째 한계에 도달 할 때까지 리브의 각 끝을 연장하여 Rib를 생성한다. Solid로 둘러싸인 폐쇄된 공간에서 Rib가 가능한 기능이다.

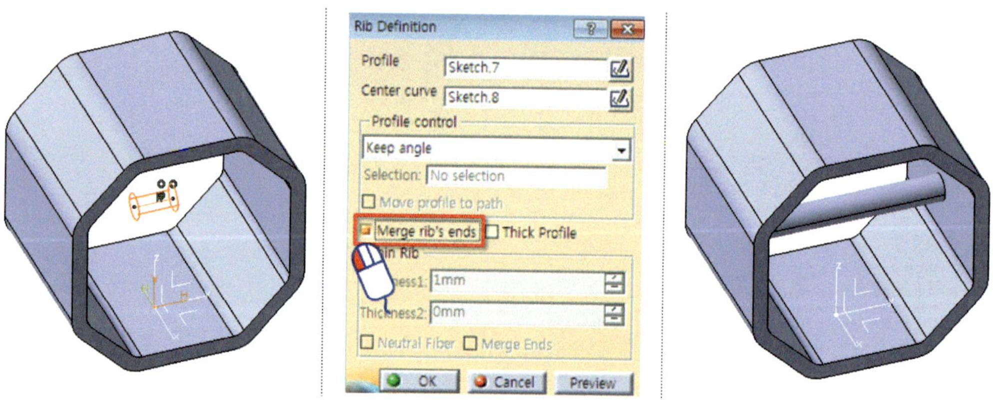

[그림 5-49]

⑤ Thick Profile

Profile에 두께 값을 주어서 Center curve를 따라가며 Rib형상을 생성하는 기능이다. Profile과 Center curve를 선택한 후 Thick Profile 옵션을 활성화시킨다. Thin Rib창이 활성화 되면 Thickness1에 두께 값을 입력한다. Neutral Fiber 옵션을 체크하여 Profile을 중심으로 Thickness 1값을 양방향으로 두께를 부여할 수 있다.

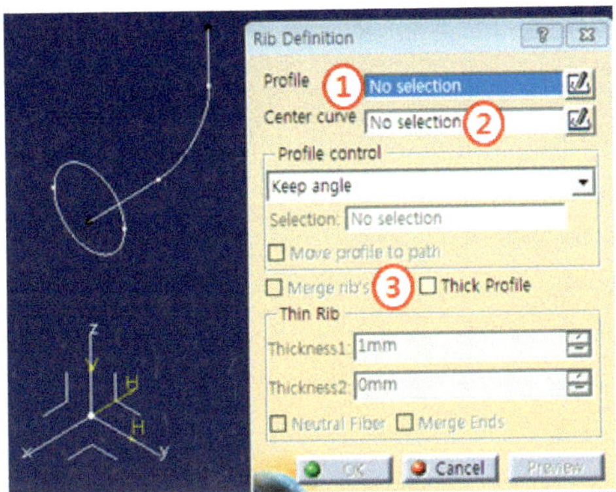

① Profile 선택
② Center curve 선택
③ Thick Profile 옵션 체크

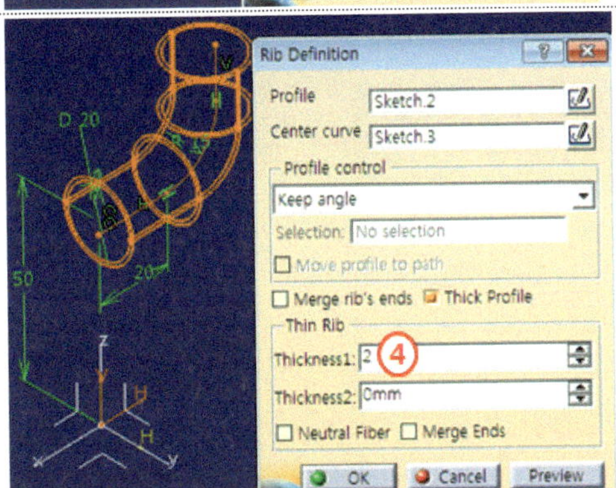

④ Thickness 1값 부여
※ Thickness 1은 안쪽으로 값이 주어지고 Thickness 2는 바깥쪽으로 값이 주어진다.

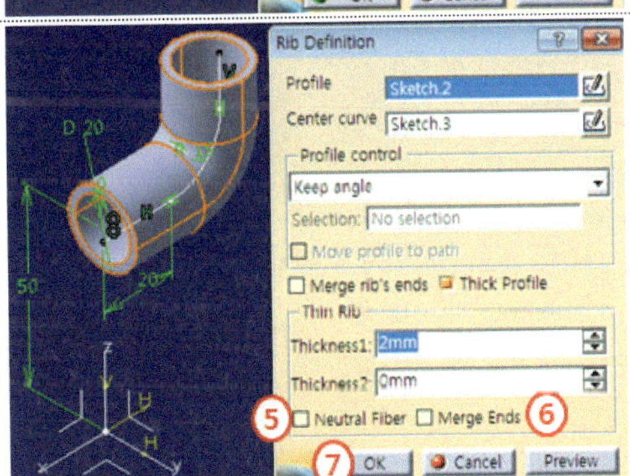

⑤ Neutral Fiber 옵션은 Profile을 기준으로 양방향으로 두께가 주어진다.
⑥ Merge ends는 끝이 병합한다.
⑦ OK.

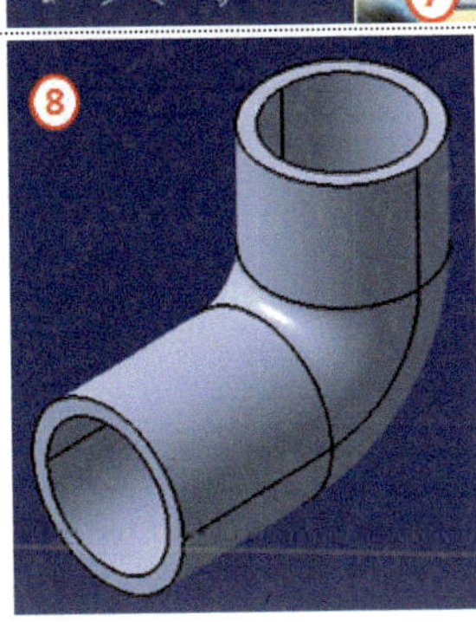

⑧ 완성된 모델링/ Rib와 Slot을 동시에 수행한 것 같은 작업 효과를 볼 수 있다.

[그림 5-50]

⑥ Thin Rib

Thickness1은 Profile 안쪽으로 두께, Thickness2는 바깥쪽으로 두께가 주어진다.

⑦ Neutral Fiber

옵션은 Profile을 기준으로 양방향으로 두께가 주어진다.

Merge ends는 끝이 병합한다.

7) Slot

[그림 5-51]

Slot은 Rib와 짝을 이루는 반대의 기능으로 Section profile이 Center curve를 따라 가면서 그 형상대로 솔리드 형상을 파내는 기능이다. 기본적인 명령구조는 Rib와 유사하므로 생략하겠다.

profile과 Center curve 선택	Definition 창	Slot 완성
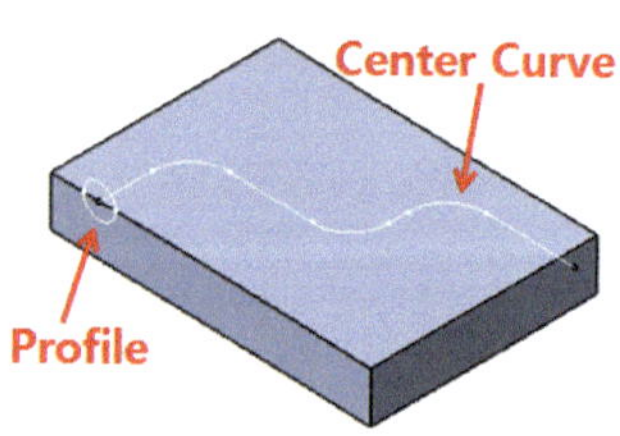	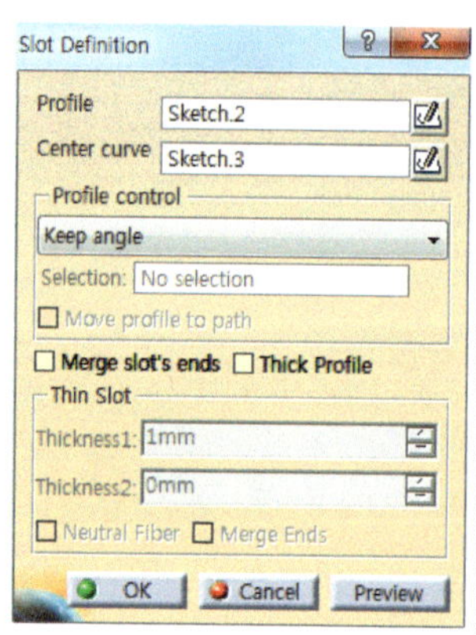	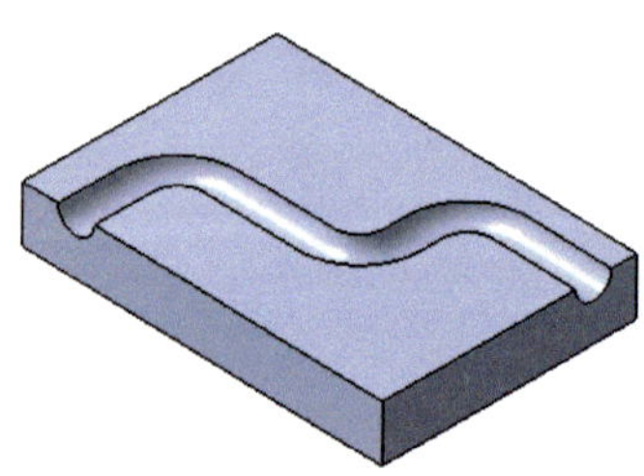

[그림 5-52]

8) Stiffener

[그림 5-53]

솔리드 형상 사이에 보강대(지지대) 형식의 구조물을 만드는 기능이다. 보강재를 생성할 profile은 대략적인 형상으로 Sketch 해도 된다. 솔리드 형상의 양끝에 접촉하지 않아도 연장선 상까지 보강재를 생성해준다.

▣ Stiffener Definition 상세 정의

■ Stiffener Definition 창

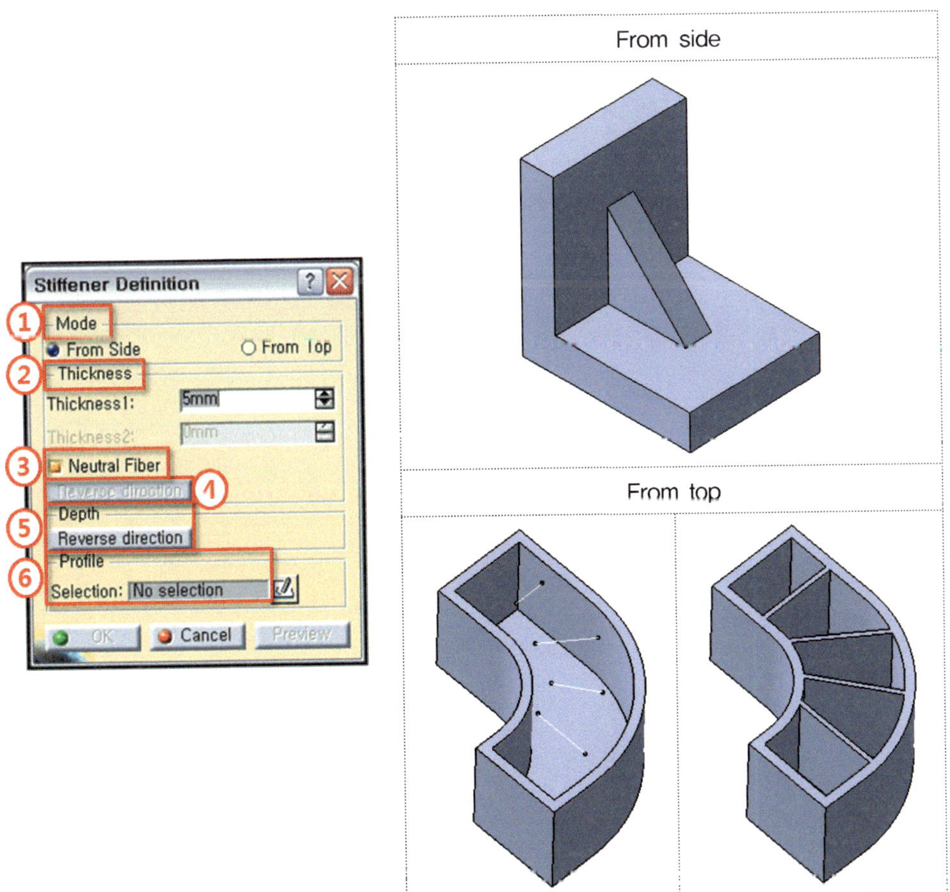

[그림 5-54]

① Mode

보강재를 생성하는 방법은 두 가지가 있다.

- From side : 보강재를 만들려는 부분이 스케치 평면에 나란하면서 수직방향
- From top : 위에서 아래 바닥면으로 보강재를 만들며 프로파일에 수직방향

② Thickness

Profile에 두께 값을 주어서 보강대 형상을 생성하는 기능이다. 보강대를 한 쪽으로 치우치게 만들 수 있다.

③ Neutral Fiber

Profile을 기준으로 양방향으로 보강대 두께가 주어진다.

④ Reverse Direction

From side Mode일 때 보강대 생성방향 결정할 수 있다.

⑤ depth Reverse Direction

From top Mode일 때 보강대 생성방향 결정할 수 있다.

⑥ Profile

보강대가 될 스케치를 선택한다.

_ Rib & Slot 도면 1

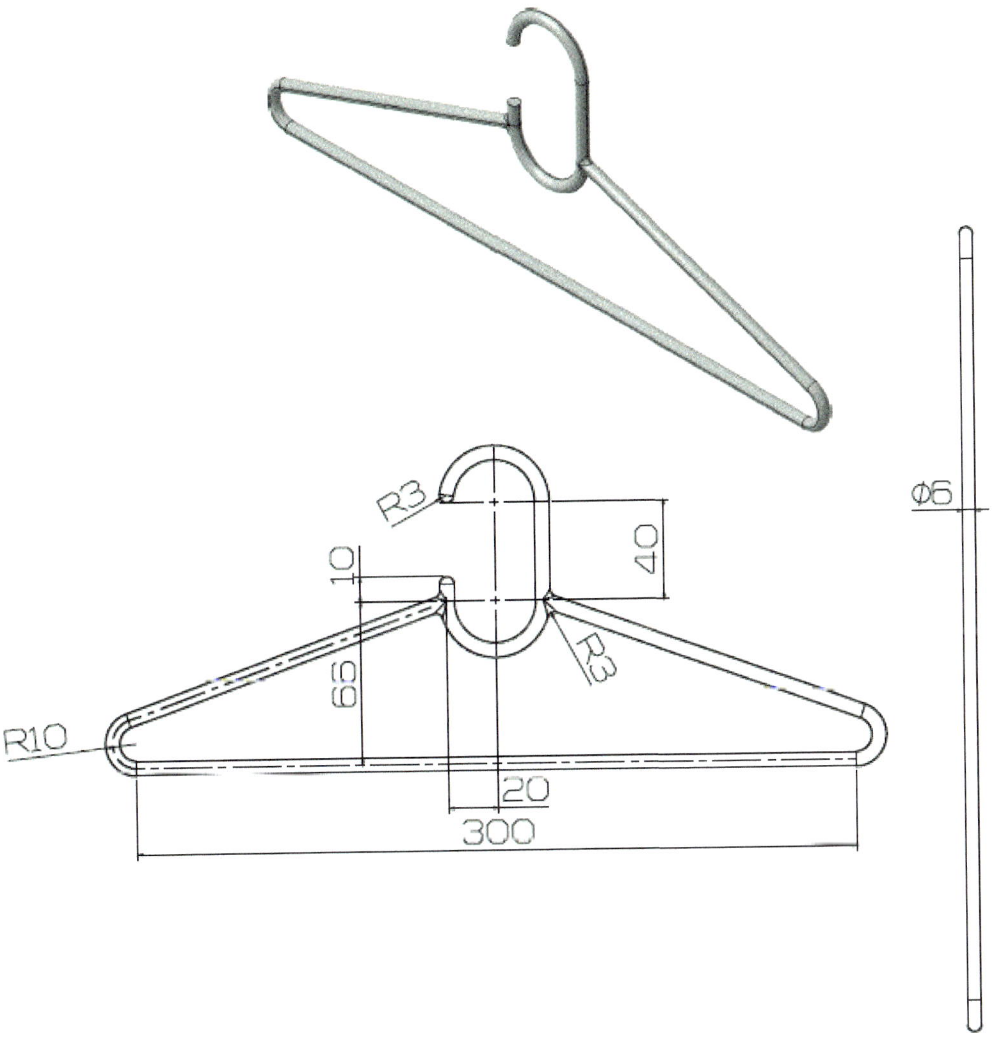

_ Rib & Slot 예제 2

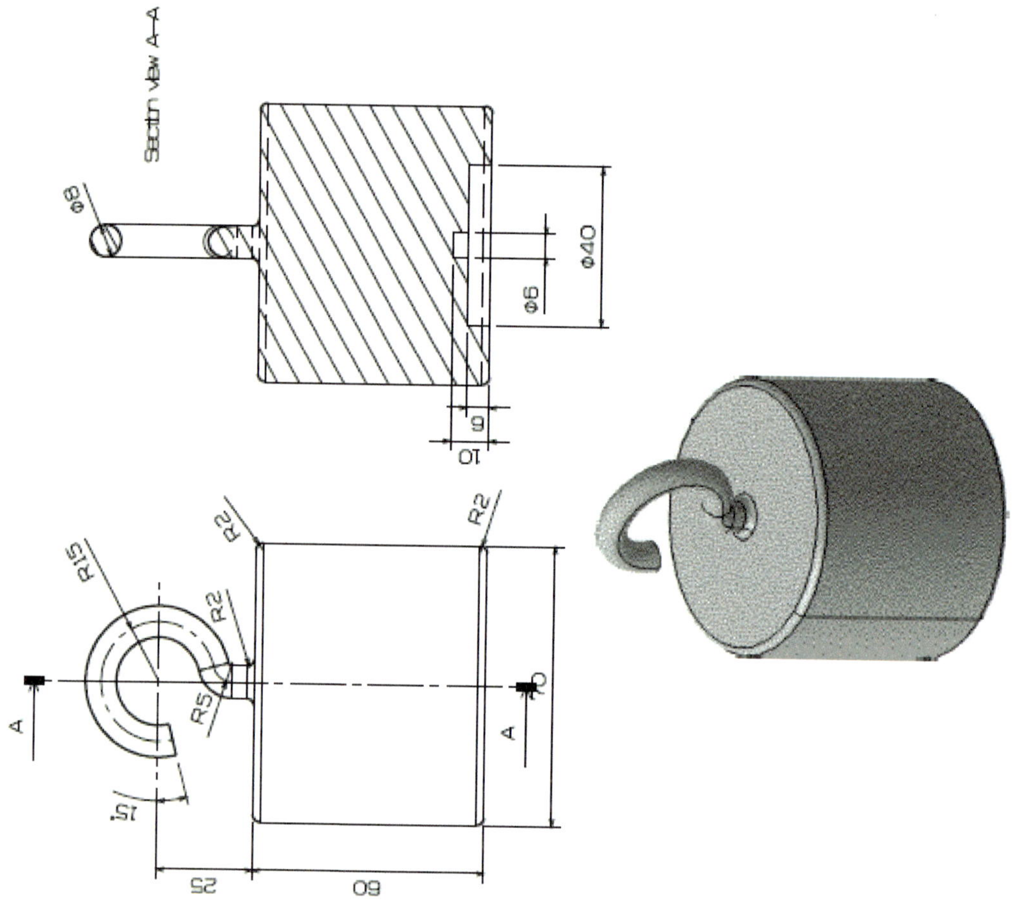

_ Rib & Slot 예제 3

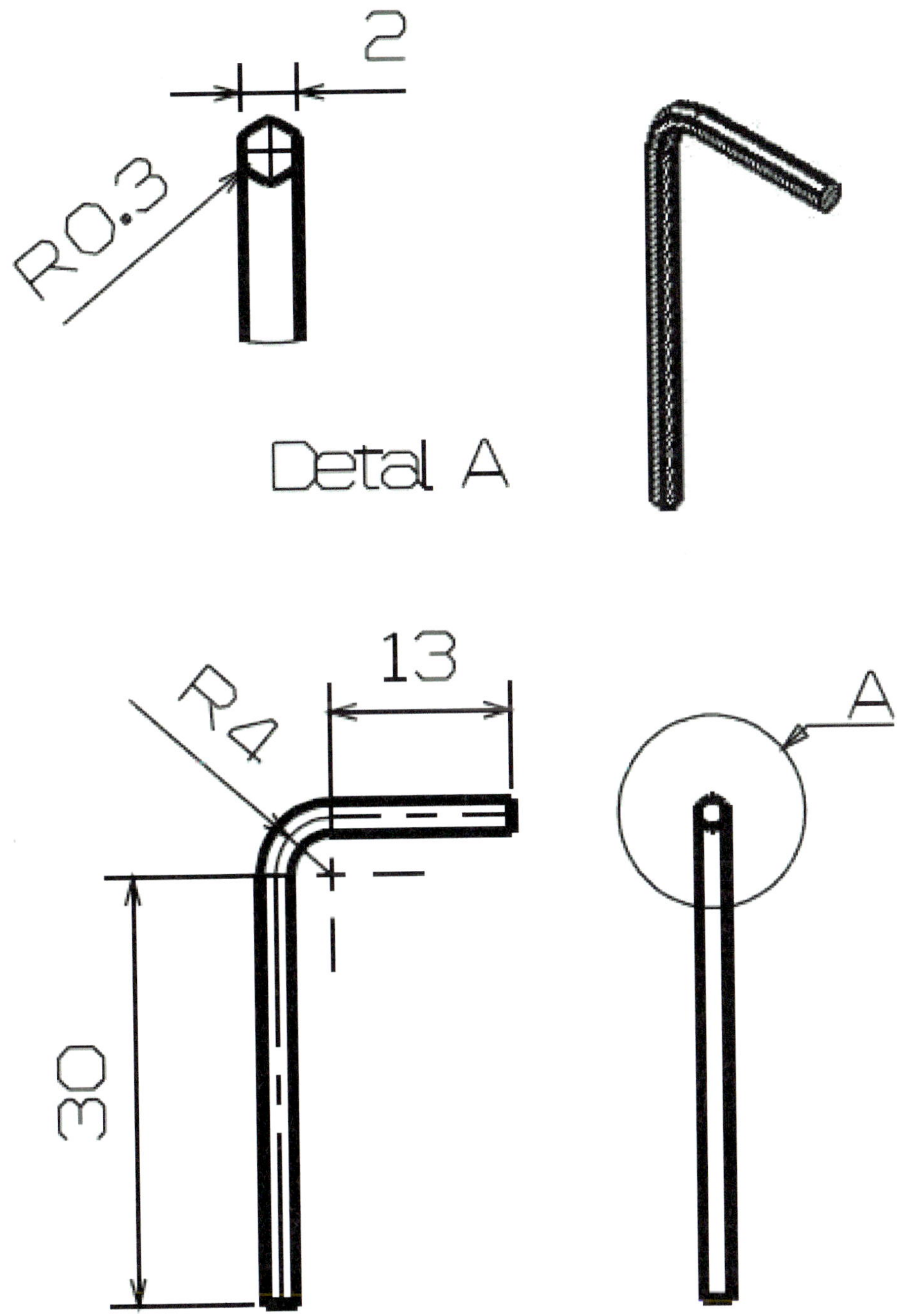

9) Solid Combine

[그림 5-55]

두 개의 Component 즉, Profile에 대해, 서로 교차하는 부분을 3차원 형상으로 생성하는 기능이다. Boolean Operation의 'Intersect'와 동일한 결과가 발생한다. 'Intersect'는 두 Body 간의 교집합을 수행하라는 명령이다.

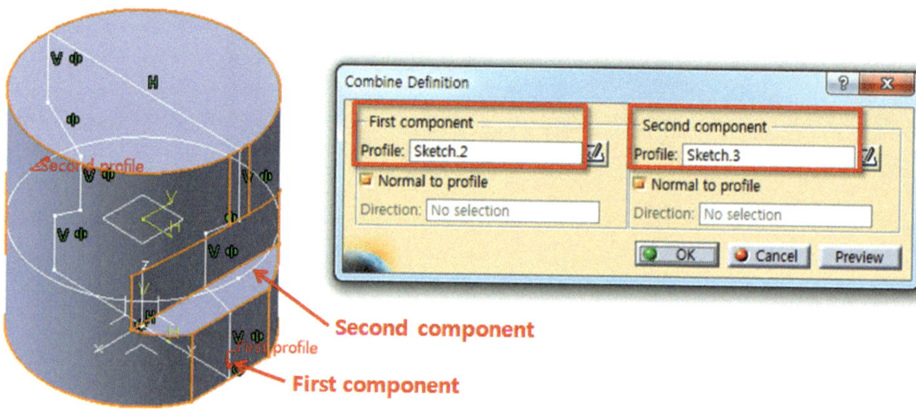

[그림 5-56]

10) Multi-section solid / Remove Multi-section solid

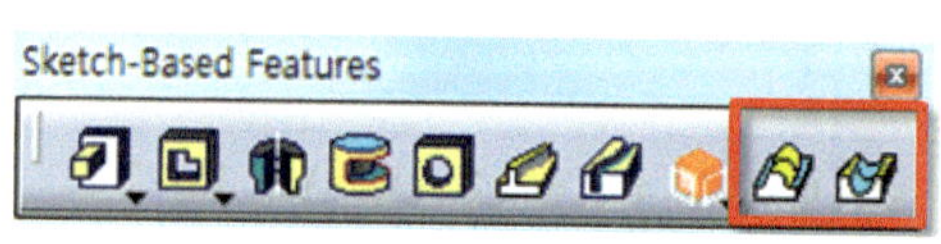

[그림 5-57]

2개 이상의 단면 profile을 안내곡선을 따라 솔리드를 생성/제거하는 기능이다. 비행기나 배를 모델링할 때 여러 개의 단면을 이용하여 형상을 만든다.

▣ Multi–section Solid Definition 상세 정의

- Multi–section Solid Definition 창

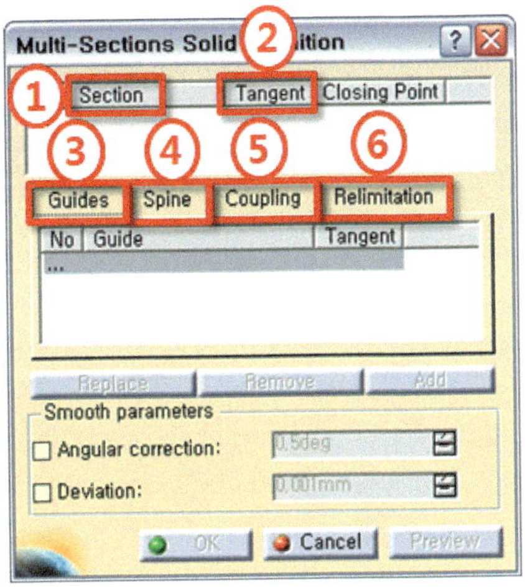

[그림 5–58]

① section : 단면 Profile 선택한다. 다수의 단면을 선택할 때 반드시 순서대로 선택해야 한다.
② Tangent : 단면 Profile이 접선으로 연결된 요소를 선택한다.
③ Guides : 안내선 지정
④ Spine : 전체 단면을 가로지르는 척추선 지정
⑤ Coupling : 단면 연결방법 지정
⑥ Relimitation : Spine을 이용한 단면 생성범위. Spine curve의 Start지점부터 End지점까지 모두 Multi–section Solid를 생성하는 옵션이다.

Multi–section Solid 예시

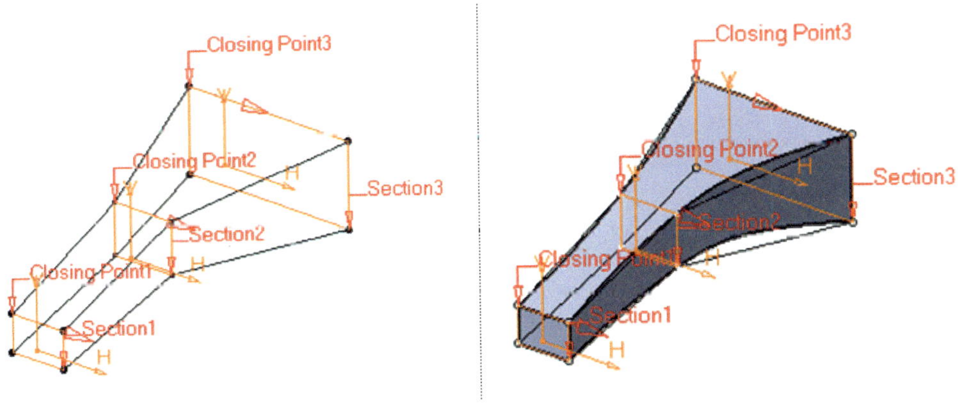

[그림 5–59]

① xy plane을 포지션스케치를 하여 각변을 70mm인 정사각형을 만든다.

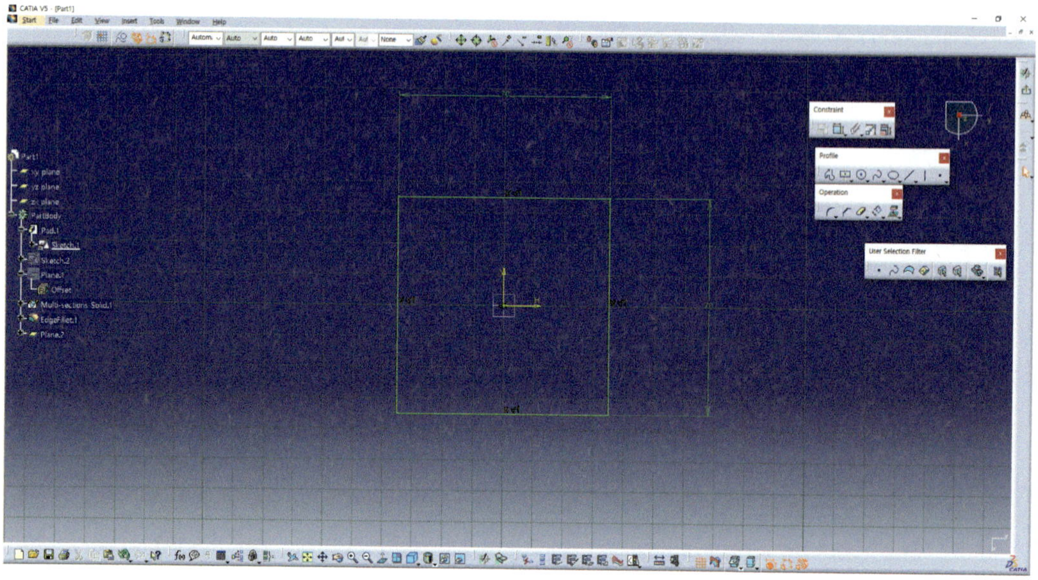

② pad를 설정하여 28mm를 주어준다.

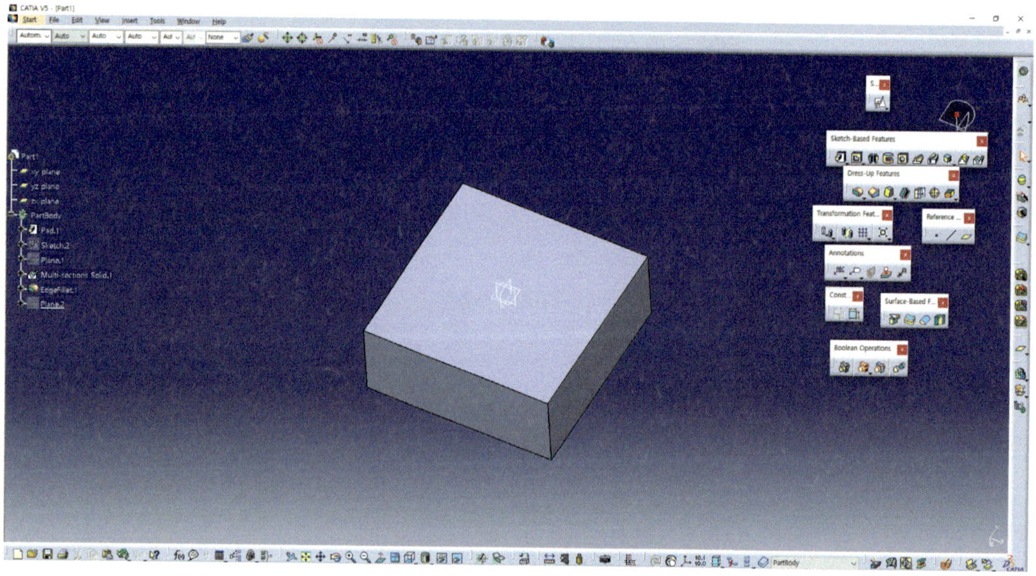

③ 윗면을 포지션스케치로 설정하여 중심에서 3mm 떨어져 있는 45° 대각선, 각 점이 10mm, 12mm 떨어져있는 선 하나를 만든다.

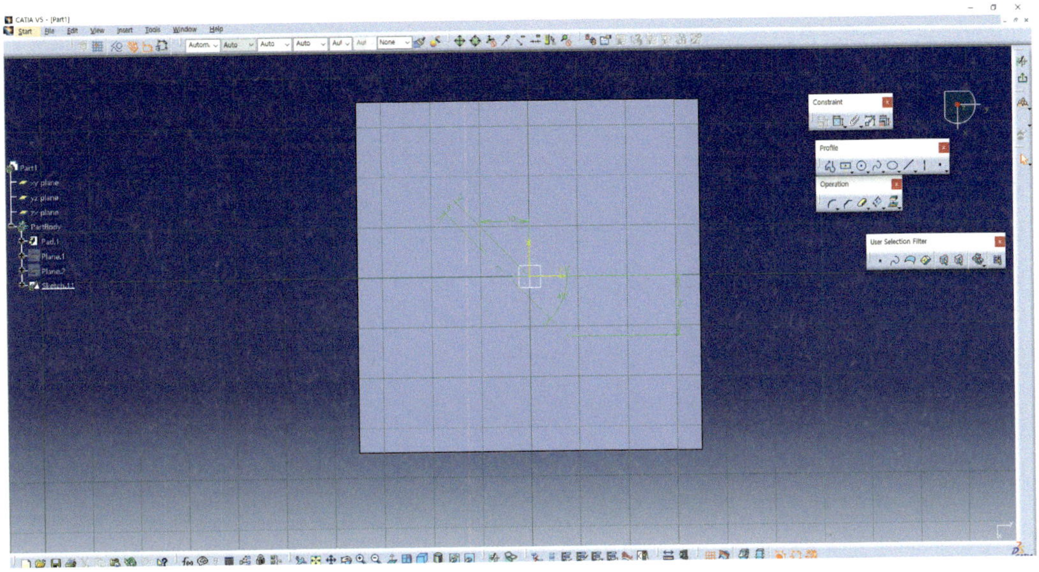

④ 그 다음 각 점에서 타원형을 하나씩 만든다.

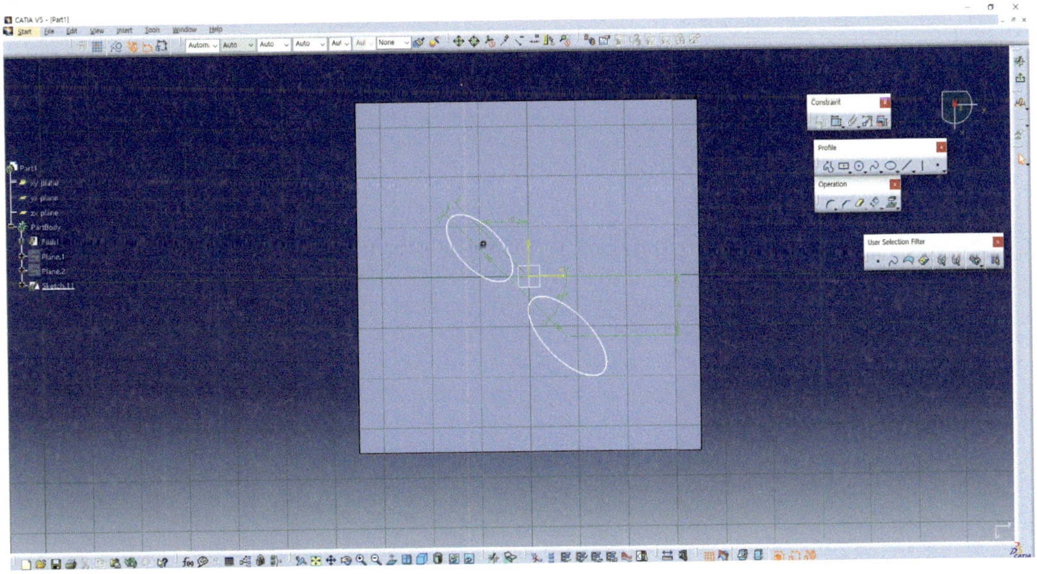

⑤ 각 타원형 치수를 25mm, 30mm 타원형 한 개와 25mm, 35mm인 타원형을 만들고 각 원을 곡선 연결한다.

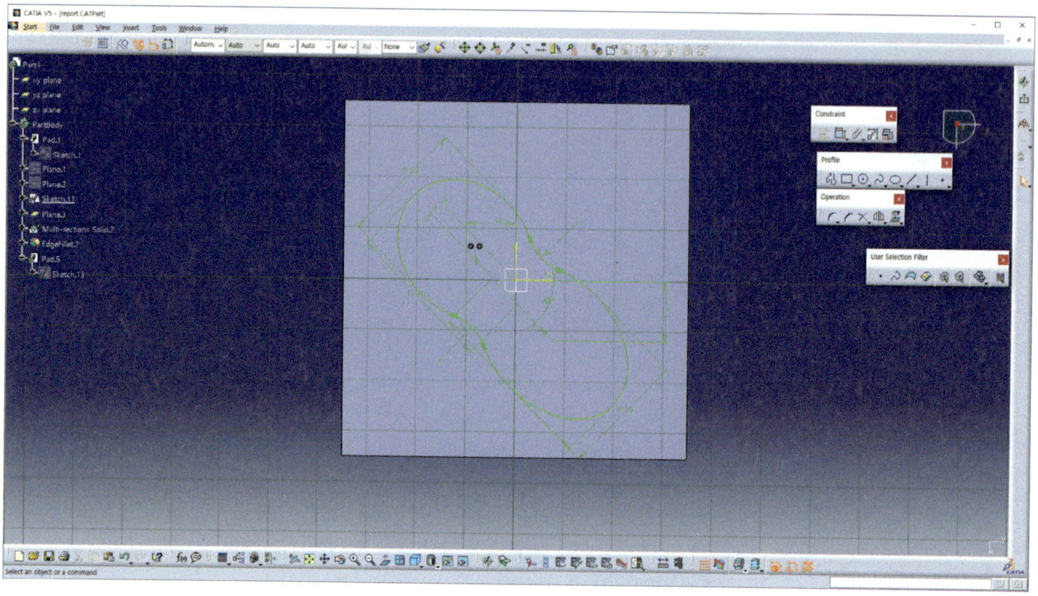

⑥ 새로운 plane을 6mm 떨어진 곳에 만든 후 스케치로 들어가 안으로 5mm 들어간 모형을 만든다.

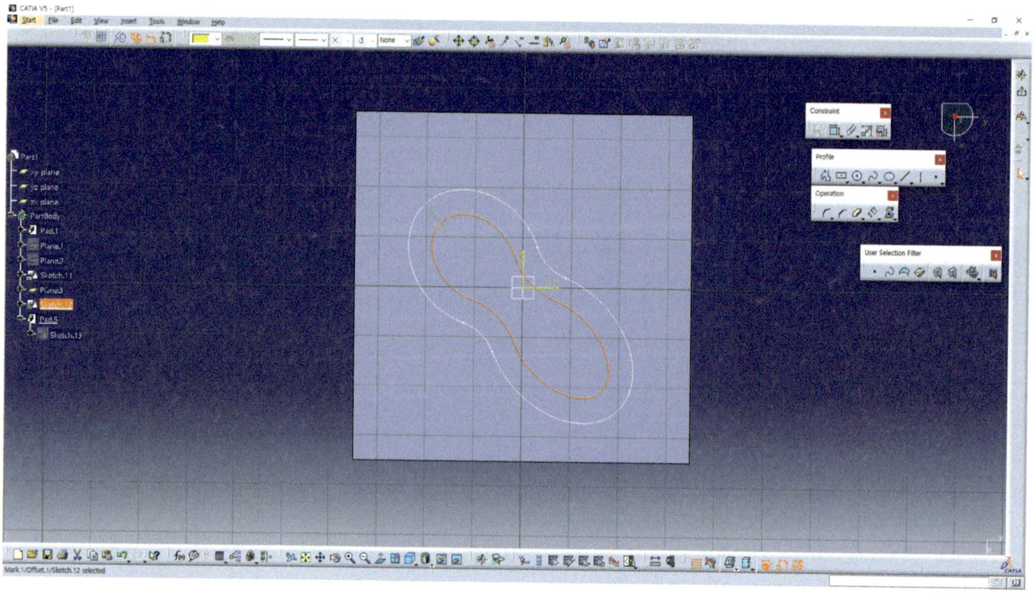

⑦ Exit workbench 후 remove multi-sections solid를 눌러 바깥도형과 안쪽도형을 눌러 제거시켜준다.

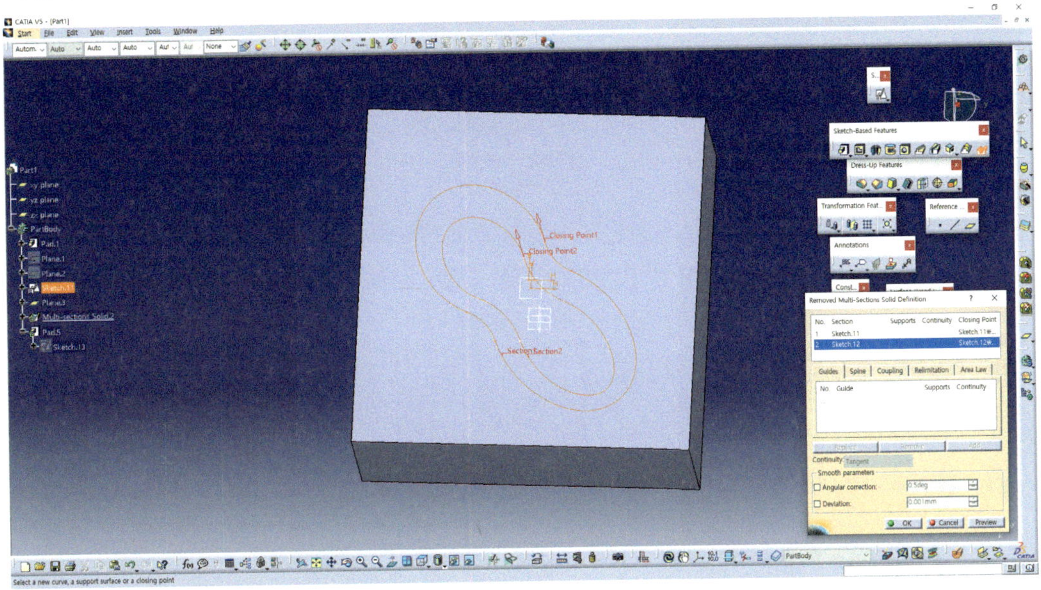

⑧ 완성품을 제작하였다.

3 Dress-up Feature Toolbar

[그림 5-60]

앞서 스케치를 이용해서 생성된 Solid의 거친 형상을 다듬고 편집하는 기능들로 묶은 Toolbar이다. 모서리를 다듬고, 구배생성 및 솔리드의 속을 파내는 명령 등이 있다.

 Edge Fillet : 형상의 모서리(Edge)를 둥글게 라운딩 처리한다.

 Variable Radius Fillet : 각각의 Edge에 수치가 다른 Fillet을 한꺼번에 넣을 수 있다. 모서리의 곡률 값이 일정하지 않을 때 사용한다.

 Face-Face Fillet : Edge가 아닌 형상의 면(Face)을 선택하여 면과 면 사이에 Fillet을 주는 명령이다. 선택한 면은 서로 교차하지 않는 면이다.

 Tritangent Fillet : 세 면을 이용하여 Fillet을 할 때 사용한다. 곡률 값을 따로 지정하지 않고 3개의 면에 대해서 접하도록 Fillet을 주는 명령이다.

 Chamfer : 모따기를 하는 명령이다. 치수 값은 길이와 각도를 입력 또는 두 개의길이 값으로 잘라낼 수 있다.

 Draft Angle : Solid 형상의 면에 각도를 부여하는 명령이다. 각각의 선택된 면을 각도를 주어서 잘라낸다.

 Draft Reflect Line : Reflect Line을 기준으로 Draft가 만들어진다. 보이는 부분까지만 드래프트 된다.

 Variable Angle Draft : 하나의 면만 지정하여 드래프트된다.

 Shell : Solid 형상의 면을 지정하여 그 안을 일정한 두께로 파내어 얇은 껍데기와 같은 형상으로 만드는 명령이다.

 Thickness : Solid 형상의 면의 두께를 조절한다. 양수(+)와 음수(-)의 수치 값을 주어 두께를 넣거나 제거시키는 명령이다.

Thread/Tab : Hole 기능을 사용하지 않은 구멍에 나사의 모양을 넣을 수 있다. Thread는 수나사, Tab은 암나사를 만들 때 사용한다.

Remove Face : Solid 형상의 필요하지 않은 면을 제거하거나 형상이 잘못된 경우 수정할 때 쓰인다.

Replace Face : 현재 형상의 면을 다른 면으로 대체하는 명령이다. 즉, 현재 형상의 면을 전체 작업을 수정하지 않고 다른 면이나 Surface의 면으로 바꿀 수 있다. 형상이 Assembly 등 모두 완성되어 있을 때 Surface와 형상을 수정시킬 수 있다.

4 Transformation Feature Toolbar

앞서 만들어진 Feature를 이동, 회전, 복사, 확대 및 축소의 변형작업을 수행하는 기능들로 묶어놓은 Toolbar이다.

[그림 5-61]

①-1_Translation

Feature를 일정방향으로 평행 이동시키는 기능이다. 하나의 PartBody 전체 형상을 이동시키며, 임의적으로 PartBody 안의 어떤 특정한 부분만을 이동시키지는 못한다. 즉 평행이동은 PartBody를 기준으로 이동시킬 수 있다.

[Vector Definition의 3가지 유형]

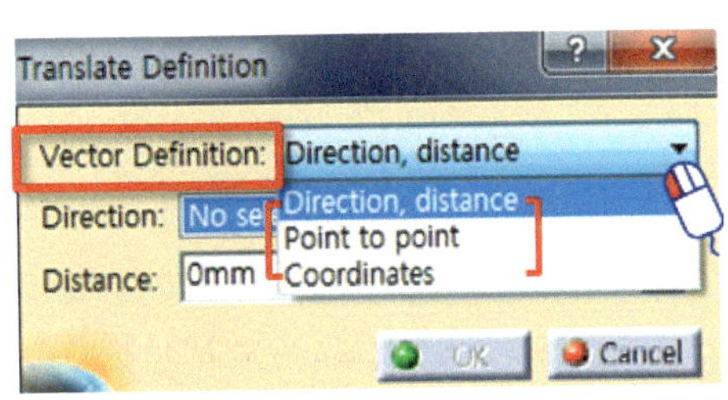

[그림 5-62]

가) Direction, distance - 이동방향과 거리 값을 지정하여 이동하는 유형이다. 이동할 대상물을 선택한 후 Direction으로 지정하는 면을 선택한다. 지정한 면에 Normal방향으로 이동가능하다. Distance에 이동거리를 입력하여 Feature를 이동시킨다.

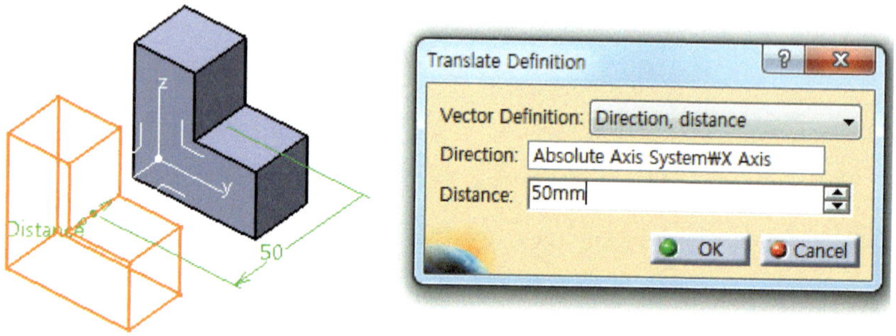

[그림 5-63]

나) Point to point - Start point와 End point지점을 지정하여 Feature를 이동시킨다.

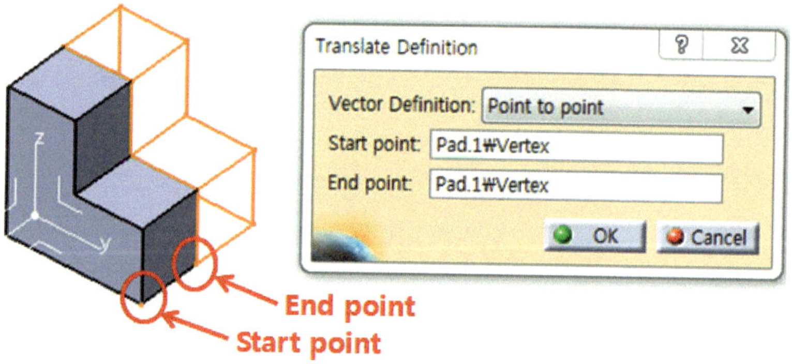

[그림 5-64]

다) Coordinates - 좌표 값을 지정하여 Feature를 이동하는 유형이다.

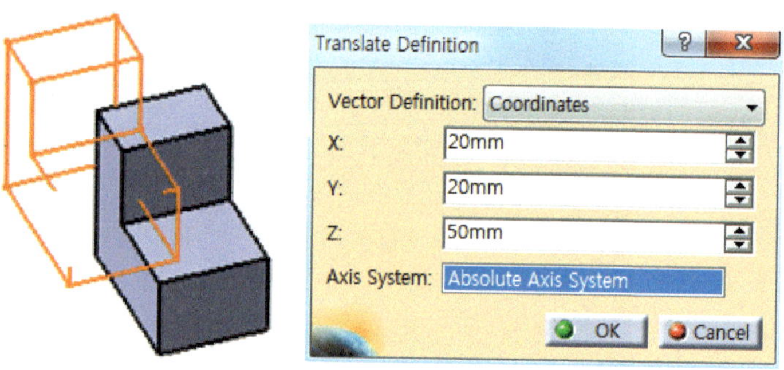

[그림 5-65]

①-2_Rotation

Feature를 임의의 축을 기준으로 회전 이동시키는 기능이다. PartBody 단위로만 이동할 수 있으며, Axis가 될 축이나 모서리 지정한 후 Angle에 회전 값을 입력하여 대상물을 회전 이동시킨다.

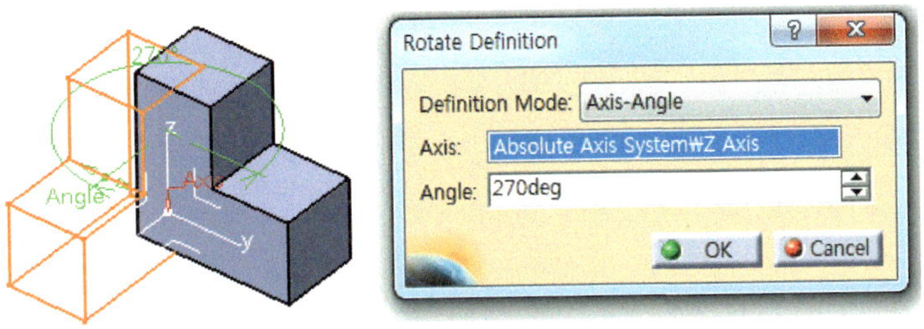

[그림 5-66]

①-3_Symmetry

Feature를 임의의 point, line, plane을 기준으로 대칭 이동시키는 기능이다.

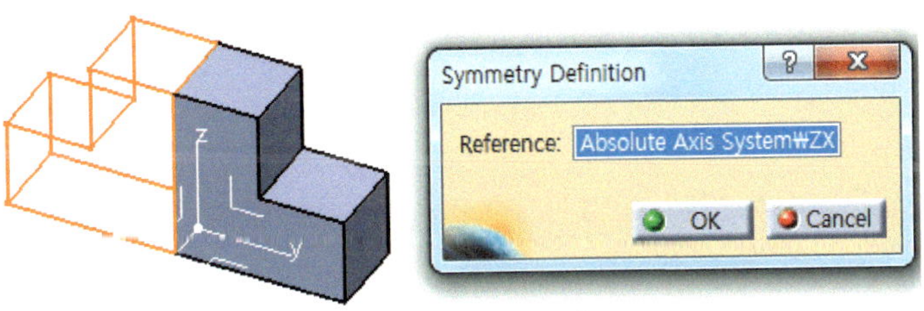

[그림 5-67]

② Mirror

대상물을 임의의 plane이나 face를 기준으로 전체 또는 일부를 대칭 복사시키는 기능이다.

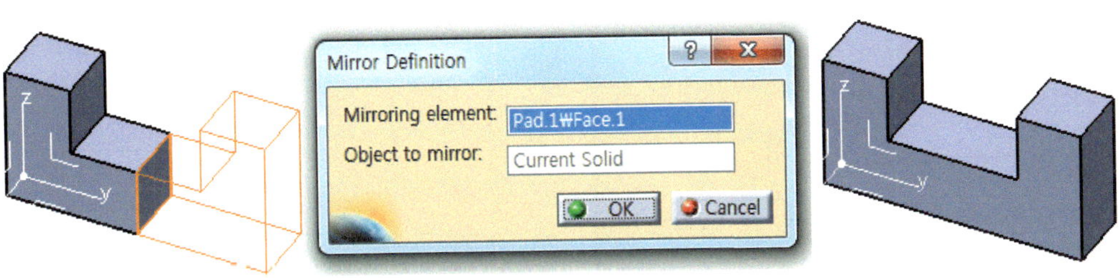

[그림 5-68]

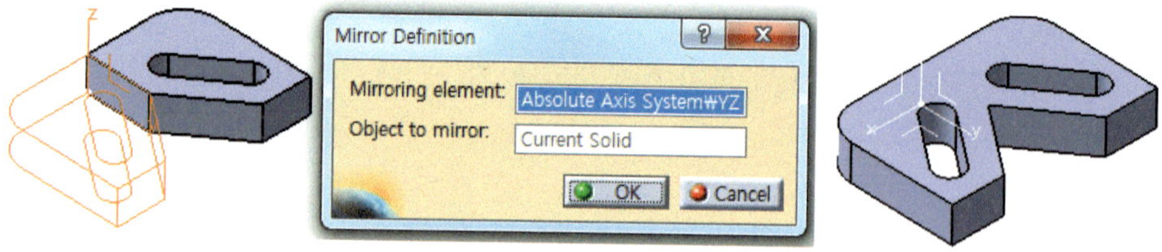

[그림 5-69]

③ Patterns

Feature가 일정한 규칙성을 가지고 반복되는 형상을 만드는 기능이다. Patterns 툴바의 하위 메뉴에는 Rectangular Pattern, Circular Pattern, User Pattern이 있다.

[그림 5-68]

③-1_Rectangular Pattern –

선택한 Feature를 가로와 세로 두 개의 직교하는 방향(격자방향)으로 선택한 형상을 반복하여 생성하는 명령이다.

▣ Rectangular Pattern 상세 정의

■ Rectangular Pattern 창

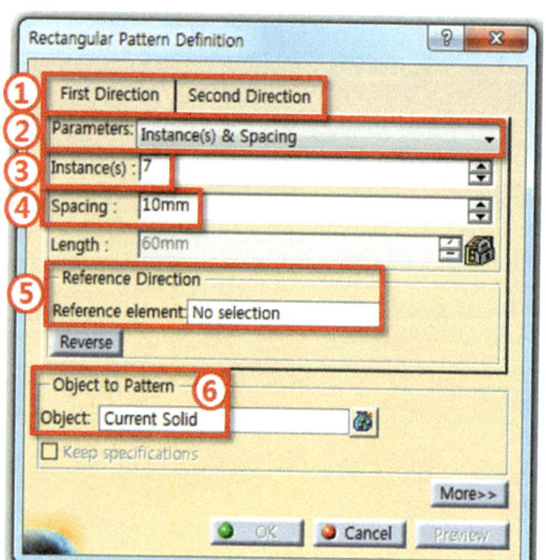

[그림 5-69]

① Pattern 방향 정의 – 가로방향/세로방향

② Parameter : Pattern의 생성방법을 설정한다.
- Instance & Length : Pattern의 개수와 생성될 총 길이를 지정하여 생성한다.
- Instance & Spacing : Pattern의 개수와 Pattern간의 거리값을 지정하여 생성한다.
- Spacing & Length : Pattern간의 거리값과 총 길이를 지정하여 생성한다.

③ Instance : 반복하여 만들 복사본의 수

④ Spacing : 반복하여 만들 복사본 간의 간격

⑤ Reference Direction : Pattern이 생성될 방향을 지정한다.

⑥ Object to Pattern : Pattern을 적용할 Feature를 선택한다.

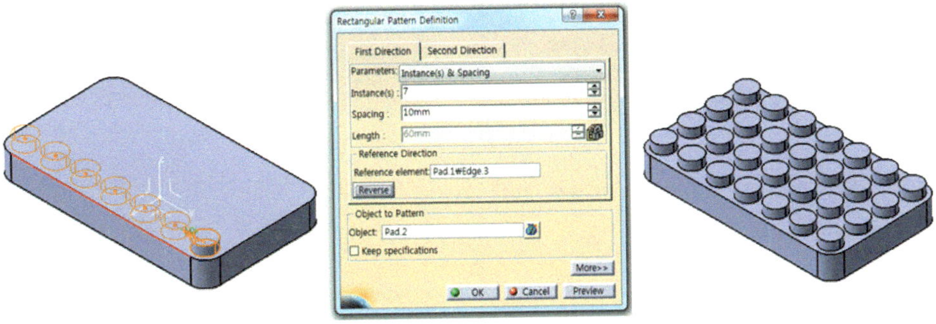

[그림 5-70] Rectangular Pattern 예시

③-2 Circular Pattern – 

회전축을 정하고 그 축을 중심으로 선택한 Feature를 원형방향으로 규칙적인 배열을 하는 기능이다.

■ Axial Reference

- Instance(s) & total angle : Pattern개수와 전체 각도값을 지정하여 생성한다.
- Instance(s) & angular spacing : Pattern개수와 각도 간격값을 지정하여 생성한다.
- Angular spacing & total angle : 각도 간격값과 전체 각도값을 지정하여 생성한다.
- Complete crow : 360deg를 기준으로 Pattern개수를 지정하여 생성한다.

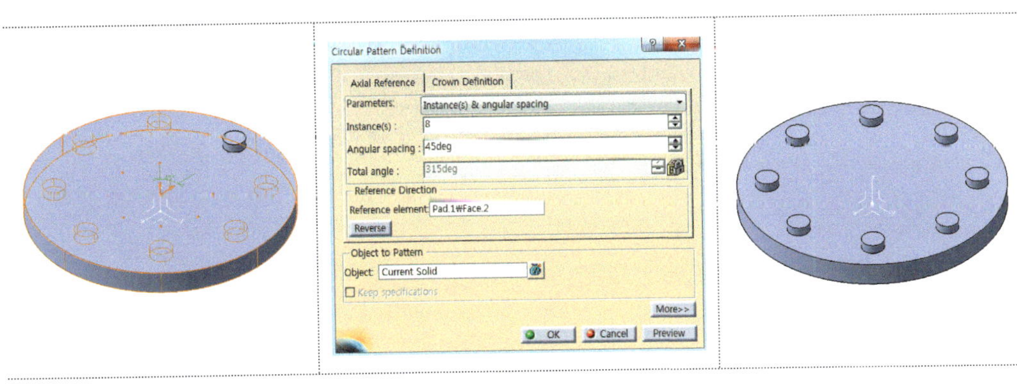

[그림 5-71]

■ Crown Definition

- Circles(s) & crown thickness : Circle의 개수와 총 거리를 지정하여 생성한다.
- Circles(s) & circle spacing : Circle의 개수와 Circle간의 거리를 지정하여 생성한다.
- Circle spacing & crown thickness : Circle간의 거리와 총 거리를 지정하여 생성한다.

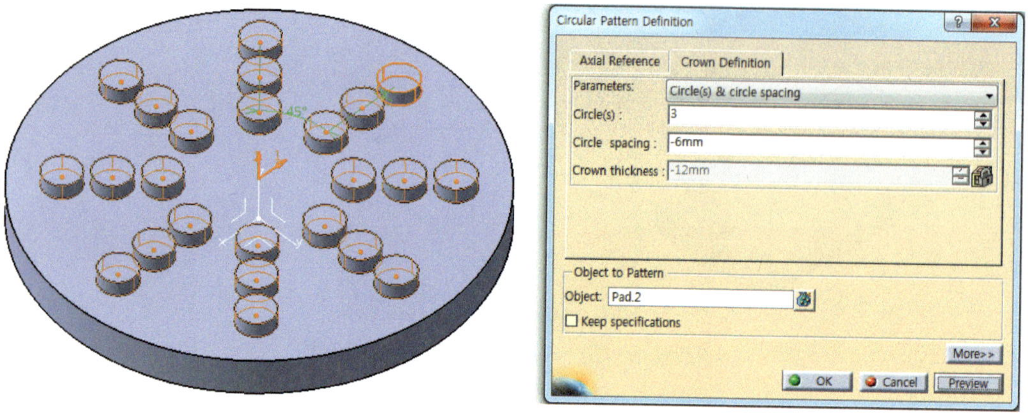

[그림 5-72]

③-3 User Pattern –

선택한 Feature를 사용자가 원하는 규칙에 의해 배열하는 기능이다. 규칙적인 배열이 아닌 사용자가 임의의 위치에 Point를 지정하여 Feature를 배열한다.

Sketch화면으로 들어가 원하는 위치에 Point들을 생성한다. Pattern할 object를 선택하고 Position으로 Point를 생성한 Sketch로 지정한다.

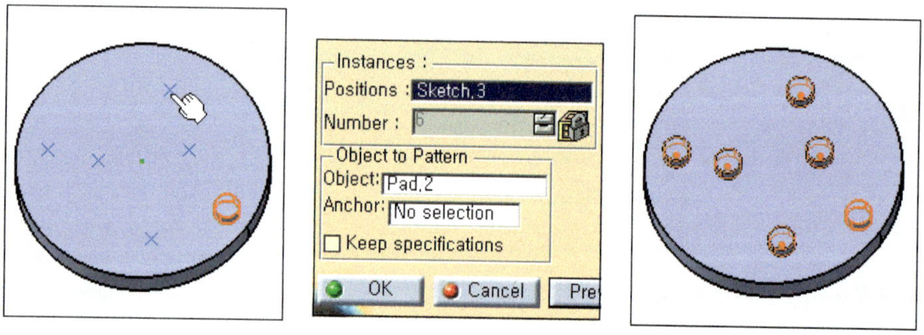

[그림 5-73]

④ Scaling –

Point나 Plane을 기준으로 선택한 Feature를 임의의 선택한 방향으로 크기를 확대 또는 축소시키는 기능이다. Reference로 Vertex를 선택하거나 Face를 선택하여 Feature를 축소 및 확대할 수 있다. Ratio에 1 이하의 값은 축소, 1이상의 값은 확대된다.

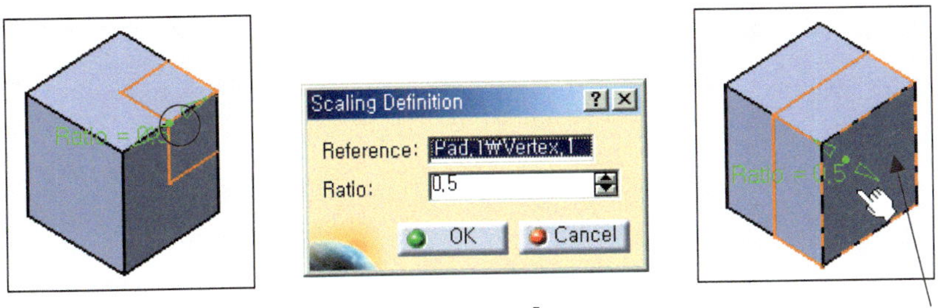

[그림 5-74]

5 Surface-Based Features Toolbar

[그림 5-75]

Surface를 기반으로 작업을 하는 명령들이며, Surface를 이용한 솔리드 모델을 절단하거나 생성하는 기능들로 묶은 툴바이다. Surface 관련 워크벤치에서 작업을 하고 이를 다시 Solid로 바꾸는 작업이 필요할 때 이 워크벤치에서 작업한다. 또는 Solid 형상과 혼합된 작업을 할 때도 이 툴바에서 작업한다.

① Split – 

Solid 형상을 임의의 Surface나 Plane, 또는 형상의 면을 기준으로 이용하여 절단하는 기능이다. Splitting Element로 surface를 지정한다. 화살표 방향이 솔리드를 남길 방향을 나타낸다.

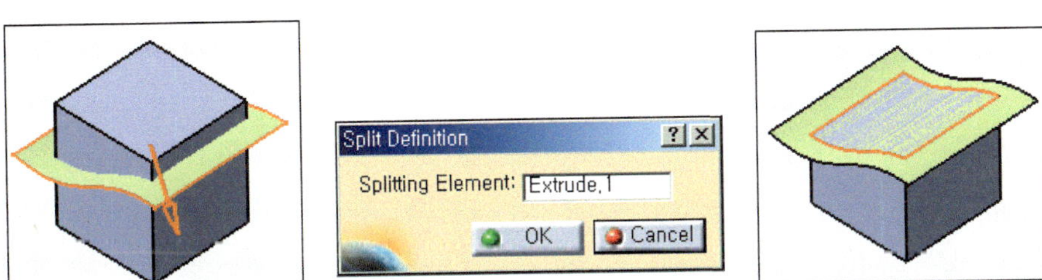

[그림 5-76]

② Thick Surface –

Surface에 두께 값을 주어 솔리드를 생성하는 기능이다. 이 명령은 일반적으로 Surface를 Solid로 만드는 방법 중에 하나이다. Profile을 기준으로 First Offset에 20mm, Second Offset에 40mm를 지정하여 총 두께 60mm인 솔리드를 생성한다.

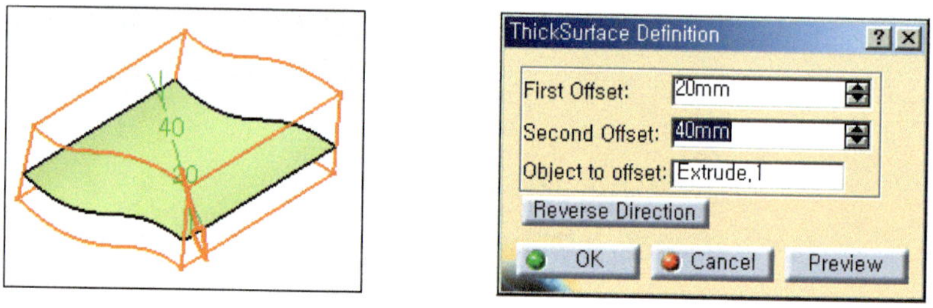

[그림 5-77]

③ Close Surface –

닫혀있는 Surface 형상에 대해서 그 닫혀있는 내부를 완전한 Solid로 만들어주는 명령이다. 즉, Surface를 이용하여 채워진 Feature를 생성하는 기능이다.

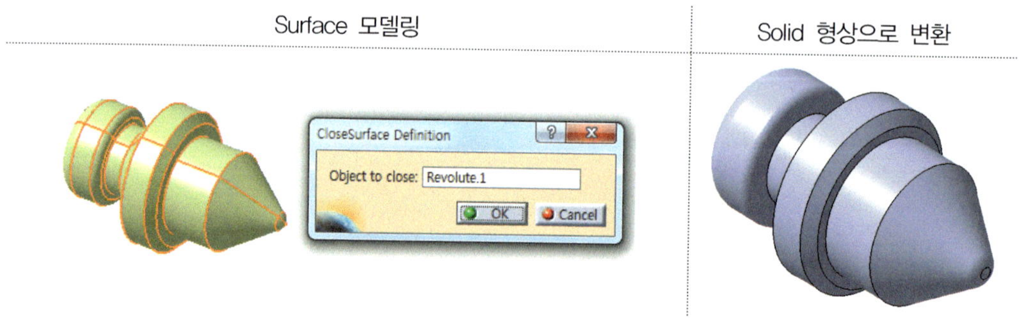

[그림 5-78]

④ Sew Surface –

Solid Part와 Surface를 연결하는 기능으로 Surface와 Solid가 교차하여 만들어지는 Surface 부분을 Solid화하는 명령이다. Surface를 기준으로 솔리드가 잘리거나 채워진다.

Object to Sew로 Surface를 지정하고, Faces to remove로 Box의 윗면을 지정한다. Object의 생성 방향을 지정하기 위해 화살표 방향은 아래쪽을 향하도록 한다.

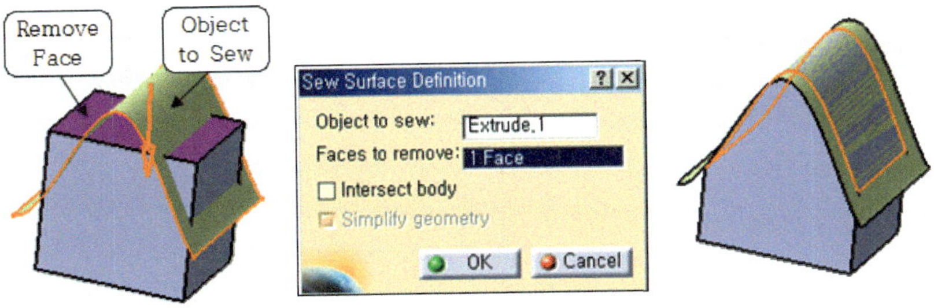

[그림 5-79]

6 Insert Toolbar

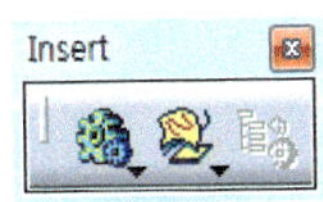

[그림 5-80]

① Body – 

PartBody와 다른 새로운 Body를 추가 생성하는 기능이다. Insert Toolbar의 Body 아이콘을 클릭하여 새로운 Body를 생성한다. 또는 Menubar에서 Insert → Body를 선택하여 생성할 수도 있다.

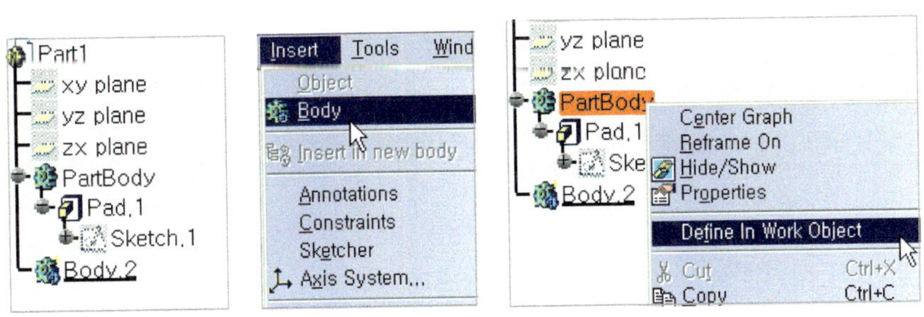

[그림 5-81]

새로운 Body를 생성하면 서로 다른 작업영역을 가진다. PartBody와 Body의 작업영역을 이동하려면 작업하고자 하는 Body에서 MB3 버튼을 클릭한다. Define In Work Object를 선택하여 현재 작업영역을 지정한 후 모델작업을 들어가도록 한다.

② Insert in new body

PartBody 내에 작업한 Feature를 새로운 Body로 이동시키면서 Assembly시키는 기능이다.

새로운 Body에 결합할 대상들을 선택한다. Tree에서 Pad.2와 Hole.1을 다중선택한 후 Assembly Features 아이콘을 클릭한다. Hole을 Up to Next로 뚫었기 때문에 Pad.2와 Hole을 새로운 Body에 결합시키면 Geometry에 형상변화가 일어난다. 이동된 Hole.1에 형상변화가 일어난다는 Warning Message가 나타난다. Yes를 클릭하면 우측 그림 결과와 같이 형상변화가 일어난다.

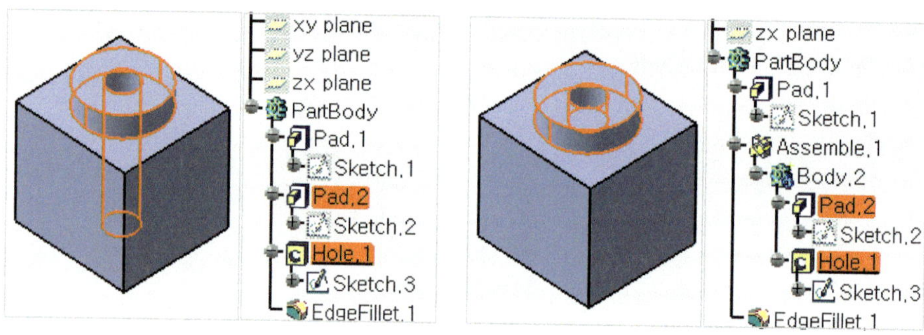

[그림 5-82]

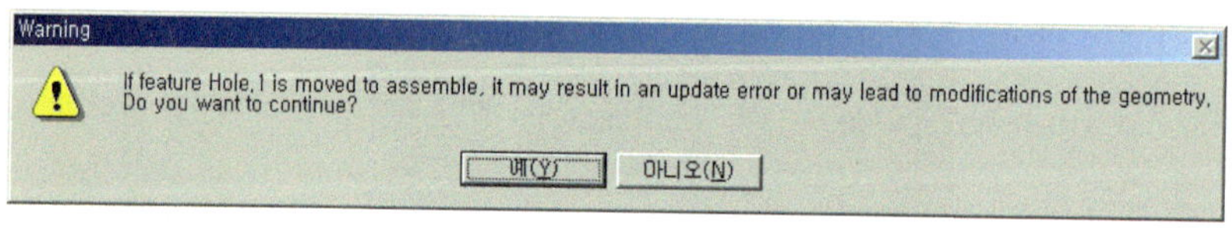

7 Boolean Operation Toolbar

PartBody와 여러 개의 Body 사이에 Assembly, Add, Remove 등의 기능을 제공하는 기능들로 묶여있는 Toolbar이다. 이 기능들은 위에서 배운 Body 기능을 이용해 새로운 Body를 추가해서 이 기능들을 사용할 수 있다.

① Assembly – 

PartBody와 다른 Body를 결합하는 기능으로 Part의 속성을 그대로 가지고 결합된다.

새로운 Body에 Pocket 기능을 이용하여 솔리드를 생성하였다. 새로운 Body 내에서는 빼낼 대상이 없기 때문에 솔리드가 생성된 것이다. Assembly기능을 이용하여 PartBody와 Body를 결합하면 우측과 같은 결과가 나타난다. 하나의 Body로 결합되면서 Pocket의 속성을 가지고 오기 때문에 다음과 같은 결과로 나타난다.

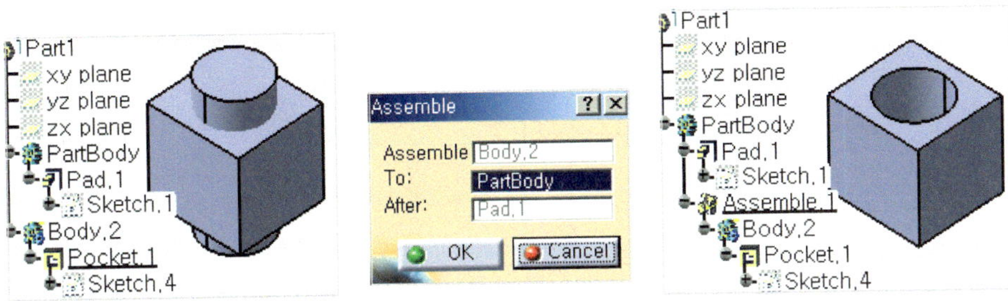

[그림 5-83]

② Add – 

Part 속성을 무시한 채 PartBody와 다른 Body를 합하는 기능이다.

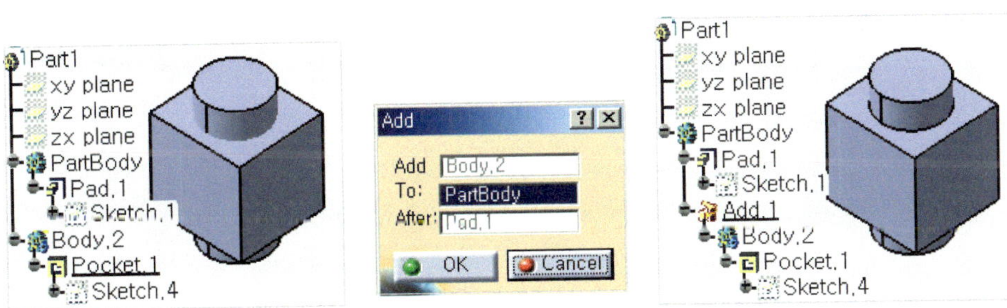

[그림 5-84]

③ Remove – 

하나의 Body에 다른 Body를 제거하면서 교차되어 있는 부분까지 함께 제거하는 기능이다.

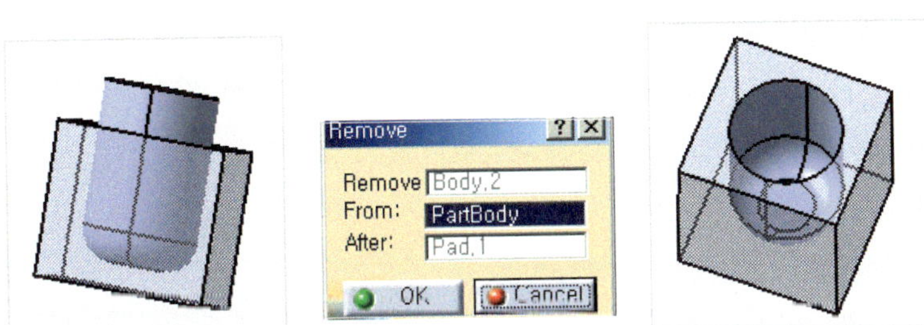

[그림 5-85]

④ Intersect –

두 Body의 교차된 부분만 남기고 나머지 부분을 제거하는 기능이다.

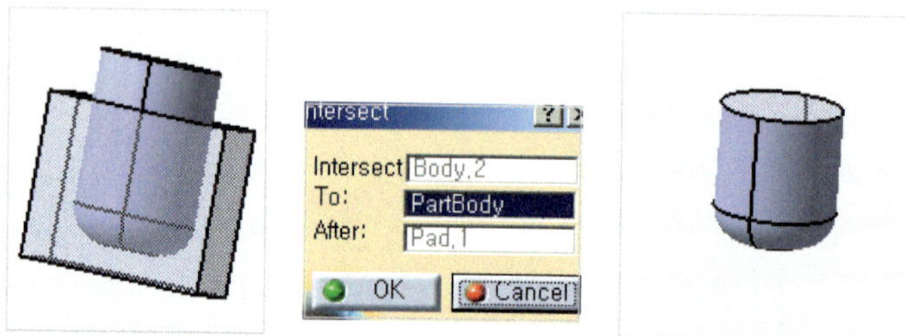

[그림 5-86]

⑤ Union Trim –

두 Body가 서로 교차할 경우 제거할 부분과 남길 부분을 지정하여 솔리드를 생성한다.

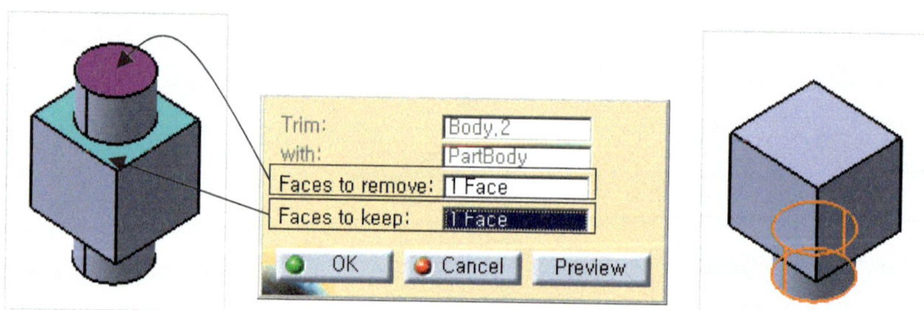

[그림 5-87]

⑦ Remove Lump –

Remove 기능에 의해 솔리드가 완전히 분리되어진 경우(좌측) 필요한 부분만 남기고 나머지는 제거하는 기능이다.

Remove 기능을 이용하여 Body부분과 교차하는 부분까지 제거한 후 Remove Lump 기능을 이용해 남길 부분을 제외하고 불필요한 부분을 제거한다.

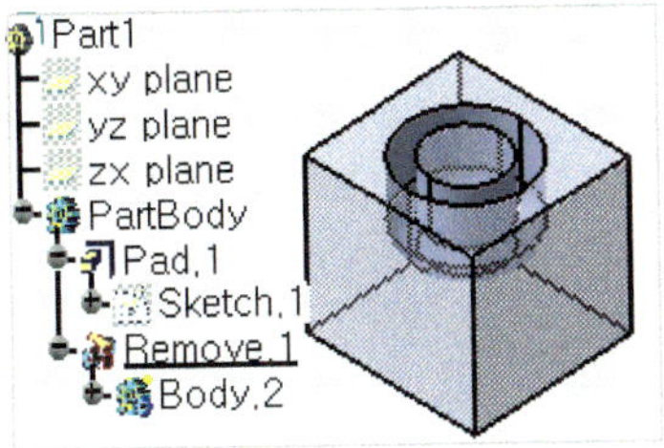

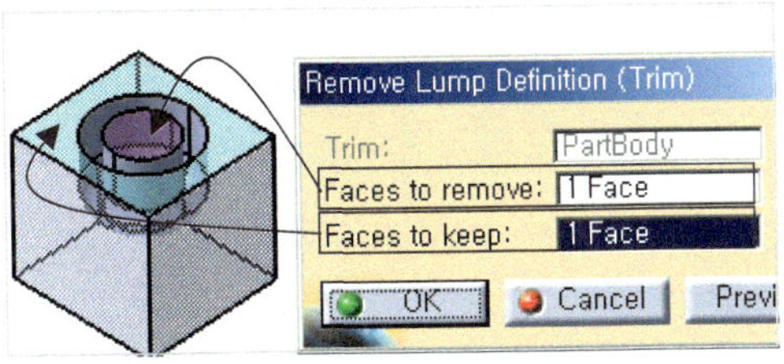

[그림 5-88]

8 Apply Material Toolbar

[그림 5-89]

CATIA에서는 형상 모델링 작업뿐만 아니라 실제 형상에 대한 물성치를 부여할 수 있다. 이 툴바는 생성된 3차원 솔리드 모델에 재질을 부여하는 기능이다. 이는 Analysis에서 부품 및 조립 해석 시 물성치가 적용되어 해석 결과 값을 나타낸다.

① Apply Material( ) 아이콘을 클릭한다. 그리고 아래 그림과 같이 Library 창이 나타나면 ② 물성치를 넣을 객체 선택 ③ 적용하고자 하는 물성을 선택한다. 여기서는 Metal을 선택하고 ④ Steel을 차례로 선택한다. ⑤ OK ⑥ View 툴바의 하위메뉴 클릭 ⑦ View mode툴바의 'Shading with Material' 아이콘을 클릭한다.

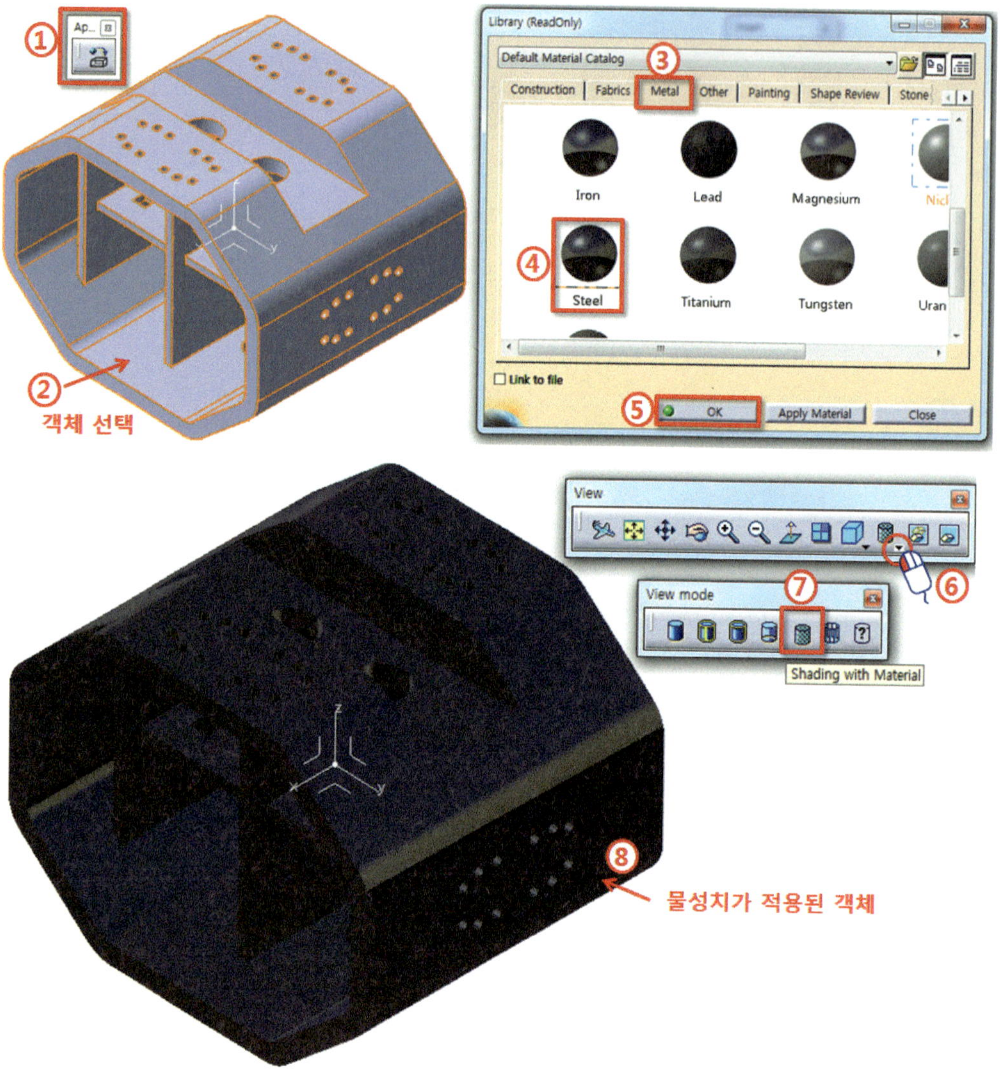

[그림 5-90]

⑧ 해당 PartBody 재질이 입혀진 것을 알 수 있다.

적용한 물성치의 질량 및 무게 중심과 같은 속성을 알고 싶으면 Measure 툴바의 Measure Inertia아이콘( )을 클릭하고 Tree에서 PartBody를 선택하면 된다.

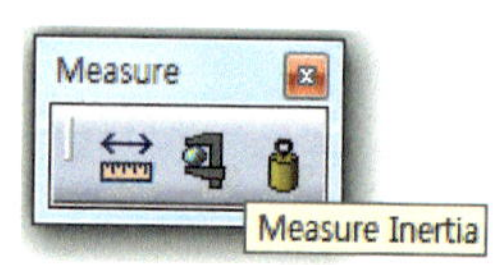

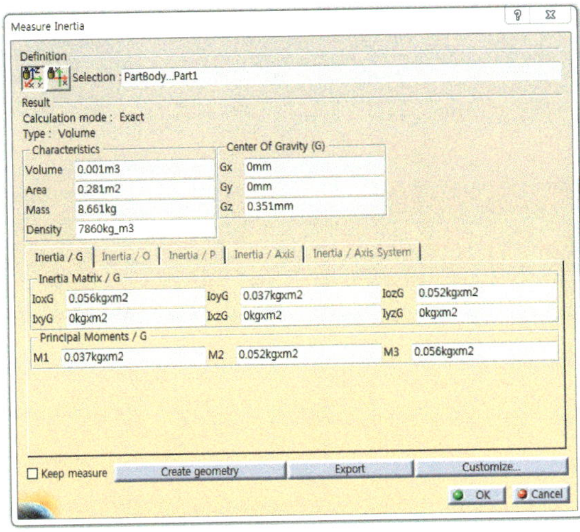
Measure Inertia
Definition
Selection : PartBody...Part1
Result
Calculation mode : Exact
Type : Volume
Characteristics
Volume 0.001m3
Area 0.281m2
Mass 8.661kg
Density 7860kg_m3
Center Of Gravity (G)
Gx 0mm
Gy 0mm
Gz 0.351mm
Inertia / G
Inertia / O
Inertia / P
Inertia / Axis
Inertia / Axis System
Inertia Matrix / G
IoxG 0.056kgxm2
IoyG 0.037kgxm2
IozG 0.052kgxm2
IxyG 0kgxm2
IxzG 0kgxm2
IyzG 0kgxm2
Principal Moments / G
M1 0.037kgxm2
M2 0.052kgxm2
M3 0.056kgxm2
Keep measure
Create geometry
Export
Customize...
OK
Cancel

Measure

6

6

CATIA 기어 & 나사

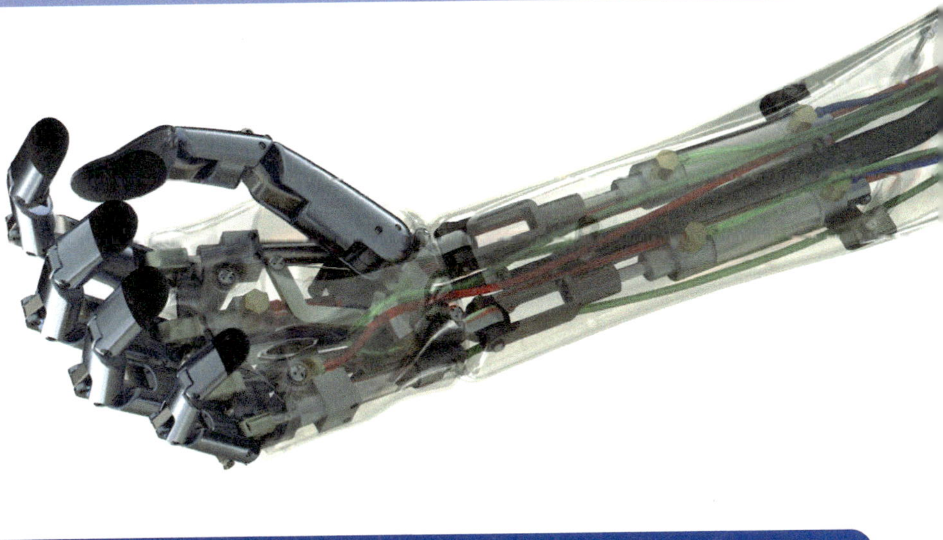

Computer Aided Three-Dimensional Interactive Applications

CHAPTER

01 나사

1 나사 제도

1.1 나사의 표시 방법

나사산의 종류를 표시하는 기호 나사산의 호칭×리드(피치)–나사의 등급

1) 나사의 종류 기호 및 호칭법

구분		나사의 종류		표시 기호	표시 방법 예
일반용	ISO 규격에 있는 것	미터 보통 나사		M	M 10
		미터 가는 나사			M 10×1
		미니추어 나사		S	S 0.5
		유니파이 보통 나사		UNC	3/8-16 UNC
		유니파이 가는 나사		UNF	No. 8-36 UNF
		미터 사다리꼴 나사		Tr	Tr 10×2
		관용 테이퍼 나사	테이퍼 수나사	R	R 3/4
			테이퍼 암나사	Rc	Rc 3/4
			평행 암나사	Rp	Rp 3/4
		관용 평행 나사		G	G 1/2
	ISO 규격에 없는 것	30° 사다리꼴 나사		TM	TM 18
		29° 사다리꼴 나사		TW	TW 20
		관용 테이퍼 나사	테이퍼 나사	PT	PT 7
			테이퍼 암나사	PS	PS 7
		관용 평행 나사		PF	PF 7
특수용		후강 전선관 나사		CTG	CTG 19
		박강 전선관 나사		CTC	CTC 19
		자전거 나사	일반용	BC	BC 3/4
			스포츠용		BC 2.6
		미싱 나사		SM	SM 1/4, 산 40
		전구 나사		E	E 10
		자동차용 타이어 밸브 나사		TV	TV 8
		자전거용 타이어 밸브 나사		CTV	CTV 8 산 30

1.2 나사 KS 규격표

10. 미터 보통 나사

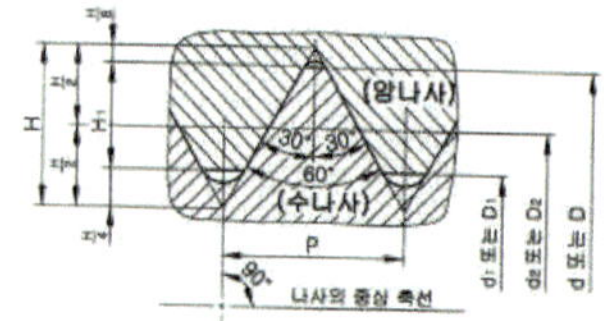

나사의 호칭	피치(P)	접촉 높이(H_1)	암나사 골 지름 D	암나사 유효 지름 D_2	암나사 안 지름 D_1
			수나사 바깥 지름 d	수나사 유효 지름 d_2	수나사 골 지름 d_1
M3	0.5	0.271	3.000	2.675	2.459
M4	0.7	0.379	4.000	3.545	3.242
M5	0.8	0.433	5.000	4.480	4.134
M6	1	0.541	6.000	5.350	4.917
M8	1.25	0.677	8.000	7.188	6.647
M10	1.5	0.812	10.000	9.026	8.376
M12	1.75	0.947	12.000	10.863	10.106
M16	2	1.083	16.000	14.701	13.835

11. 미터 가는 나사

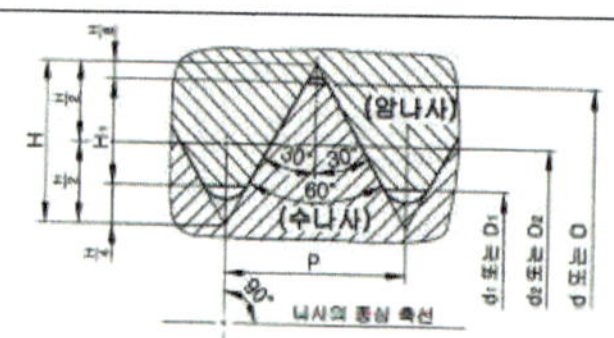

나사의 호칭	접촉 높이(H_1)	암나사 골 지름 D	암나사 유효 지름 D_2	암나사 안 지름 D_1
		수나사 바깥 지름 d	수나사 유효 지름 d_2	수나사 골 지름 d_1
M 1 × 0.2	0.108	1.000	0.870	0.783
M 1.1 × 0.2		1.100	0.970	0.883
M 1.2 × 0.2		1.200	1.070	0.983
M 1.4 × 0.2		1.400	1.270	1.183
M 1.6 × 0.2		1.600	1.470	1.383
M 1.8 × 0.2		1.800	1.670	1.583
M 2 × 0.25	0.135	2.000	1.838	1.729
M 2.2 × 0.25		2.200	2.038	1.929
M 2.5 × 0.35	0.189	2.500	2.273	2.121
M 3 × 0.35		3.000	2.773	2.621
M 3.5 × 0.35		3.500	3.273	3.121
M 4 × 0.5	0.271	4.000	3.675	3.459
M 4.5 × 0.5		4.500	4.175	3.959
M 5 × 0.5		5.000	4.675	4.459
M 5.5 × 0.5		5.500	5.175	4.959
M 6 × 0.75	0.406	6.000	5.513	5.188
M 7 × 0.75		7.000	6.513	6.188
M 8 × 1	0.541	8.000	7.350	6.917
M 8 × 0.75	0.406		7.513	7.188
M 9 × 1	0.541	9.000	8.350	7.917
M 9 × 0.75	0.406		8.513	8.188
M 10 × 1.25	0.677	10.000	9.188	8.647
M 10 × 1	0.541		9.350	8.917
M 10 × 0.75	0.406		9.513	9.188
M 11 × 1	0.541	11.000	10.350	9.917
M 11 × 0.75	0.406		10.513	10.188
M 12 × 1.5	0.812	12.000	11.026	10.376
M 12 × 1.25	0.677		11.188	10.647
M 12 × 1	0.541		11.350	10.917
M 14 × 1.5	0.812	14.000	13.026	12.376
M 14 × 1.25	0.677		13.188	12.647
M 14 × 1	0.541		13.350	12.917
M 15 × 1.5	0.812	15.000	14.026	13.376
M 15 × 1	0.541		14.350	13.917
M 16 × 1.5	0.812	16.000	15.026	14.376
M 16 × 1	0.541		15.350	14.917

12. 미터 사다리꼴 나사

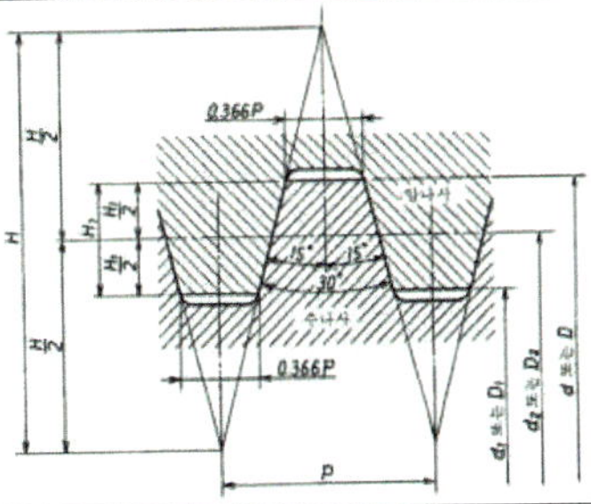

기준 공식

$H = 1.866P$ $\quad d_2 = d - 0.5P$ $\quad D = d$

$H_1 = 0.5P$ $\quad d_1 = d - P$ $\quad D_2 = d_2$

$D_1 = d_1$

나사의 호칭	피치 P	접촉 높이 H_1	암나사 골 지름 D	암나사 유효 지름 D_2	암나사 안 지름 D_1
			수나사 바깥 지름 d	수나사 유효 지름 d_2	수나사 골 지름 d_1
Tr 10×2	2	1	10.000	9.000	8.000
Tr 10×1.5	1.5	0.75	10.000	9.250	8.500
Tr 11×3	3	1.5	11.000	9.500	8.000
Tr 11×2	2	1	11.000	10.000	9.000
Tr 12×3	3	1.5	12.000	10.500	9.000
Tr 12×2	2	1	12.000	11.000	10.000
Tr 14×3	3	1.5	14.000	12.500	11.000
Tr 14×2	2	1	14.000	13.000	12.000
Tr 16×4	4	2	16.000	14.000	12.000
Tr 16×2	2	1	16.000	15.000	14.000
Tr 18×4	4	2	18.000	16.000	14.000
Tr 18×2	2	1	18.000	17.000	16.000
Tr 20×4	4	2	20.000	18.000	16.000
Tr 20×2	2	1	20.000	19.000	18.000

13. 관용 평행 나사

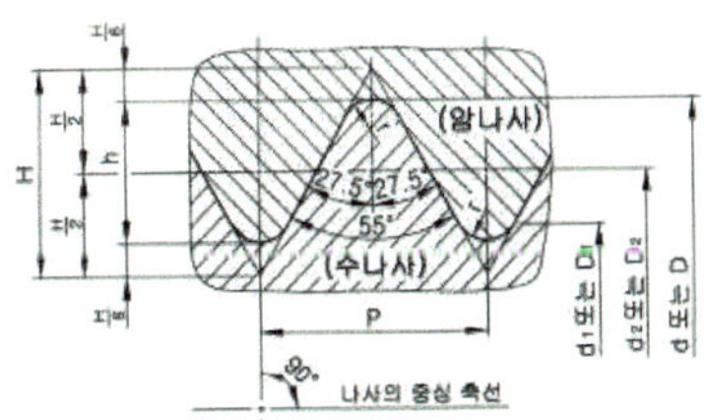

나사의 표시방법 : 수나사의 경우 G 1A, G 1B

암나사의 경우 G1

나사의 호칭	나사 산수 25.4mm에 대하여 n	피 치 P (참 고)	나사 산의 높이 h	산의 봉우리 및 골의 둥글기 r	암나사 골 지름 D	암나사 유효 지름 D_2	암나사 안 지름 D_1
					수나사 바깥 지름 d	수나사 유효 지름 d_2	수나사 골 지름 d_1
G $^{1}/_{8}$	28	0.9071	0.581	0.12	9.728	9.147	8.566
G $^{1}/_{4}$	19	1.3368	0.856	0.18	13.157	12.301	11.445
G $^{3}/_{8}$	19	1.3368	0.856	0.18	16.662	15.806	14.950
G $^{1}/_{2}$	14	1.8143	1.162	0.25	20.955	19.793	18.631
G $^{5}/_{8}$	14	1.8143	1.162	0.25	22.911	21.749	20.587
G $^{3}/_{4}$	14	1.8143	1.162	0.25	26.441	25.279	24.117
G $^{7}/_{8}$	14	1.8143	1.162	0.25	30.201	29.039	27.877
G 1	11	2.3091	1.479	0.32	33.249	31.770	30.291
G 1$^{1}/_{8}$	11	2.3091	1.479	0.32	37.897	36.418	34.939
G 1$^{1}/_{4}$	11	2.3091	1.479	0.32	41.910	40.431	38.952
G 1$^{1}/_{2}$	11	2.3091	1.479	0.32	47.803	46.324	44.845
G 1$^{3}/_{4}$	11	2.3091	1.479	0.32	53.746	52.267	50.788
G 2	11	2.3091	1.479	0.32	59.614	58.135	56.656
G 2$^{1}/_{4}$	11	2.3091	1.479	0.32	65.710	64.231	62.752
G 2$^{1}/_{2}$	11	2.3091	1.479	0.32	75.184	73.705	72.226

14. 관용 테이퍼 나사

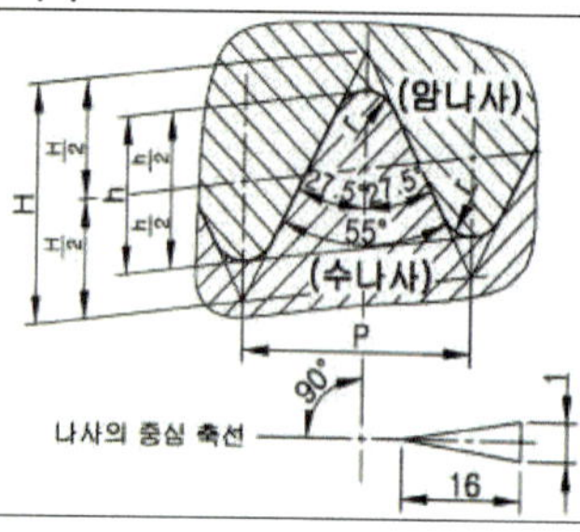

나사의 표시방법 : 수나사의 경우 R 1½
암나사의 경우 Rc 1½

나사의 호칭	나사 산수 25.4mm에 대하여 n	피 치 P (참 고)	나사 산의 높이 h	둥글기 r 또는 r'	암나사			수나사 기본지름위치		암나사 기본지름 위치
					골 지름 D	유효 지름 D2	안 지름 D1	관 끝으로부터		관 끝부분
					수나사					
					바깥 지름 d	유효 지름 d2	골 지름 d1	기본길이 a	축선방향의 허용차 ±b	축선방향의 허용차 ±c
R 1/16	28	0.9071	0.581	0.12	7.723	7.142	6.561	3.97	0.91	1.13
R 1/8	28	0.9071	0.581	0.12	9.728	9.147	8.566	3.97	0.91	1.13
R 1/4	19	1.3368	0.856	0.18	13.157	12.301	11.445	6.01	1.34	1.67
R 3/8	19	1.3368	0.856	0.18	16.662	15.806	14.950	6.35	1.34	1.67
R 1/2	14	1.8143	1.162	0.25	20.955	19.793	18.631	8.16	1.81	2.27
R 3/4	14	1.8143	1.162	0.25	26.441	25.279	24.117	9.53	1.81	2.27
R1	11	2.3091	1.479	0.32	33.249	31.770	30.291	10.39	2.31	2.89
R1 1/4	11	2.3091	1.479	0.32	41.910	40.431	38.952	12.70	2.31	2.89
R1 1/2	11	2.3091	1.479	0.32	47.803	46.324	44.845	12.70	2.31	2.89
R2	11	2.3091	1.479	0.32	59.614	58.135	56.656	15.88	2.31	2.89
R2 1/2	11	2.3091	1.479	0.32	75.184	73.705	72.226	17.46	3.46	3.46
R3	11	2.3091	1.479	0.32	87.884	86.405	84.926	20.64	3.46	3.46
R4	11	2.3091	1.479	0.32	113.030	111.551	110.072	25.40	3.46	3.46
R5	11	2.3091	1.479	0.32	138.430	136.951	135.472	28.58	3.46	3.46
R6	11	2.3091	1.479	0.32	163.830	162.351	160.872	28.58	3.46	3.46

15. 볼트 구멍 지름(2급 기준) 및 카운터 보어 지름의 치수

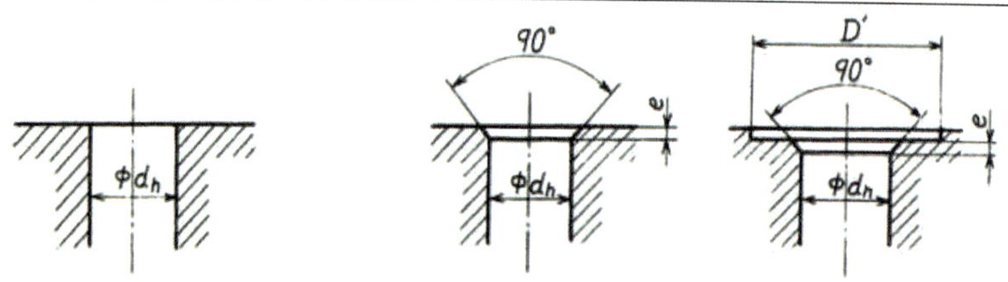

나사 호칭 지름	3	4	5	6	8	10	12	14	16
볼트 구멍 지름 ødh	3.4	4.5	5.5	6.6	9	11	13.5	15.5	17.5
모떼기 e	0.3	0.4	0.4	0.4	0.6	0.6	1.1	1.1	1.1
카운터보어 지름 D'	9	11	13	15	20	24	28	32	35

16. 불완전 나사부 길이

나사의 절단 끝부에 있어서 불완전 나사부 길이 (x)

절삭 나사의 경우 　　　　　　　　　　 전조 나사의 경우

(원통부 지름=수나사 바깥지름) (원통부 지름≒수나사 유효지름) (원통부 지름=수나사 바깥지름)

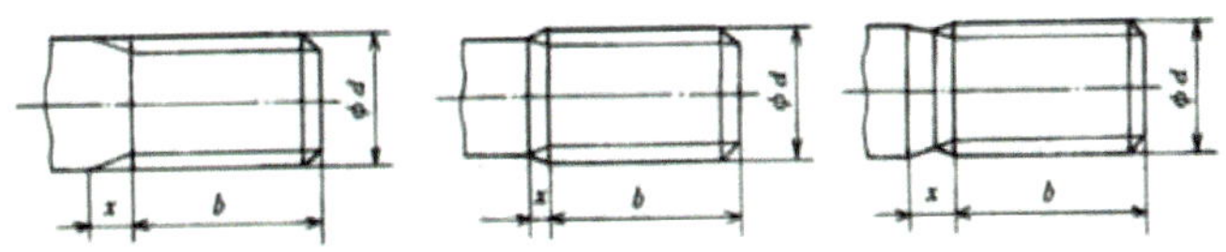

비 고 그림 중의 b는 나사부 길이를 표시한다.

온나사에 있어서 불완전 나사부 길이 (a)

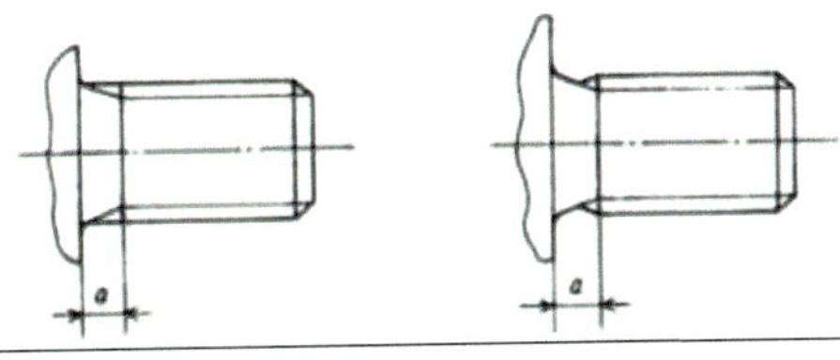

나사의 피치	x (최대)		a (최대)		
	보통 것	짧은 것	보통 것	짧은 것	긴 것
0.5	1.25	0.7	1.5	1	2
0.7	1.75	0.9	2.1	1.4	2.8
0.8	2	1	2.4	1.6	3.2
1	2.5	1.25	3	2	4
1.25	3.2	1.6	4	2.5	5
1.5	3.8	1.9	4.5	3	6
1.75	4.3	2.2	5.3	3.5	7
2	5	2.5	6	4	8

17. 나사의 틈새

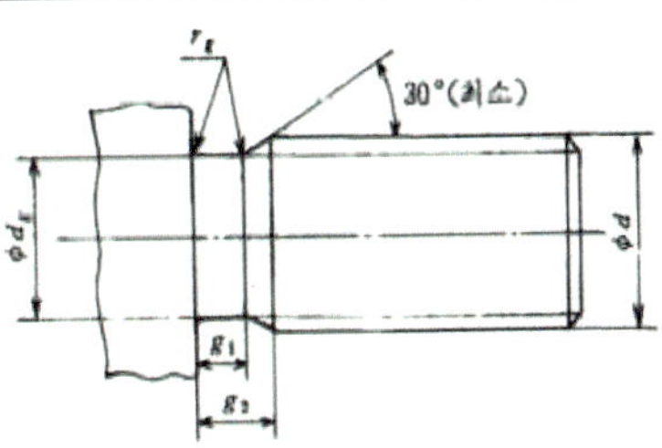

나사의 피치	dg		g_1	g_2	r_g
	기준 치수	허용차	최소	최대	약
0.5	d - 0.8	호칭지름이 3mm 이하는 h12, 호칭지름이 3mm 초과는 h13 적용	0.8	1.5	0.2
0.7	d - 1.1		1.1	2.1	0.4
0.8	d - 1.3		1.3	2.4	0.4
1	d - 1.6		1.6	3	0.6
1.25	d - 2		2	3.75	0.6
1.5	d - 2.3		2.5	4.5	0.8
1.75	d - 2.6		3	5.25	1
2	d - 3		3.4	6	1

18. 뾰족끝 홈붙이 멈춤 스크루

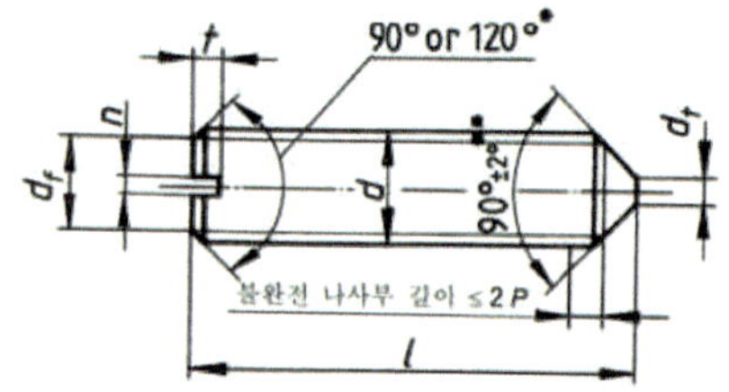

나사의 호칭 d			M 1.2	M 1.6	M 2	M 2.5	M 3	(M 3.5)*	M 4	M 5	M 6	M 8	M 10	M 12
P*			0.25	0.35	0.4	0.45	0.5	0.6	0.7	0.8	1	1.25	1.5	1.75
d_t		≈	나사산의 골지름											
l* *														
기준치수	최소	최대												
2	1.8	2.2												
2.5	2.3	2.7												
3	2.8	3.2												
4	3.7	4.3												
5	4.7	5.3												
6	5.7	6.3												
8	7.7	8.3												
10	9.7	10.3				상용								
12	11.6	12.4					길이							
(14)	13.6	14.4						의						
16	15.6	16.4								범위				
20	19.6	20.4												
25	24.6	25.4												
30	29.6	30.4												

2 나사 모델링 실습 도면

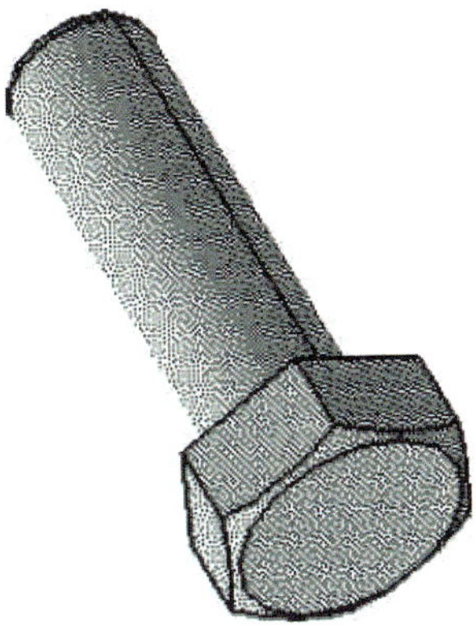

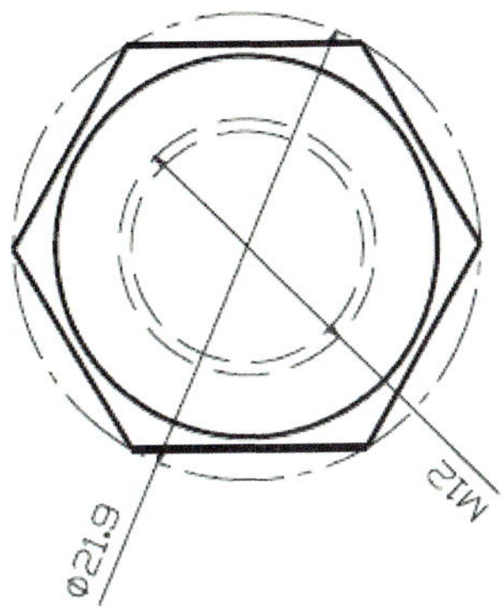

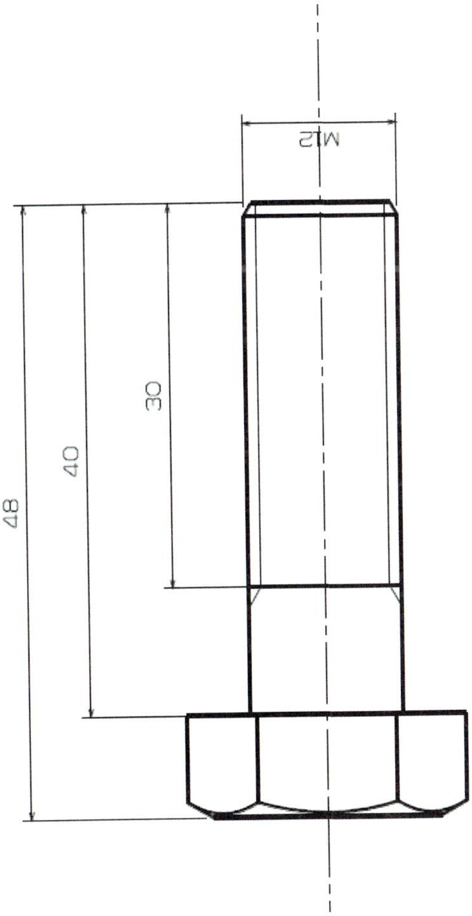

3 나사 모델링 실습

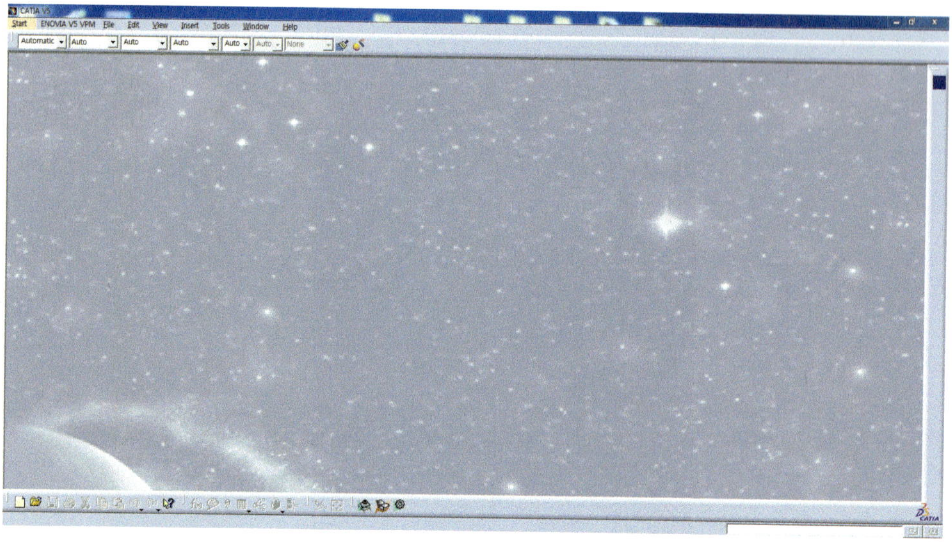

CATIA V5를 실행한다.

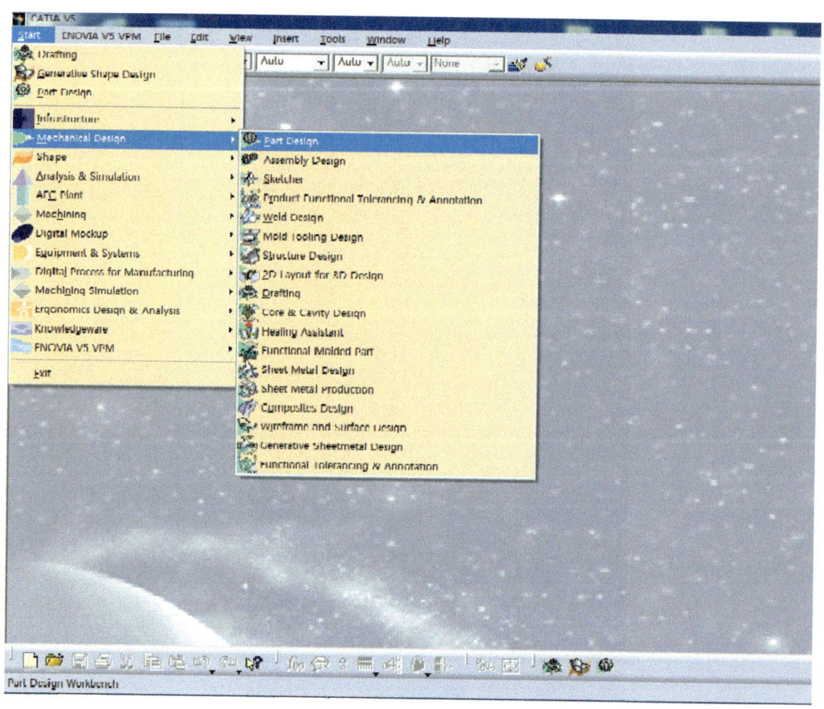

Menu Bar의 Start를 클릭하면 Start의 Pulldown Menu가 나타난다. Pulldown Menu에서 Mechanical Design → Part Design을 클릭하면 아래와 같은 New Part라는 대화상자 Dialog Box가 나타난다.

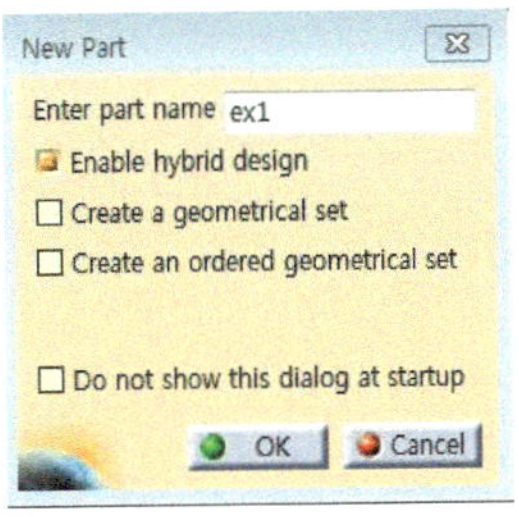

New Part에서 Enter part name에 ex1로 입력한 후 Enable hybrid design을 체크하고 OK를 누른다.

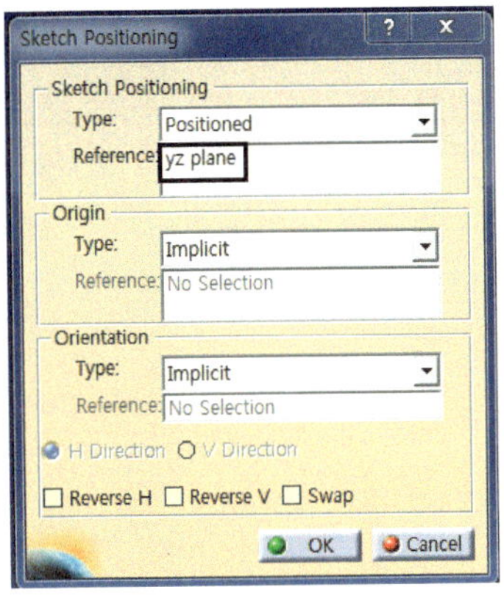

Sketcher Toolbar에서 Positioned Sketch 아이콘을 클릭하면 Sketch Positioning 대화상자 Dialog Box가 나타난다. YZ Plane을 선택하고 OK를 누른다.

Profile Toolbar에서 Circle 아이콘을 클릭한다.

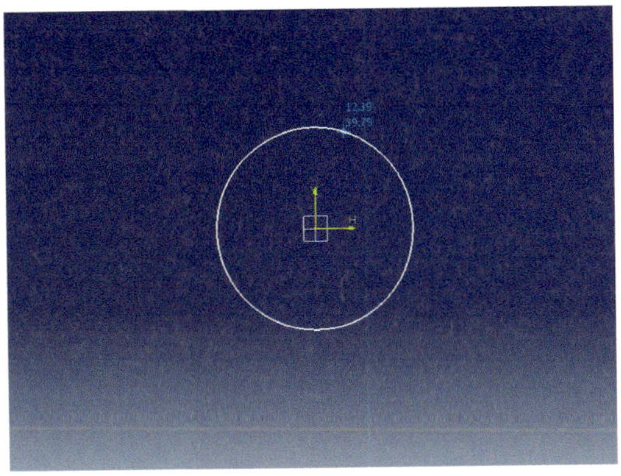

첫 번째 지점으로 원점에 클릭하고 두 번째 지점으로 Working area에 클릭하여 원을 생성한다.

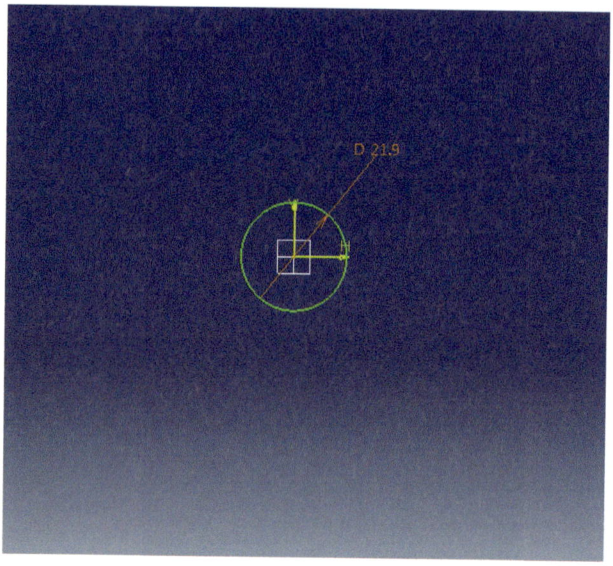

Constraint Toolbar에서 Constraint 아이콘을 선택하여 Circle을 클릭하여 치수를 생성한다. 생성된 치수를 더블 클릭하게 되면 Constraint Definition 대화상자 Dialog Box가 나타난다. 나타난 Dialog Box에 있는 Diameter의 치수 21.9로 입력하여 OK를 눌러 치수를 수정한다.

Workbench Toolbar의 Exit Workbench를 클릭하면 Sketch 작업창에서 Part 작업창으로 변경된다.

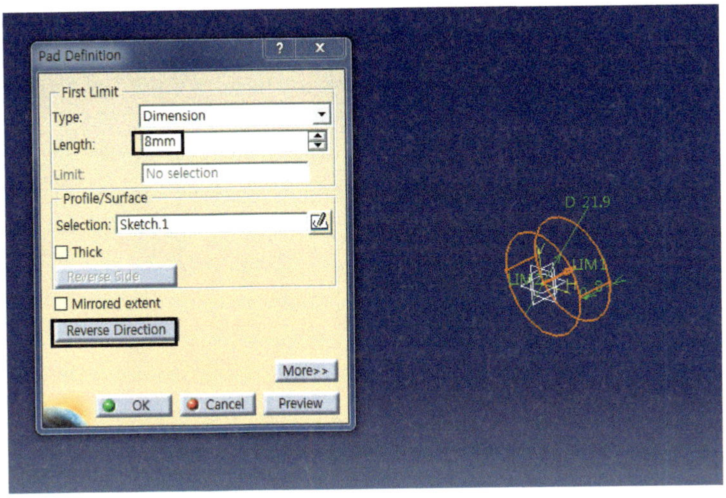

Sketch-Based Features Toolbar에서 Pad 아이콘을 클릭하면 Pad Definition 대화상자 Dialog Box가 나타난다. 도면에 나와 있는 기본 베이스의 높이는 8로 First Limit의 Length에 8mm로 수정하고 Reverse Direction을 선택하여 화살표 방향을 반대로 변경한 후 OK를 클릭한다.

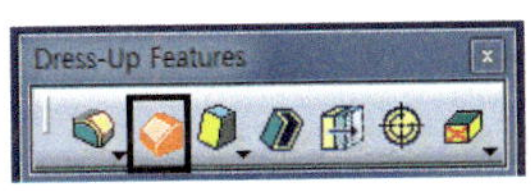

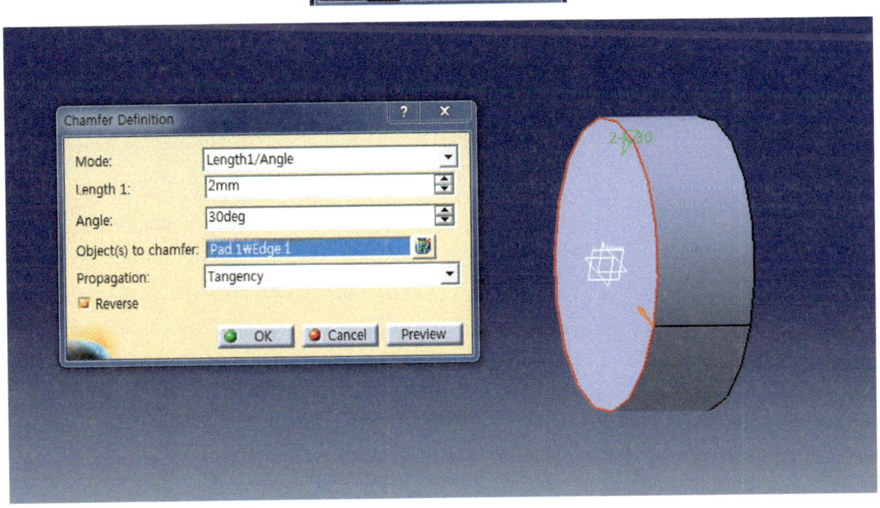

Dress-Up Features Toolbar에서 Chamfer 아이콘을 누르게 되면 Chamfer Definition 대화상자 Dialog Box가 나타난다. Length 1에 2mm를 입력하고, Angle에 30deg를 입력 후 Objects to chamfer에 그림과 같이 1개의 모서리를 선택하여 OK를 누른다.

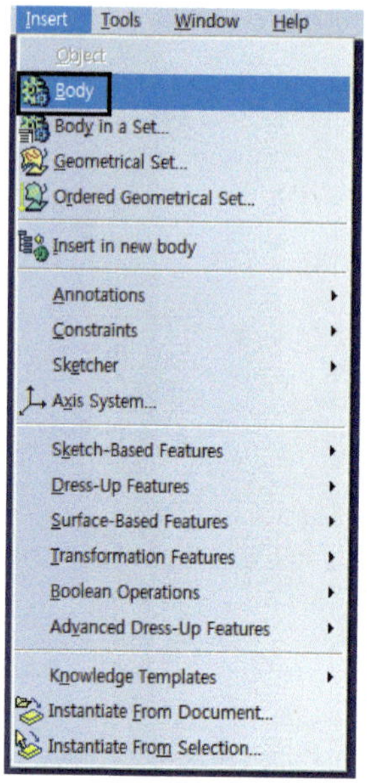

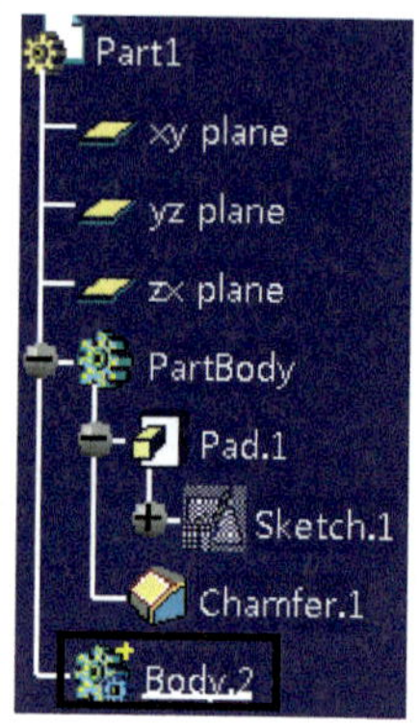

Menu Bar의 Insert를 클릭하면 Insert의 Pulldown Menu가 나타난다. Pulldown Menu에서 Body를 클릭하면 새로운 Body가 Specifications Tree에 새로운 Body가 생성된다.

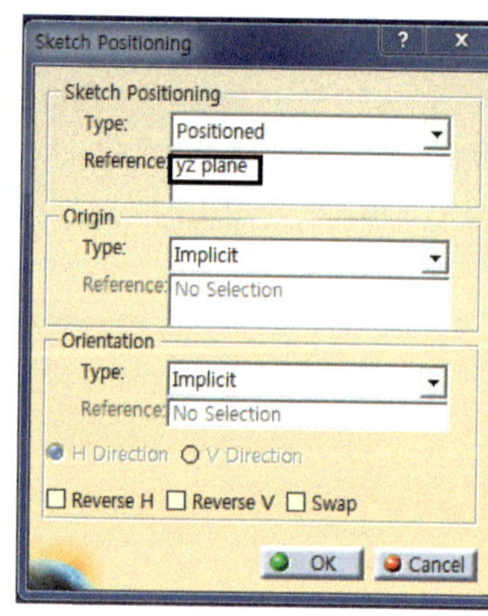

Sketcher Toolbar에서 Positioned Sketch 아이콘을 클릭하면 Sketch Positioning 대화상자 Dialog Box가 나타난다. YZ Plane을 선택하고 OK를 누른다.

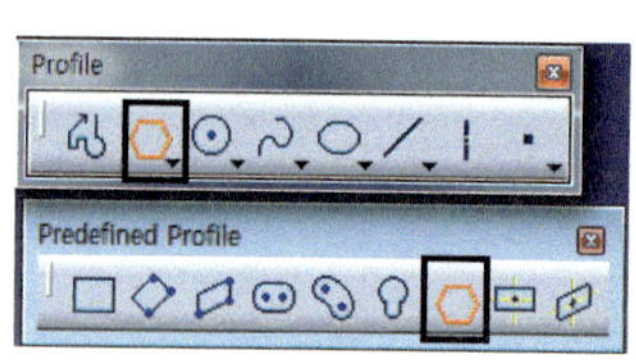

Profile Toolbar에서 Rectangle 아이콘의 역삼각형 표시를 클릭하여 Hexagon 아이콘을 선택한다.

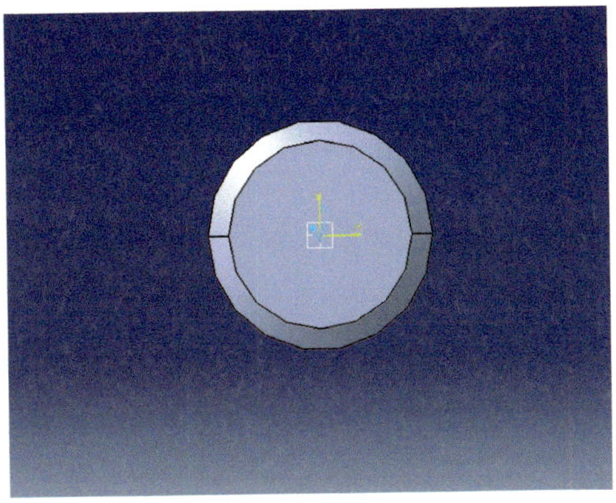

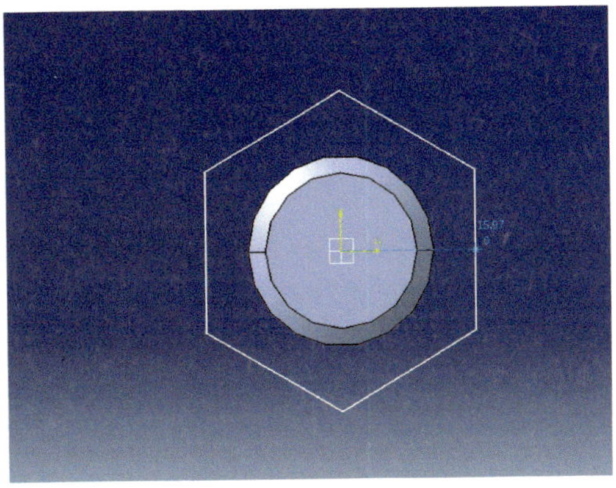

첫 번째 지점으로 원점에 클릭하고, 두 번째 지점으로 H축과 일치한 상태에서 마우스를 우측 Working area에 이동시킨 다음 클릭하여 Hexagon을 생성한다.

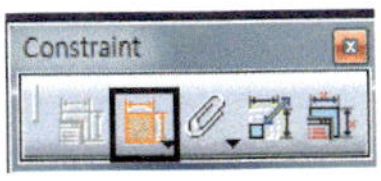

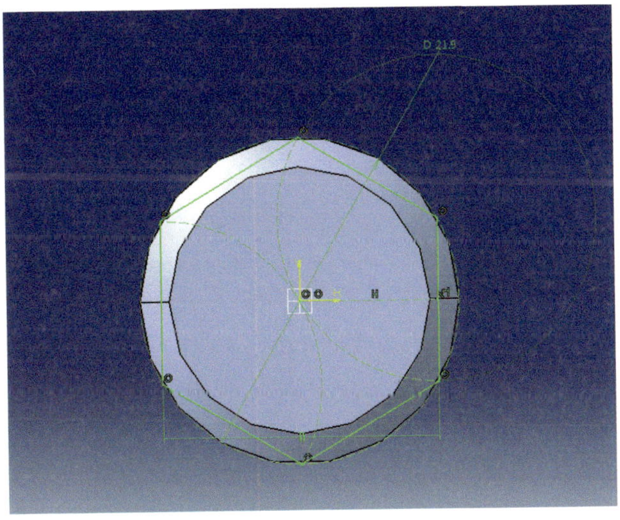

Constraint Toolbar에서 Constraint 아이콘을 선택하여 내부의 Circle을 클릭하여 치수를 생성한다. 생성된 치수를 더블 클릭하게 되면 Constraint Definition 대화상자 Dialog Box가 나타난다. 나타난 Dialog Box에 있는 Diameter의 치수 21.9로 입력하여 OK를 눌러 치수를 수정한다.

Workbench Toolbar의 Exit Workbench를 클릭하면 Sketch 작업창에서 Part 작업창으로 변경된다.

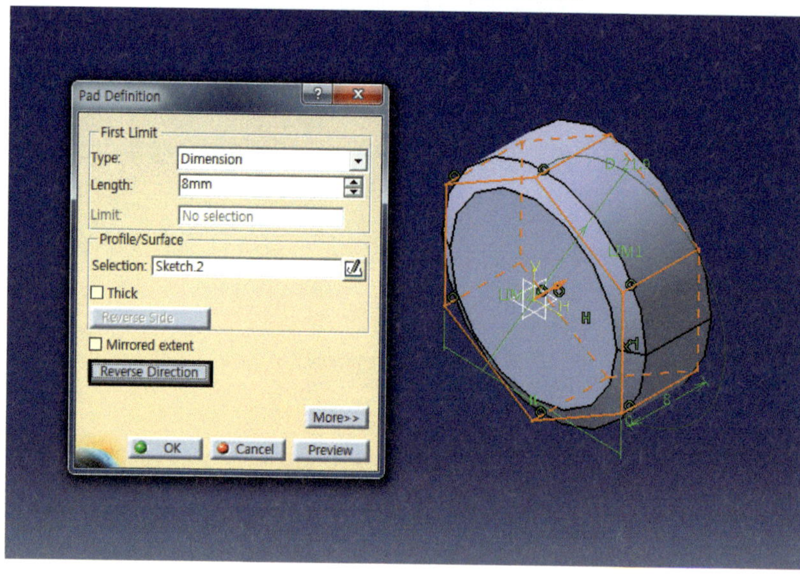

Sketch-Based Features Toolbar에서 Pad 아이콘을 클릭하면 Pad Definition 대화상자 Dialog Box가 나타난다. 도면에 나와 있는 기본 베이스의 높이는 8로 First Limit의 Length에 8mm로 수정하고 Reverse Direction을 선택하여 화살표 방향을 반대로 변경한 후 OK를 클릭한다.

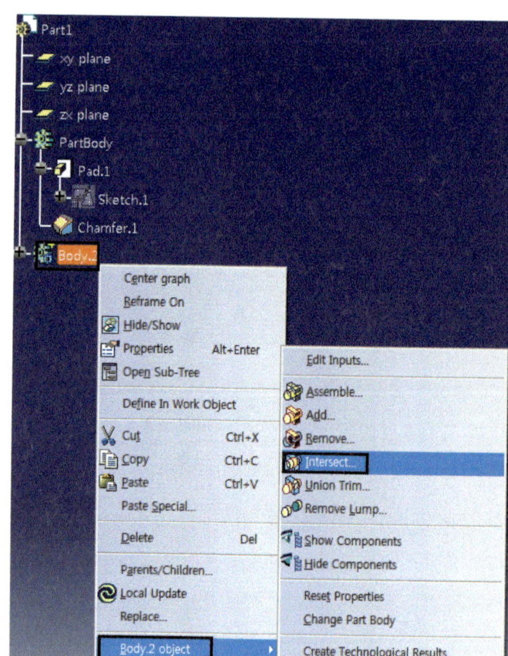

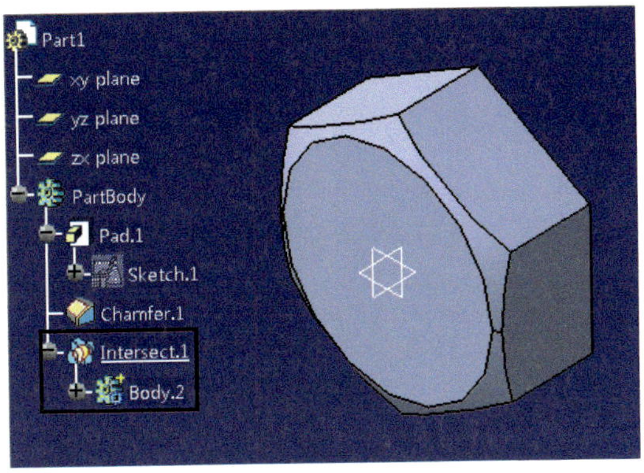

Body.2를 클릭하여 마우스 MB3 버튼을 클릭하면 Contextual Menu가 나타난다. Body.2 object → Intersect를 선택해준다.

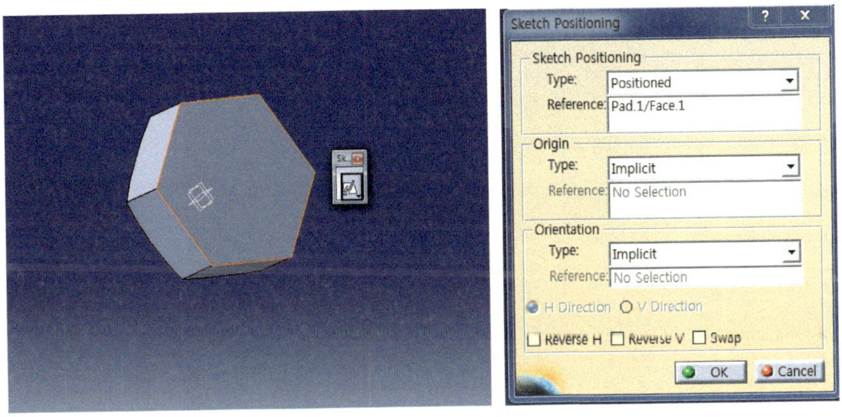

Sketcher Toolbar에서 Positioned Sketch 아이콘을 클릭하면 Sketch Positioning 대화상자 Dialog Box가 나타난다. 위의 그림과 같은 면을 선택하고 OK를 누른다.

Profile Toolbar에서 Circle 아이콘을 클릭한다.

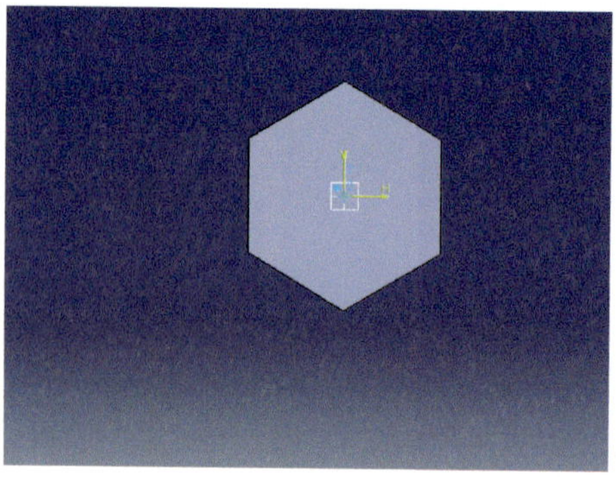

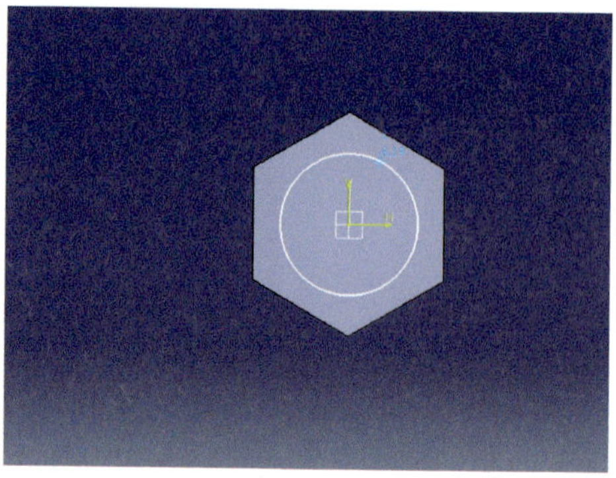

첫 번째 지점으로 원점에 클릭하고 두 번째 지점으로 Working area에 클릭하여 원을 생성한다.

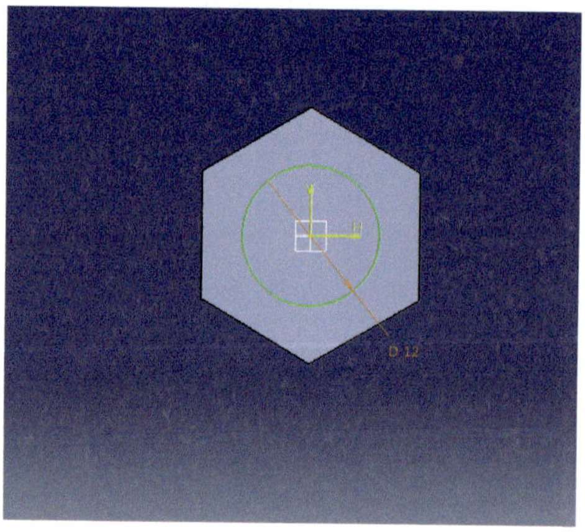

Constraint Toolbar에서 Constraint 아이콘을 선택하여 Circle을 클릭하여 치수를 생성한다. 생성된 치수를 더블 클릭하게 되면 Constraint Definition 대화상자 Dialog Box가 나타난다. 나타난 Dialog Box에 있는 Diameter의 치수 12로 입력하여 OK를 눌러 치수를 수정한다.

Workbench Toolbar의 Exit Workbench를 클릭하면 Sketch 작업창에서 Part 작업창으로 변경된다.

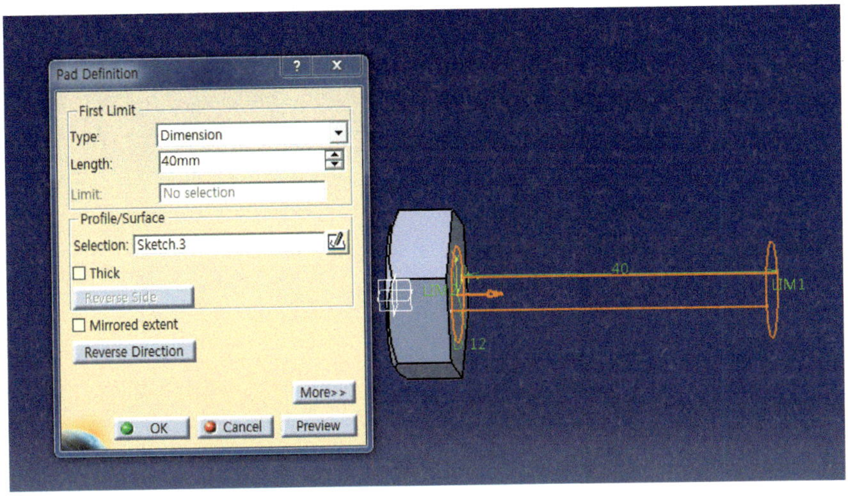

Sketch-Based Features Toolbar에서 Pad 아이콘을 클릭하면 Pad Definition 대화상자 Dialog Box가 나타난다. First Limit의 Length에 40mm로 수정하고 Reverse Direction을 선택하여 화살표 방향을 반대로 변경한 후 OK를 클릭한다.

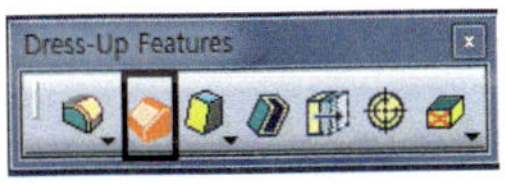

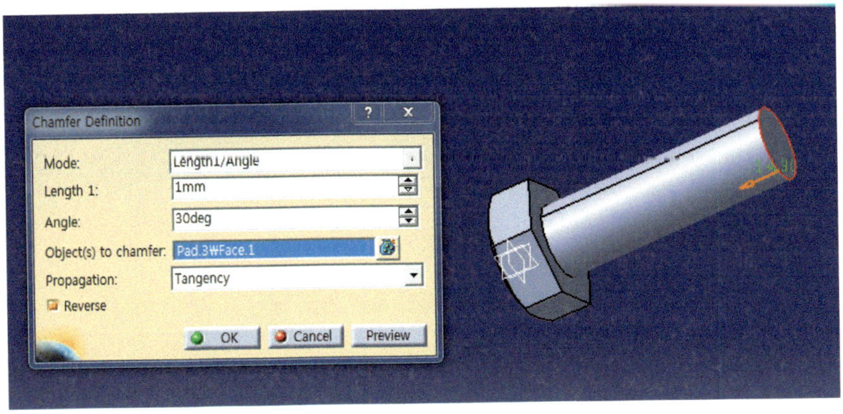

Dress-Up Features Toolbar에서 Chamfer 아이콘을 누르게 되면 Chamfer Definition 대화상자 Dialog Box가 나타난다. Length 1에 1mm를 입력하고, Angle에 30deg를 입력 후 Objects to chamfer에 그림과 같이 1개의 모서리를 선택하여 OK를 누른다.

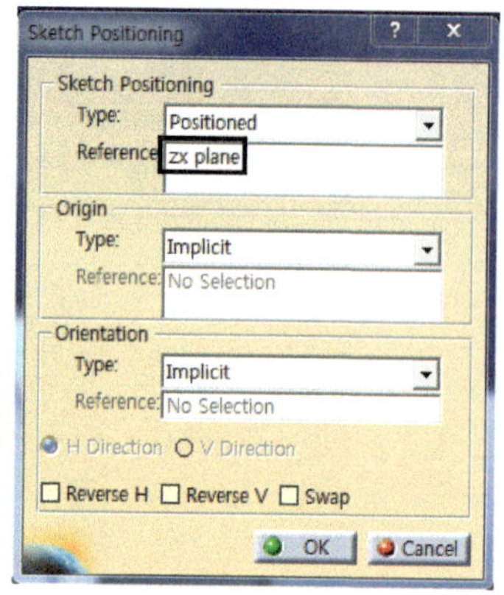

Sketcher Toolbar에서 Positioned Sketch 아이콘을 클릭하면 Sketch Positioning 대화상자 Dialog Box가 나타난다. ZX Plane을 선택하고 OK를 누른다.

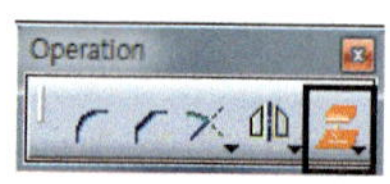

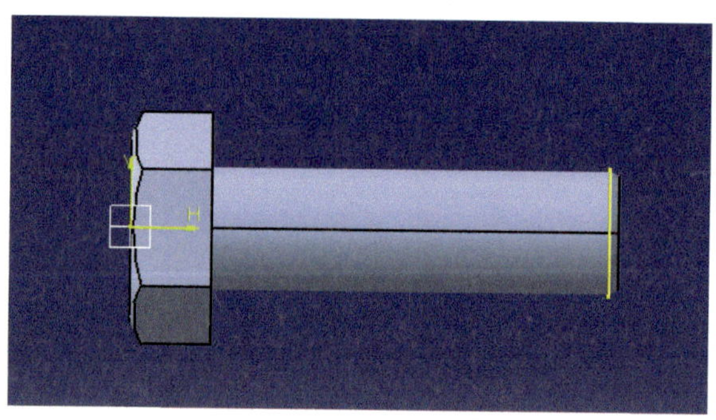

Operation Toolbar에 Project 3D Elements를 클릭하여 위 그림과 같은 Edge를 클릭한다.

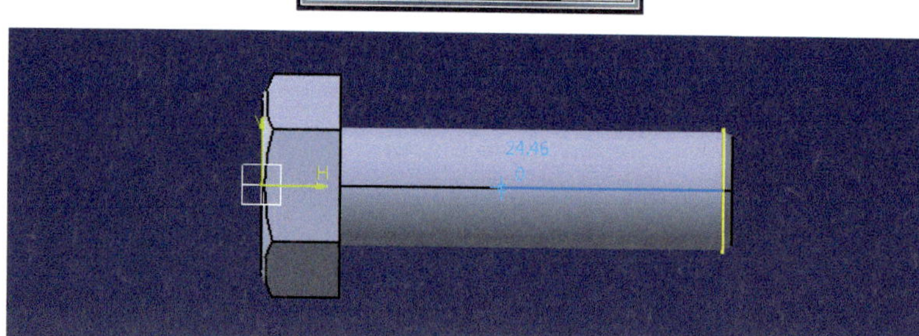

Profile Toolbar에서 Line 아이콘을 클릭한다. Project 3D Elements로 생성한 Edge의 중간점에서 H축에 일치도록 위 그림과 같이 Line을 만들어 준다.

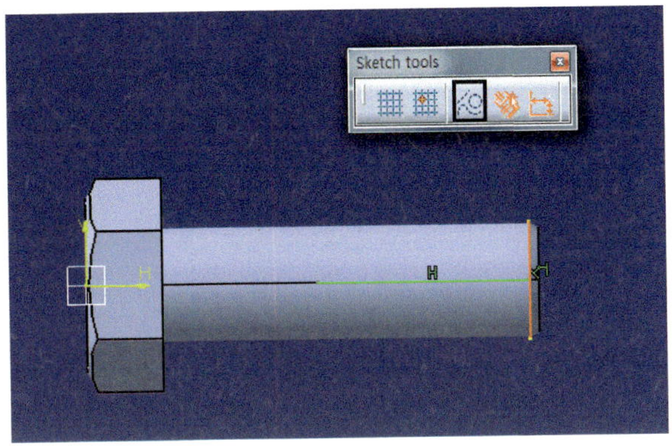

Project 3D Elements로 만든 Edge를 클릭하고 Sketch tools의 Construction/Standard Element를 클릭하여 가상 선으로 만든다.

Workbench Toolbar의 Exit Workbench를 클릭하면 Sketch 작업창에서 Part 작업창으로 변경된다.

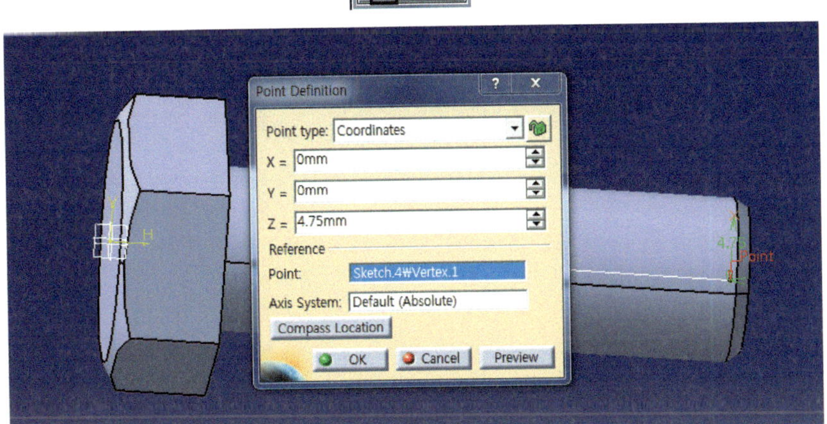

Reference Element에서 Point 아이콘을 클릭하면 point Definition 대화상자 Dialog Box가 나타난다. Point type에 Coordinates , X:0 Y:0 Z:4.75로 입력하고 Point는 위의 그림과 같이 설정하여 준다.

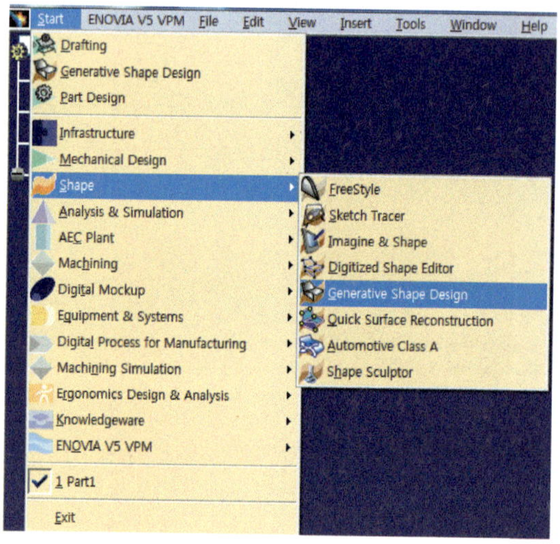

Menu Bar의 Start를 클릭하면 Start의 Pulldown Menu가 나타난다. Helix선을 만들기 위해서 Pulldown Menu에서 Shape-Generative Shape Design을 클릭한다.

Wireframe Toolbar의 SpLine아이콘의 역삼각 표시를 누르면 Curves Toolbar가 나타난다. Curves Toolbar의 Helix아이콘을 클릭한다.

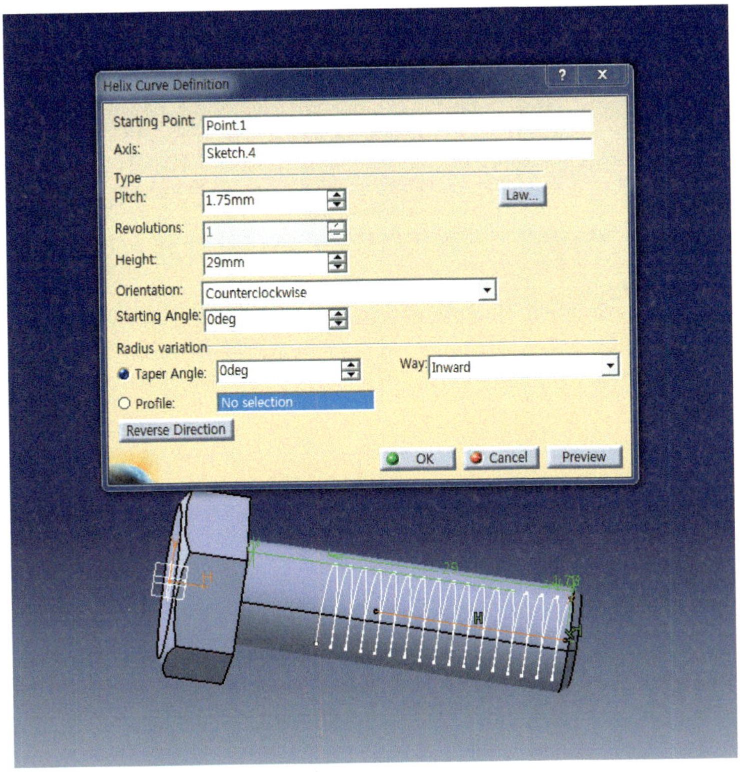

Helix Curve Definition 대화상자 Dialog Box가 나타나면 Starting Point는 Point1 선택, Axis는 H선축에 만들어진 Line을 선택한 다음 Pitch 1.75, Height 29를 입력하고 OK를 누른다.

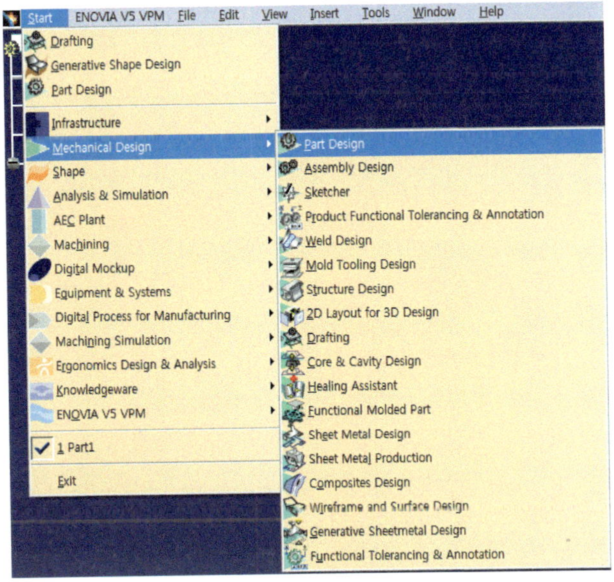

Menu Bar의 Start를 클릭하면 Start의 Pulldown Menu가 나타난다. Pulldown Menu에서 Mechanical Design → Part Design을 클릭한다.

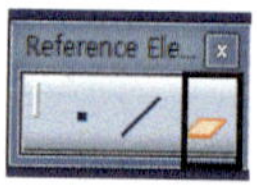

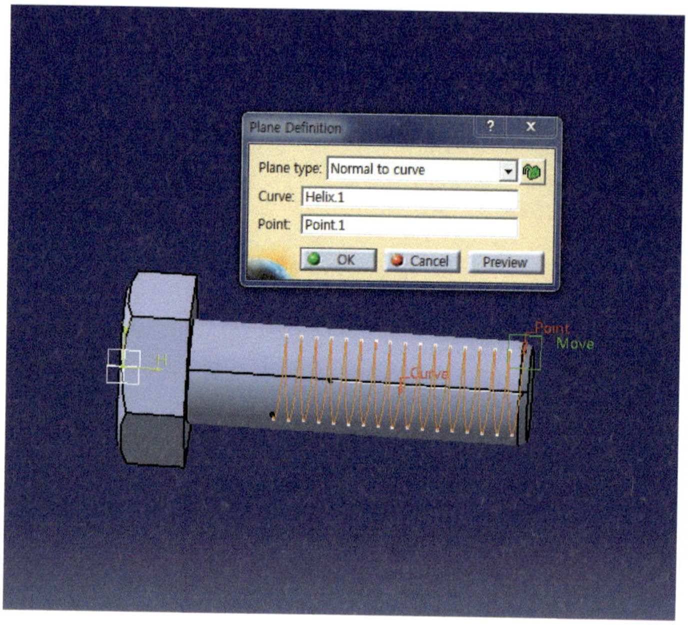

Reference Element에서 Plane 아이콘을 클릭하면 Plane Definition 대화상자 Dialog Box가 나타난다. Plane type에 Normal to curve를 선택하고 Curve에는 생성한 Helix를 클릭하고 Point에는 그림과 같은 위치의 Point를 클릭하고 OK를 누른다.

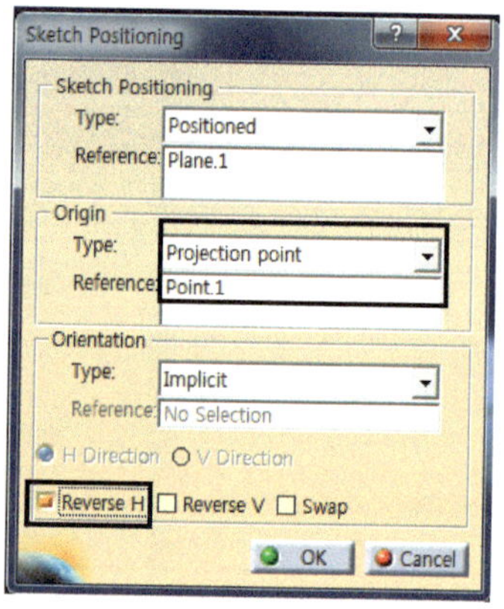

Sketcher Toolbar에서 Positioned Sketch 아이콘을 클릭하면 Sketch Positioning 대화상자 Dialog Box가 나타난다. Plane1을 선택하고 Projection point에 point1을 설정 후 OK를 누른다.

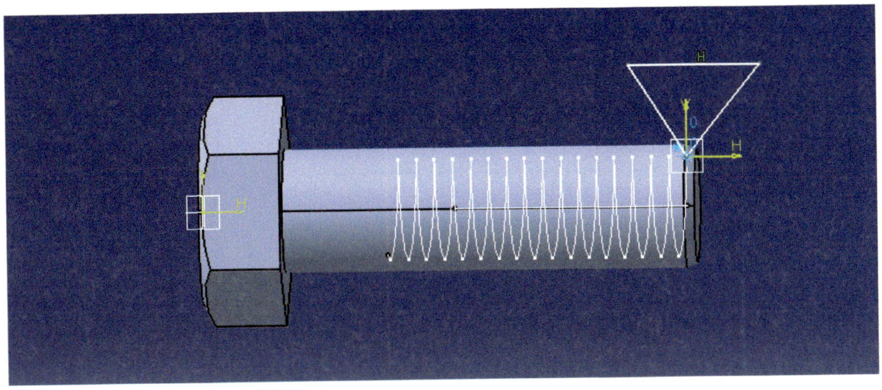

Profile Toolbar에서 Profile 아이콘을 이용하여 원점에 클릭하고 우측상단 Working Area에 클릭하고 H축과 평행하게 좌측 Working Area에 마우스를 이동시켜 클릭한 다음 다시 원점에 클릭한다.

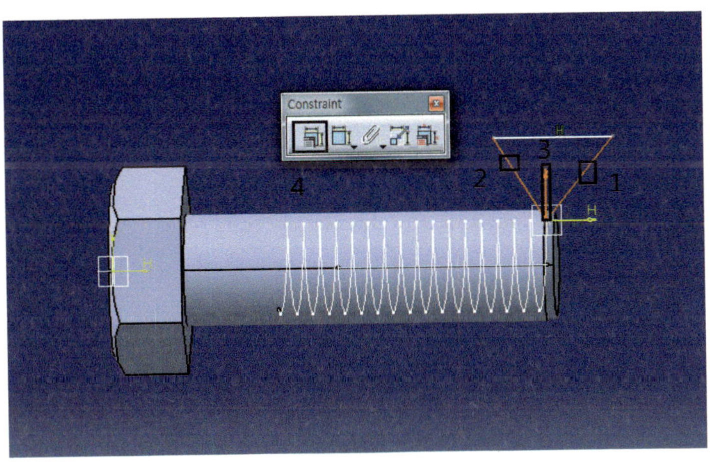

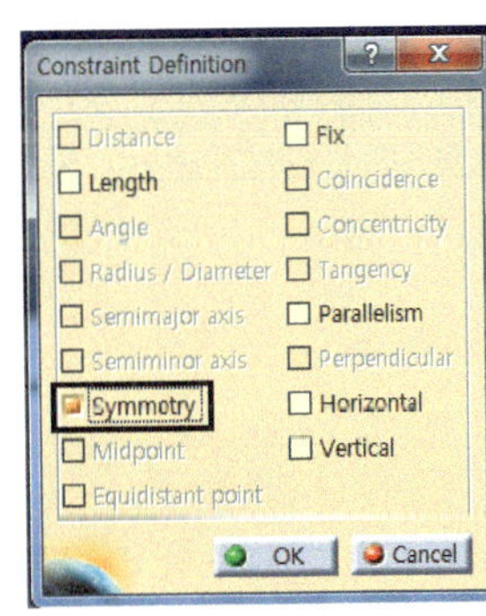

키보드 Ctrl 키를 누른 상태에서 그림과 같이 1, 2번 Line과 3번 V축을 순서대로 클릭하고 Constraint Toolbar의 Constraint Defined in Dialog Box를 클릭하면 Constraint Definition 대화상자 Dialog Box 가 나타난다. Constraint Definition의 Symmetry를 체크하고 OK를 누르게 되면 1, 2번 Line이 V축에 대칭이 된다.

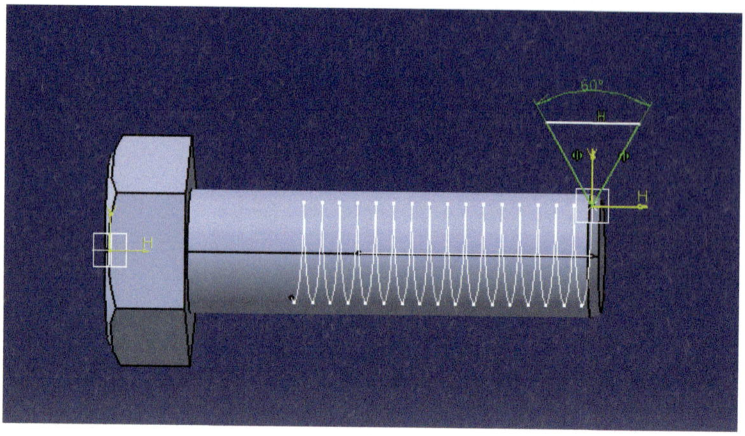

Constraint Toolbar에서 Constraint 아이콘을 선택하여 1, 2번 Line을 클릭하여 치수를 생성한다. 생성된 치수를 더블 클릭하게 되면 Constraint Definition 대화상자 Dialog Box가 나타난다. 나타난 Dialog Box에 있는 치수를 60으로 입력하여 OK를 눌러 치수를 수정한다.

Workbench Toolbar의 Exit Workbench를 클릭하면 Sketch 작업창에서 Part 작업창으로 변경된다.

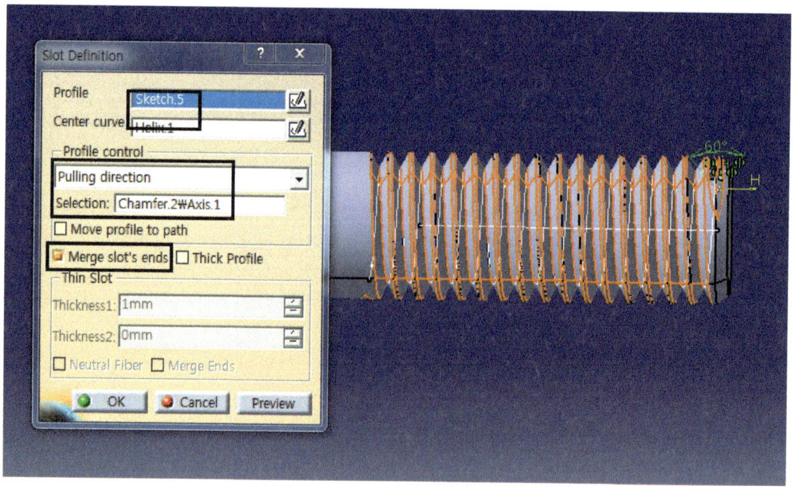

Sketch-Based Features Toolbar의 Slot 아이콘을 클릭하면 Slot Definition 대화상자 Dialog Box가 나타난다. Profile에는 삼각형을 그린 Sketch, Center curve에는 Helix, Profile control에 Pulling direction을 선택하고 Selection에 축을 지정하고 Merge slot's ends를 체크한 다음 OK를 누른다.

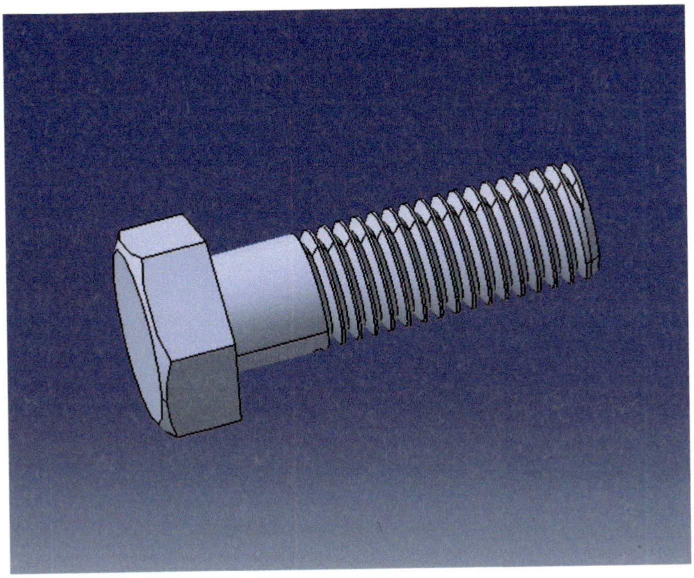

최종형상은 다음과 같고 지금까지 나사 모델링 실습을 해보았다.

CHAPTER

02 기어

1 기어 이론

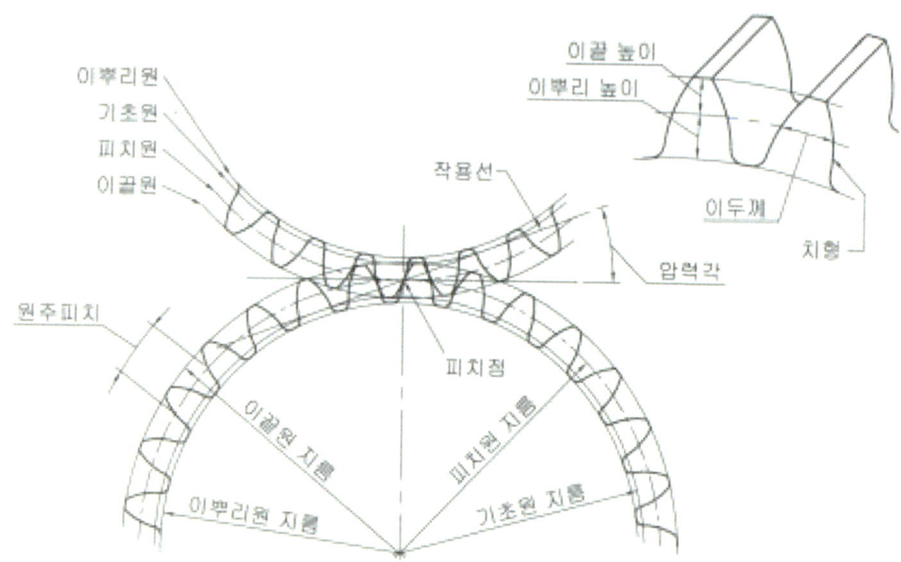

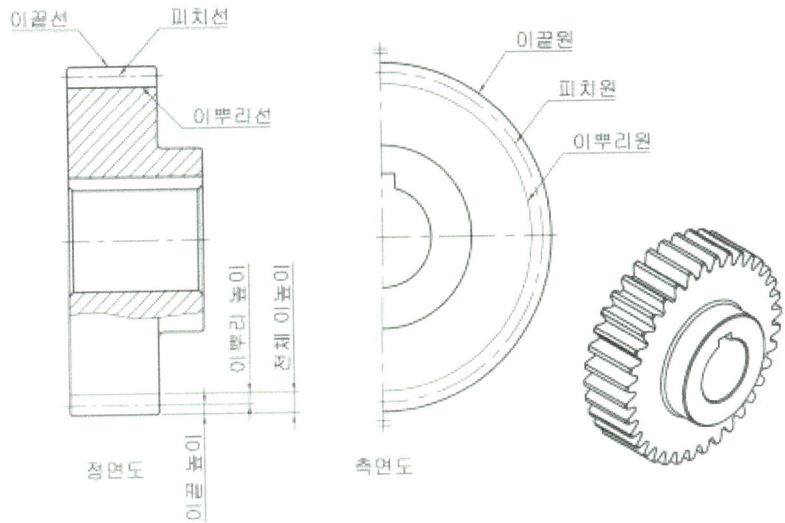

1.1 기어 주요 공식

각 부의 명칭		모듈(m)	지름피치(p_d)	비고
기준피치원 지름(D)		Zm	$\frac{Z}{p_d}$	
이끝높이(a)		m	$\frac{1}{p_d}$	KS 규격에서는 어덴덤
이뿌리 높이(d)		1.25m 이상	$\frac{1.25}{p_d}$ 이상	KS 규격에서는 어덴덤
총이높이(h)		2.25m 이상	$\frac{2.25}{p_d}$ 이상	
이끝틈새(c)		k_m(k는 0.25 이상)	$\frac{k}{p_d}$(k는 0.25 이상)	
바깥지름(D0)		$m(Z+2)$	$\frac{2+Z}{p_d}$	
중심거리(A)		$\frac{m(Z_1+Z_2)}{2}$	$\frac{Z_1+Z_2}{2p_d}$	
피치(p)		πm	$\frac{\pi}{p_d}$	
이두께	(t)	$\frac{\pi m}{p_d}$	$\left(\frac{\pi}{2p_d}\right)$	
	(t')	$Zm \times \sin\frac{90°}{Z}$	$\frac{Z}{p_d} \times \sin\frac{90°}{Z}$	

2 기어 모델링 실습 도면

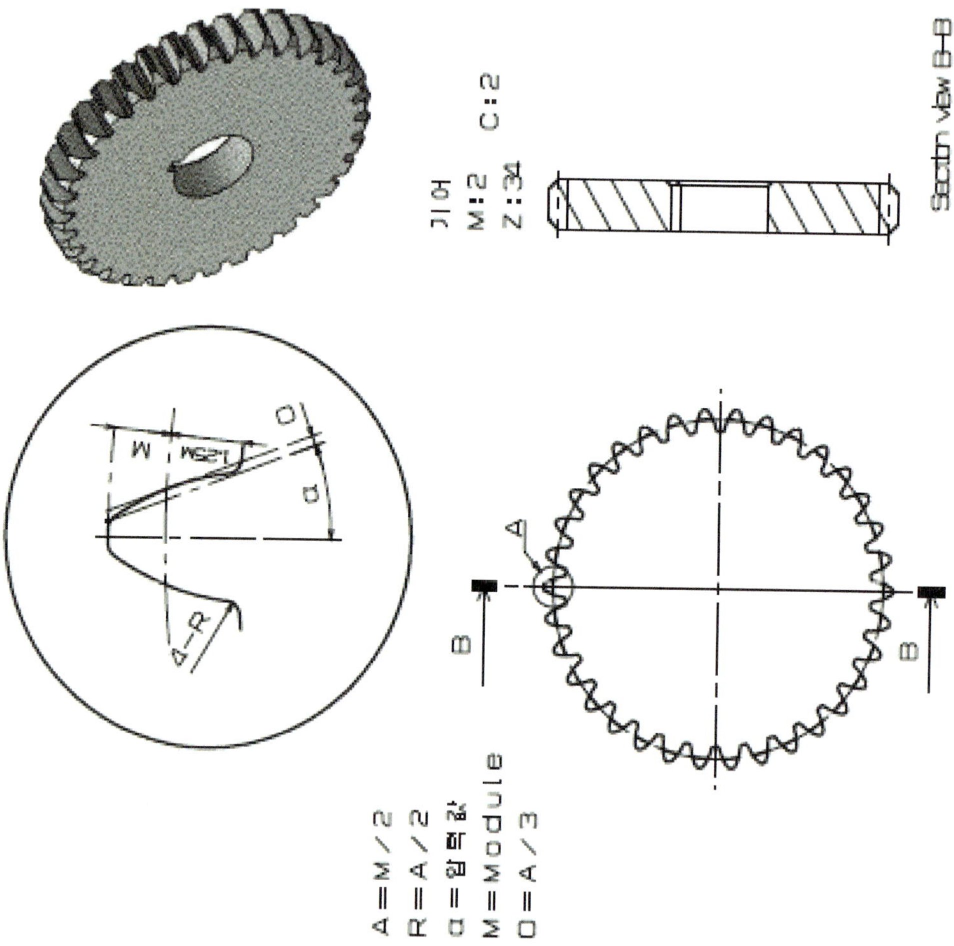
기어
M:2
C:2
Z:34
Section view B-B
M
1.25M
D
α
A-R
A
B
B
A=M/2
R=A/2
α=압력각
M=Module
D=A/3

3 기어 모델링 실습

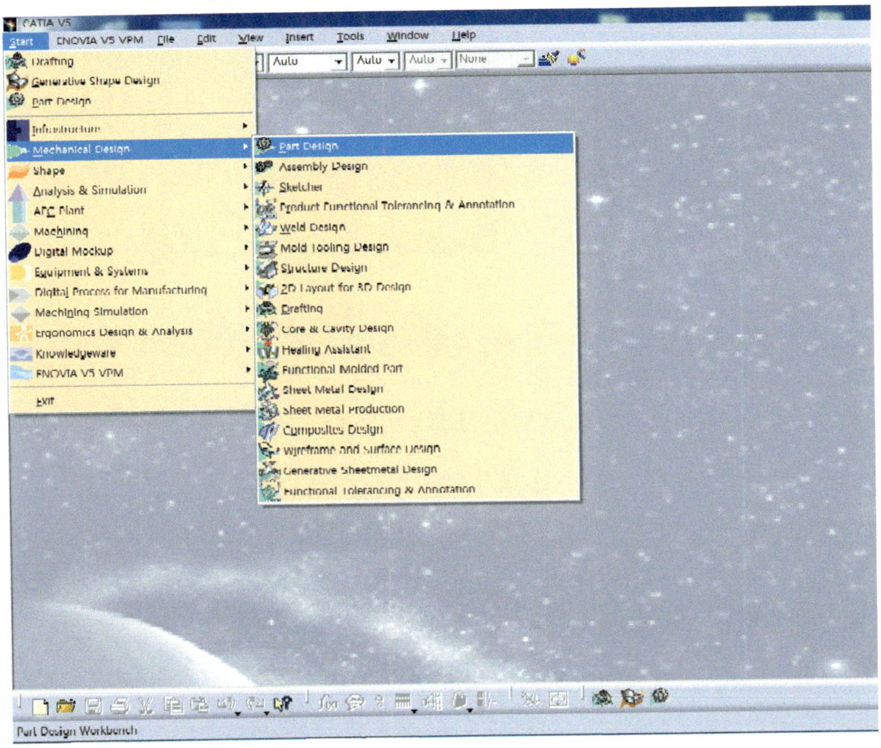

CATIA V5를 실행하고 Menu Bar의 Start를 클릭하면 Start의 Pulldown Menu가 나타난다. Pulldown Menu에서 Mechanical Design › Part Design을 클릭하면 아래와 같은 New Part라는 대화상자 Dialog Box가 나타난다.

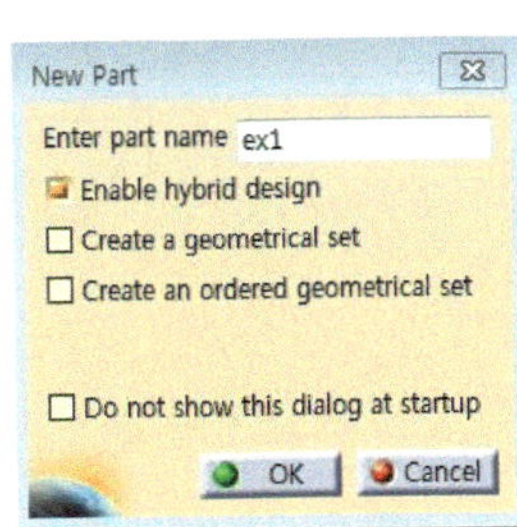

New Part에서 Enter part name에 ex1로 입력한 후 Enable hybrid design을 체크하고 OK를 누른다.

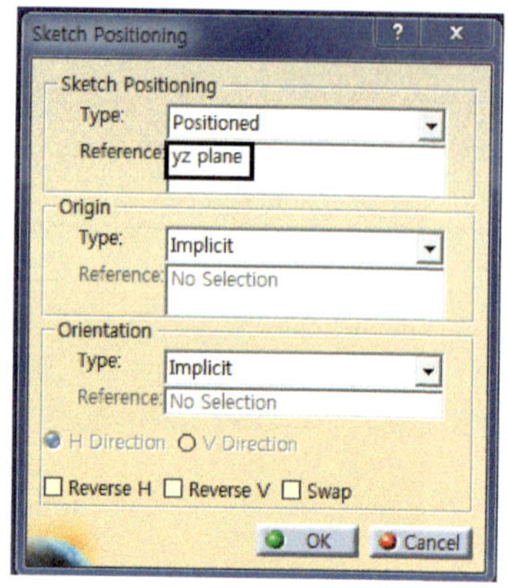

Sketcher Toolbar에서 Positioned Sketch 아이콘을 클릭하면 Sketch Positioning 대화상자 Dialog Box가 나타난다. YZ Plane을 선택하고 OK를 누른다.

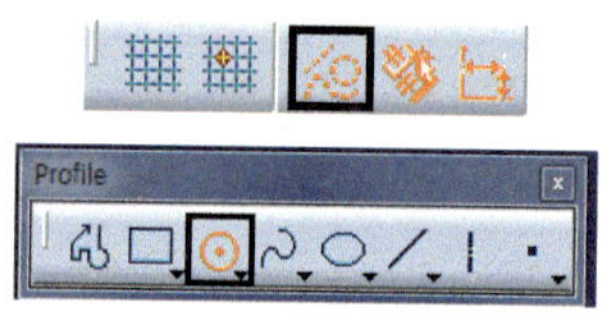

Sketch tools의 Construction/Standard Element를 클릭하고 Profile Toolbar의 Circle 아이콘을 클릭한다.

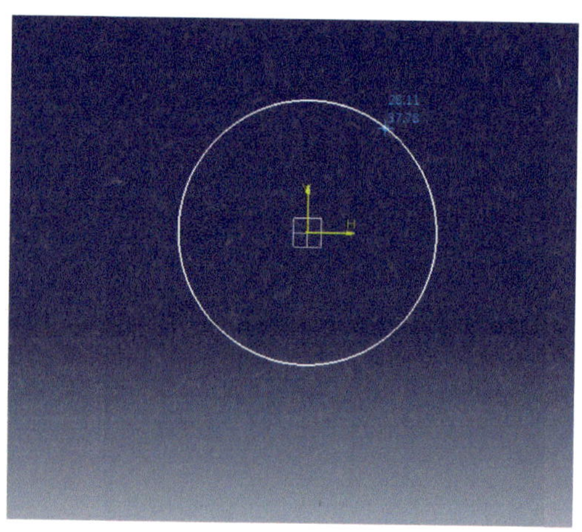

첫 번째 지점은 원점 두 번째는 Working area에 클릭하여 Circle을 생성한다.

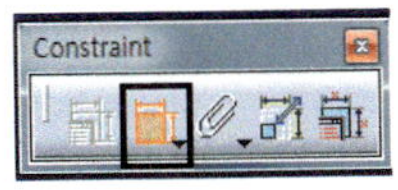

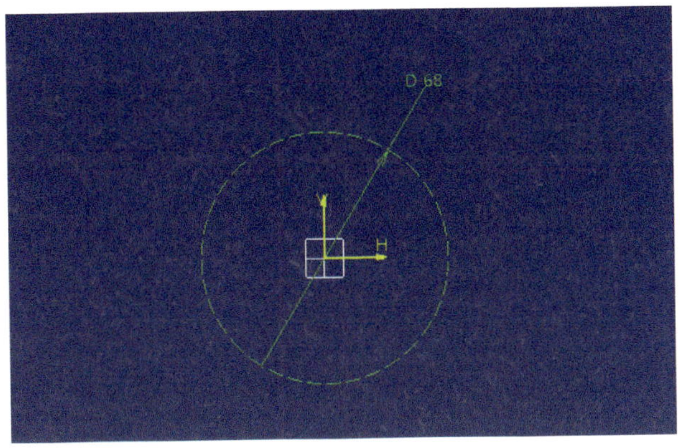

Constraint Toolbar에서 Constraint 아이콘을 선택하고 Circle을 클릭하여 치수를 생성하고 치수를 더블 클릭하게 되면 Constraint Definition 대화상자 Dialog Box가 나타나면 Diameter를 68로 입력한 다음 OK를 누른다.

Operation Toolbar의 Offset 아이콘을 클릭한다.

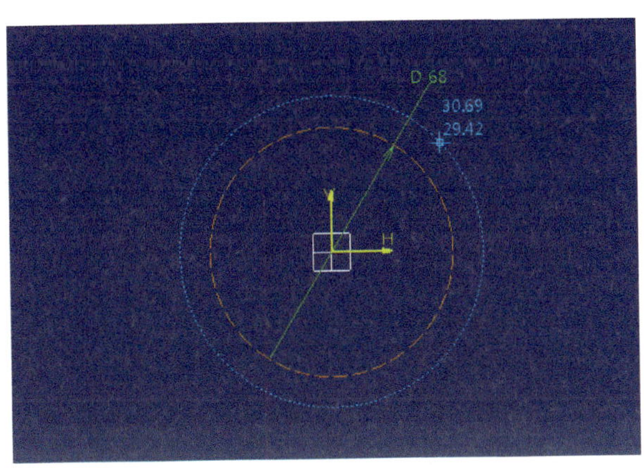

D68의 Circle을 클릭하여 외부 방향으로 마우스를 향하게 한 후 Sketch tools의 Offset을 2mm를 입력한다.

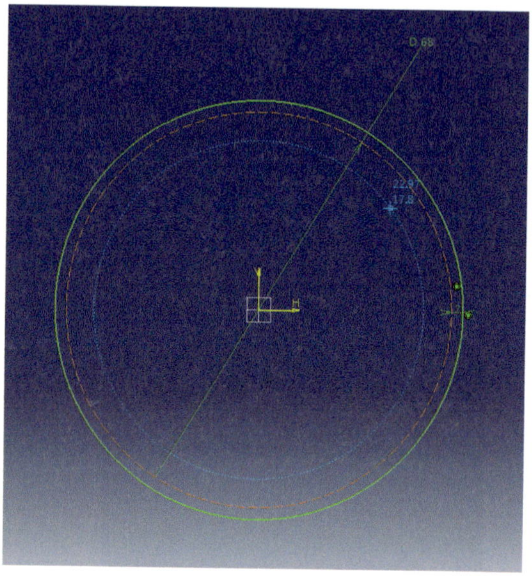

한 번 더 offset을 이용하여 D68의 Circle을 클릭하여 내부 방향으로 마우스를 향하게 한 후 Sketch tools의 Offset을 2.5mm를 입력한다.

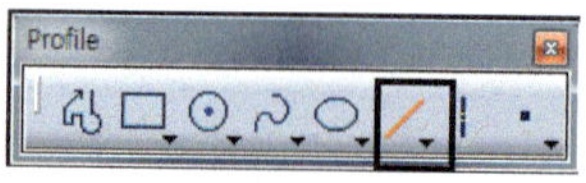

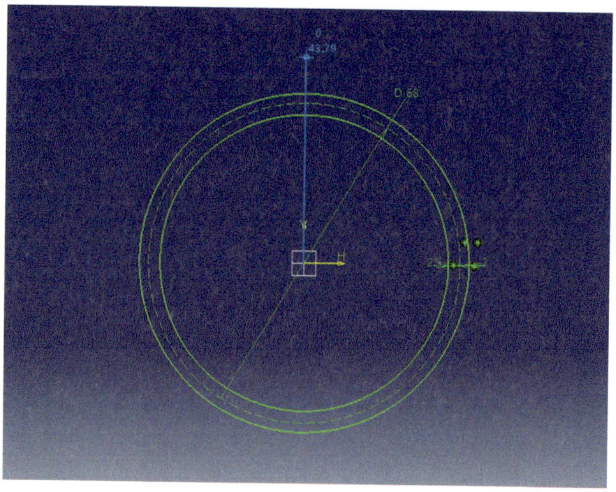

Profile Toolbar의 Line을 이용하여 원점을 첫 번째로 클릭, V축과 일치한 상태에서 위쪽 Working Area에 클릭을 한다.

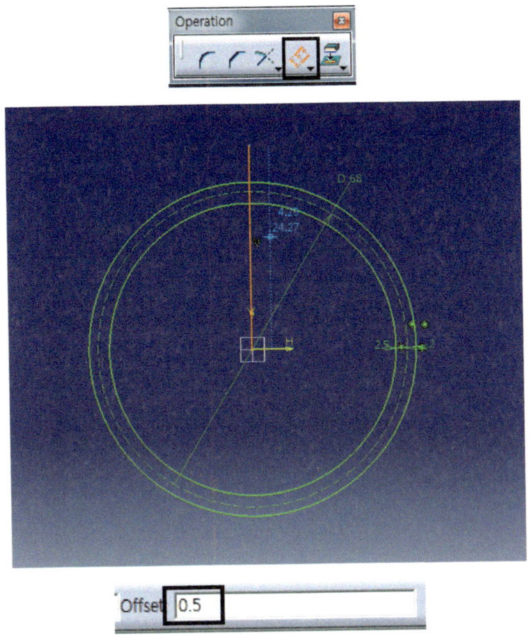

Operation Toolbar의 Offset 아이콘 클릭하여 Line을 우측 Working Area에 이동시키고 Sketch tools의 Offset을 0.5mm를 입력하다

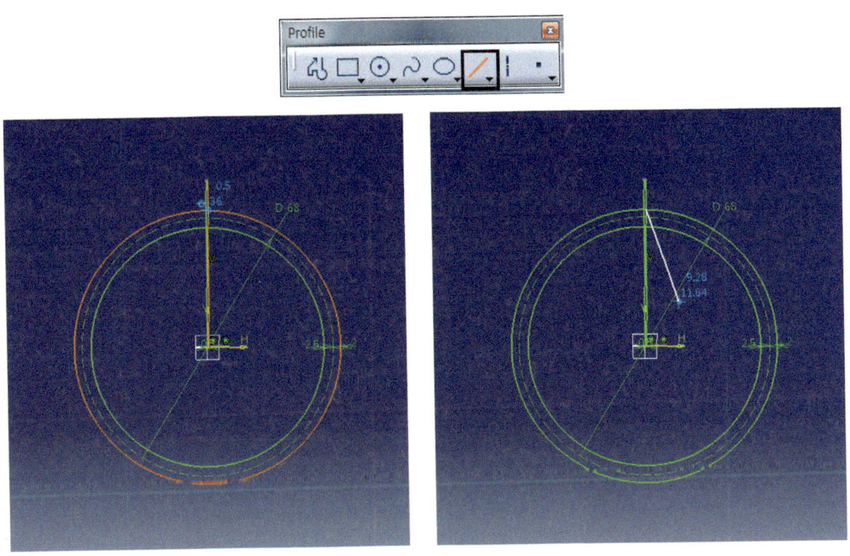

Profile Toolbar의 Line 아이콘을 클릭한다. Offset 2.5한 Circle과 V축과 일치하게 그린 Line의 교차점을 클릭하고 위의 그림과 같이 Circle 내부의 Working Area에 클릭한다.

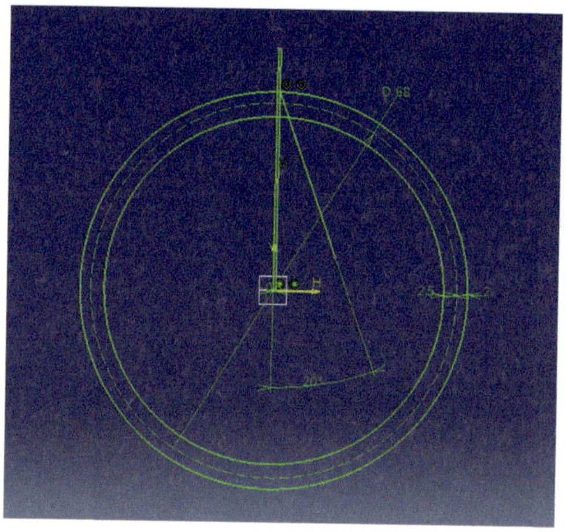

Constraint Toolbar에서 Constraint 아이콘을 선택하여 Line 두 개를 클릭하여 치수를 생성한다. 생성된 치수를 더블 클릭하게 되면 Constraint Definition 대화상자 Dialog Box가 나타난다. 나타난 Dialog Box에 있는 치수를 20으로 입력하여 OK를 눌러 치수를 수정한다.

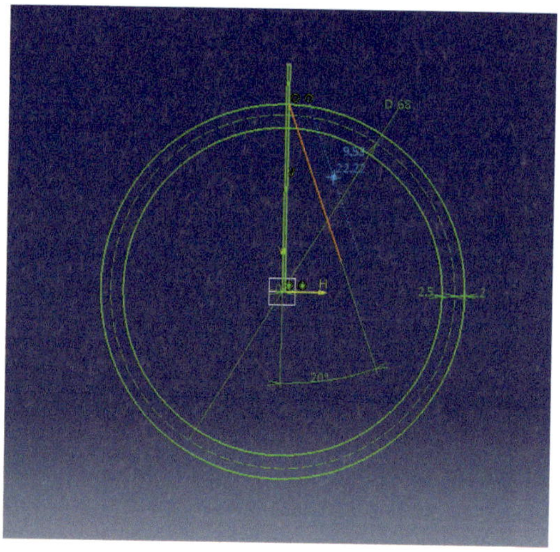

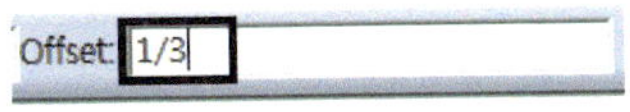

Operation Toolbar의 Offset 아이콘 클릭하여 Line을 우측 Working Area에 이동시키고 Sketch tools의 Offset을 1/3mm를 입력한다.

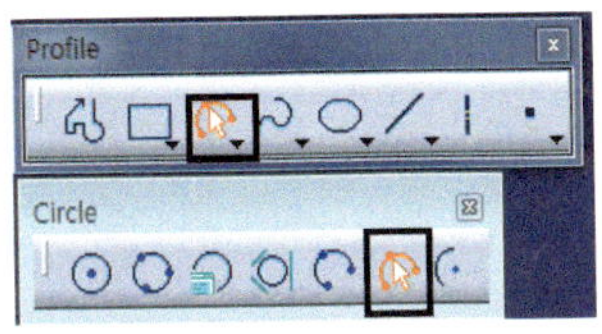

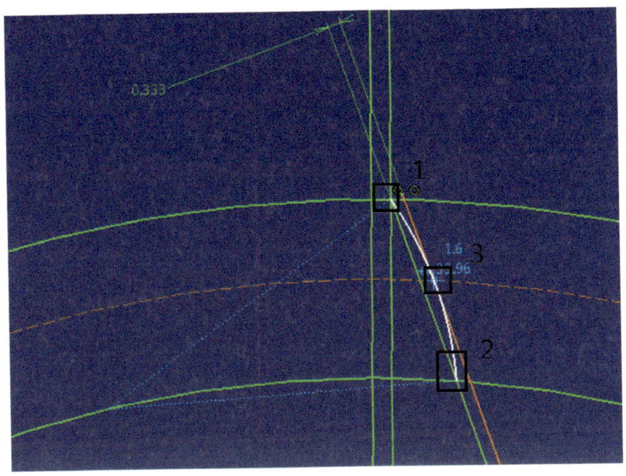

Profile Toolbar의 Tree point Arc Starting With Limits 아이콘을 클릭하여 위의 그림과 같이 1번 위치의 교점과 2번 위치의 교점을 클릭하고 3번 위치의 Line을 클릭한다.

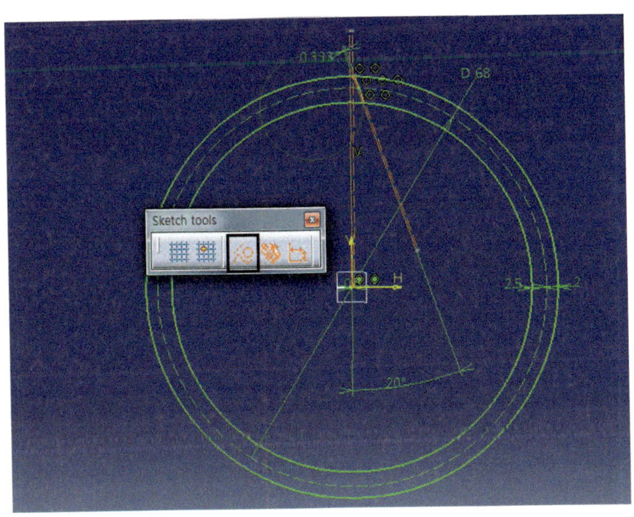

Line들은 불필요하므로 Sketch tools의 Construction/Standard Element 아이콘을 클릭하여 가상선으로 만들어준다.

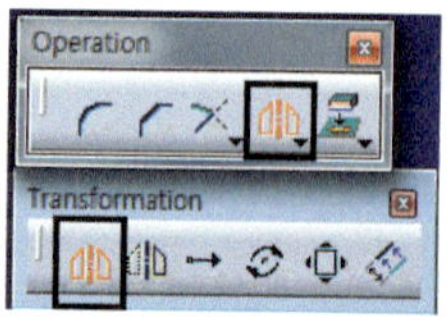

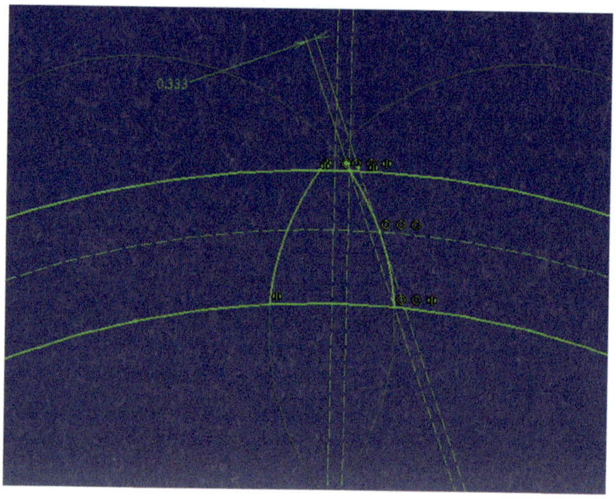

Operation Toolbar의 Mirror 아이콘을 선택하고 생성한 Arc를 클릭한 다음 v축을 클릭하여 Mirror 시켜준다.

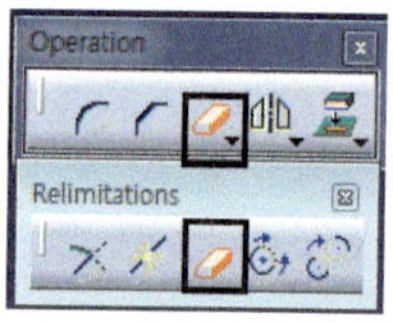

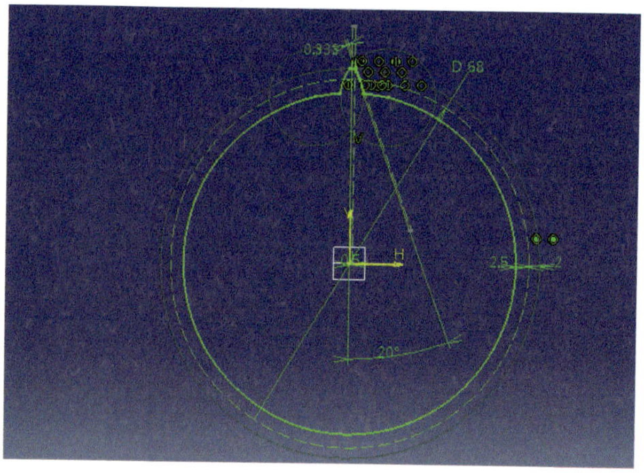

Operation Toolbar의 Trim 아이콘의 역삼각형을 클릭하면 Relimitations Toolbar가 나타난다. Quick Trim 아이콘을 클릭한다. 그림과 같이 불필요한 부분을 클릭하여 각각의 요소들을 제거한다.

Workbench Toolbar의 Exit Workbench를 클릭하면 Sketch 작업창에서 Part 작업창으로 변경된다.

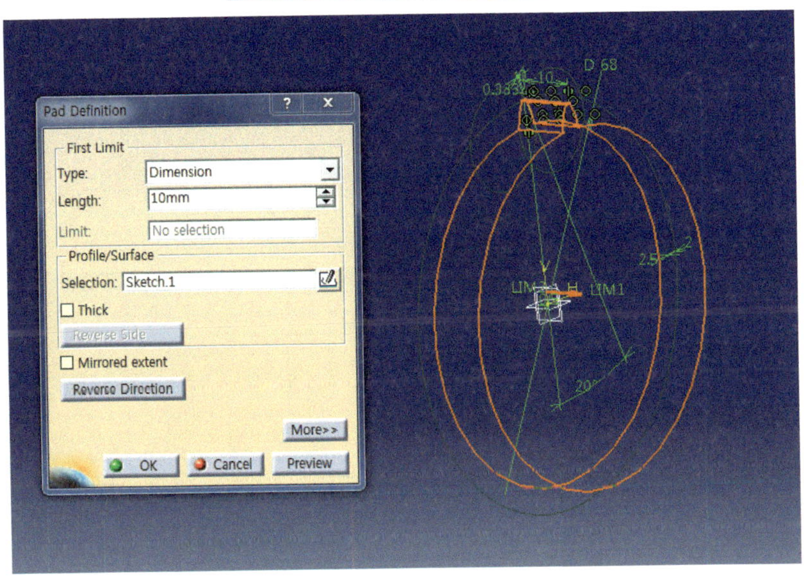

Sketch-Based Features Toolbar에서 Pad 아이콘을 클릭하면 Pad Definition 대화상자 Dialog Box가 나타나게 되면 First Limit의 Length에 10mm로 수정하고 OK를 클릭한다.

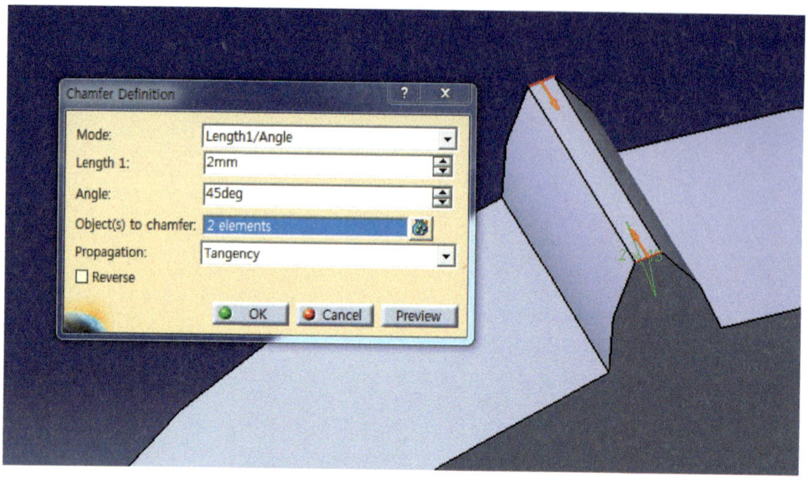

Dress-Up Features Toolbar의 Chamfer 아이콘을 클릭하면 Chamfer Definition 대화상자가 나오게 되는데 Length를 2mm로 설정하고 Objects to chamfer에 그림과 같이 2개의 모서리를 선택하여 OK를 누른다.

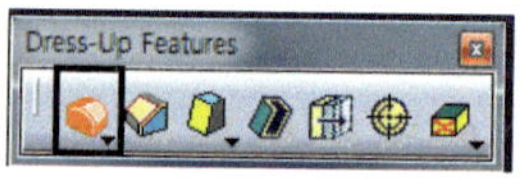

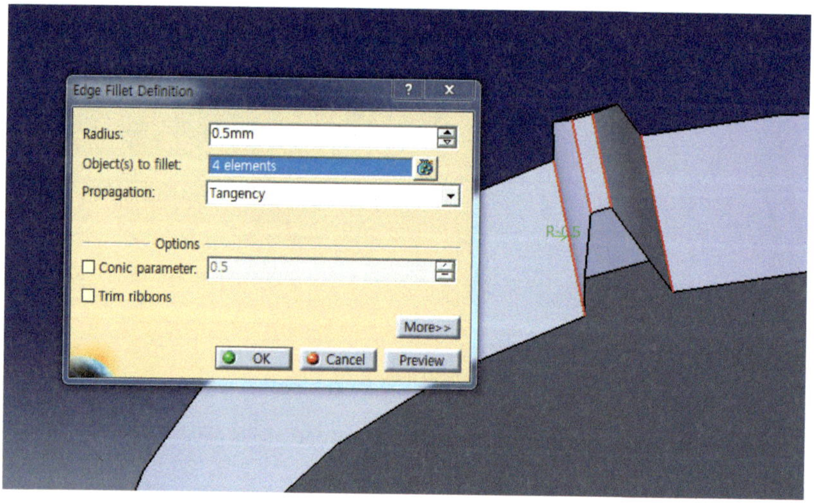

Dress-Up Features Toolbar에서 Edge Fillet 아이콘을 클릭하면 Edge Fillet Definition 대화상자 Dialog Box가 나타난다. Radius에 0.5을 입력하고 Objects to fillet에 화면과 같이 4개의 모서리를 선택하여 OK를 누른다.

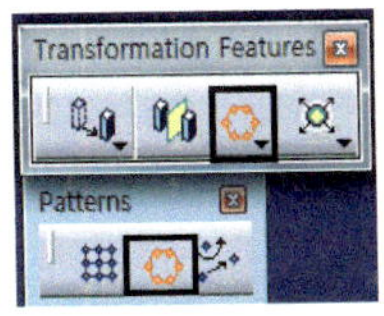

Transformation Features Toolbar의 Pattern 아래 역삼각형을 누른 후 Circular Pattern을 클릭하면 Circular Pattern Definition 대화상자 Dialog Box를 나타난다. 대화상자가 나오면 Parameters에 Complete crown을 선택하고 Instance 4, Angular spacing 90deg Reference element에 X Axis를 클릭하고 Pad한 형상을 선택한 후 OK를 클릭한다.

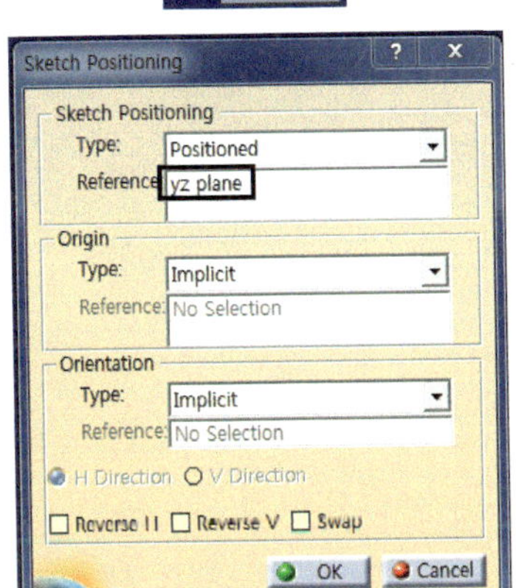

Sketcher Toolbar에서 Positioned Sketch 아이콘을 클릭하면 Sketch Positioning 대화상자 Dialog Box가 나타난다. YZ Plane을 선택하고 OK를 누른다.

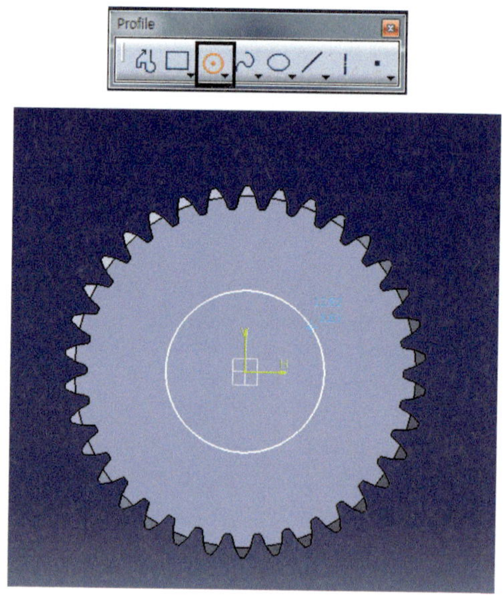

Profile Toolbar의 Circle 아이콘을 클릭한다. 첫 번째 지점은 원점 두 번째는 Working area에 클릭하여 Circle을 생성한다.

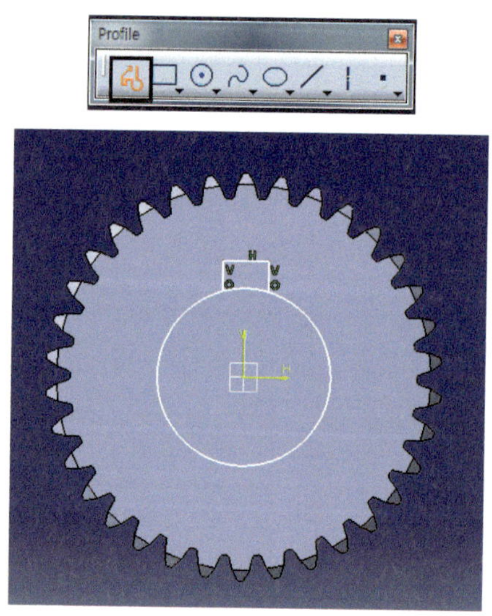

Profile Toolbar의 Profile 아이콘을 클릭하여 위의 그림과 같이 ⊓로 그린다.

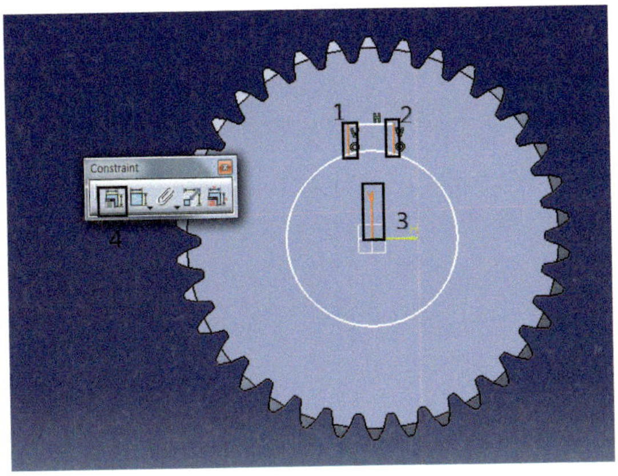

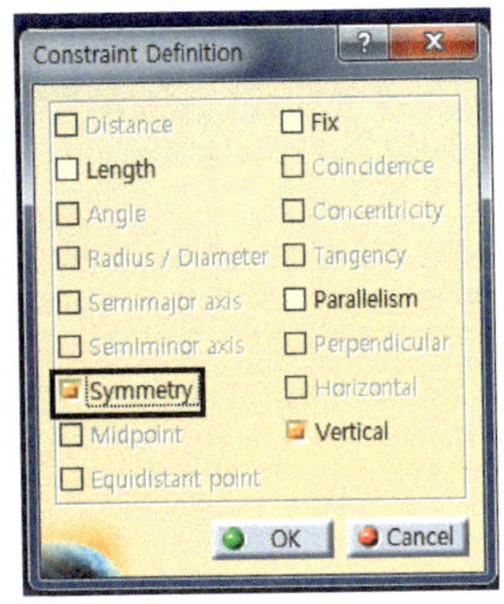

키보드 Ctrl 키를 누른 상태에서 그림과 같이 1, 2번 Line과 3번 V축을 순서대로 클릭하고 Constraint Toolbar의 Constraint Defined in Dialog Box를 클릭하면 Constraint Definition 대화상자 Dialog Box 가 나타난다. Constraint Definition의 Symmetry를 체크하고 OK를 누르게 되면 1, 2번 Line이 V축에 대칭이 된다.

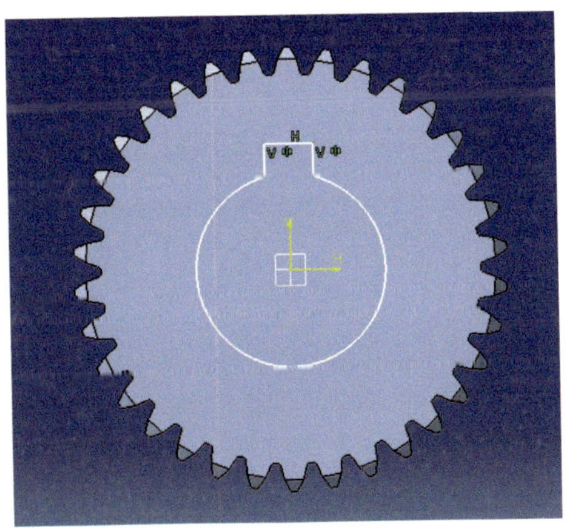

Operation Toolbar의 Trim 아이콘의 역삼각형을 클릭하면 Relimitations Toolbar가 나타난다. Quick Trim 아이콘을 클릭한다. 그림과 같이 불필요한 부분을 클릭하여 각각의 요소들을 제거한다.

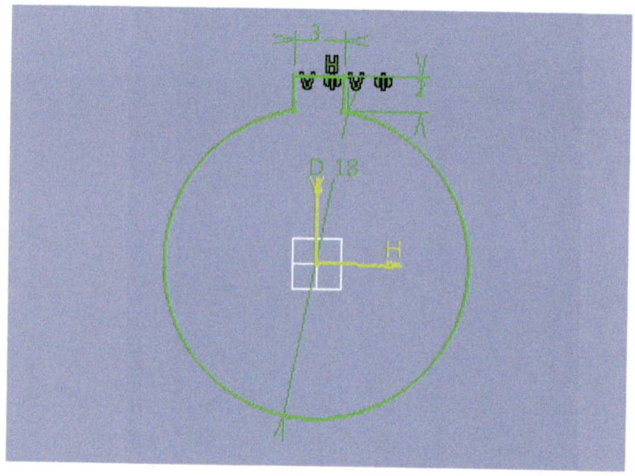

Constraint Toolbar에서 Constraint 아이콘을 선택하여 그림과 같이 치수를 생성한다. 생성된 치수를 더블 클릭하게 되면 Constraint Definition 대화상자 Dialog Box가 나타난다. 나타난 Dialog Box에 있는 가로길이 치수 2, 세로길이 치수 2, Circle의 Diameter 18로 입력하여 OK를 눌러 치수를 수정한다.

Workbench Toolbar의 Exit Workbench를 클릭하면 Sketch 작업창에서 Part 작업창으로 변경된다.

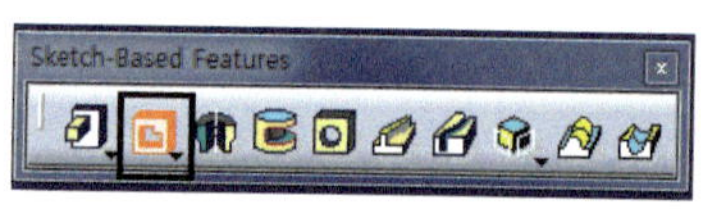

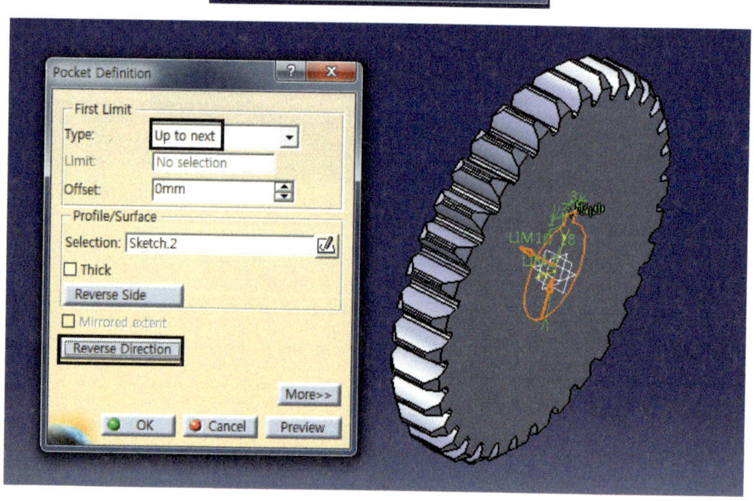

Sketch-Based Features Toolbar에서 Pocket 아이콘을 클릭하면 Pocket Definition 대화상자 Dialog Box가 나타난다. 대화상자가 나타나면 Type을 up to next로 바꿔준 후 Revers Direction을 클릭하여 그림의 화살표와 같이 만든 후 OK버튼을 클릭한다.

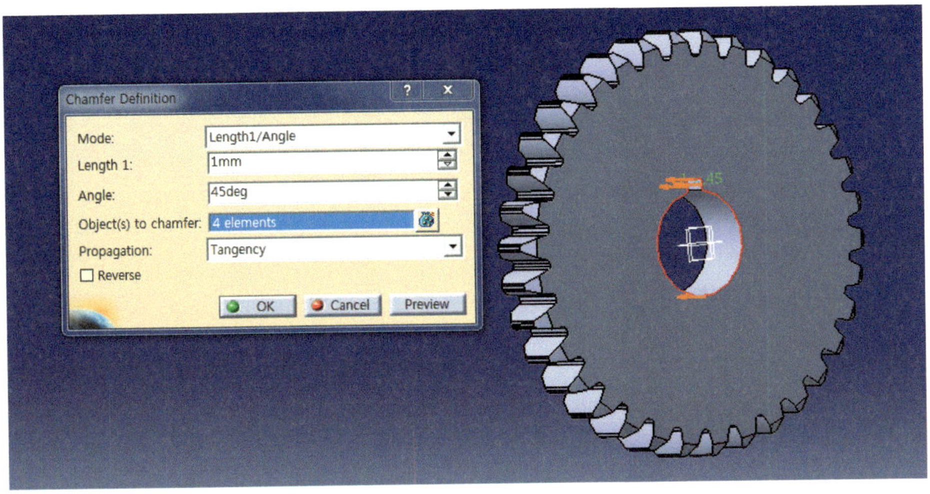

Dress-Up Features Toolbar에서 Chamfer 아이콘을 누르게 되면 Chamfer Definition 대화상자 Dialog Box가 나타난다. Length 1에 1mm를 입력하고, Angle에 45deg를 입력 후 Objects to chamfer에 그림과 같이 4개의 모서리를 선택하여 OK를 누른다.

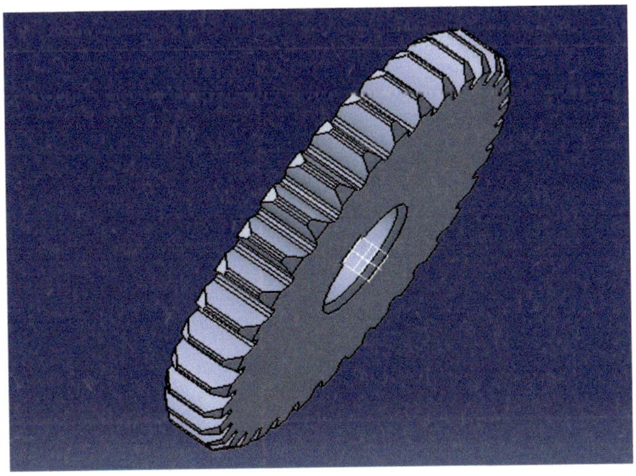

최종형상은 다음과 같고 지금까지 기어 모델링 실습 1을 해보았다.

7

Drafting

CHAPTER

01 Drafting 시작하기

Drafting 워크벤치는 앞에서 작업(솔리드, 와이어프레임, 서피스 모델링)한 3차원 형상을 이용하여 2차원 도면을 생성하는 워크벤치다. 일반적인 도면 생성방법이 빈 시트에 형상들의 정면도나 측면도를 직접 그려주었던 이전 시대의 방법과는 달리 CATIA Drafting 워크벤치는 3차원으로 완료된 Part 도큐먼트나 Product 도큐먼트의 형상을 그대로 빈 시트에 불러와 View를 만들어낸다. 즉, 3차원 형상만 있으면 얼마든지 원하는 2차원 도면을 만들어낼 수 있다.

1 워크벤치 들어가기

풀-다운 메뉴에서 즐겨찾기로 들어가거나 Start - Mechanical Design - Drafting을 순서대로 선택해서 들어간다.

1.1 Drawing 시작하기

Drafting 워크벤치가 실행되면 New Drawing(새 도면 작성) 창이 나타난다.

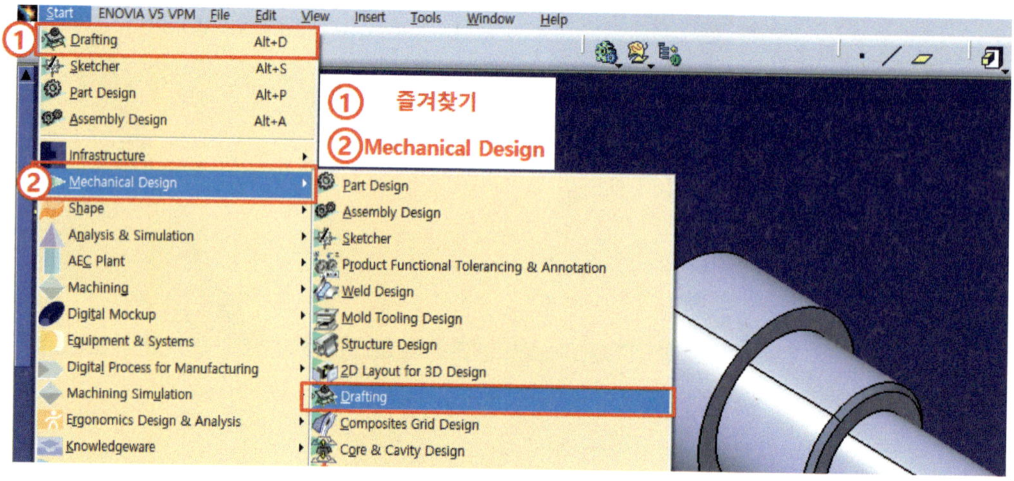

위 그림의 'Standard' 창에서는 도면의 규격을 설정해 준다. 일반적으로 국제표준규격(ISO)을 사용하나, 거래하는 업체나 용도에 따라 변경해 준다.

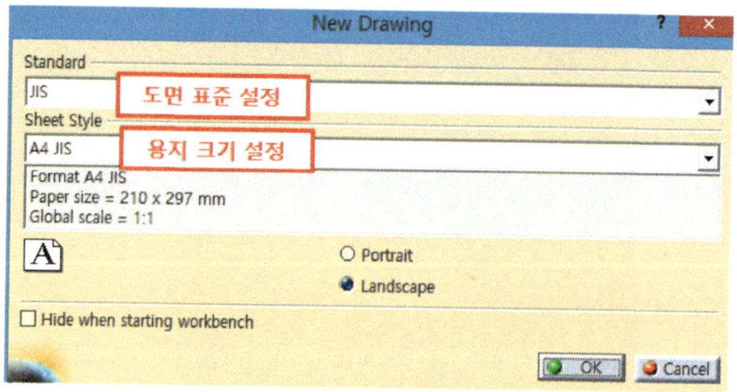

참고

ISO(국제표준화기구, 1각법), KS(한국산업표준, 1각법) ANSI(미국, 3각법), JIS(일본, 3각법), DIN(유럽1각법) – KS규격은 등록이 안 되어 있으므로 우리나라와 같이 3각법을 표준으로 사용하는 JIS를 선택한다.

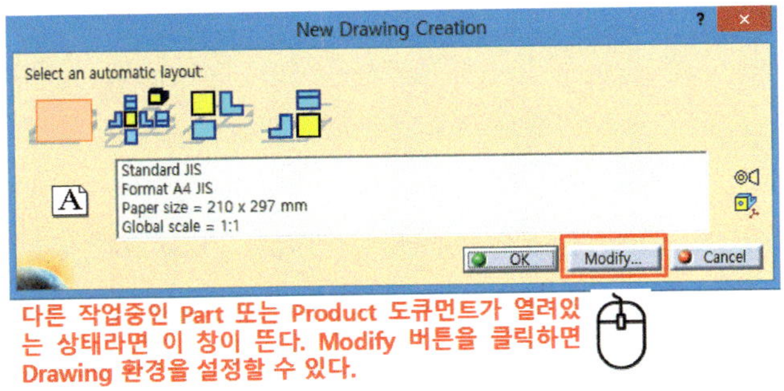

New Drawing 환경을 아래와 같이 설정한다.

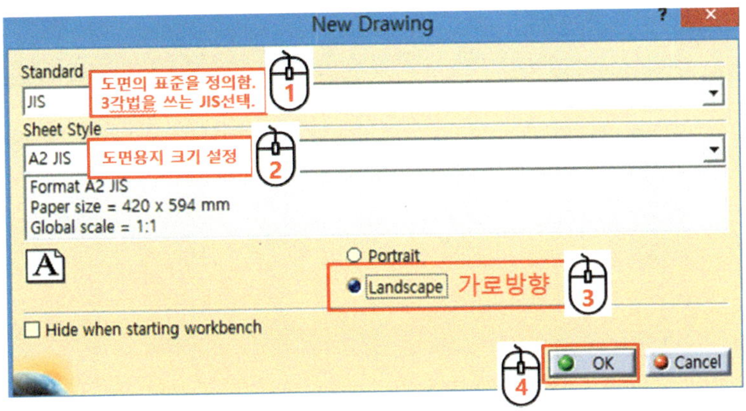

설정을 마치고 'OK'를 눌러주면 다음과 같은 Drawing 도큐먼트가 실행된다. Drafting의 화면배치를 보면 좌측은 Spec Tree이고, 우측은 도면 작업 공간임을 알 수 있다.

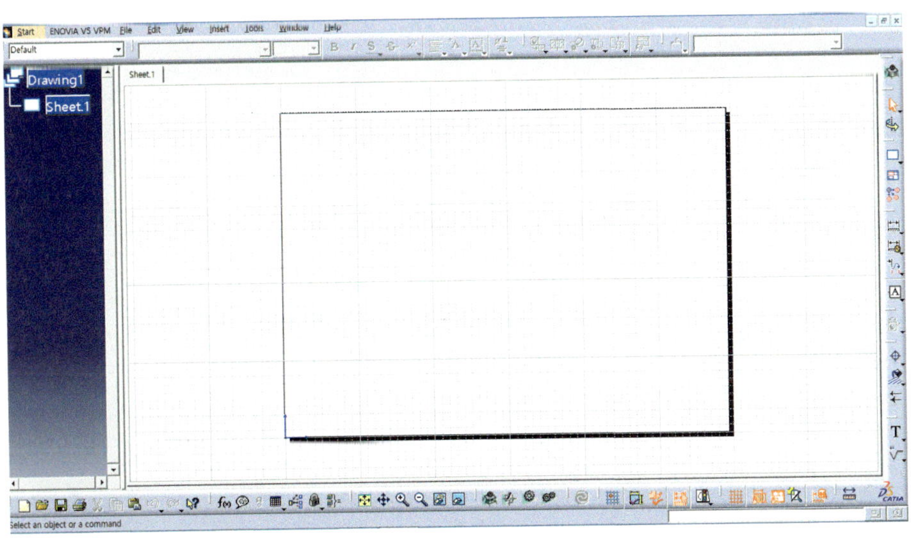

1.2 Drawing Sheet(= 도면, 도면1장)

도면 1장을 의미하는 Drawing Sheet는 New Sheet 명령으로 여러 장을 만들어 사용할 수 있다. Properties에서 Drawing Sheet의 기본적인 사항을 다음 그림과 같이 설정할 수 있다. Properties 창에서 Drawing Sheet의 이름, 축척, 규격, 방향, 투상법 등을 설정한다. Projection Method 영역에는 기본적으로 First angle standard로 설정되어 있다. 우리나라와 같이 3각법을 표준으로 하는 사용자는 Third angle standard로 설정하면 된다.

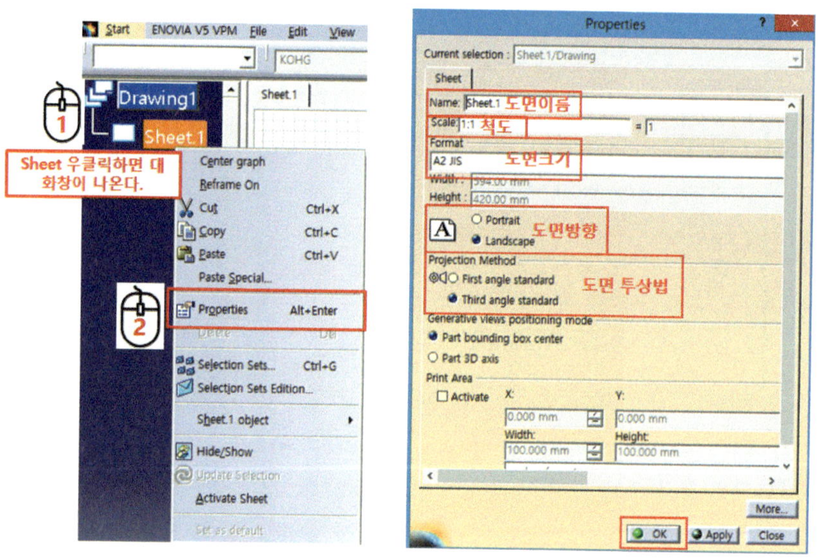

1.3 Drawing의 작업순서

기본적으로 3차원 형상이 만들어져 있어야 Drafting 작업이 가능하며, 다음과 같은 순서를 가지고 있다.

① 3차원 작업으로 Part에서의 모델링과 Product에서의 Assembly 작업을 마무리한다.
② Drafting을 실행시키고 도면이 만들어질 Sheet에 대해서 설정한다.
③ 만들어진 Drawing 도큐먼트에 3차원 형상으로부터 View를 가져온다.
④ 이 View를 이용하여 필요한 나머지 특수한 형태의 View를 만들어 낸다.

⑤ 불러온 View에 필요한 경우에 한해서 Geometry를 그려준다.
⑥ Sheet를 구성하는 View들의 각 형상 요소에 치수(Dimension)를 기입해 준다.
⑦ Annotation과 Table을 이용하여 필요한 부분에 대해서 주석을 달아 준다.
⑧ 위와 같은 과정을 반복하여 Drawing의 각각의 Sheet에 작업을 해준다.
⑨ 마지막 단계로 도면의 Frame과 Title Block을 만들어 작업을 마무리 한다.

CHAPTER

02 Drafting Toolbar

1 Drawing Toolbar

이 Toolbar는 Drafting의 Sheet나 View를 추가하는 가장 기본적인 명령이 들어 있다. 작업된 Feature를 이동, 회전, 복사, 확대 및 축소의 변형작업을 수행하는 기능들로 묶어놓은 툴바이다.

1.1 New Sheet

이 명령은 현재의 Drawing 도큐먼트에 새로운 Sheet를 추가하는 명령이다. 카티아의 Drawing 도큐먼트는 여러 장의 Sheet를 추가하여 이 각각의 Sheet에 여러 개의 도면을 생성할 수 있다. Sheet 하나당 하나의 도면 작업이 가능하다. 따라서 필요에 따라서 Sheet를 추가해 주면 하나의 Drawing 도큐먼트 하나로 여러 장의 도면을 생성 관리할 수 있다. Drawing 도큐먼트에서 이 명령을 실행하면 다음과 같이 빈 Sheet가 추가된다.

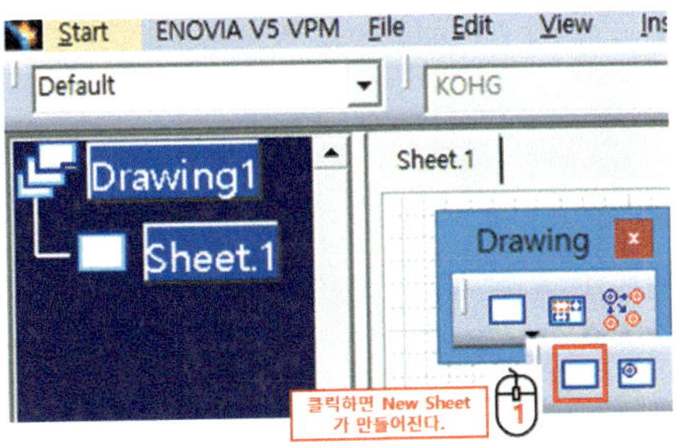

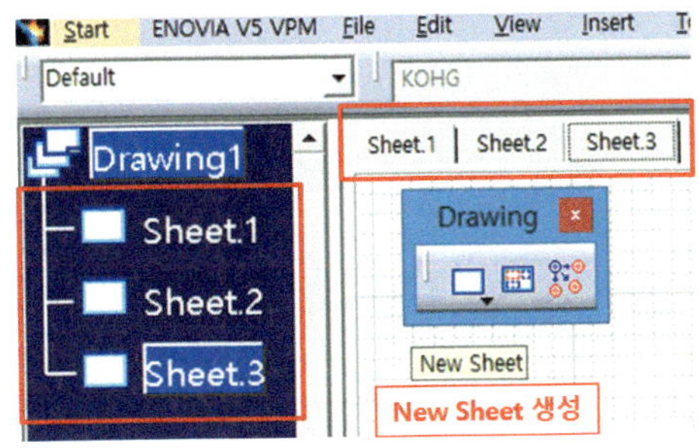

일반적으로 하나의 Assembly 작업 대상에 대해서 각 Component들과 Sub Assembly, Total Assembly에 대해서 하나의 Drawing 도큐먼트에 작업을 해주는 게 일반적이다.

1.2 New Detail Sheet

새로운 Detail Sheet를 추가 생성하는 기능이다. 이는 도면에 자주 사용되는 요소를 따로 Drawing에 저장해 필요시 꺼내 사용할 수 있다. 현재의 Drawing에서 자주 사용하는 상용화된 2차원 형상이나 기호를 만들어 준다. 명령을 실행시키면 현재 Drawing에 Detail Sheet가 추가된다. 그리고 그 안에 2D Component가 만들어진다. 여기에 어떠한 2차원 형상을 Geometry 명령을 사용해 그려주면 현재의 Drawing 안에서 임의의 Sheet의 원하는 위치마다 이것을 복사하여 사용할 수 있다. 즉, 반복되어 사용되는 일정한 형상을 일일이 그려주지 않고 기호처럼 불러와 사용할 수 있다.

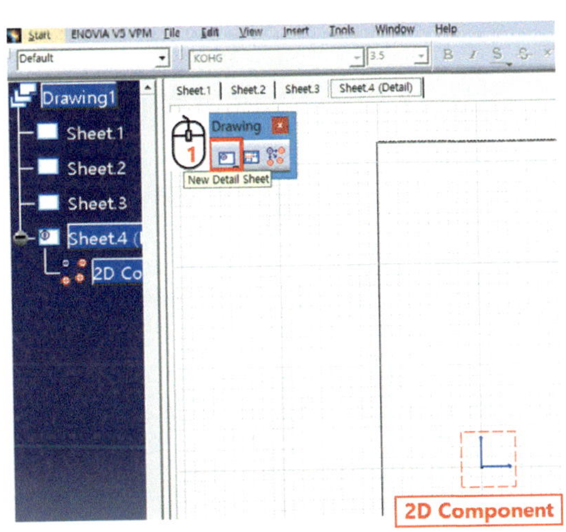

위 그림과 같이 만들어진 Detail View의 2D Component에 Geometry로 형상을 아래 그림처럼 그려준다. 이렇게 만들어진 2차원 형상은 필요한 경우 Instantiate 2D Component 명령을 사용하여 원하는 위치마다 불러와 사용할 수 있다. Detail View에 만들어 놓은 2D Component는 실제 형상의 View가 있는 Sheet에 불러와서 사용된다.

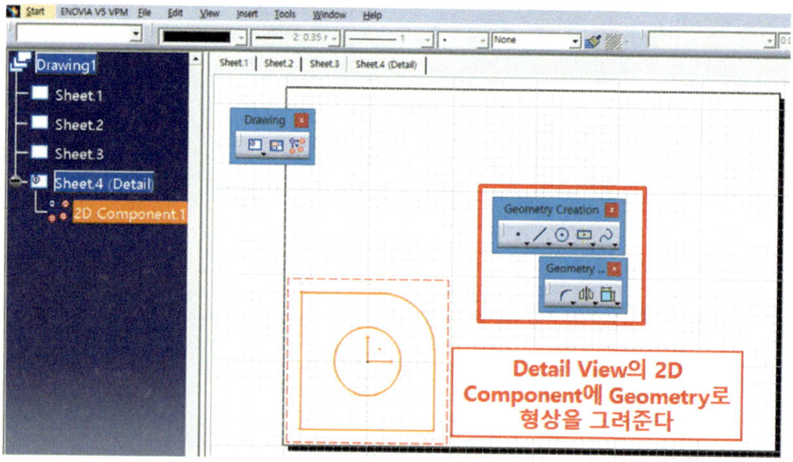

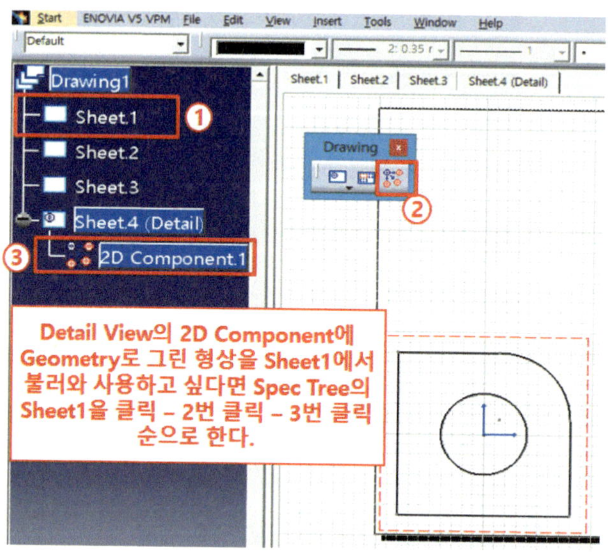

1.3 New View

현재의 Sheet에 새로운 View를 추가하는 기능이다. 처음 생성하면 Front View가 생성되고, Front View를 기준으로 다시 생성하면 위치에 따라 좌측면도, 우측면도, 평면도, 저면도, 등각 투상도 등의 View를 생성한다.

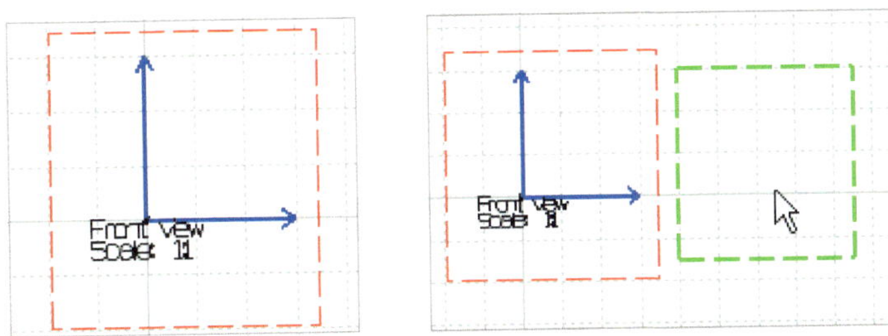

1.4 Instantiate 2D Component

Detail sheet에 저장되는 요소를 불러들여 현재 작업 중인 Sheet에 추가할 수 있다. Sheet2에 거칠기 기호를 생성해 놓은 상태에서 필요시 불러 사용할 수 있다.

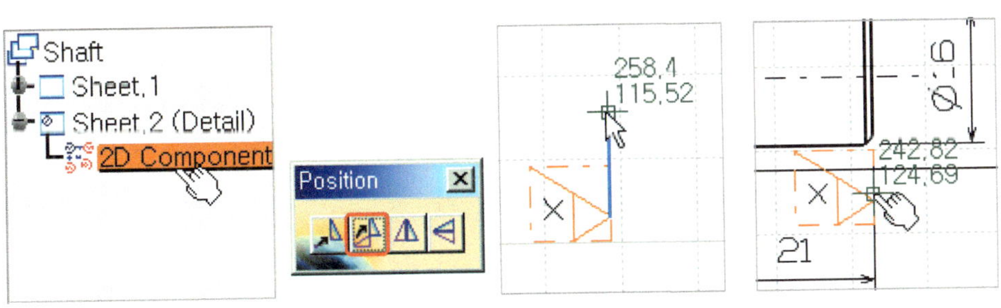

Instantiate 2D Component 아이콘을 클릭한 후 Position Toolbar에서 Change Component Angle아이콘을 클릭해 방향을 변경할 수 있다. 변경한 후 놓을 위치에 배치시킨다.

2 Views Toolbar

작업된 Feature를 이동, 회전, 복사, 확대 및 축소의 변형작업을 수행하는 기능들로 묶어놓은 툴바이다. 이 Toolbar의 기능은 3차원 형상으로부터 View를 생성해내는 명령을 가지고 있다. 또한 3차원 형상으로부터 가져온 View에서 Section View나 Detail View와 같은 특수한 View를 생성하는 기능을 가지고 있다. 카티아의 Drafting에서는 형상을 직접 그려서 도면을 만드는 경우가 드물기 때문에 도면 생성 과정에서 제일 먼저 수행되는 작업들이 바로 View를 불러오는 것이다.

일반적으로 View Wizard로 일정 View들을 불러오고 여기에 Section View나 Detail View를 만들어낸다. 마지막으로 View를 3차원 형상으로부터 가져오면 한 가지 명심할 것은 Part나 Product 도큐먼트가 수정이 되면 이러한 View 역시 Link를 끊지 않는 한 함께 변경이 된다는 것이다. 따라서 형상 수정에 따른 Update 관계를 잘 파악해 두어야 한다.

2.1 Projections Sub Toolbar

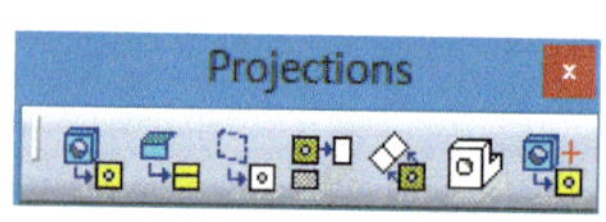

이 Sub Toolbar들의 명령들은 모두 3차원 형상으로부터 직접 View를 가져오는 명령들이다. 따라서 도면을 만드는 단계에서 가장 먼저 진행되어야 할 부분이기도 하다.

1) Front View

도면 생성에서 가장 중심이 되는 정면도를 생성하는 기능이다. 따라서 형상의 모습을 가장 잘 표현하는 방향을 잡아 준다. Front View 아이콘을 누르고 3차원 형상이 있는 도큐먼트로 전환하기 위해 CTRL+Tab을 누른다. (또는 풀-다운 메뉴의 'Window'를 누른다.) CTRL+Tab Key를 누르면 현재 열려있는 여러 개의 도큐먼트를 차례대로 이용할 수 있다.

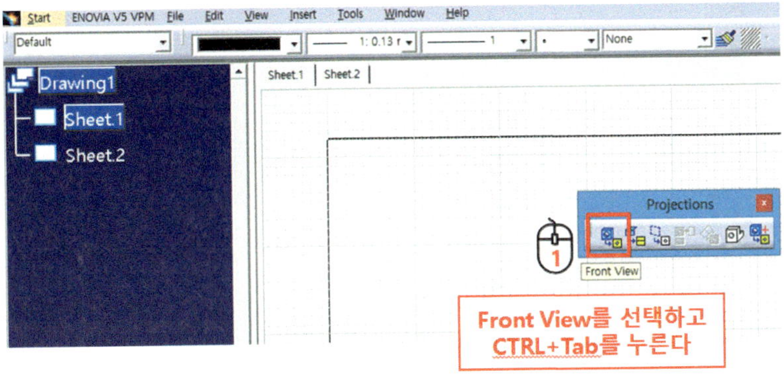

정면을 선택할 때 오른쪽 하단에 Oriented Preview로 선택되는 View의 미리보기 형상이 나타난다. 형상의 위치가 맞는다면 해당 면을 클릭한다.

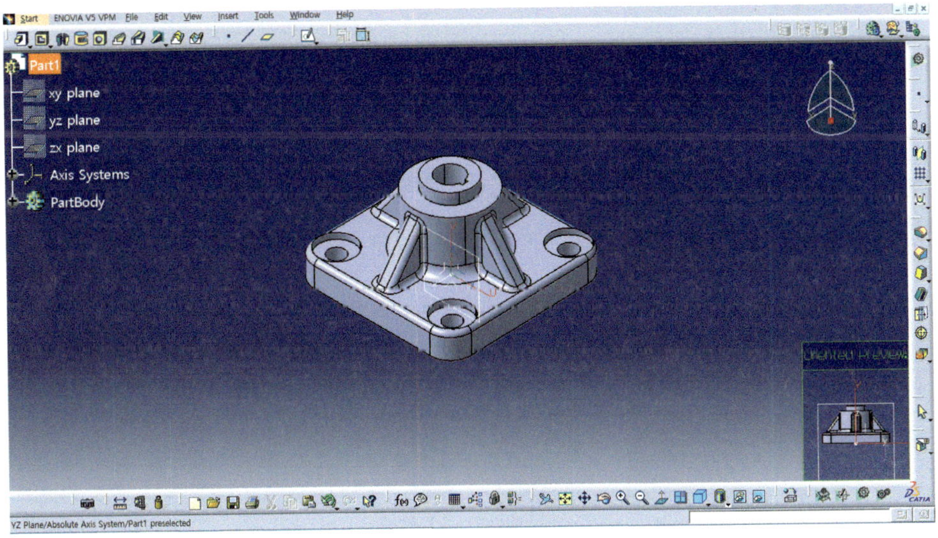

그러면 화면이 다시 Drawing 워크벤치로 이동하면서 3차원 형상을 Front View로 가져올 것이다.

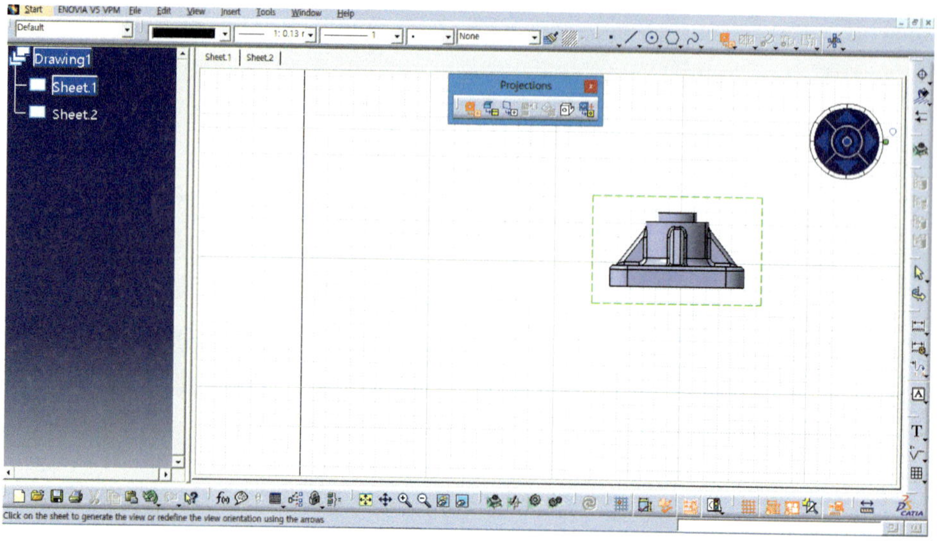

여기서 오른쪽 상단의 Wizard를 사용하여 형상이 위치를 마지막으로 조절할 수 있다. 네 곳에 표시된 화살표를 이용하여 회전을 시킬 수 있으며 가운데 지점의 시계 방향, 반 시계 방향의 화살표를 이용하여 View를 조절할 수 있으며 화살표를 선택하여 마우스 우클릭(Contextual Menu)을 사용하여 각도 변화를 조절할 수 있다. (Edit Angle)

아래 그림처럼 정면도를 선택할 때 풀-다운 메뉴 bar의 Window를 선택해 두 창을 Title Vertically로 정렬한다. Front View 아이콘을 클릭한 후 정면도로 배치할 면을 지정하면 Drawing 작업장에 자동으로 정면도가 배치된다.

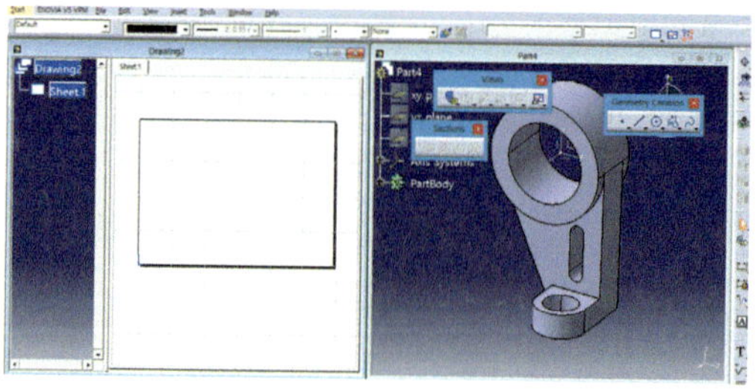

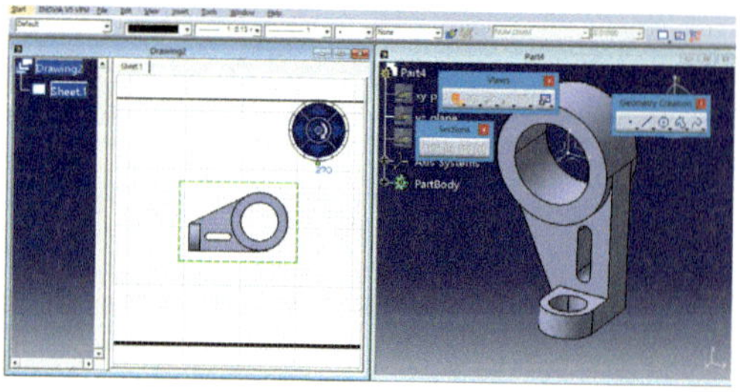

2) Unfolded View

Sheet Metal Design을 한 모델을 전개하여 보여주는 기능이다. 즉, Sheet Metal로 만든 형상에 대해서 구부러진 Sheet 구조를 펼쳐진 모습으로 View를 가져오는 명령이다. 그러나 반드시 명심할 것은 Sheet Metal의 경우에만 사용이 가능한 View 생성 명령이다. Sheet Metal은

Generative Sheet Metal Design 워크벤치에서 작업이 가능하다. 창을 Vertically로 정렬한 후 Unfolded View 아이콘을 클릭한다. 정면도로 지정할 면을 지정하면 Drawing작업장에 View가 생성된다. 지정된 View로 도면을 생성하려면 바탕을 클릭하여 도면을 생성한다. 3D 모델이 전개되어 Unfolded View로 나타난다.

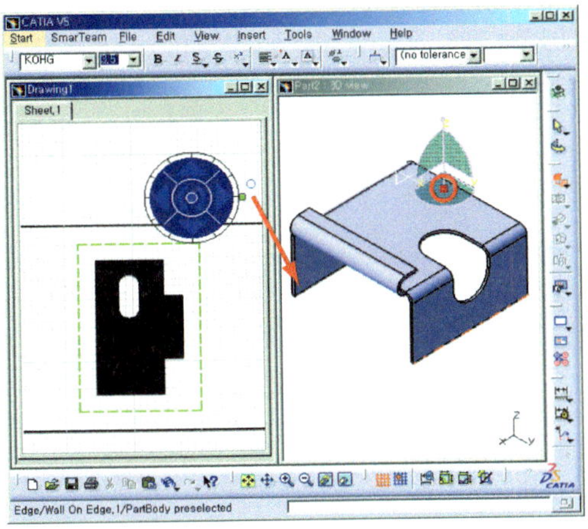

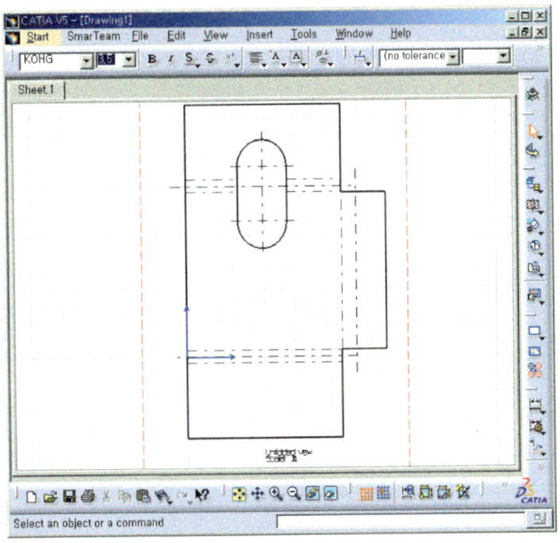

3) View From 3D

Functional Dimensioning and Tolerancing workbench에서 작업된 2D 주석들을 Drawing 도면상에 자동으로 View와 주석을 생성시키는 기능이다. Functional Dimensioning and Tolerancing workbench에서 작업된 3D Dimension들을 그대로 Drawing View로 생성한다. View From 3D 아이콘을 클릭한 후 지시하는 Projected View를 선택하면 Drawing 작업장에 자동으로 생성된다.

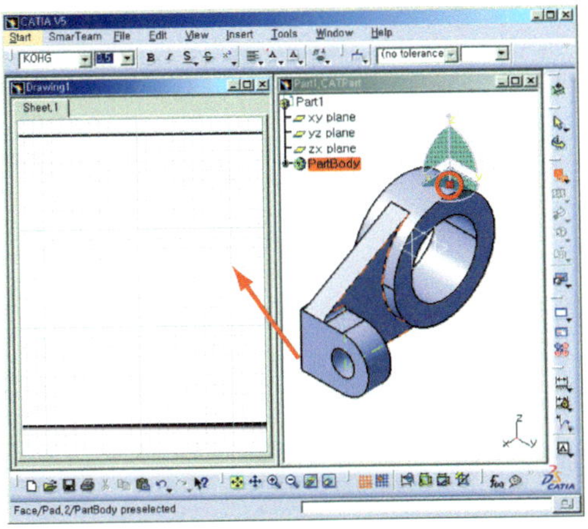

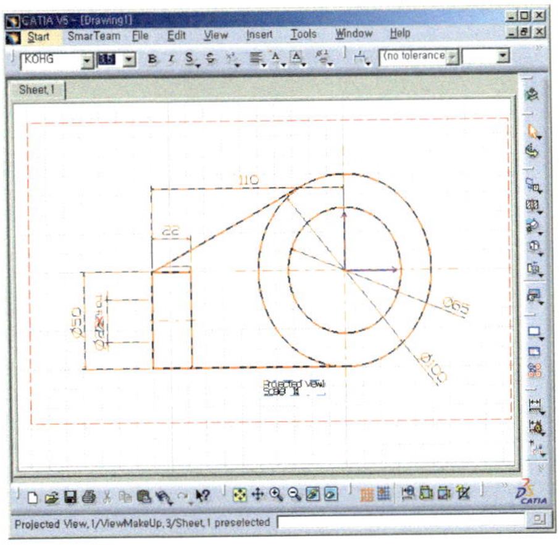

4) Projections View

Front View를 기준으로 평면도, 저면도, 좌측면도, 우측면도를 생성하는 기능이다. Front View가 생성된 상태에서 Projection View 아이콘을 클릭한다. 정면도 우측에 마우스를 위치시키면 우측면도가 생성되며, 위쪽에 위치시키면 평면도가 자동으로 생성된다. 도면으로 생성하려면 바탕화면을 클릭하면 자동으로 도면으로 생성된다.

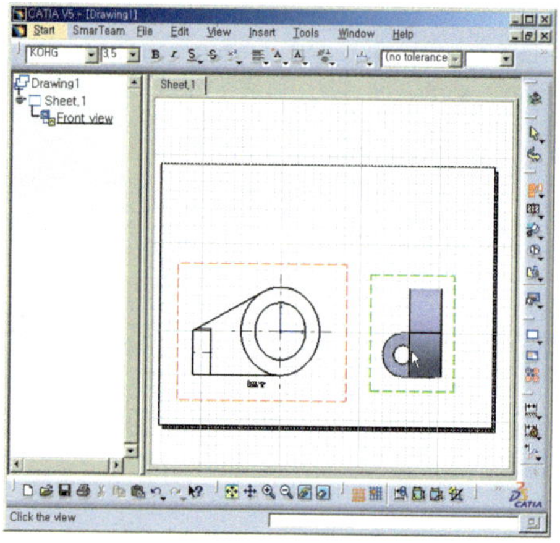

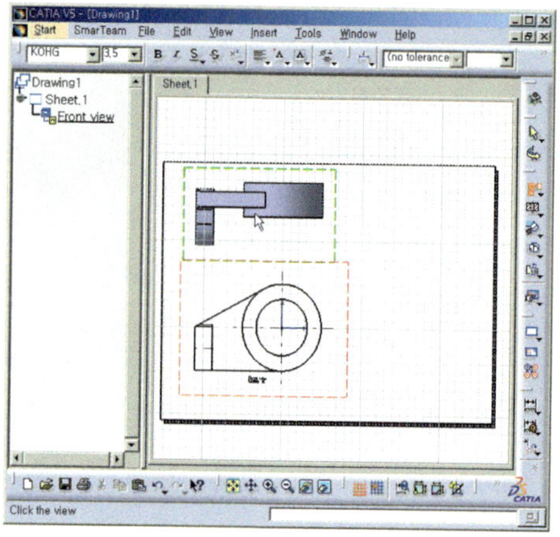

5) Auxiliary View

이 명령은 활성화된 View에 대해서 임의의 보조선을 이용하여 형상의 View를 만들어내는 기능이다. 즉, 활성화된 형상에 대해서 임의의 직선을 그려주게 되면 그 직선에 수직 방향으로 형상의 모습을 View로 만들어 준다. 명령을 실행시키고 활성화된 View에서 임의의 위치에 원하는 방향으로 직선을 그려준다.

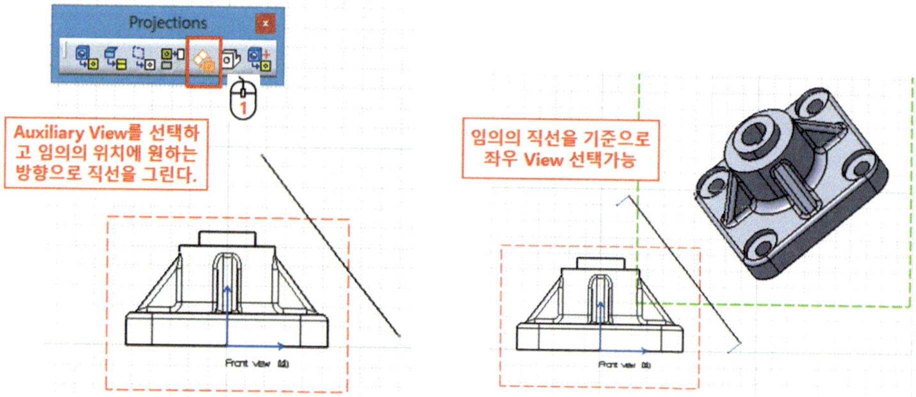

위 그림처럼 View가 미리 보기 될 것이다. 여기서 마우스를 이동하면 앞서 그린 직선에 화살표 방향이 바뀌면서 이 직선을 기준으로 좌우 View를 선택할 수 있다.

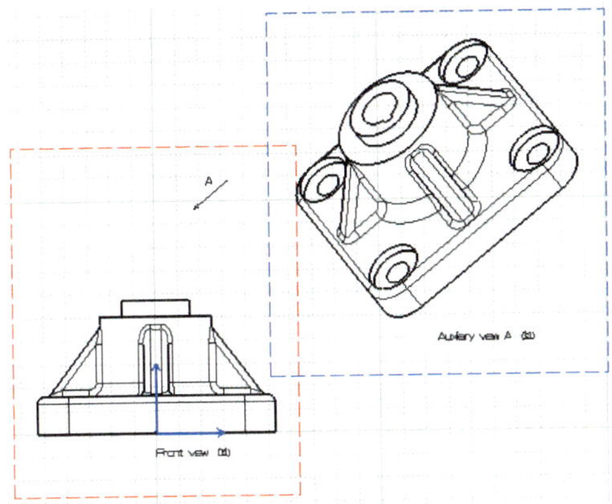

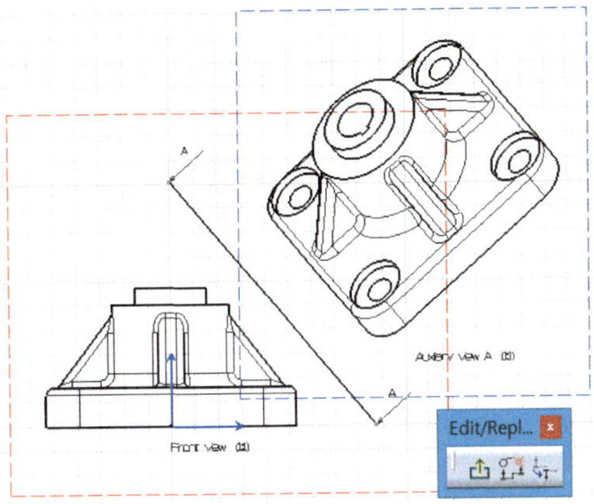

위 그림처럼 원하는 방향을 선택하고 위치를 잡아 Sheet를 클릭하면 View가 완성된다. 또한 위의 오른쪽 그림에서처럼 앞서 그린 보조선을 더블 클릭하면 이 선을 수정할 수 있으며, Profile의 방향이나 길이를 변경할 수 있다.

6) Isometric View

등각투상도를 만드는 명령으로 형상의 실질적인 치수를 위한 View가 아니라 조감용으로 사용되는 View를 만들 때 사용한다. 명령을 실행시킨 후 CTRL+Tab Key를 이용 3차원 형상으로 이동하여 3차원 형상을 클릭해주면 현재의 모습 그대로가 Isometric View가 만들어진다. 따라서 3차원 형상의 자세를 잘 잡아준 후에 형상을 클릭해야 View가 정확하고 보기 좋게 나온다.

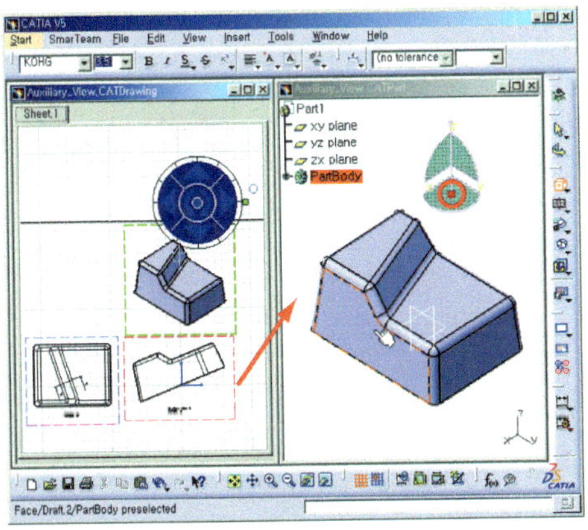

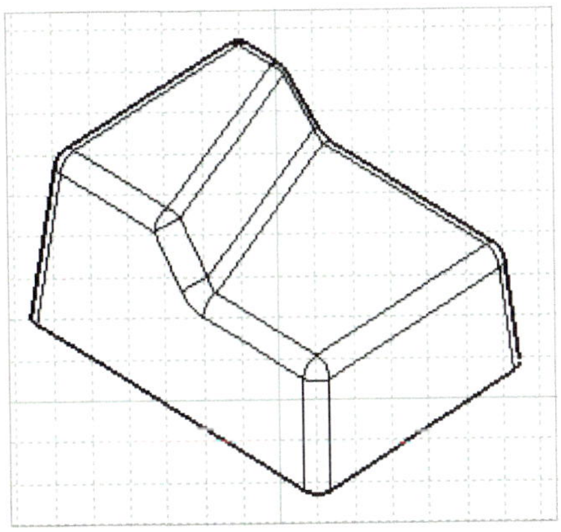

Isometric View 아이콘을 클릭한 후 현재 위치된 모델을 선택하면 그 방향대로 Isometric View가 생성된다. 도면 바탕화면을 클릭하면 우측그림과 같이 도면으로 나타내어진다.

참고 **등각투상법**

물체의 각 면을 모두 경사지게 그리는 방법을 말한다. 서로 120도의 각을 이루는 세 개의 기본축에 길이, 높이, 나비를 나타낸다. 이렇게 나타낸 도면을 등각도, 혹은 등각투상도라고 한다. 하나의 그림으로 정육면체의 3면을 갖게 표시하는 특징이 있으며, 대개 제품의 설명도 도면에 많이 사용한다.

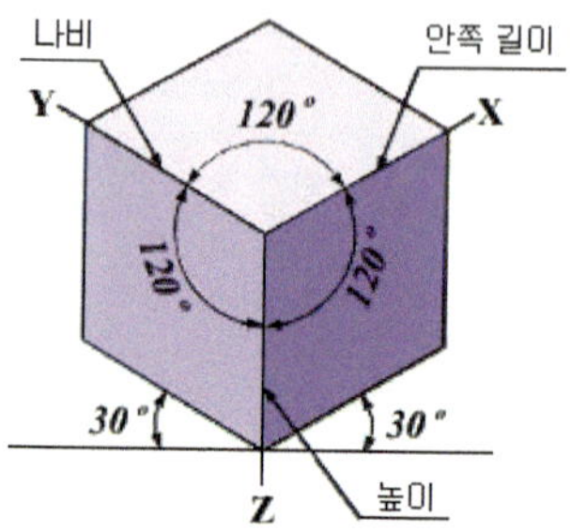

7) Advanced Front View

정면도의 Scale을 조절하면서 도면으로 생성할 수 있는 기능이다. 즉, 정면도를 확대 또는 축소시키면서 투상도를 생성할 수 있는 기능이다. Advanced Front View 아이콘을 클릭한 후 'View Parameter' 창이 나타나면 Scale에 2 : 1을 입력하여 OK 버튼을 클릭한다. 그런 후 Front View 생성할 면을 지정하여 Front View를 도면화시킨다. Scale이 2 : 1이면 3차원 상에 있는 모델보다 2배로 커져서 도면화가 된다. Scale이 1 : 2이면 당연히 3차원 상에 있는 모델의 크기보다 0.5배의 크기가 도면화가 되는 것이다.

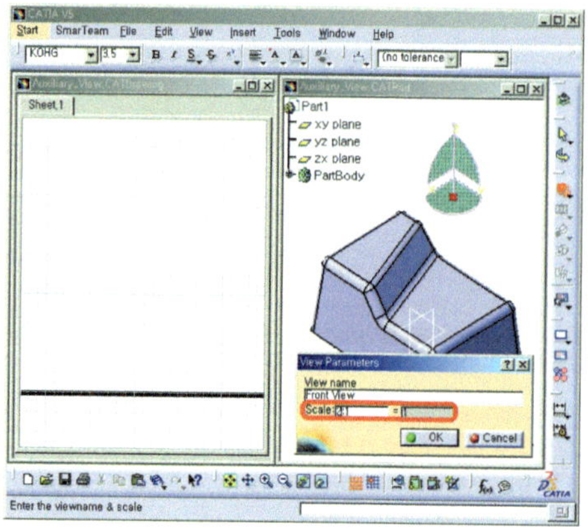

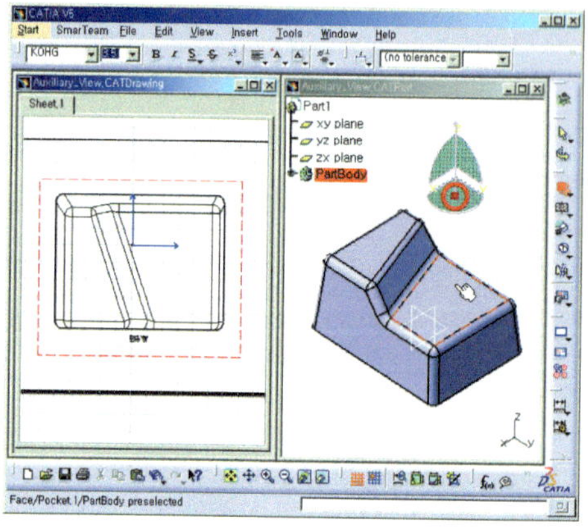

2.2 Sections Sub Toolbar

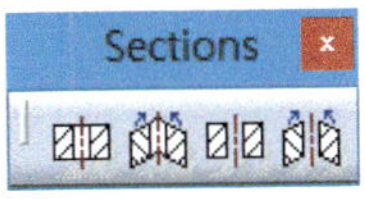

이 Sub Toolbar의 명령들은 3차원 형상으로부터 가져온 View를 이용하여 절단면을 가지는 View를 만들어 주는 기능을 가지고 있다. 형상의 절단 부위를 지정하여 따로 스케치하거나 복잡한 작업 없이 실제의 형상으로부터 직접 만들어 준다.

1) Offset Section View

이 명령은 3차원 형상을 직선 타입으로 절단면을 선택하여 Section View를 생성하는 명령이다. 절단되는 면을 기준으로 한쪽 방향을 바라보았을 때의 절단면과 그 방향으로 보이는 나머지 형상 부분을 View로 만들어 준다. 명령을 실행시키고 활성화된 View에서 절단하고자 하는 방향으로 선을 그어 준다.

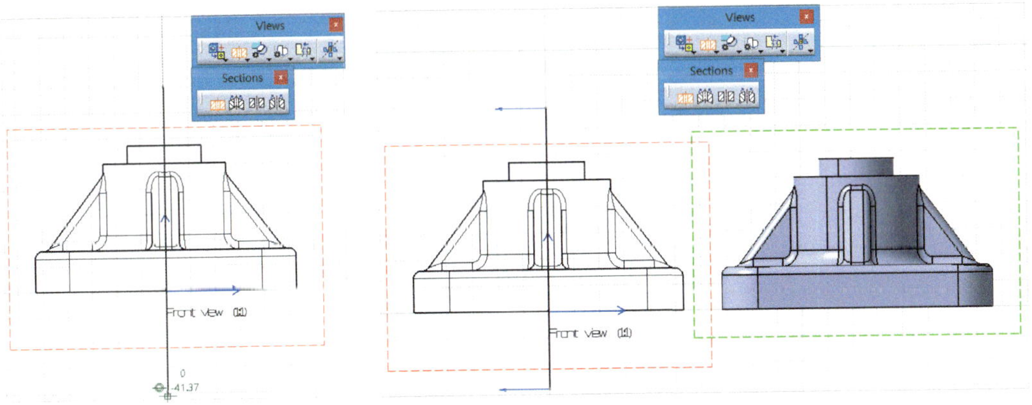

절단선은 무조건 한 방향으로 만이며 필요에 따라 중간에 절단 위치를 바꾸어 줄 수 있다. 한번 클릭을 하면 절단 위치를 잡아 줄 수 있으며 더블 클릭을 하면 절단선을 완전히 잡고 그 선대로 Section View를 만들게 된다. 절단선을 그려주고 나면 자동적으로 Section View가 미리보기 되는데 여기서 절단선을 나타내는 화살표 방향에 따라 Section View 방향이 정해진다. 원하는 방향으로 마우스를 사용해 이동시켜준 뒤에 Sheet를 클릭해 주면 도면화 된다. 생성된 Line을 기준으로 수직으로 바라본 솔리드 모델의 내부 단면도를 도면화 시키는 기능이다. 지시하는 Edge의 수직인 Line을 생성하기 위해 Edge지점에서 MB3버튼을 클릭해 Perpendicular구속을 부여한다. Edge와 수직인 Line을 생성하여 단면도를 생성한다.

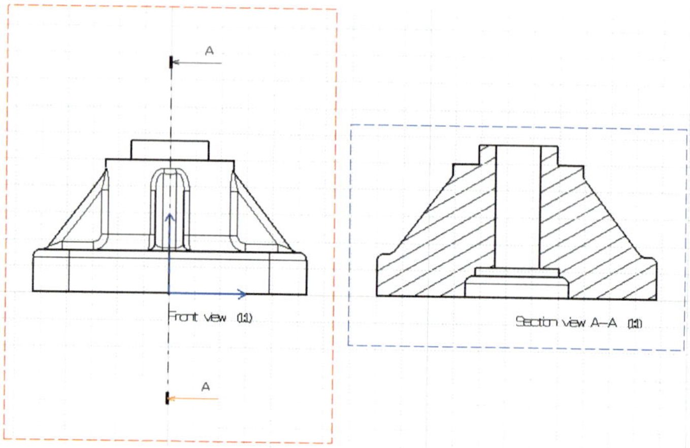

2) Aligned Section View

Solid Model을 임의의 기준선으로 절단하여 기준선이 지나간 경로를 따라 절단된 단면도를 생성시키는 기능이다. 즉, 모델을 절단 Line으로 자른 후 그 절단면의 모든 형상을 도면으로 전개하여 도시하는 기능이다. 아래 그림과 같이 Aligned Section View를 실행하고 단면도를 생성할 투상도에 절단면의 기준선을 생성한다. 이때 기준선이 지나간 경로를 따라 절단된 단면도가 나타나면 배치할 위치를 지정하여 완료한다.

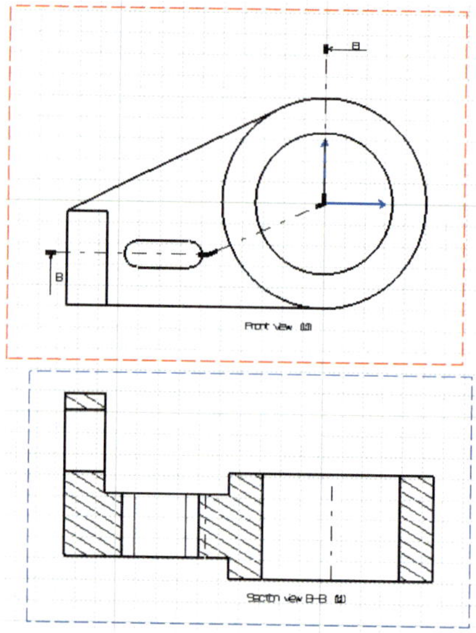

모델을 절단 Line으로 자른 후, 그 절단면의 모든 형상을 도면으로 전개하여 Section View를 만들어 준다. 즉, 형상을 임의의 직선 프로파일을 따라 선이 지나가는 모든 방향에 대해서 Section View를 만들어 주는 명령이다. 절단할 부분을 선으로 그릴 때, 한번 클릭하면 절단 방향을 바꾸어 줄 수 있고 더블 클릭하면 프로파일 그리는 작업이 종료된다.

3) Offset Section Cut

이 명령은 앞서 Offset Section View 명령과 큰 차이는 없으나 절단 선으로 절단되는 위치에서 빈 공간이 나타나는 부분을 표시하지 않는다. 즉 절단되는 면 자체만을 본다고 생각하면 된다. 따라서, 절단을 하는 방향에서 빈 공간이 있다면 그 부분은 비어있는 것처럼 나타난다.

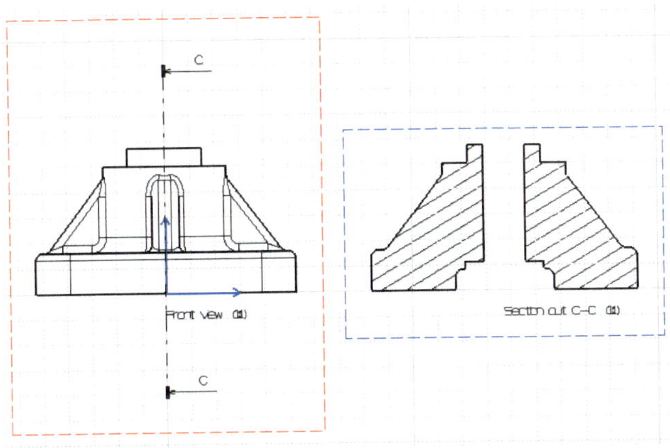

4) Aligned Section Cut

이 명령은 Aligned Section View와 큰 차이는 없으나 절단되면서 나타나는 빈 공간이 표시되지 않는다. 즉, 절단되는 면 자체를 본다고 생각하면 된다.

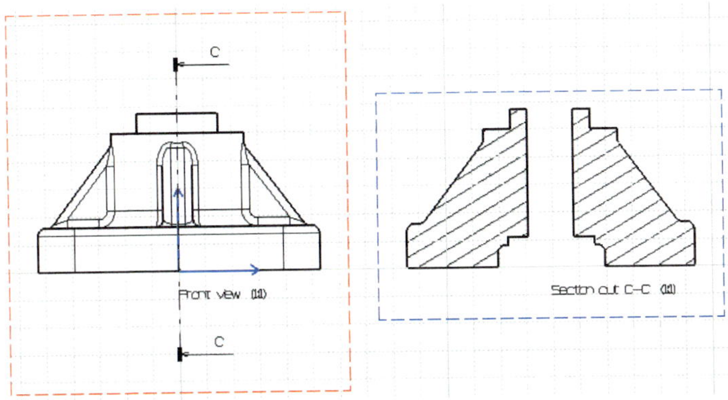

2.3 Detail Sub Toolbar

이 Sub Toolbar는 형상의 View에서 특정 부분을 자세하게 확대한 View를 만들어 주는 명령이다.

1) Detail View(상세 보기) & Quick Detail View(빠른 상세 보기)

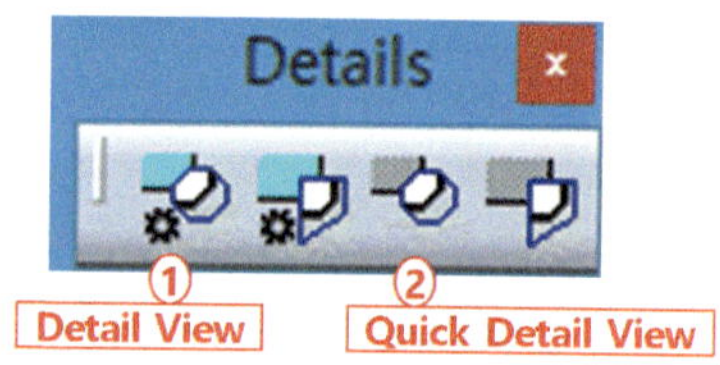

도면의 특정한 부분을 일정한 비율로 확대하여 상세도를 생성하는 기능이다. 활성화된 View에서 원형으로 형상의 Detail View를 만들어 낸다. Detail View를 만들고자 하는 위치를 선택하여 원을 그리듯 중심을 찍고 반경을 잡아 주면 현재 View의 Scale의 두 배 크기로 Detail View가 만들어 진다.

아래 그림과 같이 Detail View 명령을 실행하면 Tool Palette 창이 나타난다. 여기서 반지름을 입력하여 원형 프로파일을 생성한 후 상세도를 작성할 부분을 선택한다. 상세도가 나타나면 배치할 위치를 지정하여 완료한다. Quick Detail View는 원형 profile 형상 테두리가 그대로 남은 채 상세도를 생성한다.

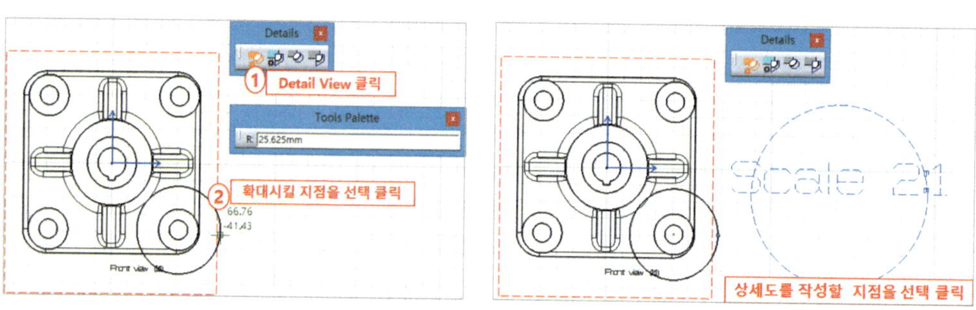

아래 그림처럼 Detail View가 만들어지면 원본 위치에 기호로 표시가 된다. 이 기호 및 지시선은 자유롭게 이동과 수정이 가능하다. 그리고 Detail View 역시 독립적인 View이기 때문에 따로 Scale을 변경시켜 더 크게 하거나 작게 할 수 있다. 그리고 활성화된 View에 만들어진 Detail 문자나 표시는 이동과 조절이 가능하다.

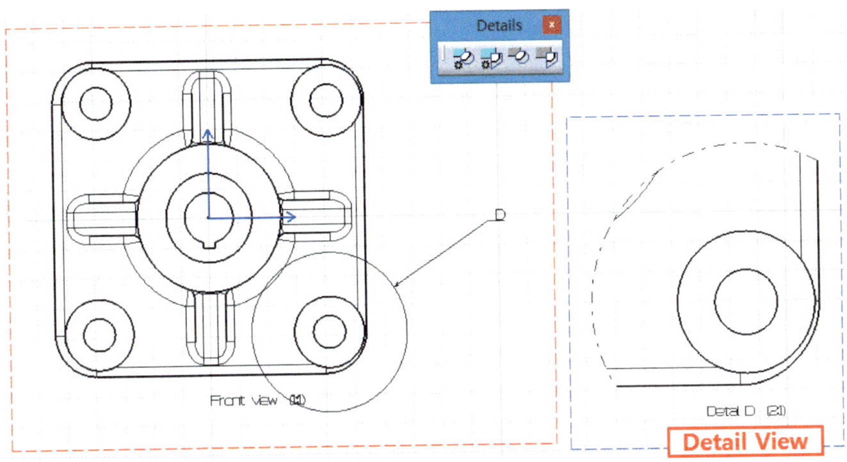

2) Detail View Profile(상세 윤곽보기) & Quick Detail View Profile(빠른 상세 윤곽보기)

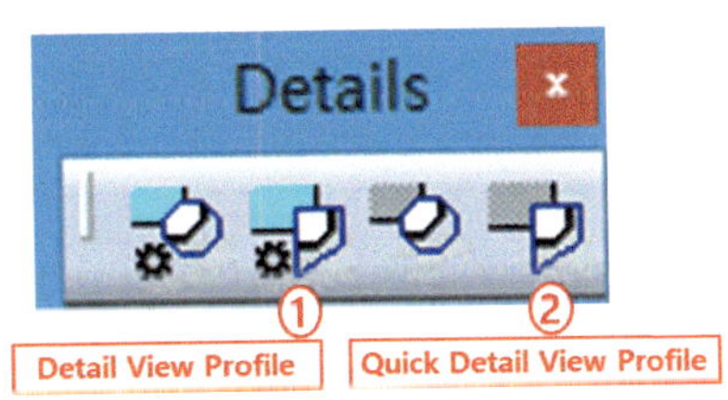

이 명령은 Detail View를 만들 때 형상을 원형이 아닌 임의의 Profile을 사용하여 만든 형상으로 Detail View를 만든다. 명령을 실행시키고 Profile로 다각형을 그리듯이 Detail View를 만들고자 하는 지점에 형상을 만들어 준다. 여기서 시작점과 끝점이 일치되면 그 형상대로 Detail View가 만들어 진다. Quick Detail View Profile은 다각형 profile 형상 테두리가 그대로 남은 채 상세도를 생성한다.

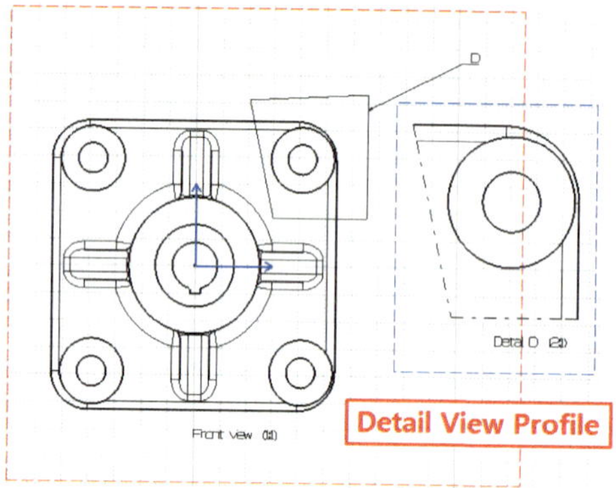

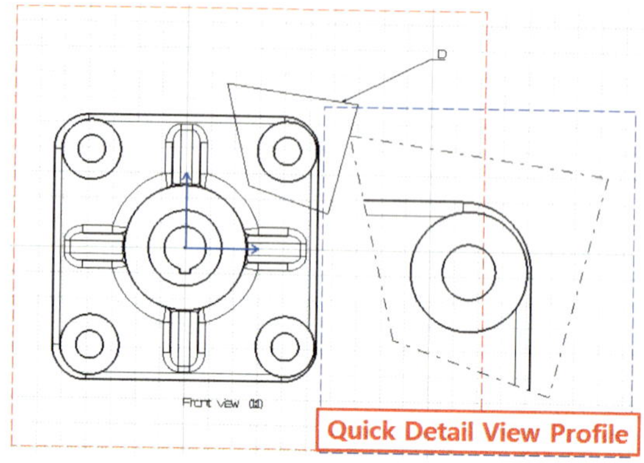

2.4 Clippings Sub Toolbar

이 Sub Toolbar의 명령은 만들어진 View의 일부만을 잘라내고 나머지는 지워버리는 명령이다. 표시하고자 하는 특정 부위만 남기고 나머지는 제거시키기 때문에 불필요한 부분 없이 형상의 View를 표현하고자 할 때 적합하다.

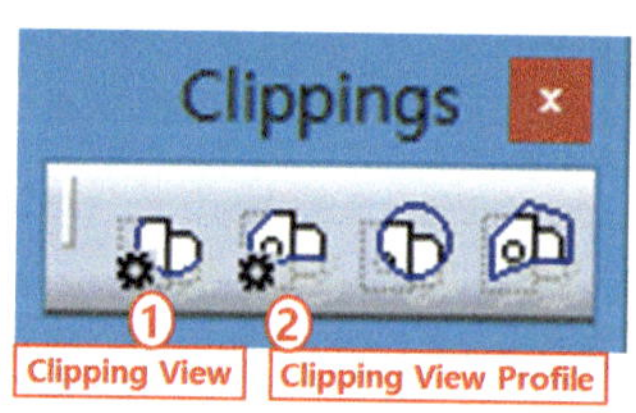

도면상 필요한 부분을 원형(Clipping View)/다각형(Clipping View Profile)으로 잘라내어 보여주고 나머지는 제거하는 기능이다.

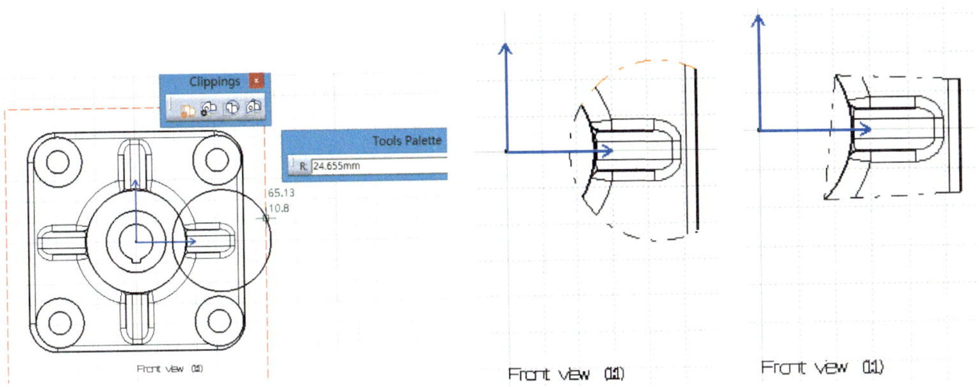

2.5 Break View Sub Toolbar

이 Sub Toolbar는 View 형상의 일부를 잘라내어 새로운 View를 만들어 내는 명령이다. 필요에 따라 형상의 중간 부분을 잘라내거나 형상을 완전히 절단하지 않고 어느 정도 깊이만큼으로 잘라내어 View를 만들어 내는 특수한 View를 만들어낸다.

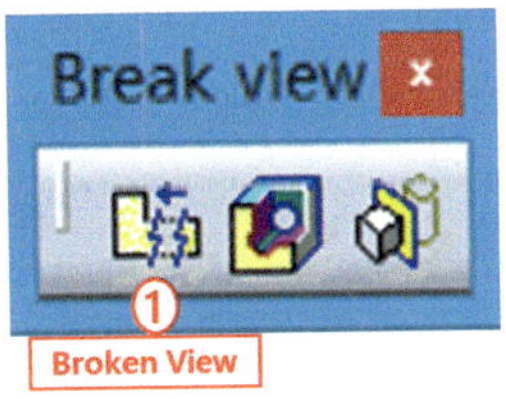

1) Broken View

이 명령은 활성화된 View 형상을 선택한 간격만큼을 잘라내어 생략해 표시해 주는 명령이다. 철재 빔과 같은 긴 형상을 도면상에 표시하려 할 경우 도면 안에 다 표시를 못하거나 더 큰 치수의 도면을 사용하는 불편을 방지해 준다.

명령을 실행시키고 활성화된 View에서 중략시킬 위치의 형상을 선택한다. 형상을 선택해 주면 그 위치에 녹색이 선이 나타난다. 이 선을 기준으로 형상을 절단하여 중략시킬 수 있다. 이 상태에서 마우스를 이동하면 가로 방향 또는 세로 방향으로 녹색선이 변하는 것을 확인할 수 있는데 원하는 위치에 맞추어 한 번 더 Sheet를 클릭해 준다. 그 다음으로 마우스를 이동시키면 이를 따라 또 다른 녹색선이 나타난다. 이 두 선의 사이만큼이 제거되어 형상이 만들어질 것이다. 원하는 거리만큼을 이동시킨 뒤에 클릭해 준다.

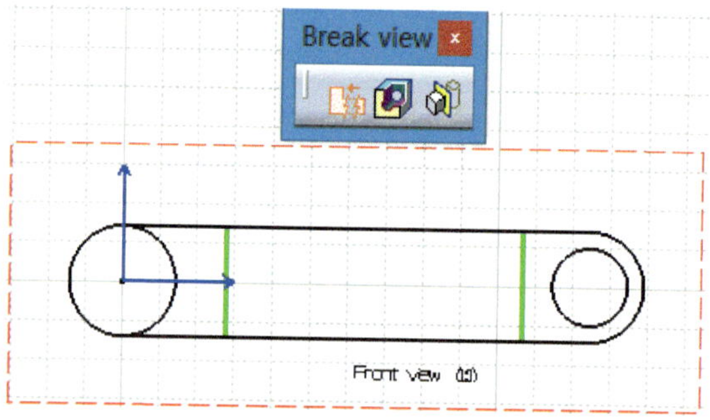

마지막으로 한 번 더 빈 화면에 클릭을 해주면 아래 그림과 같이 Broken View가 만들어진다.

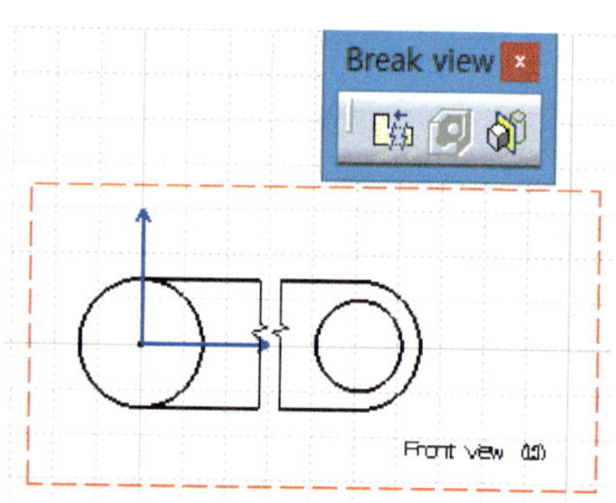

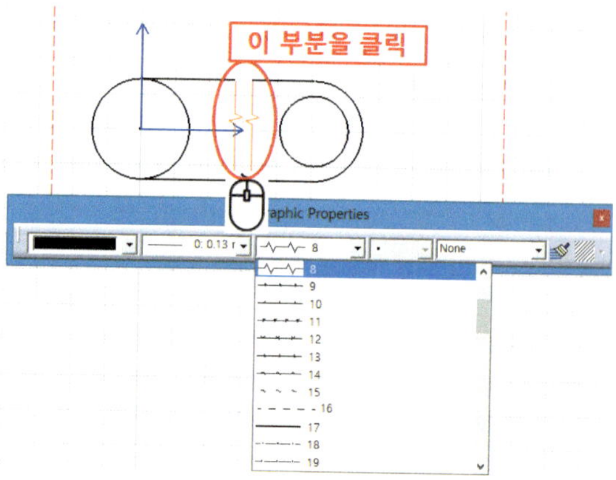

위 오른쪽 그림에서와 같이 생략되는 부분의 표시를 변경해 주어 생략된 부분이라는 표시를 더욱 강조할 수 있다. Graphic Properties Toolbar을 이용하면 된다.

2) Breakout View

이 명령은 활성화된 View를 임의의 Profile 형상을 만들어 임의의 깊이만큼 파 낸 형상을 View로 만들어 주는 명령이다. 즉 형상의 일부를 임의의 깊이만큼을 제거하여 그 안을 보여주도록 View를 만들어 주는 명령이다. 명령을 실행시키고 제일 먼저 해줄 일은 형상을 파내기 위해 필요한 Profile 형상을 그려주는 것이다. Profile로 다각형을 그리듯 시작점과 끝점을 이어줄 수 있는 형상을 그려준다. 이 기능을 사용할 때 주의할 점은 하나의 View에 한번밖에 사용할 수 없다는 점을 주의해야한다. 특정부분을 다각형 profile로 지정한 후 자를 부분을 3D Viewer로 나타내어준다. OK 버튼을 클릭하면 우측그림과 같이 내부단면도를 표시해 준다. 그럼 다음과 같은 3D Viewer가 나타나 형상을 파낼 깊이를 선택할 수 있다.

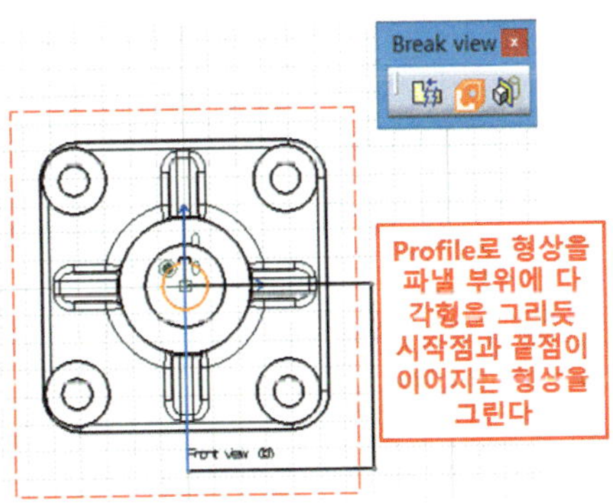

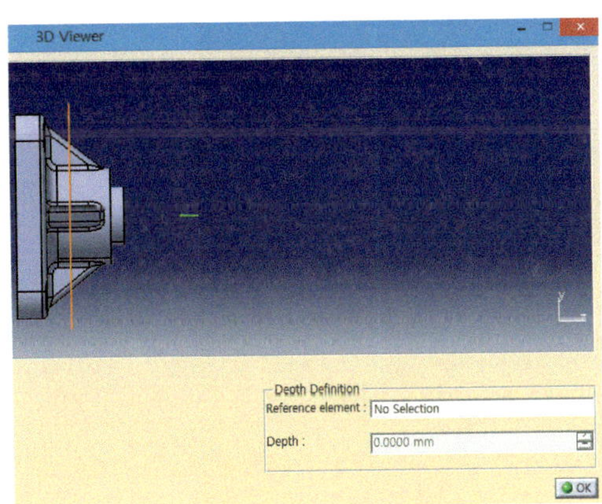

여기서 형상을 파 낼 깊이를 조절할 수 있는데 마우스를 이용하여 미리 보기 창에 있는 평면을 이동시키거나 또는 Depth Definition을 사용할 수 있다. Depth Definition을 사용하기 위해서는 Reference element로 사용할 수 있는 또 다른 View가 필요하다. 현재 선택한 활성화된 View가 아닌 다른 View로 형상의 높이를 잡을 수 있는 View가 있어야 한다. 예를 들어 평면도에 Breakout View를 만든다면 정면도나 좌우 측면도가 필요하다.

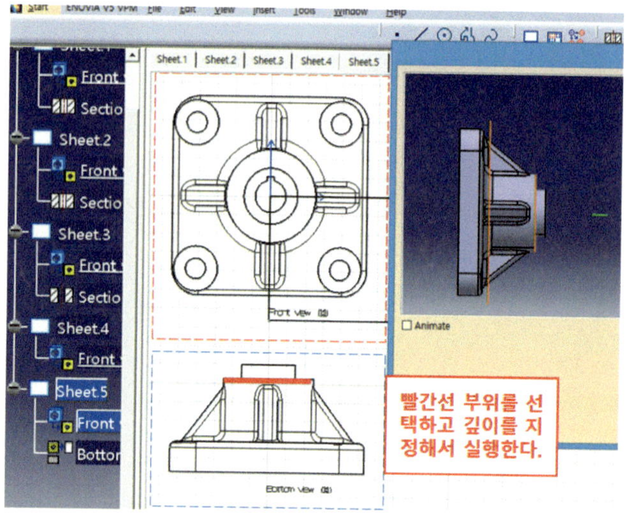

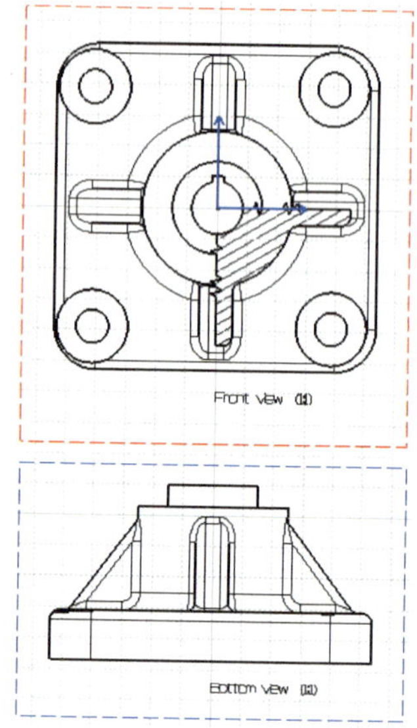

2.6 Wizard Sub Toolbar

이 Sub Toolbar의 명령은 하나의 3차원 형상의 View를 View 생성 마법사를 통하거나 이미 정해진 몇 개의 짝을 이루어 Sheet에 View들을 만드는 명령이다. Wizard 창을 이용하여 투상도의 배열을 용이하게 할 수 있는 기능이다.

1) View Creation Wizard (뷰 생성 마법사)

3차원 형상으로부터 View를 가져오는 가장 일반적인 방법으로 바로 View 생성 마법사를 사용하여 한 번에 선택한 모든 View를 가져오는 명령이다. Wizard 창을 이용하여 투상도의 배열을 용이하게 할 수 있는 기능이다.

명령을 실행시키면 다음과 같은 View Wizard창이 나타난다.

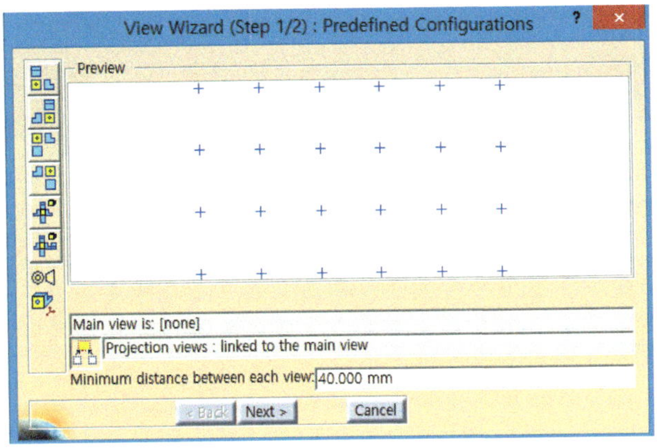

여기서 가져오고자 하는 View들을 선택한다. 왼쪽에 있는 미리 정의된 View 생성 모드에서 원하는 View 생성 모드를 선택하면 다음과 같은 Wizard 창이 나타난다.

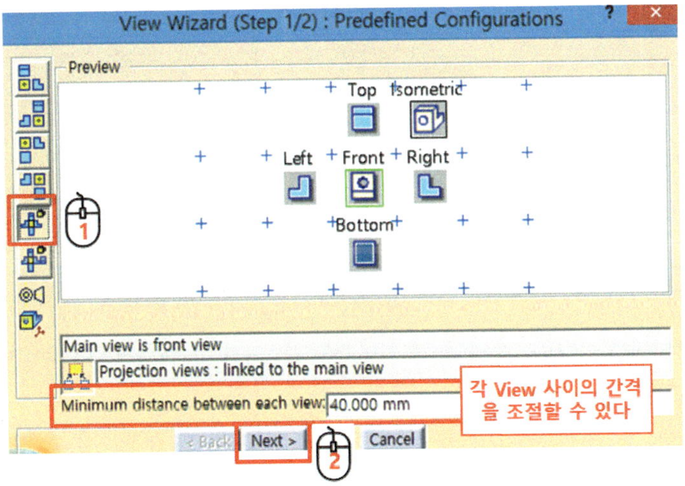

위 그림에서 Next를 누르면 현재의 View들 중에 추가하거나 View를 삭제할 수 있다. 또한 현재의 View들의 배치를 조절해 줄 수 있다. View 생성 마법사 창에서는 같은 View를 2개까지만 추가할 수 있다. View를 추가하거나 삭제하는 작업이 마무리 되었다면 Finish 버튼을 눌러 뷰 생성 마법사를 종료한다. 마법사를 종료한 후에 CTRL + Tap Key를 눌러 도면화시킬 3차원 형상으로 이동한다. 정면도가 될 부분을 선택해 준다.

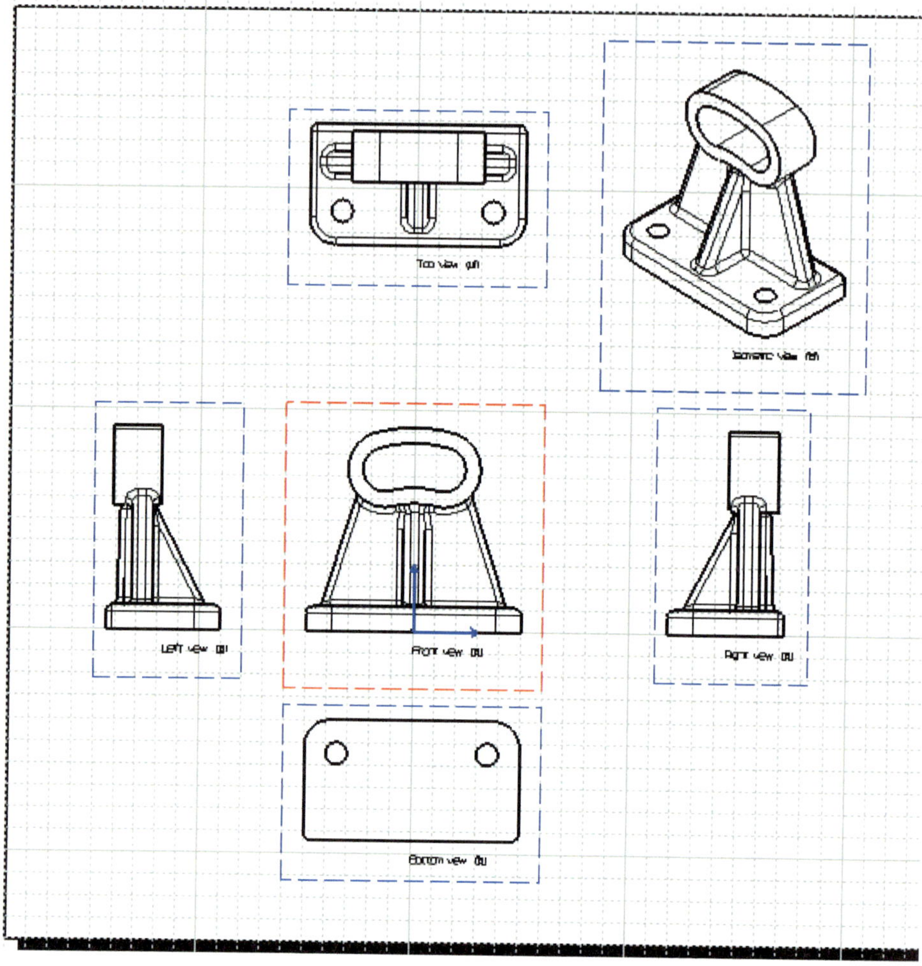

정면도가 될 부분을 선택하면 나머지 View들과 함께 Drawing에서 미리 보기가 된다. 여기서 방향을 잡고 Sheet의 빈 화면에 클릭하면 위 그림처럼 View 생성이 마무리 된다. Sheet에 View를 맞추려면 정면도를 잡고 움직이면 나머지 View들이 다 따라 이동한다.

2) Front, Top and Left

이 명령은 정면도, 평면도, 좌측면도의 View를 동시에 생성해 주는 명령이다. 명령을 실행 후 3차원 형상에서 정면도를 지정해 주면 이를 기준으로 각 View들이 만들어진다.

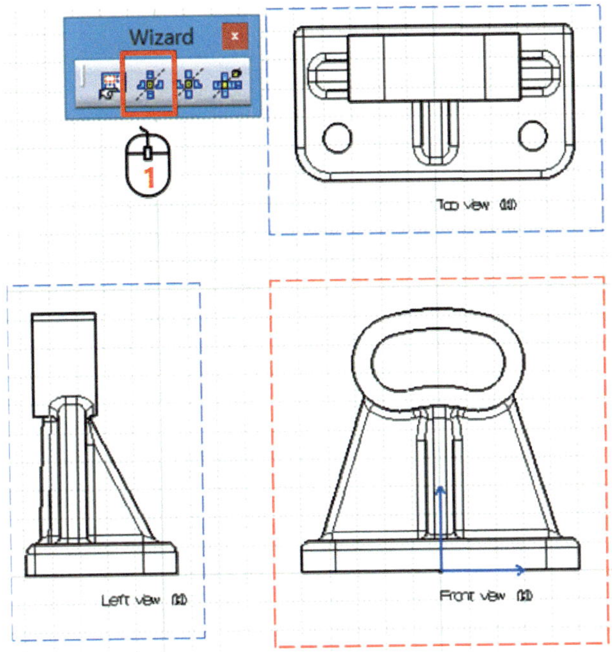

3) Front, Bottom and Right

이 명령은 정면도, 평면도, 우측면도의 View를 동시에 생성해 주는 명령이다.

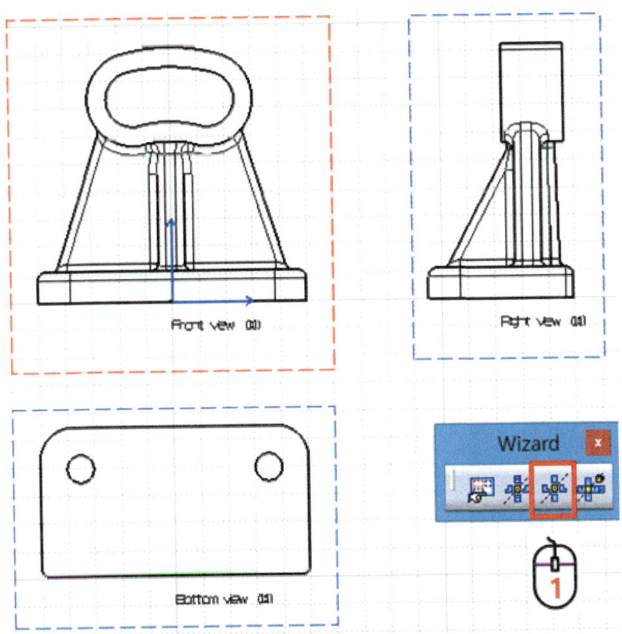

4) All Views

이 명령은 정면도, 평면도, 좌측면도, 우측면도, 배면도, 등각 투상도를 동시에 만들어준다.

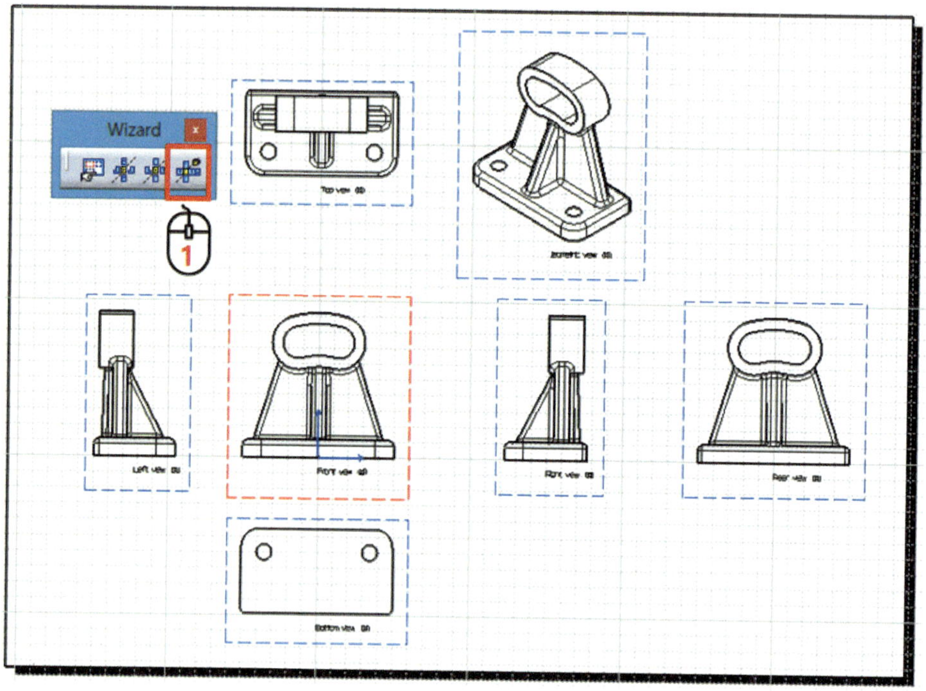

3 Geometry Creation Toolbar

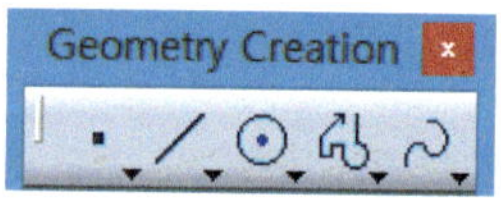

3.1 Sub Toolbar

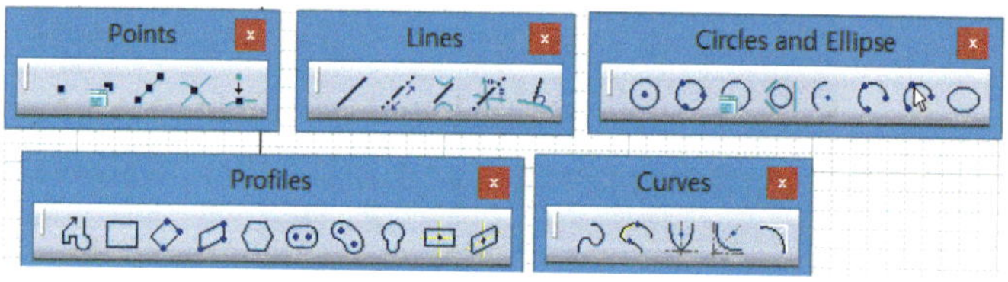

Drafting Sheet에 2차원 형상을 그리는 명령을 가지고 있다. 일반적으로 실제의 어떠한 형상의 View를 그리기 위한 목적으로의 사용은 드물다. 3차원 형상에서 가져온 View에 추가로 누락된 형상이나 표현하고자 하는 형상을 그려주기도 한다. 일반적으로 3차원 형상에서 가져온 View의 형상은 구속 값을 바꾸어 줄 수 없다. 그러나 여기 Geometry Creation으로 만든 형상에 대해서는 치수를 잡고 그 값을 일반 Constraints처럼 바꾸어 줄 수 있다. 따라서 이를 적절히 이용하면 도면상에 표시할 수 없는 치수이거나 형상에서 잘못 나온 치수를 수정하는 용도로 사용이 가능하다.

4 Geometry Modification Toolbar

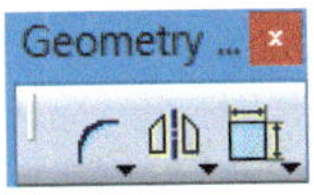

4.1 Sub Toolbar

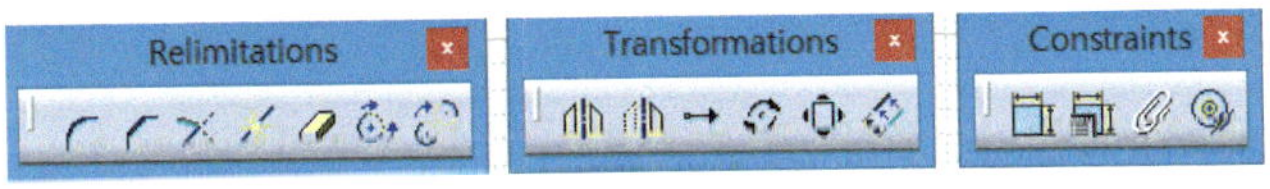

Drafting에서 제도한 형상에 대해서 수정할 때 사용하는 Toolbar이다. 일반적으로 3차원 형상에서 가져온 View는 선택할 수도 수정할 수도 없다. 그러나 Drawing을 Isolate(분리, 격리)시켜 원본 형상인 3차원 형상과 Link를 깨버리면 View 형상에도 위의 명령을 사용하여 수정이 가능하다.

5 Dimensioning Toolbar

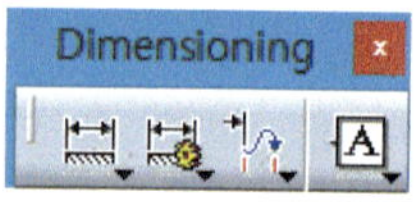

Sheet에 불러온 View들에 각각의 치수를 입력해 주는 작업을 한다. 거리, 각도, 반지름 등과 같은 치수를 다양하게 기입하고 편집하는 기능과 치수와 형상에 관한 공차에 관한 기능 등을 한다. Generate Dimension 아이콘을 클릭한 후 요소를 선택하면 Dimension이 생성된다.

5.1 Dimension Sub Toolbar

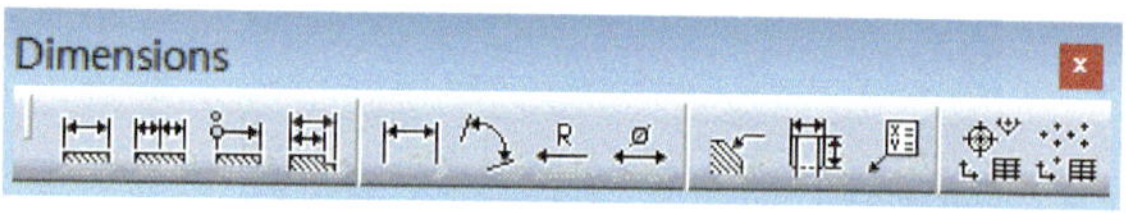

이 Sub Toolbar에는 기본적인 치수 생성 명령이 들어있다. 이 명령들을 통하여 형상의 치수를 만들거나 Geometry에 구속을 부여할 수 있다. 처음의 4가지 치수 모드는 한 번에 여러 개의 치수를 잡아주는 복합모드이며 나머지는 특정한 조건에 맞추어 사용하는 치수 명령이다.

1) Dimension

도면의 요소를 선택하여 길이, 거리, 각도, 지름/반지름 등과 같은 일반적인 모든 치수를 생성할 수 있는 기능이다. 이 명령은 선택한 대상에 대해서 알맞은 치수 종류로 변경하여 그 치수 값을 나타낸다. 즉, 선 요소를 선택하면 그 길이를 나타내고 원을 선택하면 그 지름을 나타낸다. 명령을 실행시키고 치수를 측정하고자 하는 대상을 선택하면 그에 대한 치수가 나타난다. 여기서 치수를 한번 더 클릭을 해주면 Dimension이 완성된다.

3차원 모델을 도면을 내린 뒤 Dimension으로 치수 넣는 법을 실습해 보도록 하겠다.

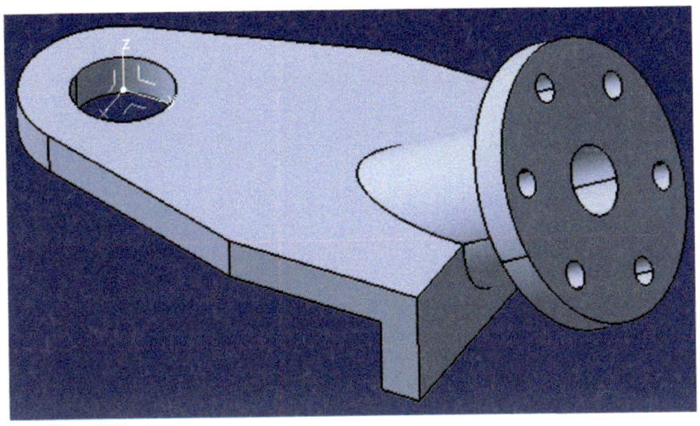

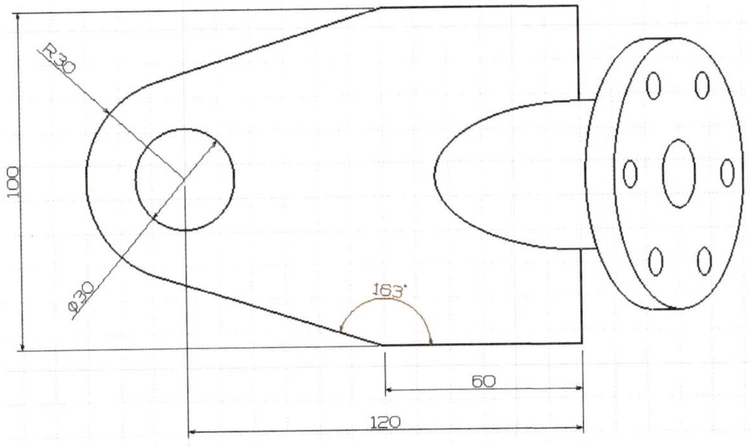

만약 두 대상간의 거리를 측정하고자 한다면 이를 순차적으로 선택해 주면 된다. Dimension은 일반적으로 독립적인 대상 각각의 치수를 입력할 때 사용한다. 이 명령의 이점은 원하는 모든 종류의 구속을 사용할 수 있다는 것이다.

2) Chained Dimension

이 명령은 치수를 잡을 때 하나의 치수와 다른 치수가 이어지도록 가운데 형상요소를 공유하며 마치 체인처럼 치수가 이어지도록 치수를 주는 명령이다. 명령을 실행시키고 형상요소를 선택하면 아래 그림과 같이 두 대상 사이에 치수가 만들어 지면서 다음 번 치수를 생성할 경우에 반드시 이전 형상에서 하나의 요소를 공유하여 치수를 만들게 된다. 다음 예를 보자.

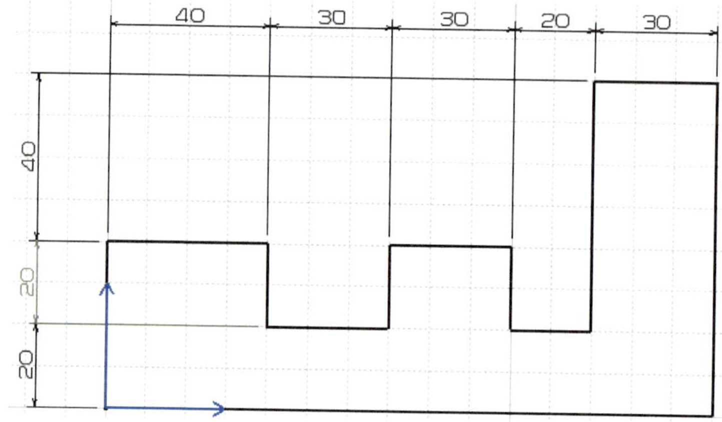

Chained Dimension을 실행시키고 한 모서리를 선택한다. 거리 측정을 위해 그 다음 모서리를 선택하면 두 모서리 사이의 거리 치수가 나온다. 이 상태에서 명령을 종료하지 말고 다음 번 모서리를 반복해서 선택한다. 왼쪽 그림과 같이 연속된 치수 값을 얻을 수 있다. 마우스 우측 버튼을 사용하여 연속된 각도 값도 얻을 수 있다.

3) Cumulated Dimension

도면의 기준 요소로부터 연속하여 치수를 생성할 수 있는 기능이다. 이 명령은 치수를 생성할 때 처음 선택한 요소를 기준으로 모든 치수를 만드는 명령이다. 따라서 하나의 요소를 기준으로 치수선이 만들어진다.

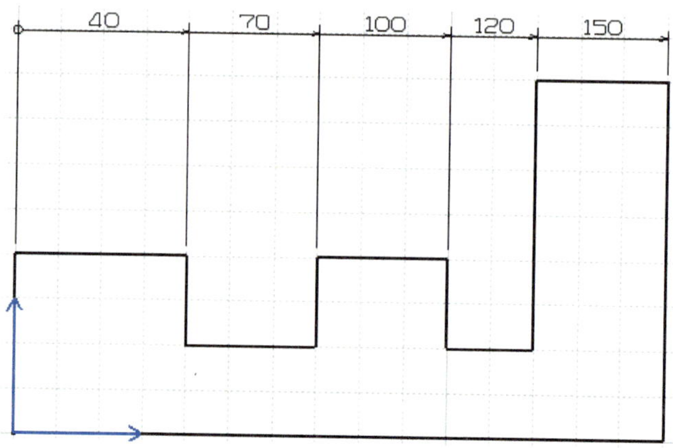

4) Stacked Dimension

Cumulated Dimension 명령과 비슷하게 하나의 요소를 기준으로 다른 요소들과 치수를 측정하는 명령이다.

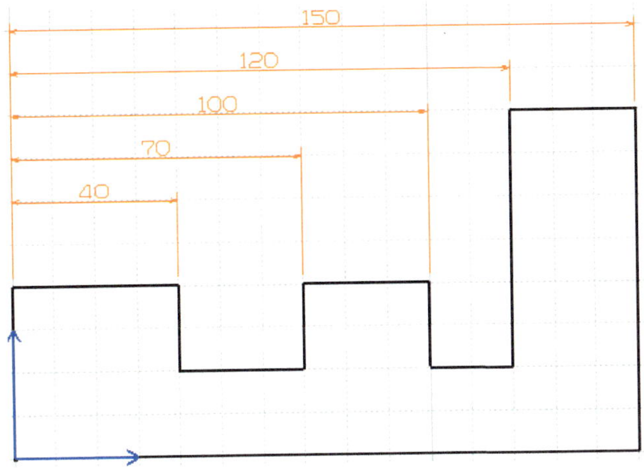

5) Length/Distance Dimension

도면의 요소들을 선택하여 길이, 거리, Hole의 위치 등과 같은 치수를 생성하는 기능을 한다. 점과 점 사이의 거리나 직선 사이의 거리, 원형 형상 사이의 거리 등과 같은 거리적인 개념의 수치를 모두 만들어낸다.

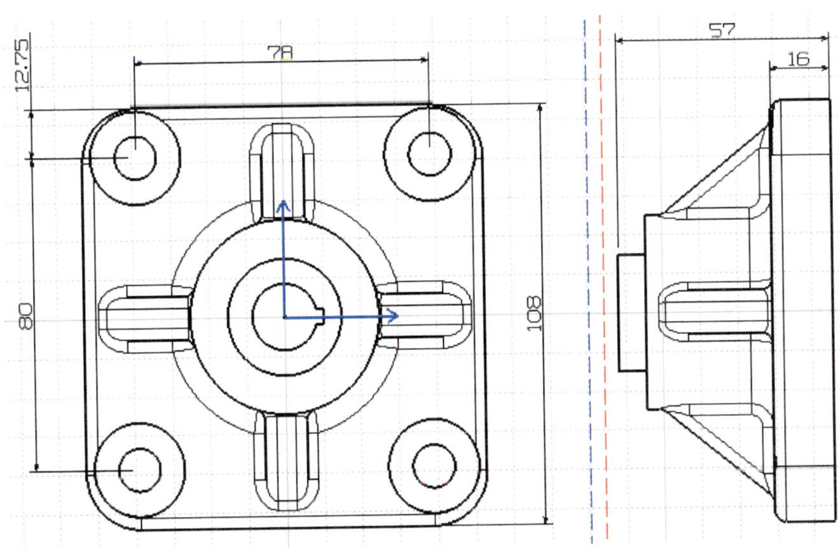

6) Angle Dimensions

형상 사이의 각도를 측정하는 명령이며, 각도를 측정하고자 하는 형상을 차례대로 선택하면 각도 나온다

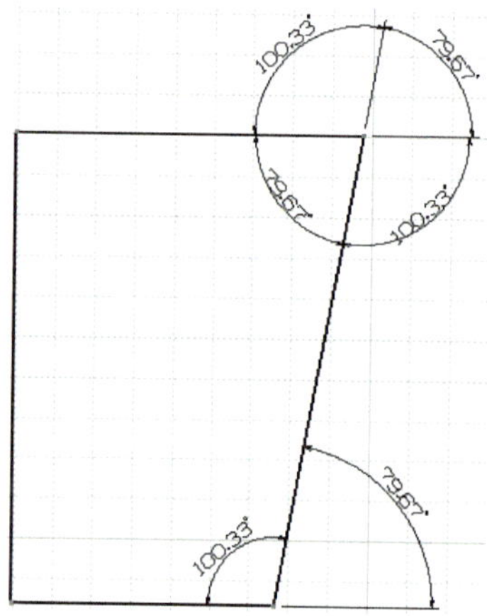

Angle Dimensions 버튼을 클릭하고 각도를 줄 객체를 선택하고 Contextual Menu(마우스 우클릭)를 선택하면 Angle Sector를 선택할 수 있는데 각도가 측정되는 방향을 4가지로 선택할 수 있어서 어디든지 원하는 곳에 왼쪽 그림과 같이 각도 값을 넣을 수 있다.

7) Radius Dimensions

형상의 반지름 값을 생성하는 명령이다. 일반적으로 반지름은 완전한 원형이 아니거나 Fillet이 들어간 부분을 표현하기 위해 사용한다.

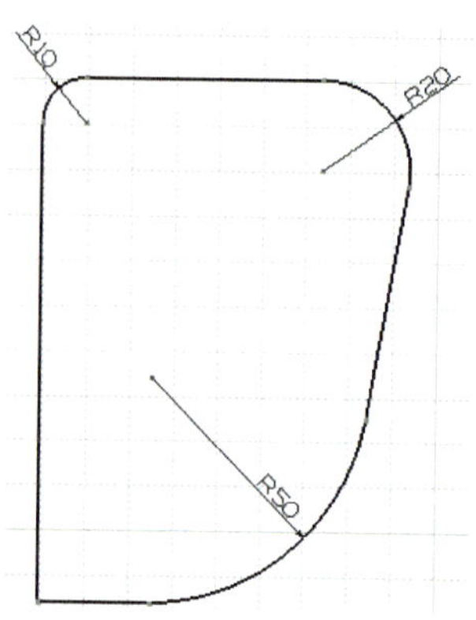

객체에 반지름 값을 주면서 Contextual Menu(마우스 우클릭)에서 'Extend To Center'를 해제하면 반지름을 나타내는 치수선이 원의 중심에서부터 나타나지 않게 할 수 있다. 치수선이 Sheet를 벗어날 정도로 큰 곡률의 경우 다른 작업에도 장애가 되기 때문에 반지름 값이 중심에서부터 확장하는 기능을 끄는 게 좋다.

8) Diameter Dimensions

원형 형상의 지름 값을 주는 명령이다.

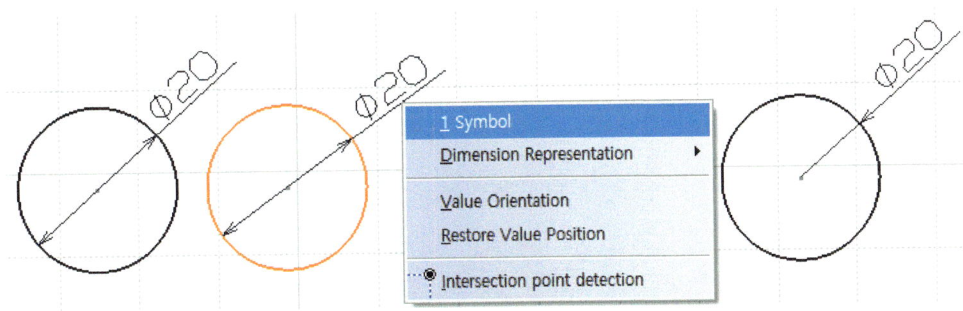

Contextual Menu(마우스 우클릭)에서는 '1 Symbol(반지름을 표시하는 것처럼 치수선을 하나의 화살표로만 나타내게 함)'과 같은 추가 기능을 설정할 수 있다.

9) Chamfer Dimensions

모따기 치수를 생성하는 기능이다. Chamfer 아이콘을 클릭한 후 생성된 모따기 Edge를 선택하면 다음과 같이 치수가 생성된다. 원하는 치수 Type을 선택하여 생성한다. 명령을 실행하면 아래 그림과 같은 Tools Palette 창이 나타난다.

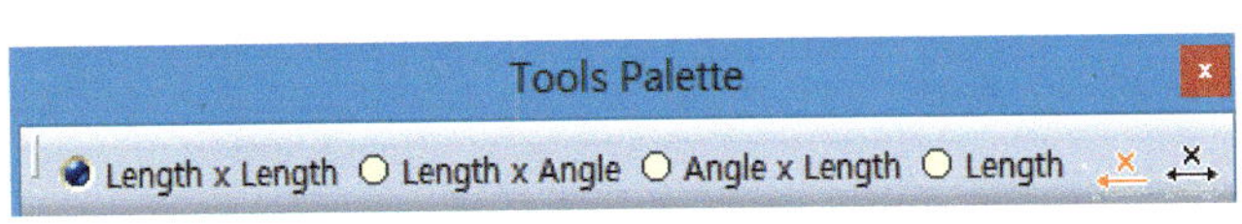

Tools Palette 창에서 어떤 방법으로 Chamfer를 표현할지를 선택할 수 있다. 형상에서 Chamfer가 들어간 모서리를 선택하면 이웃하는 모서리와 함께 1, 2, 3으로 표시가 나타난다. 이 숫자의 순서에 따라 Chamfer 치수 표시 타입에 따른 치수가 들어가는 기준(순서)이 달라진다. 마우스를 움직여 보면 2, 3 숫자가 좌우로 바뀌게 되어 이 두 방향을 선택하는 것도 가능하다.

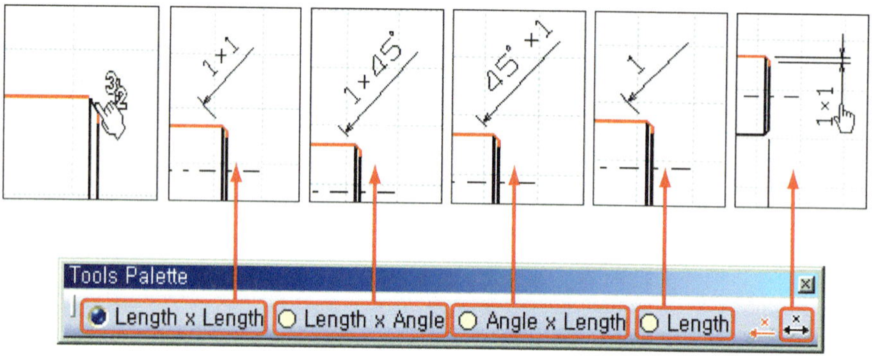

10) Thread Dimension

이 명령은 형상의 Hole 요소 중에 나사산 가공인 Thread가 들어있는 경우에 이를 표현해주기 위한 명령이다. Thread는 따로 고유 Type과 Thread Depth가 있는데 이를 도면상에 나타내준다. 이 명령을 사용하기 위해서는 현재 활성화된 View에 Thread 생성 기능이 체크되어 있는지 확인하여야 한다. 만약에 체크되어 있지 않다면 현재 View를 선택하고 속성(Properties)에 들어가 'Thread'를 체크해 주고 Apply해준다. Thread Dimension 아이콘을 클릭한 후 나사산을 선택하면 나사산 지름과 깊이 치수가 생성된다.

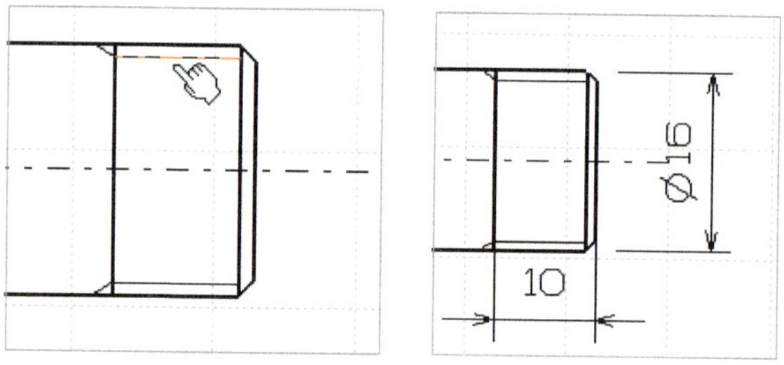

11) Coordinate Dimensions

3차원 형상이나 현재의 Drawing에서 만든 포인트의 위치를 좌표를 이용하여 표시해 주는 명령이다. 즉. 지정하는 요소의 좌표치수를 생성하는 기능이다. Coordinate Dimension 아이콘을 클릭한 후 좌표 값을 표시할 요소를 선택하면 그 좌표치수가 텍스트 상자를 통해 생성된다.

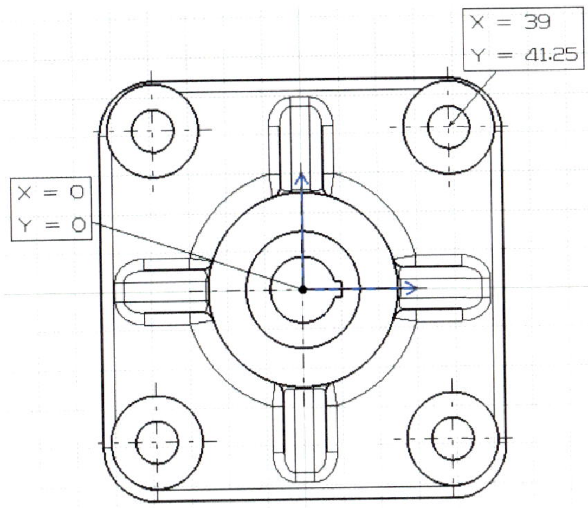

12) Hole Dimension Table

이 명령은 Drawing상의 원 위치와 지름 등을 하나의 테이블을 이용하여 표시하는 명령이다. 많은 수의 원의 치수를 하나의 Sheet에 나타낼 경우에 적합하다. 명령을 실행시키고 치수를 만들고자 하는 원을 선택한다. 동시 선택이 가능하므로 명령을 실행시키기에 앞서 CTRL Key를 이용하여 선택하거나 명령 실행 후 드래그해 여러 개의 원을 동시에 선택할 수 있다. 즉, 좌표값을 구할 Hole들을 다중선택한 후 아이콘을 클릭한다. 아래 창에서 좌표위치 및 Title을 수정한 후 OK버튼을 클릭하면 Table형식으로 좌표 값이 나타난다.

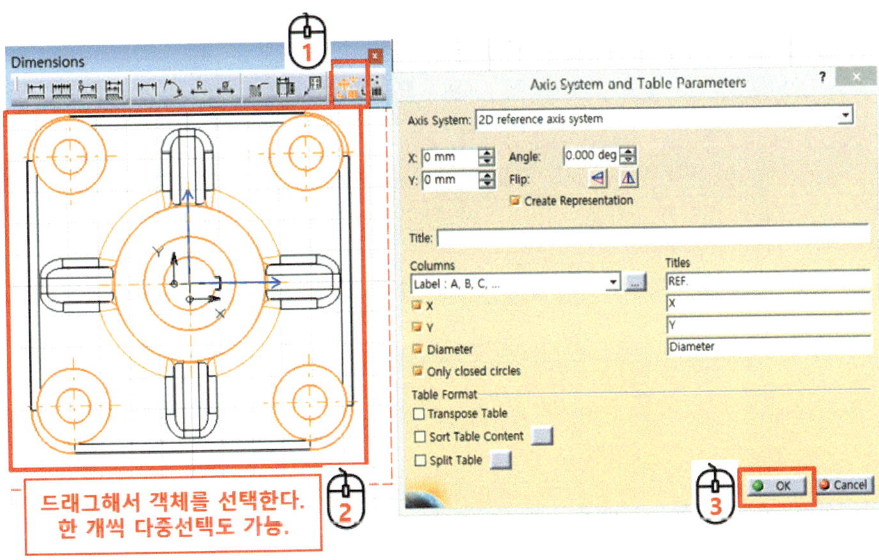

위 그림의 오른쪽 창에서 수정하거나 변경하고자 하는 값을 변경해 주면 수정된 상태로 아래 그림처럼 테이블이 만들어진다.

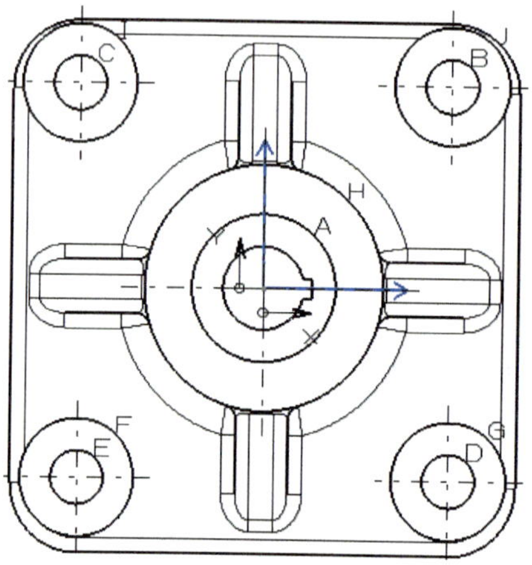

REF.	X	Y	Diameter
A	0	0	30
B	39	41.25	11
C	−39	41.25	11
D	39	−38.75	11
E	−39	−38.75	11
F	−39	−38.75	24
G	39	−38.75	24
H	0	0	50
I	−39	41.25	24
J	39	41.25	24

여기서 만들어지는 테이블은 원점을 기준으로 그 좌표를 표로 나타내주는 것이다.

참고 'Axis System and Table Parameters'에 대한 설명

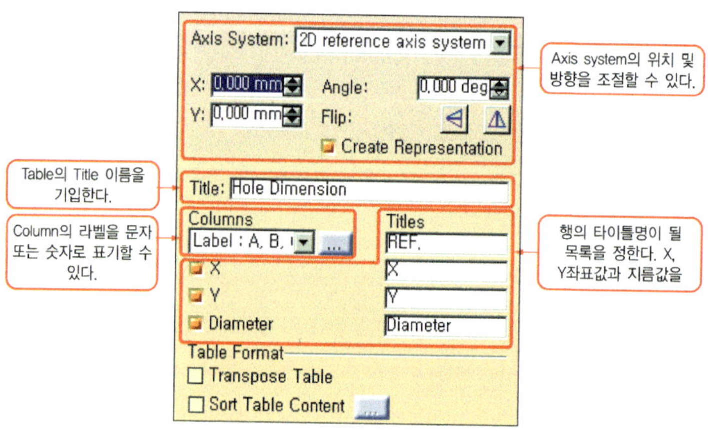

5.2 Technological Feature Dimensions Sub Toolbar

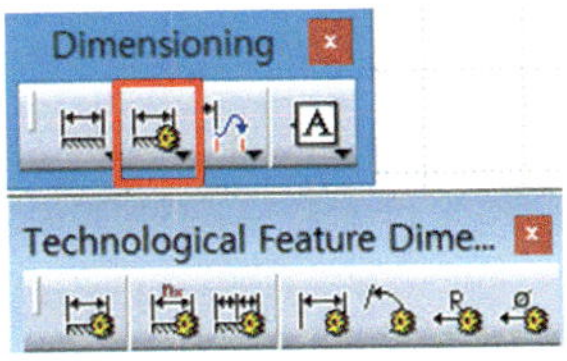

이 Sub Toolbar는 Electrical Wiring Discipline(전기 배선 훈련)에서 작업으로 만들어진 배선들이나 Structure Discipline에서 만든 구조물에 관련된 치수를 측정하는데 사용하는 명령들이다. 일반적인 형상에 대해서는 적용할 수 없는 명령이다.

5.3 Dimension Edition Sub Toolbar

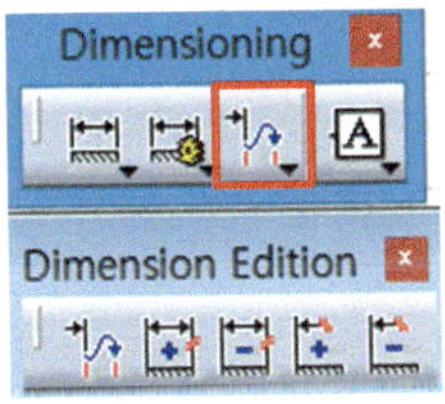

이 Sub Toolbar에는 만들어진 치수를 다른 형상으로 옮기거나 치수선을 중첩이 일어나는 부위에서 잘라 내거나 다시 이것을 잇는 등의 기능을 가지고 있다. 치수를 만들고 도면상에 치수의 배치에 관해 수정할 때 사용할 수 있다.

1) Re-route Dimension

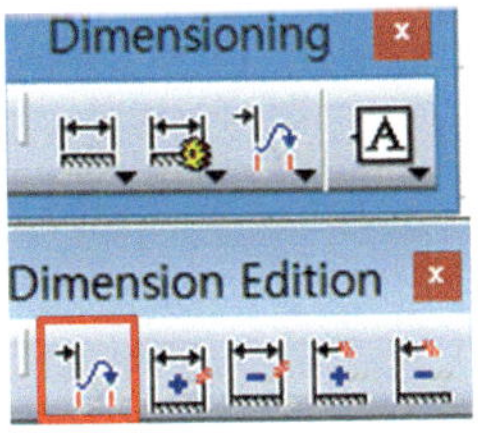

현재 만들어진 치수를 다른 형상들 사이의 치수로 이동시키고자 할 때 사용하는 명령이다. 명령을 실행시키고 이동시키고자 하는 치수를 선택한다. 다음으로 이 치수를 옮기고자 하는 곳에 이 치수에 맞는 조건대로 형상의 요소를 선택해 준다. 그러면 현재 위치에 있던 치수가 새로 선택한 위치로 이동한다.

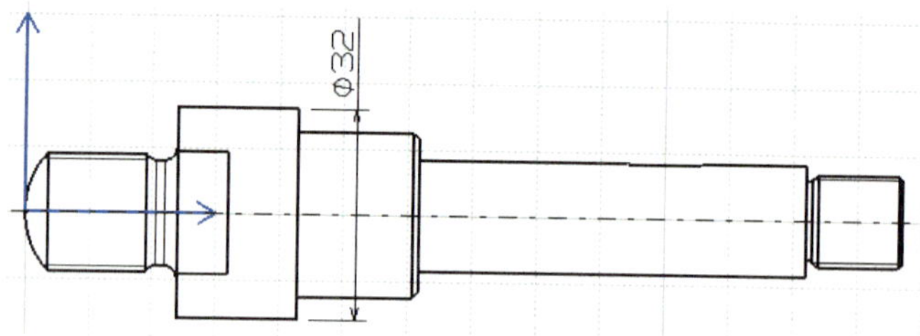

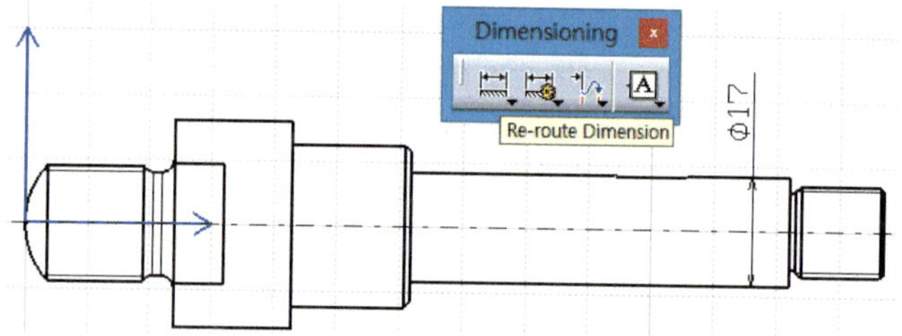

2) Create Interruption(s)

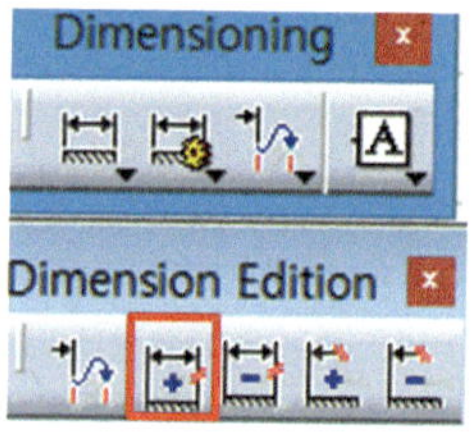

치수선이 많아 중첩되거나 겹치는 위치 등에서 보조선의 일부를 잘라 주는 명령이다. 이 명령을 사용함으로써 치수선으로 인한 복잡함이나 판독의 어려움을 줄일 수 있다. 자를 치수선을 선택한 후 자를 영역을 지정하여 원하는 지점을 자른다.

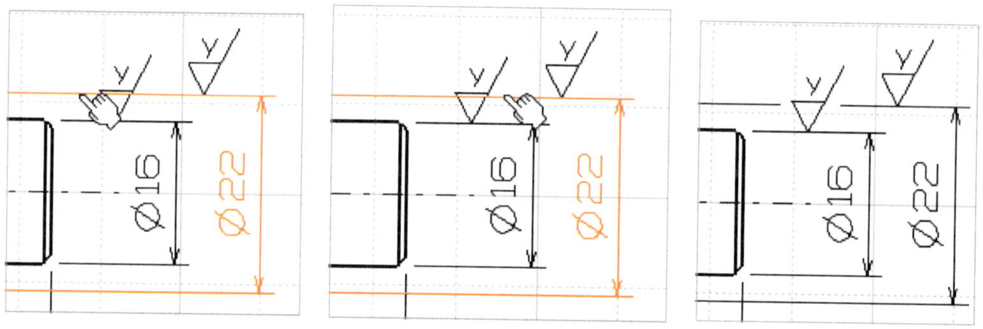

3) Remove Interruption(s)

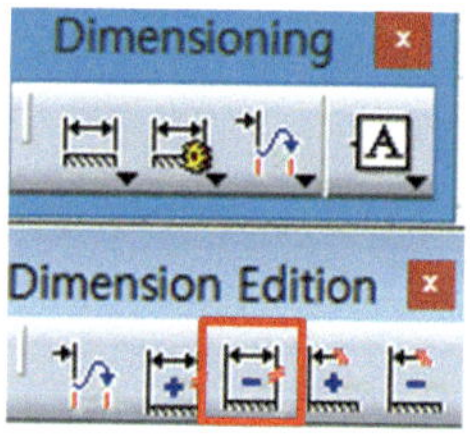

이 명령은 앞서 만들었던 Create Interruption을 제거하는데 사용하는 명령이다. 명령을 실행하고 Interruption을 제거하고자 치수보조선을 두 번 클릭한다. 즉, Create Interruption기능을 이용하여 잘린 치수 보조선을 복구시키는 기능이다. 복구할 치수 보조선을 선택한 후 복구할 부분을 지정하면 된다.

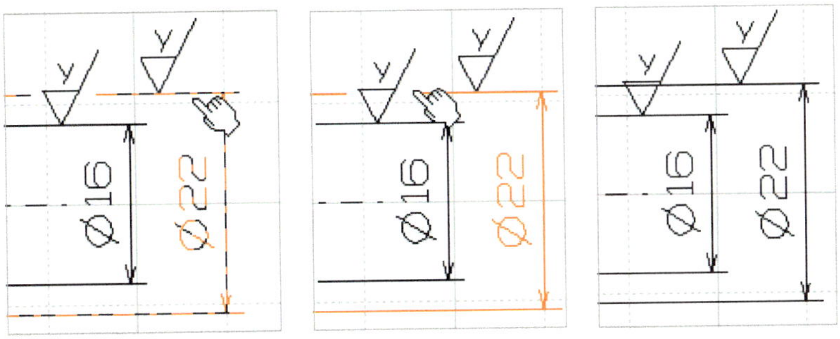

5.4 Tolerance Sub Toolbar

도면 형상에 Datum이나 Geometrical Tolerance를 입력해 주는 명령이다.

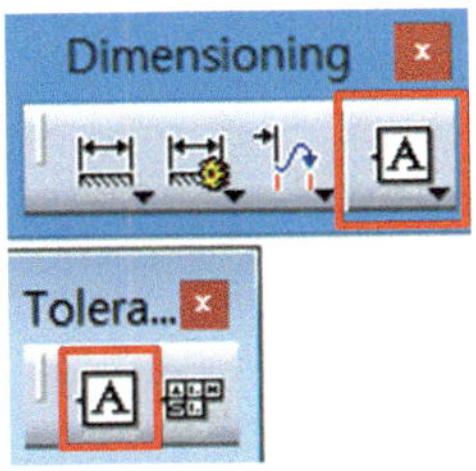

1) Datum Feature

도면에서 기준면을 표시하는 기호(Symbol)를 생성하는 기능이다. Datum Feature 아이콘을 클릭한 후 생성할 기준 Element를 선택하면 Creation창이 나타난다. 이 장에서 기준면의 이름을 변경할 수 있다.

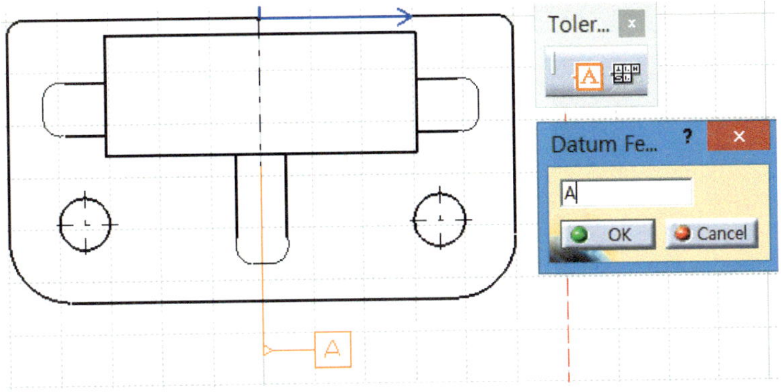

2) Geometrical Tolerance

형상 공차(기하 공차)를 생성하는 기능이다. Geometrical Tolerance 아이콘을 클릭한 후 생성위치를 지정한다. 공차종류, 공차 값, 참조문자를 기입하여 기하 공차를 생성할 수 있다.

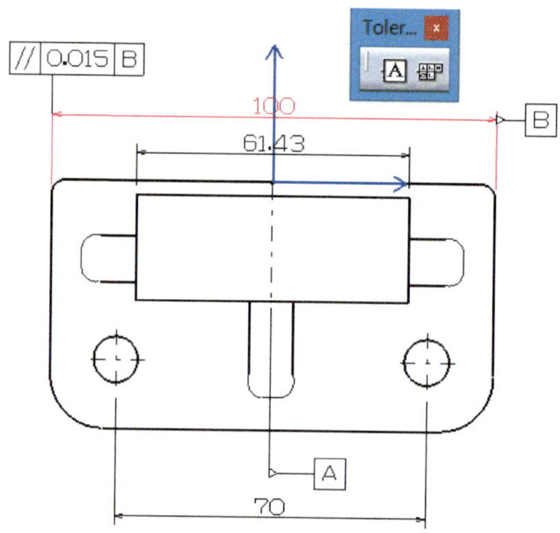

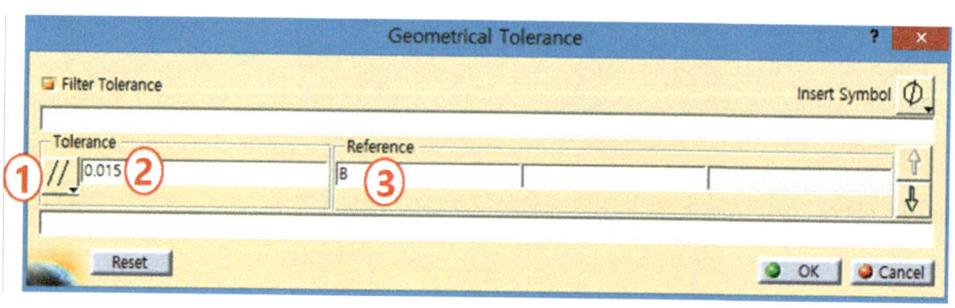

①  : 공차종류

② Tolerance : 공차 값

③ Reference : 참조할 문자를 기입한다. 필요에 따라 2군데 기입도 가능하다.

CHAPTER

03 Drafting 실습

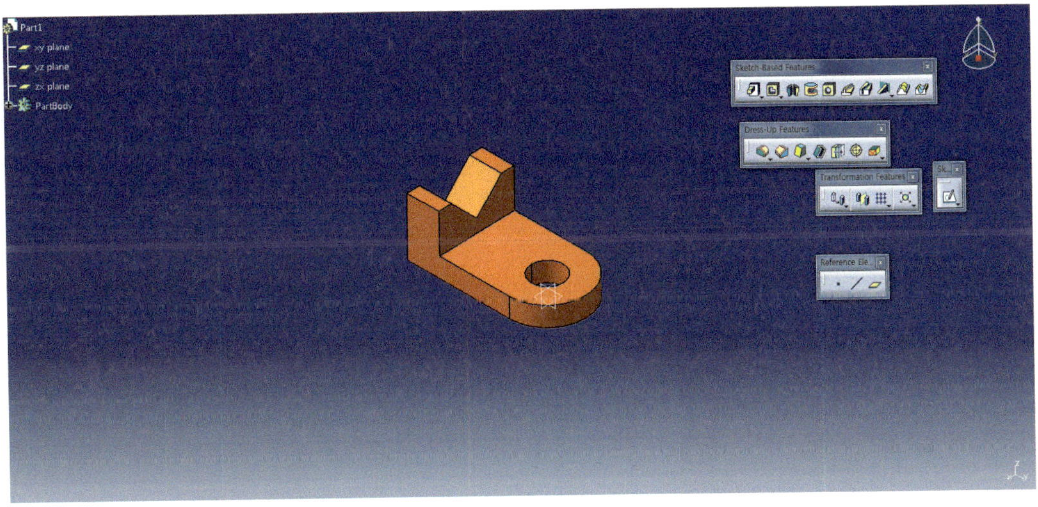

Drafting 작업을 하기 위해서 모델을 불러온다.

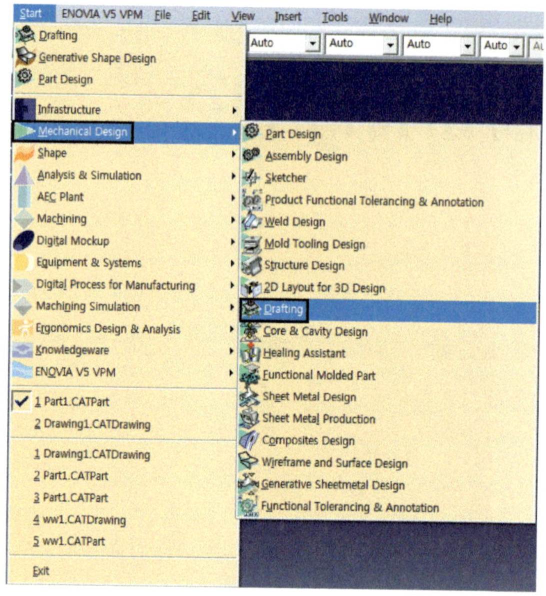

Start - Mechanical Design - Drafting을 실행시킨다.

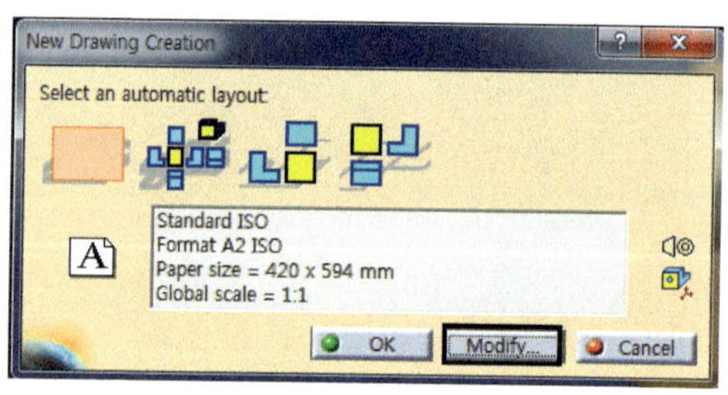

Drafting을 클릭하면 New Drawing Creation이라는 대화상자가 나온다.
Modify를 클릭하여 주면 다음과 같은 대화상자가 나온다.

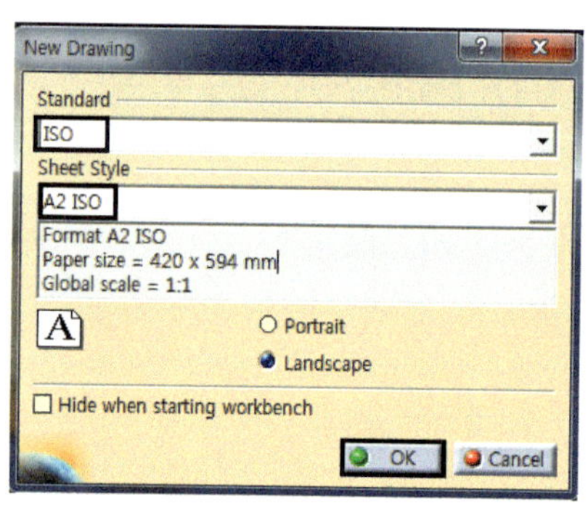

New Drawing이라는 대화상자가 나오면 Standard에 ISO, Sheet Style에 A2 ISO(원하는 시트 size)를 선택한 후 OK 버튼을 클릭한다.

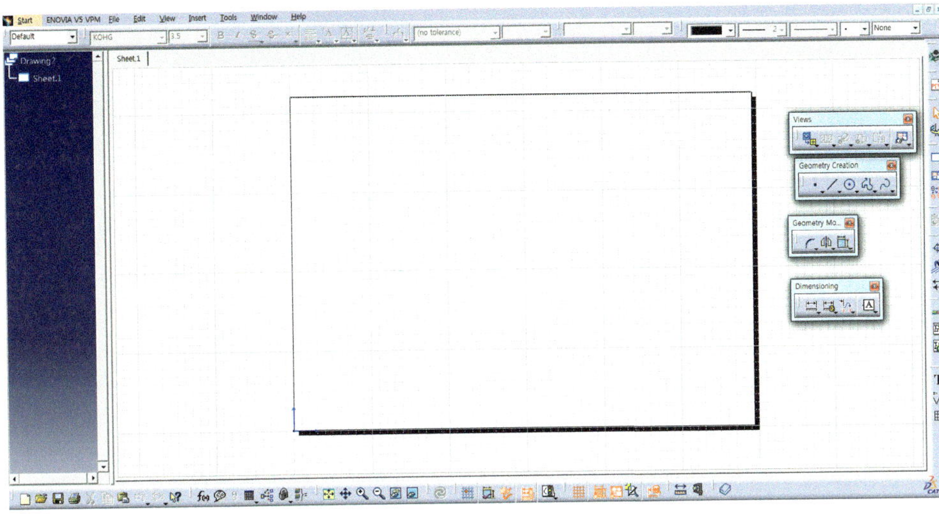

New Drawing이라는 대화상자에서 OK를 누르면 다음과 같은 화면으로 넘어 오게 된다.

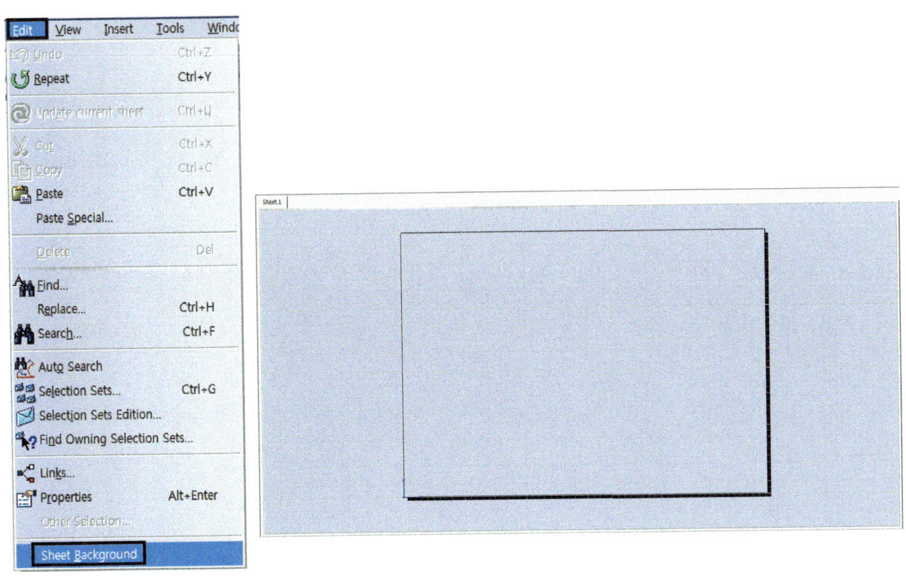

Edit - Sheet Background를 클릭하면 다음과 같은 화면으로 넘어가게 된다.

Insert - Drawing - Frame and Title Block을 클릭한다.

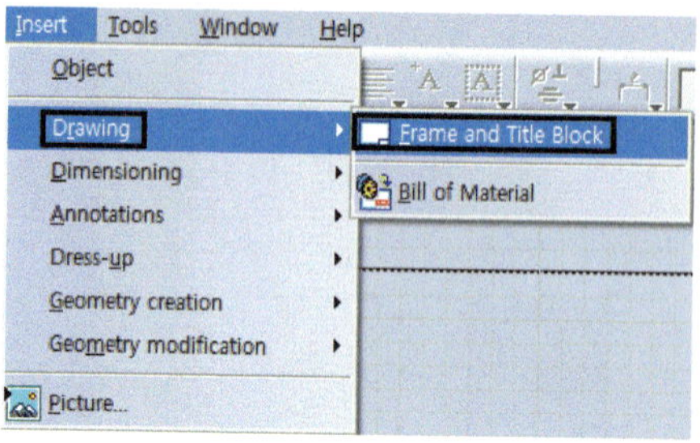

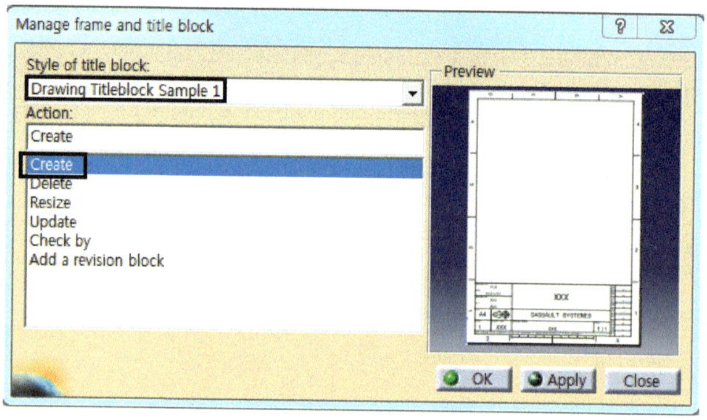

Frame and Title Block을 클릭하면 Manage frame and title block 대화상자가 나오는데 Style of title block에 Drawing Titleblock Sample 1을 선택하고 Action에 Create를 누른 뒤 OK를 클릭하여 준다.

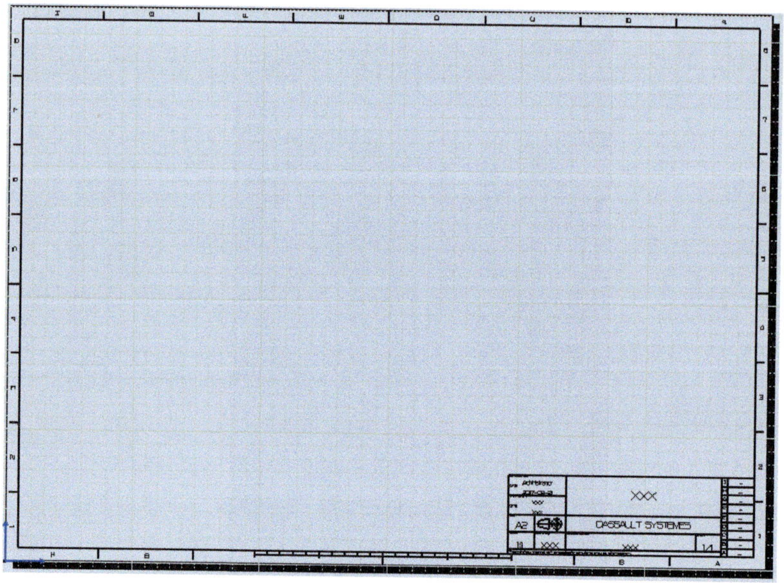

Manage frame and title block 대화상자를 설정 후 OK버튼을 누르면 다음과 같은 화면이 된다.

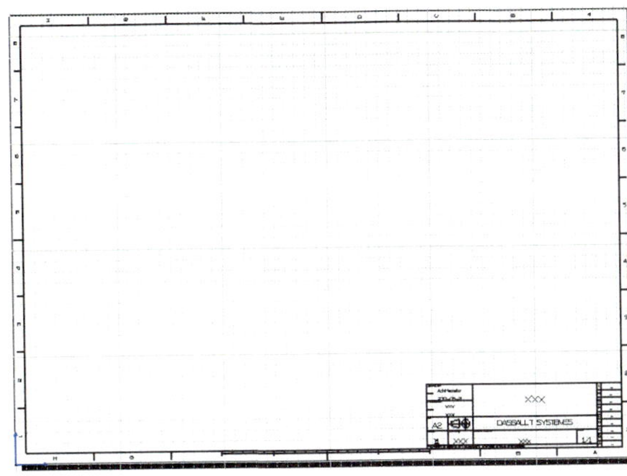

Edit의 Working Views를 클릭하여 위 화면으로 넘어온다.

Views Toolbar의 Front View아이콘을 클릭한다.

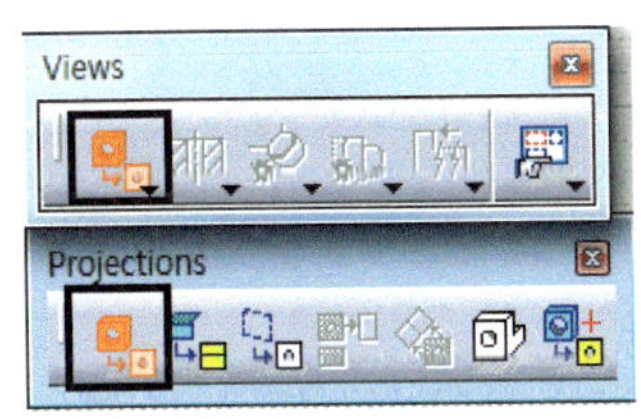

Window - 1Part1. CATPart를 클릭한다.

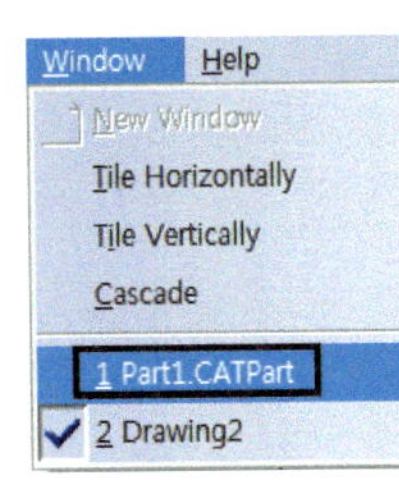

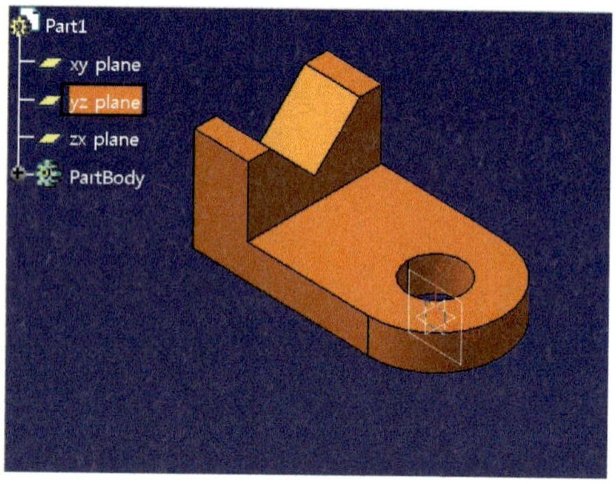

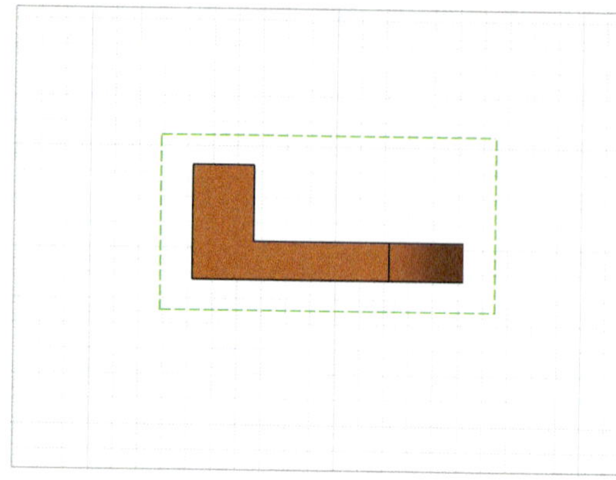

위와 같은 화면에서 YZ Plane을 클릭하면 다음과 같은 화면으로 넘어가게 된다.

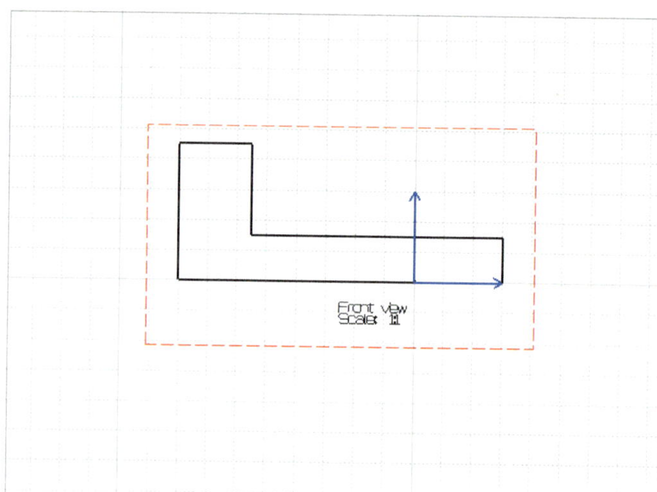

Working area에 마우스를 클릭하면 위와 같은 화면이 된다.

Views Toolbar의 Projection View아이콘을 클릭한다.

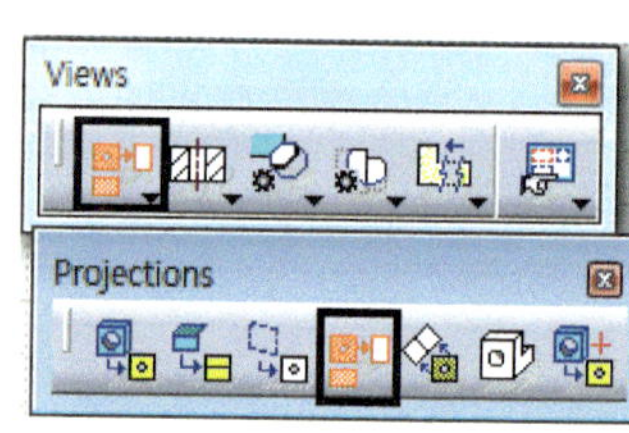

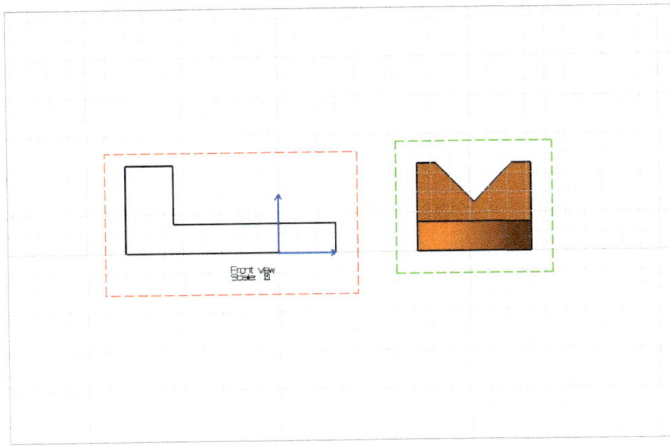

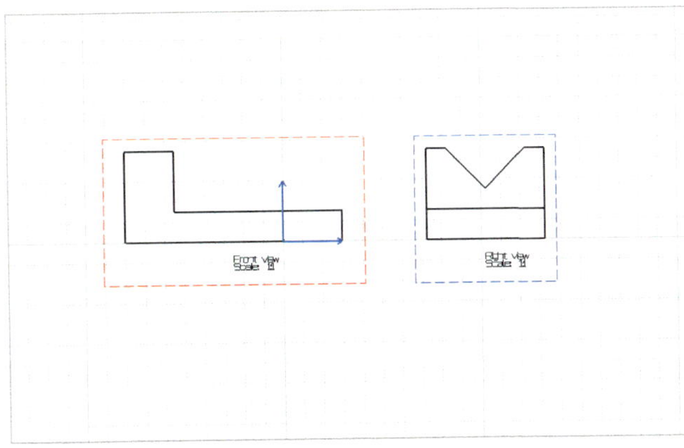

마우스를 우측으로 놓은 뒤 위의 사진과 같이 만들어준 뒤 Working area에 마우스를 클릭한다.

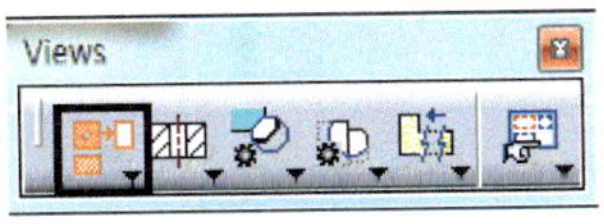

Views Toolbar의 Projection View아이콘을 클릭한다.

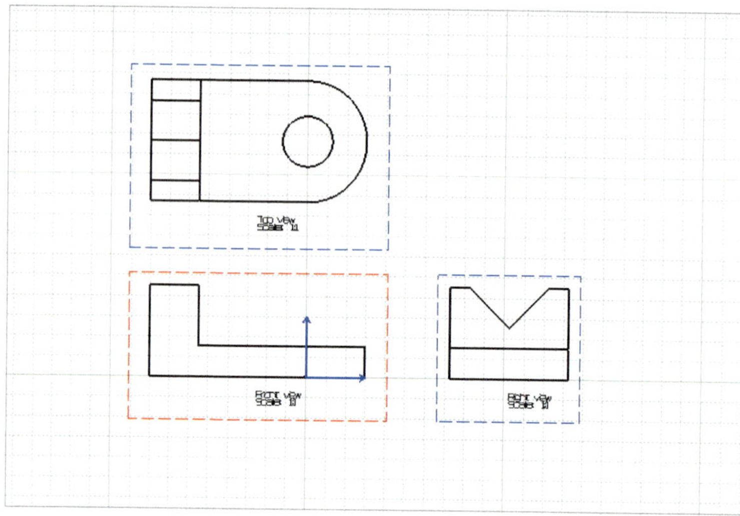

위의 사진과 같이 도면을 생성시켜 준다.

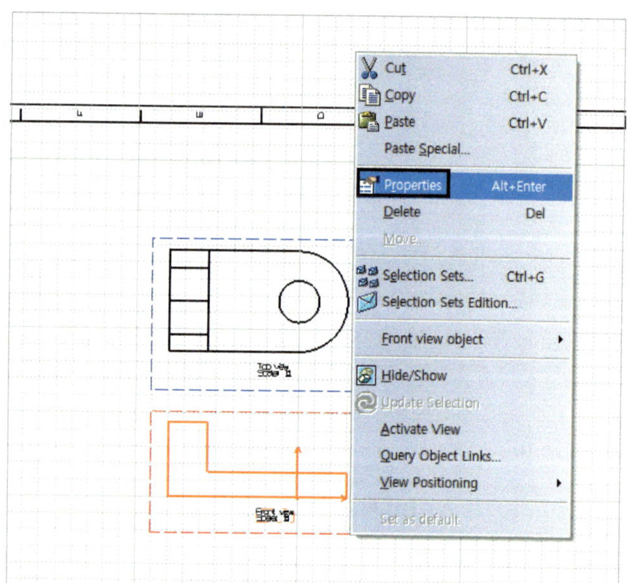

View Frame에 마우스 우 클릭을 하여 Properties를 클릭하여 준다. Alt+Enter 단축키를 이용하여도 된다.

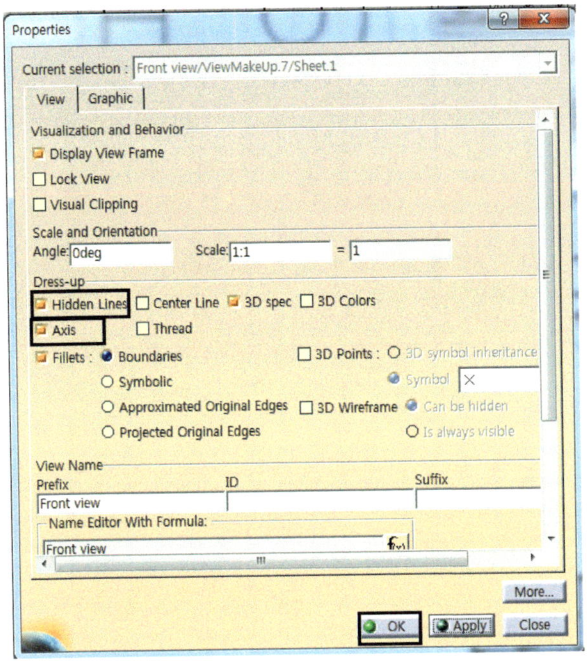

Properties의 대화상자가 나타나면 Dress-up에 Hidden Lines와 Axis를 체크해준 뒤 OK를 클릭하여 준다.

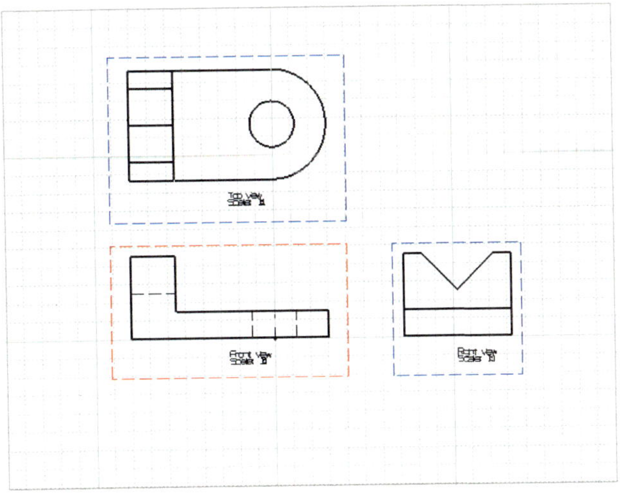

Properties를 설정 후의 화면이다.

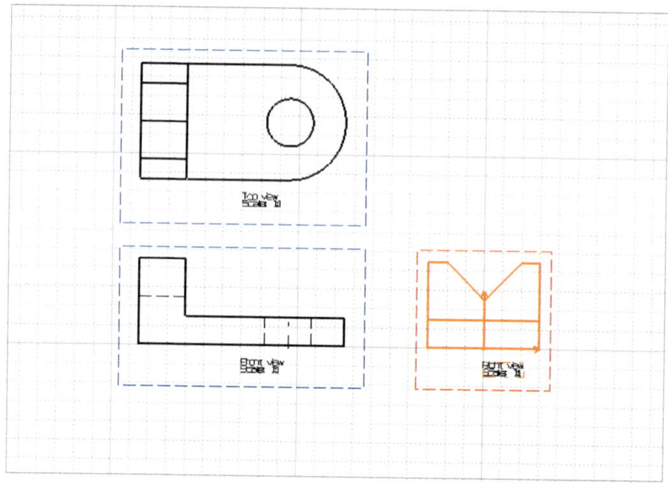

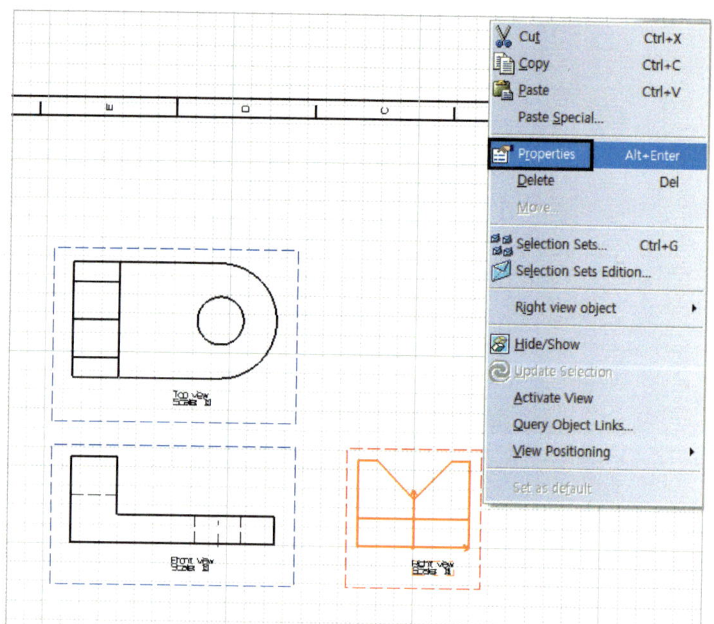

View Frame을 더블클릭하여 현재 작업 면을 바꾸어 준다.

View Frame에 마우스 우 클릭을 하여 Properties를 클릭하여 준다. Alt+Enter 단축키를 이용하여도 된다.

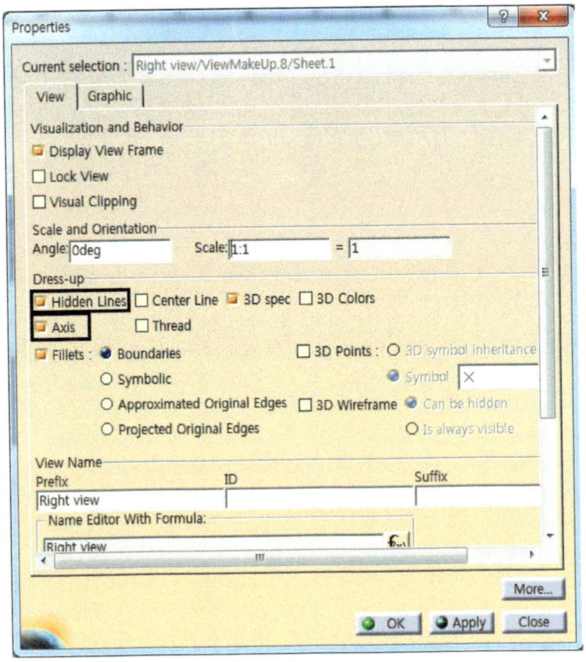

Properties의 대화상자가 나타나면 Dress-up에 Hidden Lines와 Axis를 체크해준 뒤 OK를 클릭하여 준다.

Properties를 설정 후의 화면이다.

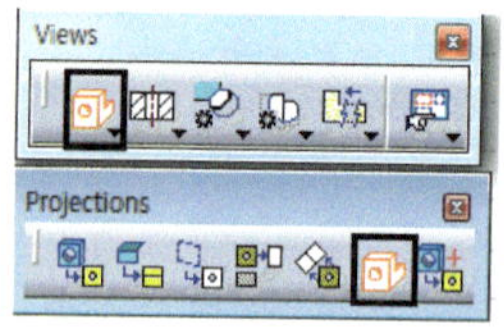

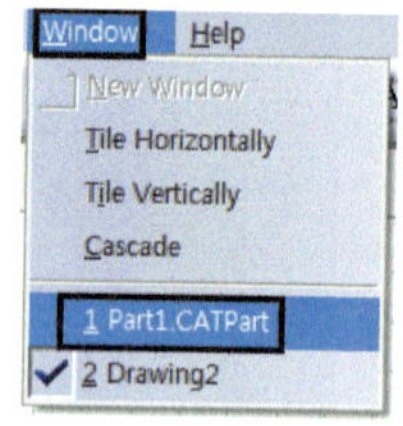

Views Toolbar의 Isometric View 아이콘을 클릭한 후 Window - 1 part1. CATpart를 클릭한다.

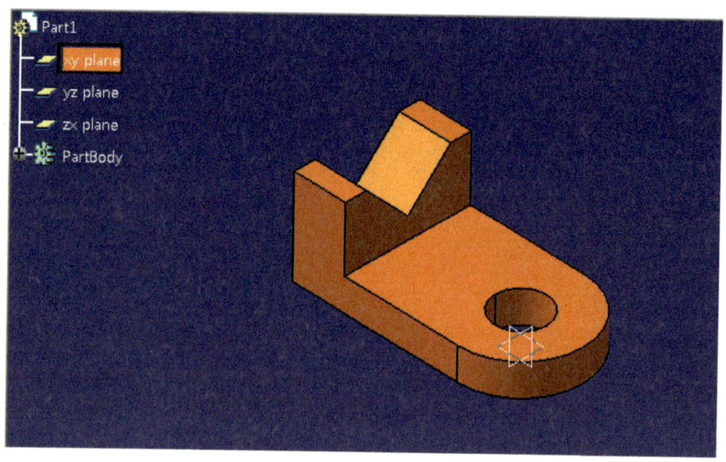

위의 사진과 같이 넘어오면 XY Plane을 선택하여 준다.

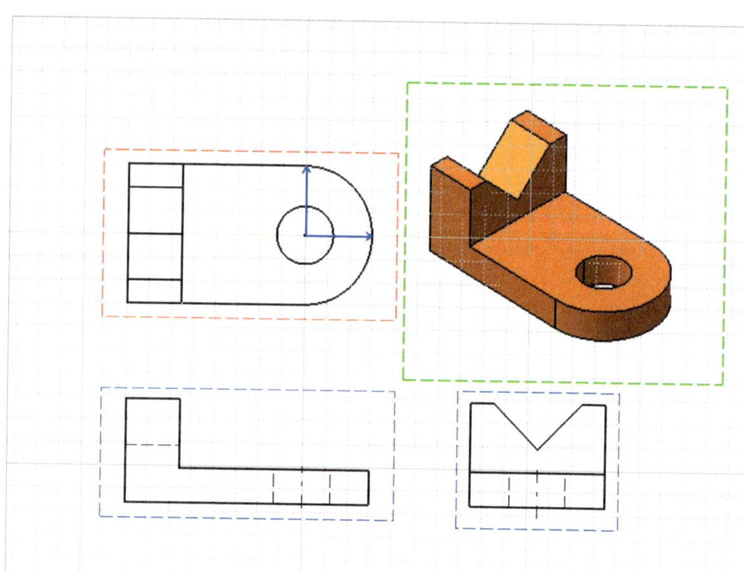

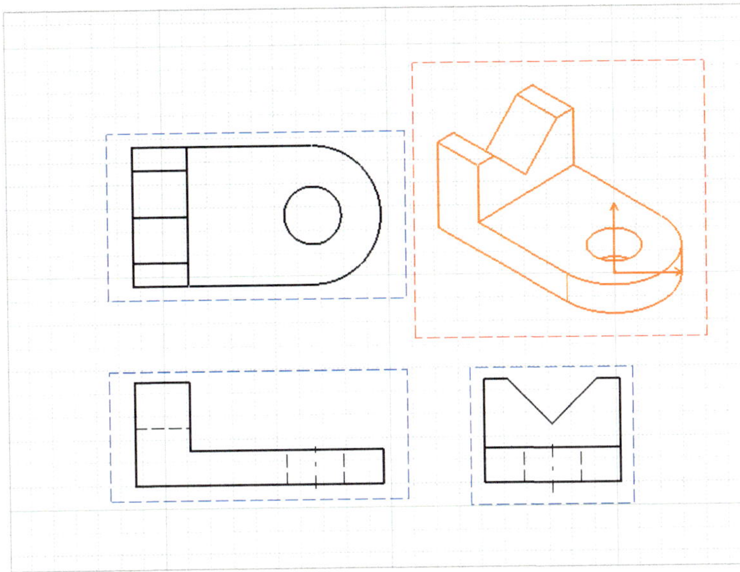

XY Plane을 선택하면 위와 같은 화면으로 넘어오게 되는데 이때 Working area에 마우스를 클릭하면 도면이 생성된다.

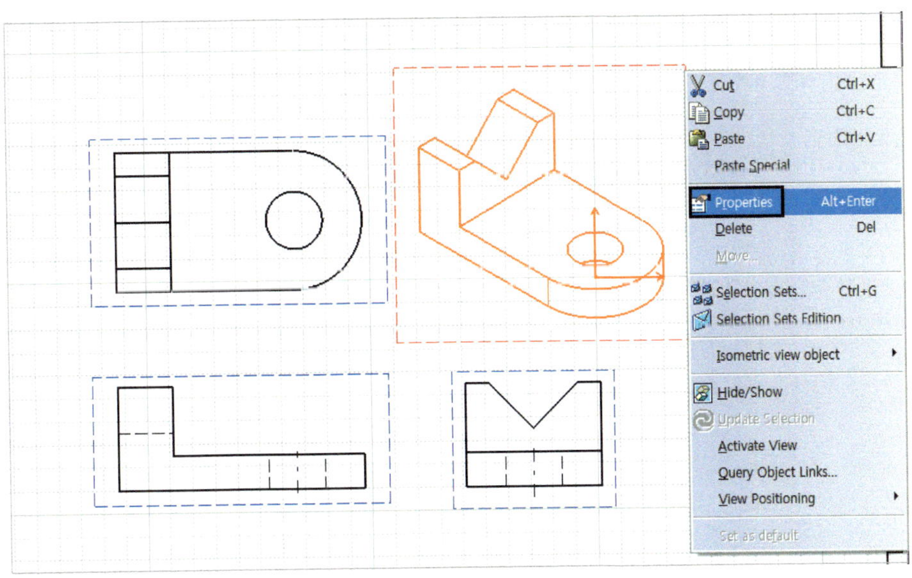

View Frame을 더블클릭 하여 현재 작업 면을 바꾸어 준다.
View Frame에 마우스 우 클릭을 하여 Properties를 클릭하여 준다. Alt+Enter 단축키를 이용하여도 된다.

Properties의 대화상자가 나타나면 Dress-up에 3D Colors를 체크해준 뒤 View generation mode의 Raster을 설정 후 Options를 클릭하여 준다.

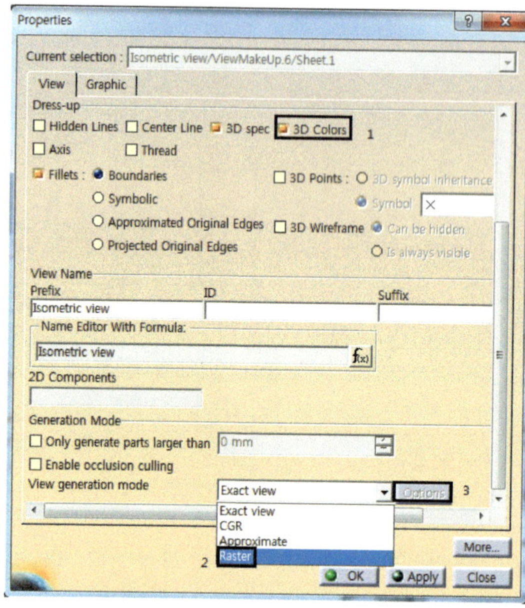

Options를 클릭하면 Generation mode options 대화상자가 나타나는데 이때 Raster - Mode에 Shading with edges를 선택하고 Close를 누른 뒤 Properties의 대화상자에서 OK를 누르면 다음과 같이 색과 Edge가 있는 형상으로 설정된다.

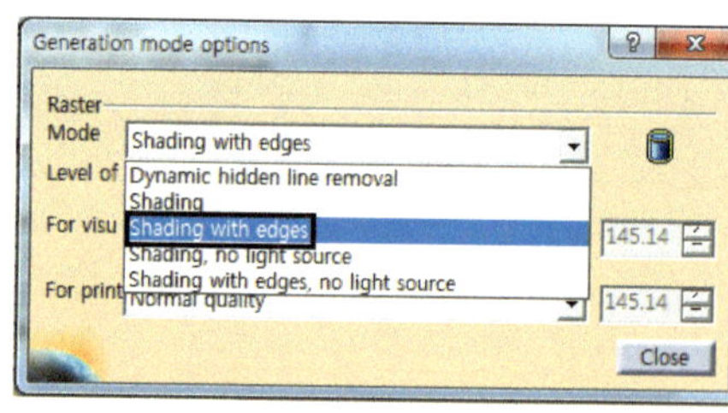

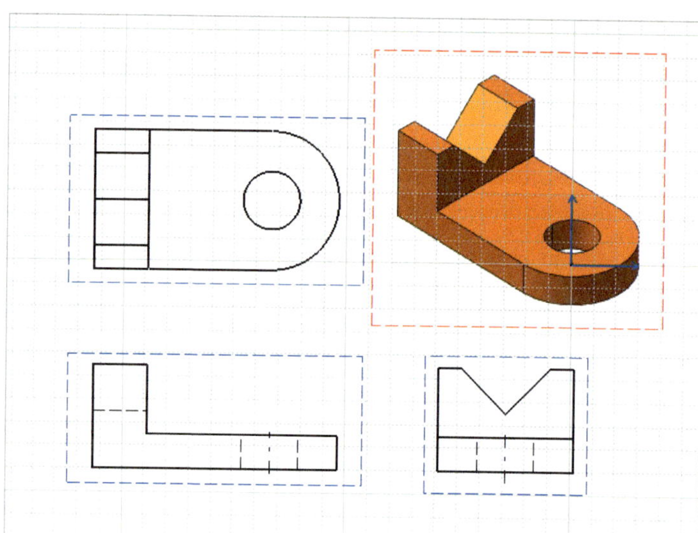

Dimensioning Toolbar의 Dimensions 아이콘을 클릭하여 평면도의 치수를 기입하여 준다.

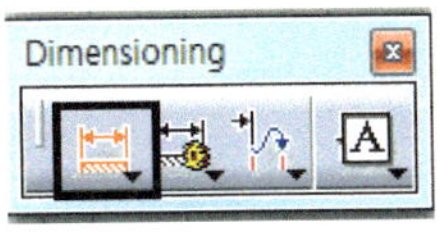

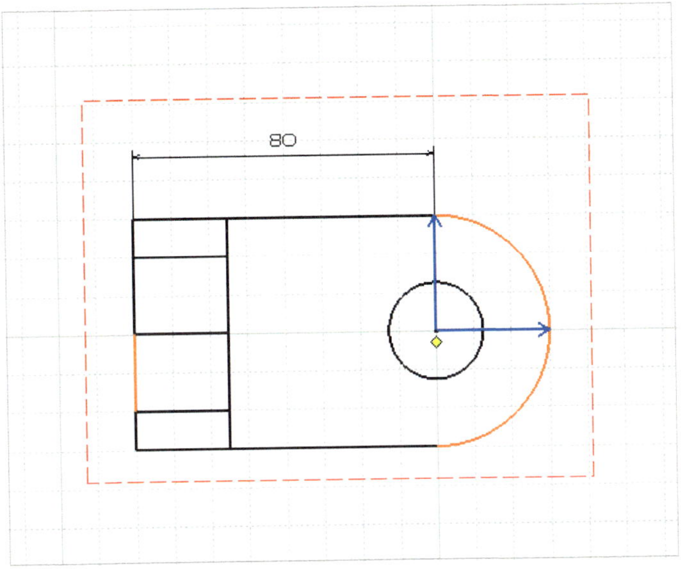

가로의 전체길이를 표현하고자 할 때 Extension Lines Anchor - Anchor 4를 선택하여 준다.

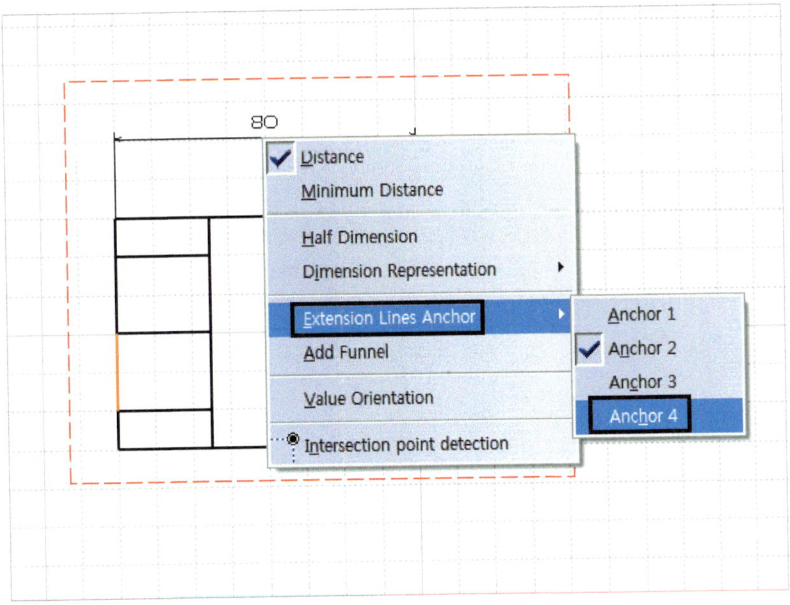

가로의 전체길이가 110mm가 나오도록 한다.

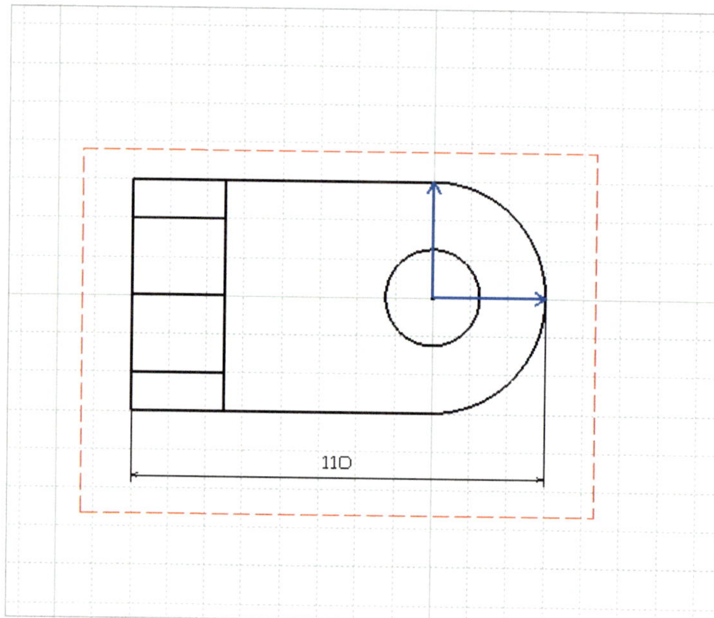

Dimensioning Toolbar의 Dimensions 아이콘을 클릭하여 세로치수를 기입하여 준다.

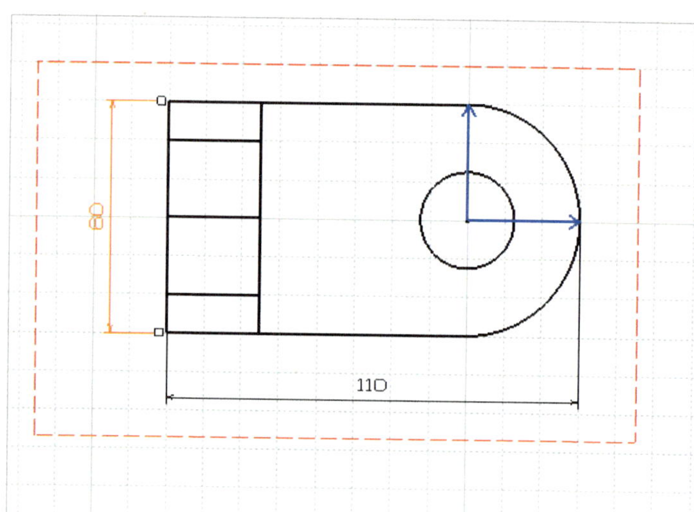

Dimensioning Toolbar의 Dimensions 아이콘을 클릭하여 세로의 부분치수를 기입하여 준다.

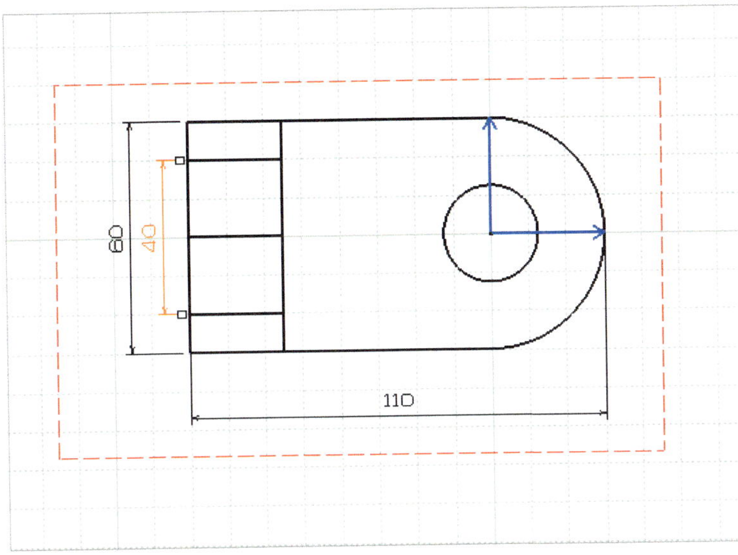

Dimensioning Toolbar의 Dimensions 아이콘을 클릭하여 가로의 부분치수를 기입하여 준다.

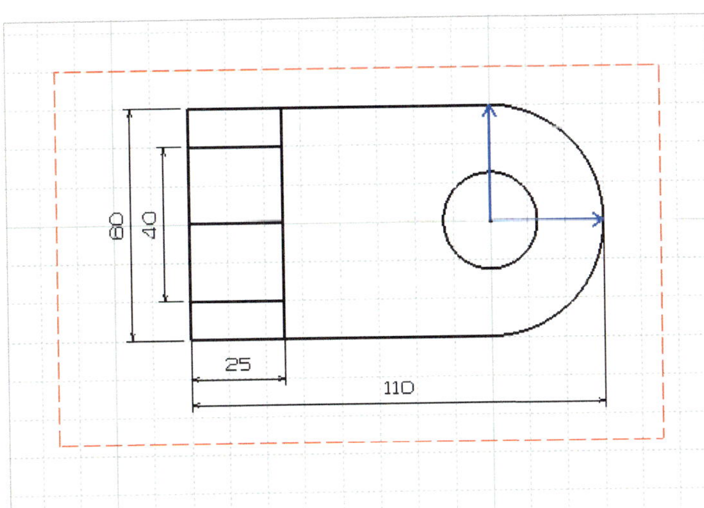

Dimensioning Toolbar의 Dimensions 아이콘을 클릭하여 가로의 부분치수를 기입하여 준다.

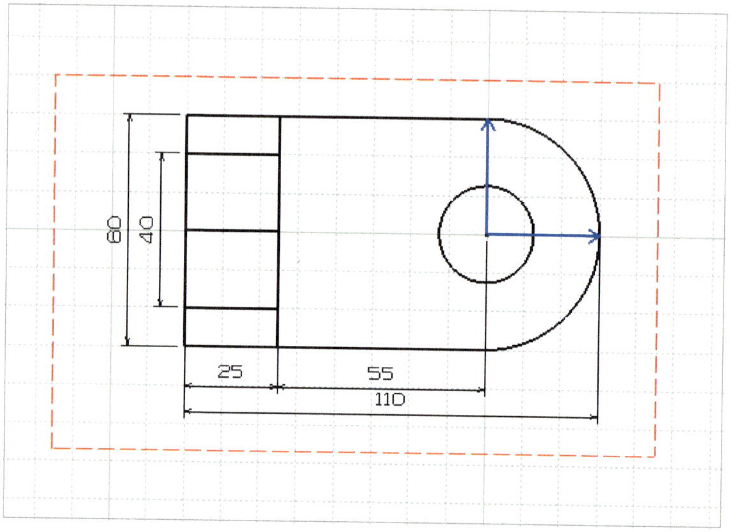

Dimensioning Toolbar의 Diameter Dimensions 아이콘을 클릭하여 원의 지름치수를 기입하여 준다.

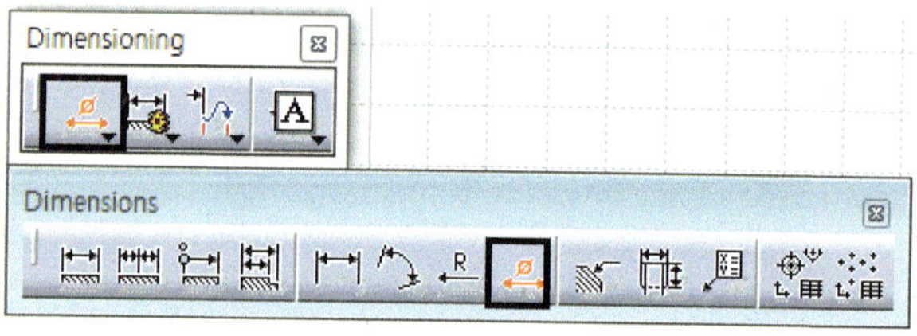

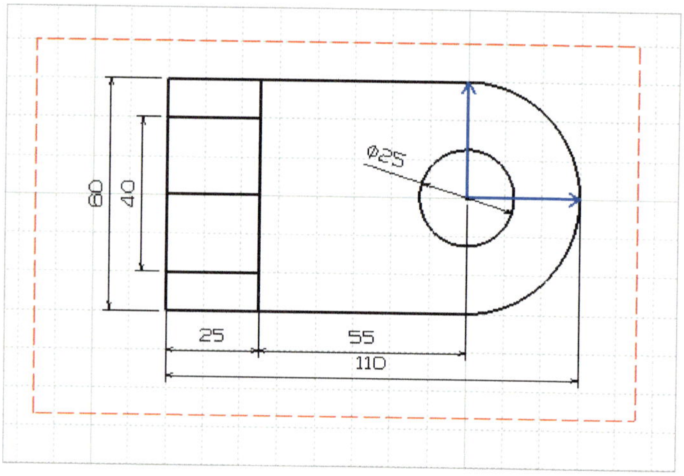

Dimensioning Toolbar의 Radius Dimensions 아이콘을 클릭하여 원의 지름치수를 기입하여 준다.

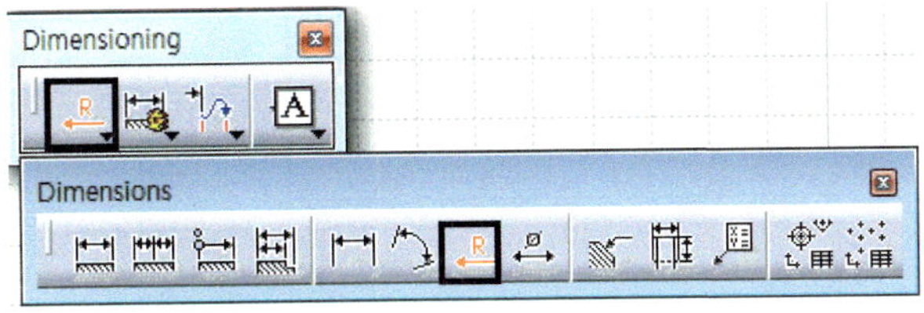

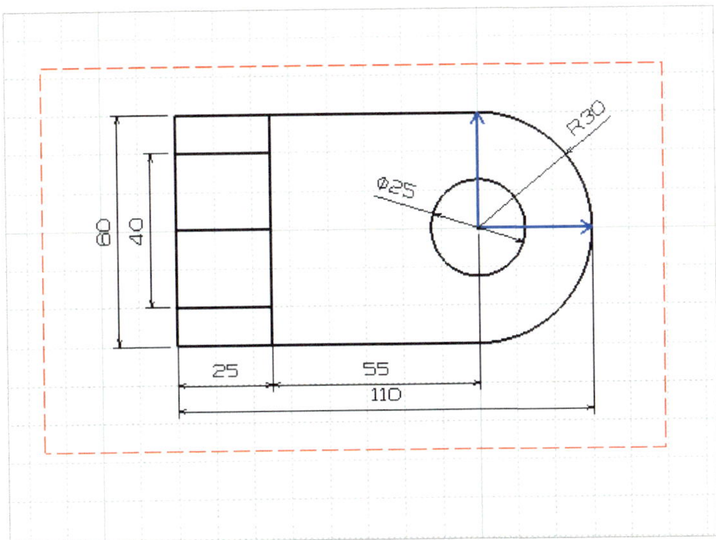

View Frame을 더블클릭 하여 현재 작업 뷰을 우측면도로 바꾸어 준다.
Dimensioning Toolbar의 Dimensions 아이콘을 클릭하여 우측면도에 치수를 기입하여 준다.

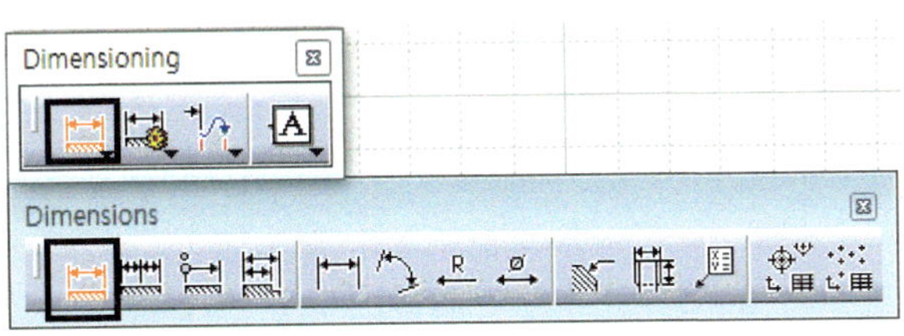

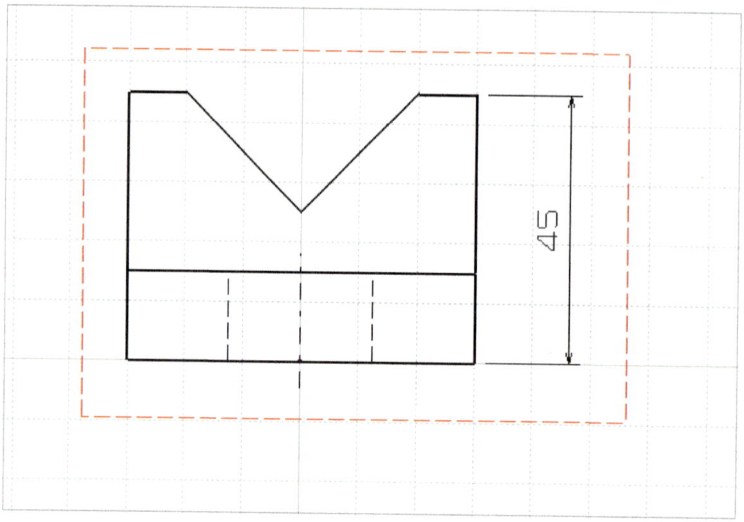

Dimensioning Toolbar의 Angle Dimensions 아이콘을 클릭하여 우측면도에 각도치수를 기입하여 준다.

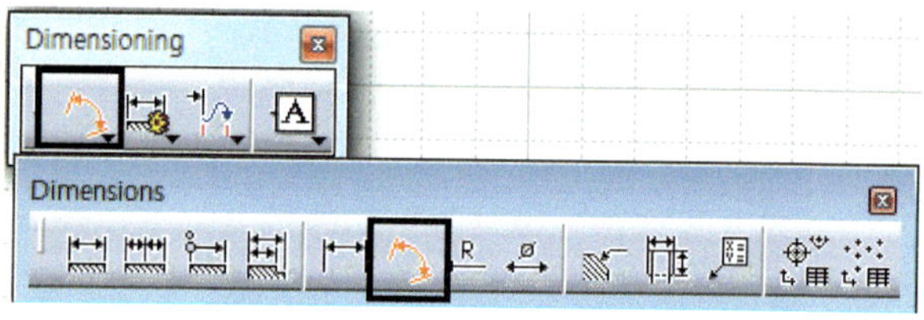

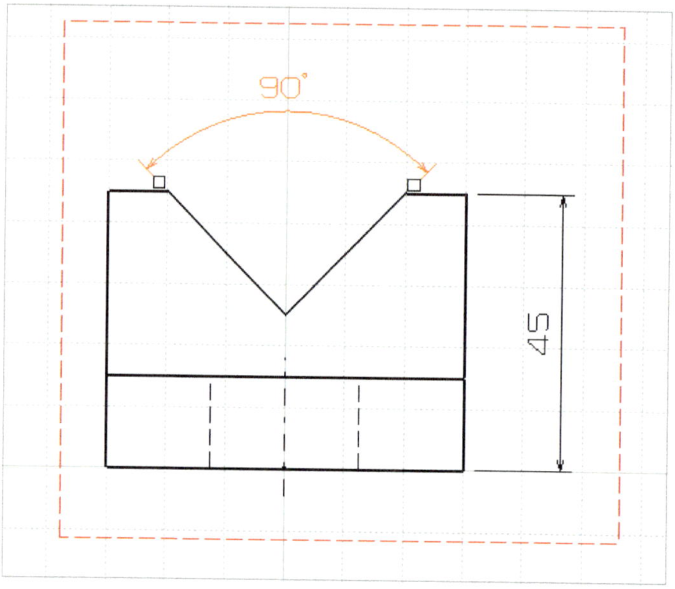

View Frame을 더블클릭하여 현재 작업면을 정면도로 바꾸어준다.
Dimensioning Toolbar의 Dimensions 아이콘을 클릭하여 정면도에 치수를 기입하여 준다.

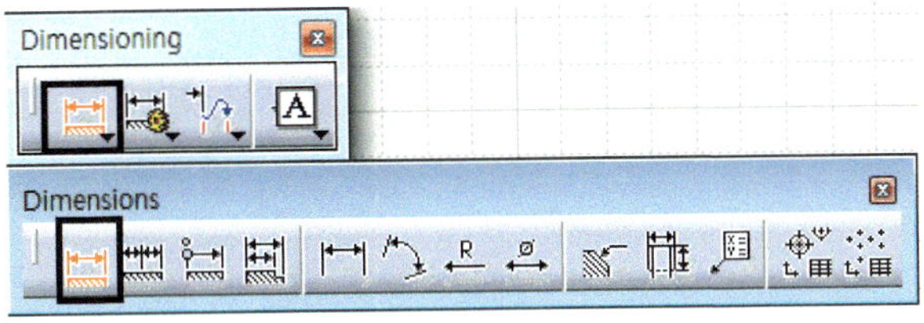

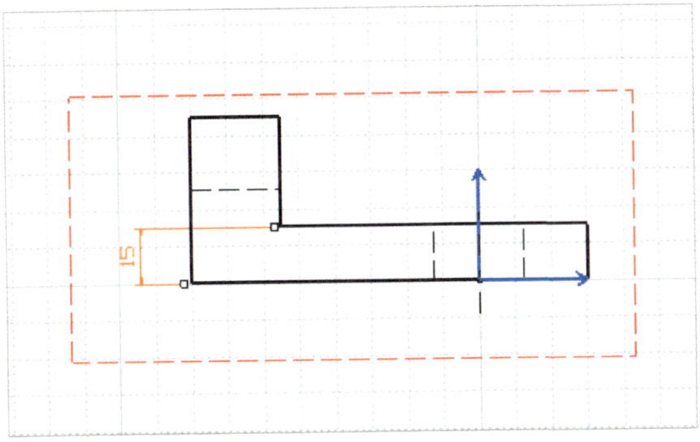

모든 치수를 기입한 후 3각법을 이용하여 도면을 정리하여 마무리하여 준다.

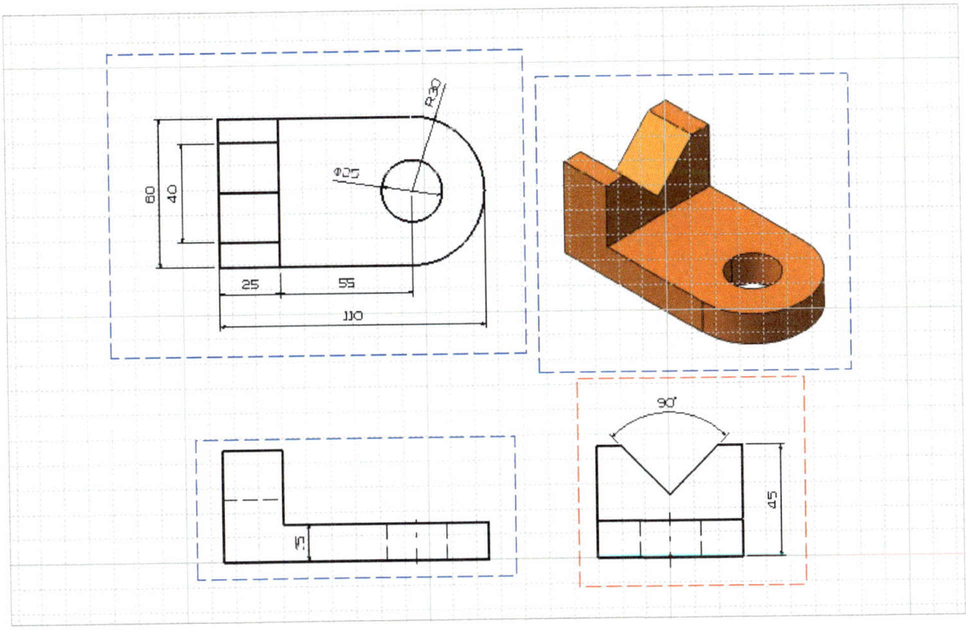

8

Assembly Design

Computer Aided Three-Dimensional Interactive Applications

CHAPTER

01 Assembly Design

8

시작 방법

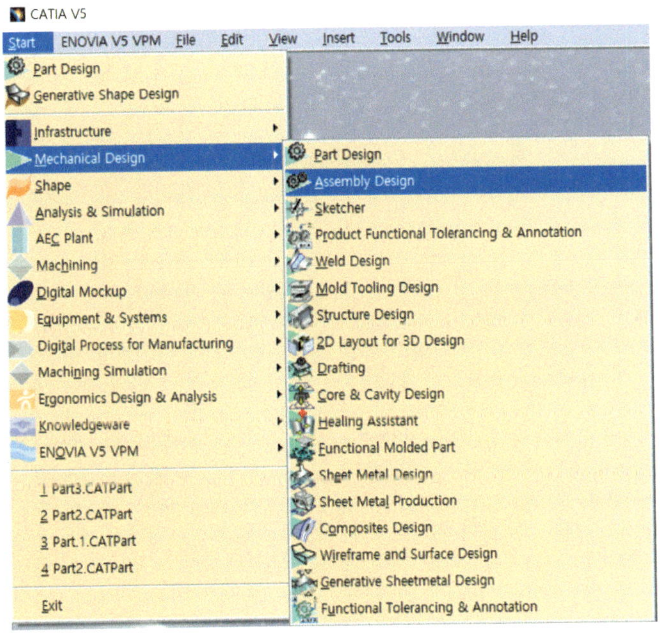

위와 같은 방법으로 Assembly Design을 선택해주면 다음 그림과 같은 창이 나타난다.

Assembly Design의 개요

Assembly Design은 앞에서 배운 Sketcher, Part Design, Wireframe & Surface Design을 이용해 모델링한 단품들을 조립하는 Tool이다.

여러 개의 Part를 조립 구속 조건을 주어 하나의 제품으로 조립하는 기능으로 제품 조립구조에서 Part의 조립을 수행하는 하향식(Top-Down) 방식과 반대로 Part들을 조립해서 제품을 완성하는 상향식(Bottom-Up) 방법을 제공한다. CATIA V5에서는 사용자에게 직관적이고 유연한 제품조립 인터페이스를 제공하고 Part Design, Generative Drafting, DMU Navigator에서 조립 설계한 제품을 활용할 수 있으며 Version 4의 Data와 상호 교환이 가능하며 조립제품의 충돌, 간극 해석 기능을 제공하고 구성 성분을 작성하는 BOM(Bill Of Material) 기능과 조립 구속조건을 해석한다.

1 Product Structure Tools

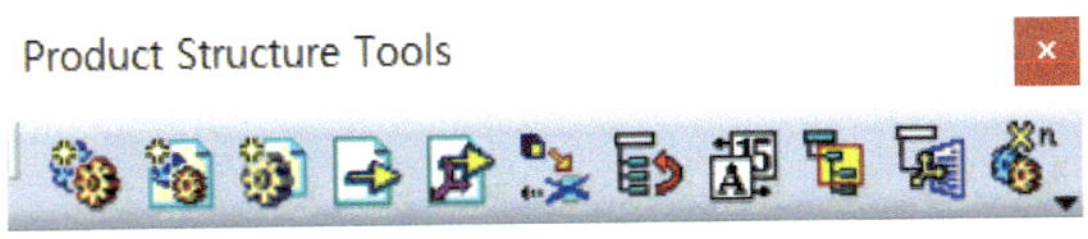

새로운 Product 또는 Part를 추가, 제거, 교체 등 조립작업 중 필요한 여러 가지 기능을 제공하고, Tree를 편집하는 기능들로 묶은 Toolbar이다.

1) Component ( )

sub Assembly를 하기위해 새로운 Component를 생성하는 기능이다.
Component아이콘을 클릭한 후 Component를 추가할 위치를 지정한다. Product1에 새로운 Component를 추가하기 위해 왼쪽상단에 위치하는 Tree에서 Product를 선택한다.

2) Product ( )

Component와 동일하게 sub Assembly를 하기위해 새로운 Product를 생성하는 기능이다.
Component와 다른 점은 내부적 Link를 가지므로 Sub Assy에 대한 정보를 가지고 저장된다는 것이다.

3) Part ( )

현재 작업 중인 Assembly Design에서 새로운 Part를 추가하여 새로운 부품을 만들어 주는 기능이다.

4) Existing Component ( )

현재 작업 중인 Assembly에 이미 만들어진 Part나 Sub Assembly를 불러들이는 기능이다. Existing Component 아이콘을 클릭한 후 불러들일 위치의 Product를 선택하면 File Selection 창이 나타난다. 불러들일 대상을 선택하면 작업창에 단품이나 Sub assembly가 불러진다.

5) Existing Component With Positioning ( )

Existing Component 기능과 달리 부품을 불러오면서 불러올 단품의 위치와 방향을 미리 지정하면서 불러오는 기능이다.

Quick Constraint에 부여할 구속조건의 우선순위를 선정해 적용할 Constraint를 최상의 위치에 이동시킨다. 단품의 위치만 지정할 뿐 아니라 구속을 정의하려면 Automatic constraint creation 옵션을 체크한 후 접촉시킬 첫 번째 단품의 면을 선택한다. 두 번째 면은 현재 작업영역에서 지정하는 단품의 면을 지정하여 두 면에 접촉구속을 부여한 OK를 클릭한다.

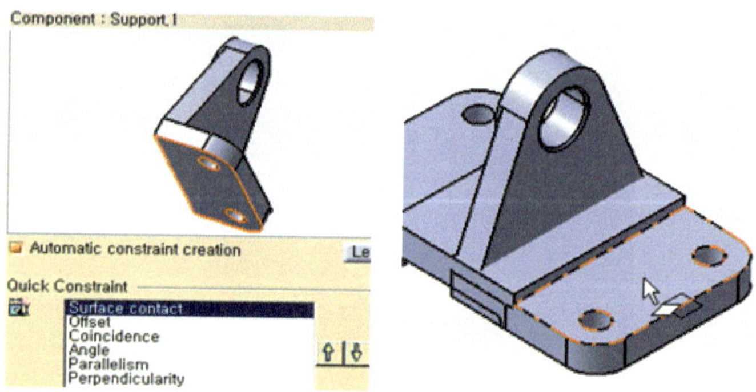

6) Replace Component ( )

Assembly 작업 중에 다른 기존의 부품을 다른 부품으로 교체하는 기능이다.
Replace Component 아이콘을 클릭한 후 교체시킬 단품을 선택하면 File Selection창이 나타난다. 교체할 단품을 선택하면 선택한 단품으로 교체된다.

7) Graph tree Reordering ( )

Assembly Tree구조를 사용자 임의로 재정렬하는 기능이다.

Graph tree Reordering 아이콘을 클릭한 후 Product2를 선택하면 Product2에 속해있는 모든 부품 List가 나타난다.

- Moves up the selected product ( ) : 선택한 List를 위로 이동시켜준다.
- Moves down the selected product ( ) : 선택한 List를 아래로 이동시켜준다.
- Moves the selected product ( ) : 선택한 두 List의 위치를 변경시켜준다.

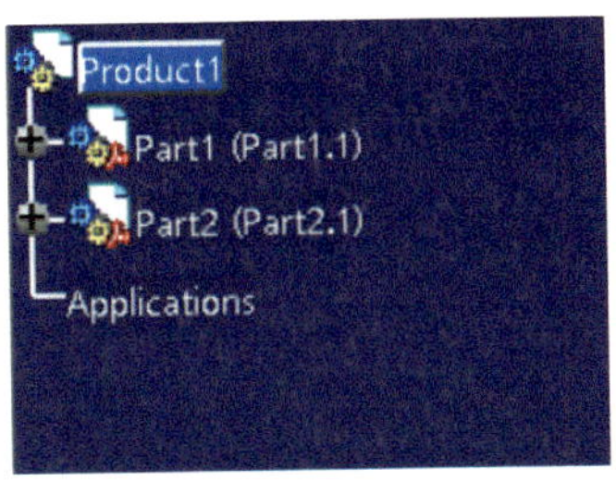

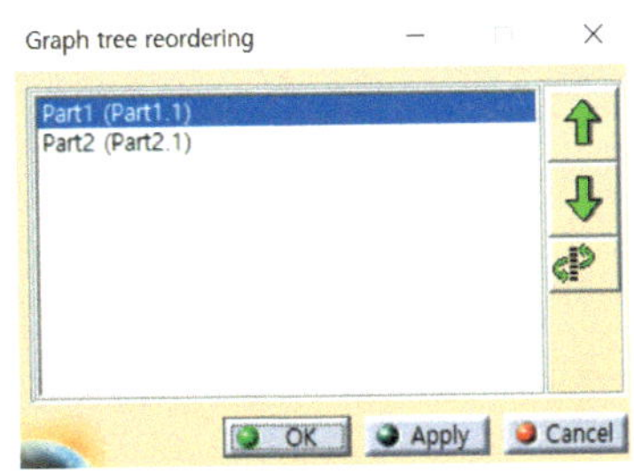

8) Generate Numbering ( )

Assembly되어 있는 제품의 각 구성 부품에 번호를 부여하는 기능이다.

Generate Numbering 아이콘을 클릭한 후 Tree에서 이름을 부여할 Product를 선택한다. 부품 번호를 숫자 혹은 문자로 할지 결정한다.

구성 부품에 번호가 부여되었는지 확인은 각 단품에서 MB3버튼을 클릭하여 Contextual Menu에서 Properties를 선택한다. Product tab에서 Instance Number에 번호가 부여된 것을 확인할 수 있다.

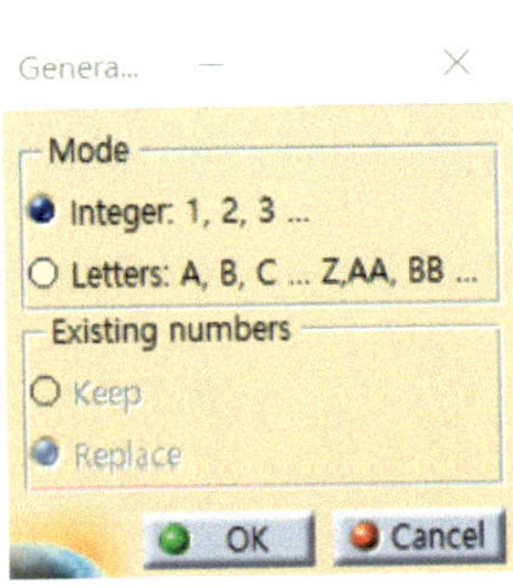

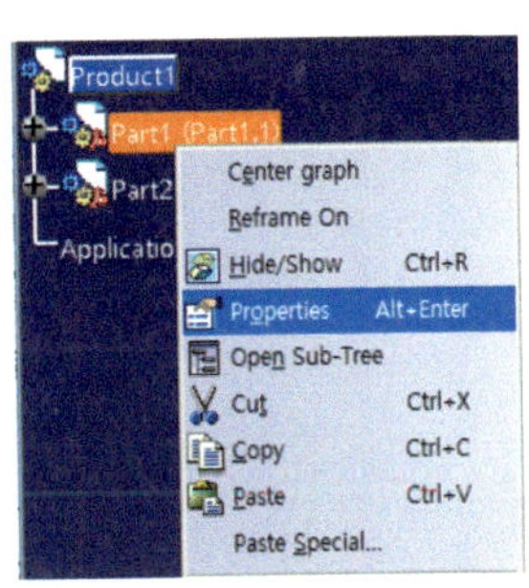

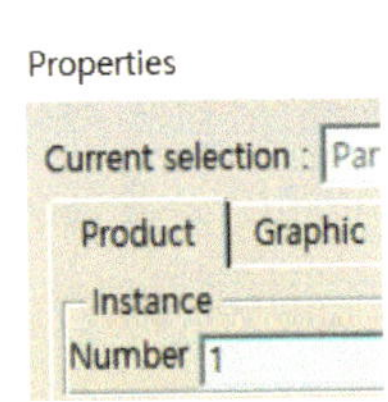

9) Selective Lode ( )

Assembly된 단품을 Load, Unload, Hide, Show 시키는 기능이다.

10) Manage Representations ( )

현재 작업 중인 Assembly에서 각 구성요소의 표현여부 및 이름을 변경하는 기능이다.

Manage Representations아이콘을 클릭한 후 편집할 단품을 선택하면 Definition창이 나타난다. Associate버튼을 클릭해 다른 CATPart파일이 아닌 다른 확장자의 파일을 Open한다. 불러들인 파일을 Activate 또는 Deactivate할 수 있다. Shape2를 활성화시키면 자동적으로 Shape1은 비활성화된다.

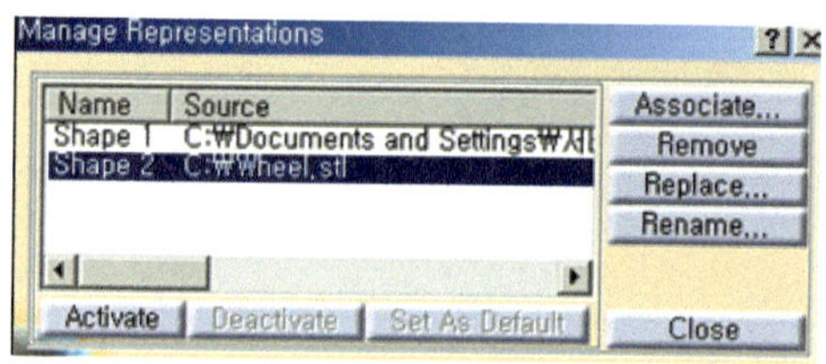

11) Fast Multi Instantiation ( )

여러 번 사용해야 하는 대상물을 필요한 개수만큼 불러와 사용할 수 있다. Define Multi Instantiation에서 정의된 값대로 복사된다.

Fast Multi Instantiation 아이콘을 클릭한 후 복사할 단품을 선택한다.

12) Define Multi Instantiation ( )

필요한 요소의 개수, 거리, 방향을 정의하여 대상물을 불러들이는 기능이다.

복사할 단품을 선택한 후 개수, 간격 값을 각각 1, 100mm로 설정한다. Axis에서 x, y, z방향을 설정할 수 있다. 필요에 따라 Reverse 버튼을 클릭하여 방향을 변경할 수 있다.

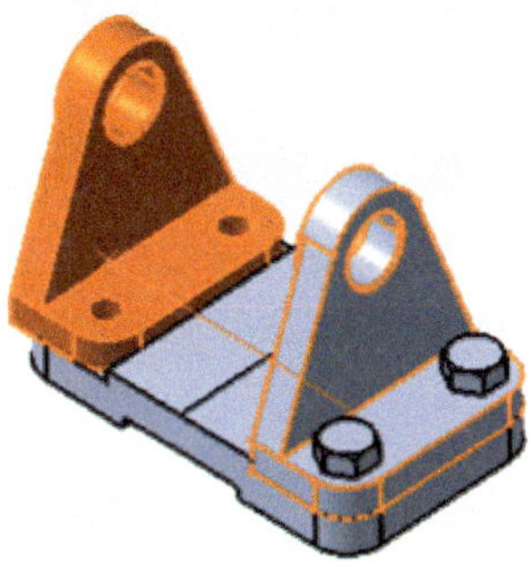

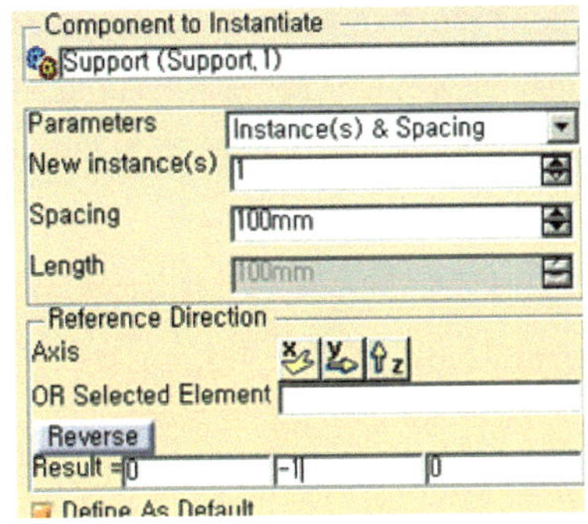

2 Move Toolbar

조립과정에서 부품을 회전, 이동 또는 조립되어 있는 부품을 임의의 위치로 해체하여 분산시키는 기능들로 묶은 Toolbar이다.

1) Manipulation ( )

조립과정에서 부품을 마우스를 이용하여 x, y, z축으로 이동하거나 회전할 수 있는 기능이다.

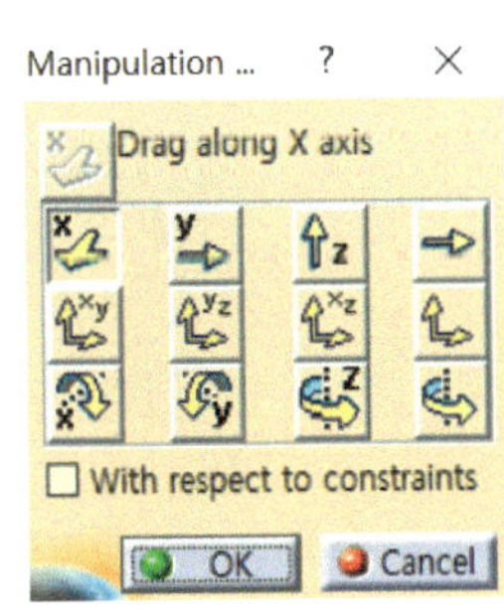

- Drag along X, Y, Z axis : X, Y, Z축 방향으로 대상물을 이동시킨다.
- Drag along any axis : 지정하는 방향으로 대상물을 이동시킨다.
- Drag along xy, yz, zx plane : xy, yz, zx 평면상에서 대상물을 이동시킨다.
- Drag along any plane : 지정하는 평면상에서 대상물을 이동시킨다.
- Drag around X, Y, Z axis : X, Y, Z축 방향으로 대상물을 회전시킨다.
- Drag around any axis : 지정하는 축 방향으로 대상물을 회전시킨다.

2) Snap ( )

요소의 Geometry를 이용하여 다른 요소의 Geometry에 평행하게 일치시키는 기능이다.

평행시킬 면을 선택한 후 기준면이 될 Face를 선택하면 기준 Face와 평행하게 된다. 화살표를 클릭하면 평행방향을 변경할 수 있다.

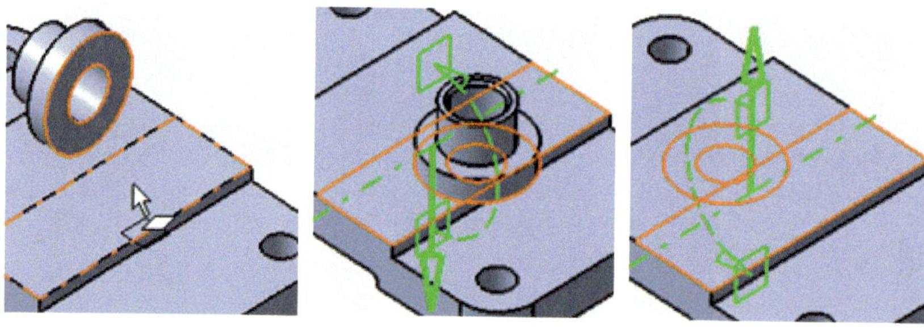

3) Smart Move ( )

Snap기능을 사용함과 동시에 Constraint 구속을 부여하는 기능이다.

두 대상물에 구속할 두 축을 지정하면 Smart Move 창이 나타난다. Automatic constraint creation옵션을 체크하면 구속이 함께 정의되면서 Snap방향을 설정할 수 있다.

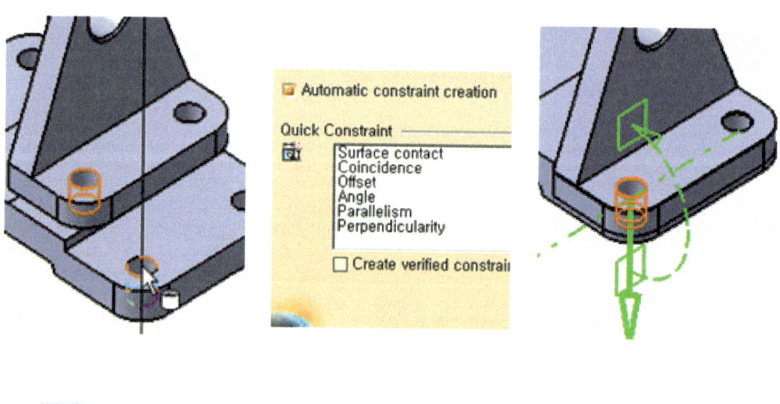

4) Explode ( )

Assembly 작업된 구성요소들을 분리하여 분산시키는 기능이다.

Selection으로 전체 Product를 선택하고 Fixed product로 Base.1을 선택한 후 Apply버튼을 클릭하면 Assembly가 분리된다.

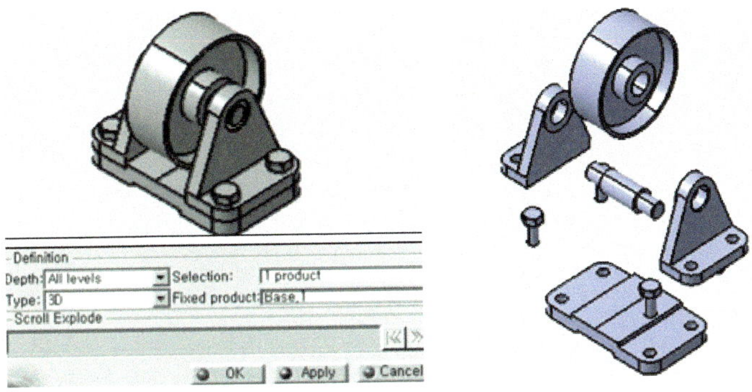

5) Stop manipulate on clash ( )

Assembly하는 과정에서 Manipulation기능을 이용하여 대상물을 이동시킬 때 다른 부품과 충돌이 일어나는 부분은 멈추었다가 충돌되지 않는 부분에서는 다시 이동되는 기능이다.

Stop Manipulate on clash 아이콘을 클릭해 활성화시킨 상태에서 Compass를 이동시킬 대상물 위에 위치시킨다. Shift키를 누른 채 Y축을 잡고 대상물을 Drag하면 충돌되는 부분에서는 이동되지 않고 충돌되지 않는 부분에서는 이동된다.

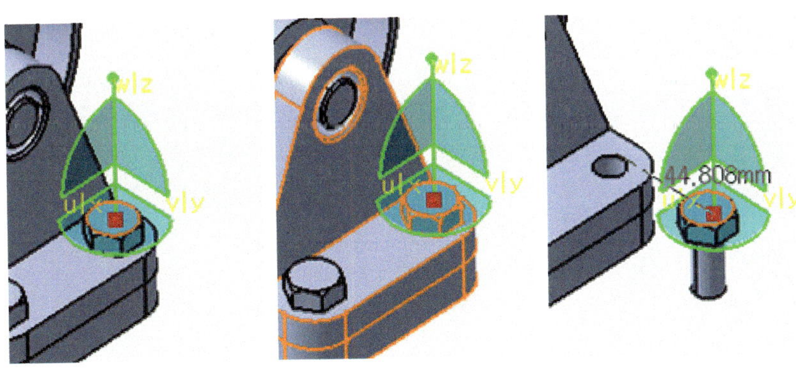

3 Constraints Toolbar

Assembly Design에서 부품 사이의 위치를 결정하여 주는 조건으로 Active Component의 Children Component 사이에서만 적용이 되어야 하며 같은 Component에 속하는 2개의 요소 사이에서는 적용되지 않는다.

1) Coincidence Constrain ()

Component들을 동일 중심, 동일 축, 동일 평면의 조립조건을 지정하는 것으로 선택하려는 Component가 현재 활성화되어있어야 한다.

Coincidence Constraint 아이콘을 클릭한 후 두 단품의 축을 지정한다. Assistant창이 다시 나타나지 않도록 Do not prompt in the future옵션을 체크하면 다시 이 창이 나타나지 않는다. 구속을 부여했는데 축 일치가 되지 않았다면 (update)아이콘을 클릭한다. Option에서 Manual Update로 설정해놓았기 때문이다. (Tools → Option → Assembly Design → Automatic)

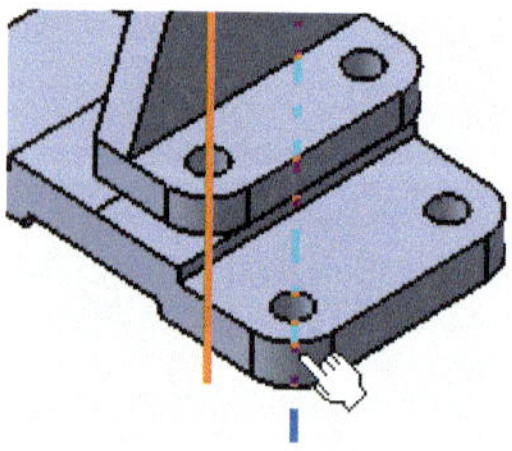

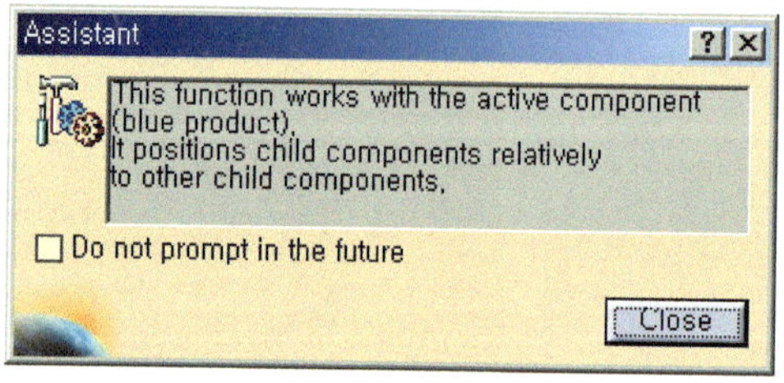

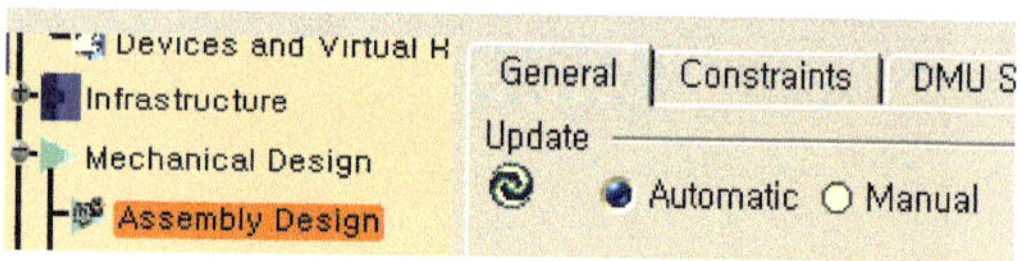

2) Contact Constraint ( )

Component들을 면이나 모서리 또는 선, 점을 접촉시키는 기능이다.
접촉시킬 두 Face를 선택한다.

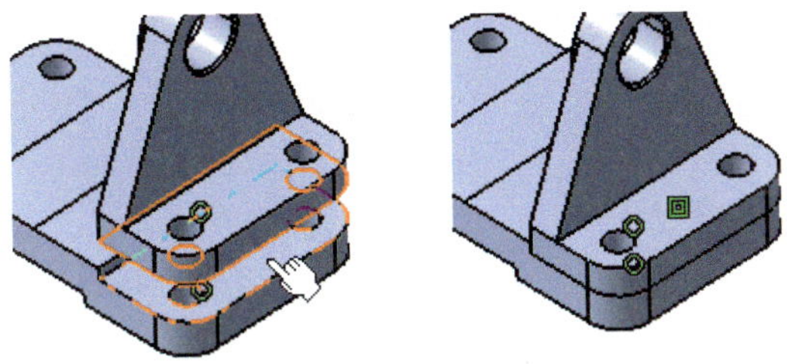

3) Offset Constraint ( )

선택한 두 Component의 Face사이의 거리를 조건으로 주어 조립하는 기능이다.

거리 값을 줄 두 면을 지정한 후 Offset에 0mm를 부여하여 거리 값을 줄 수 있다.
Orientation의 Same, Opposite를 지정하여 방향을 지정할 수 있다.

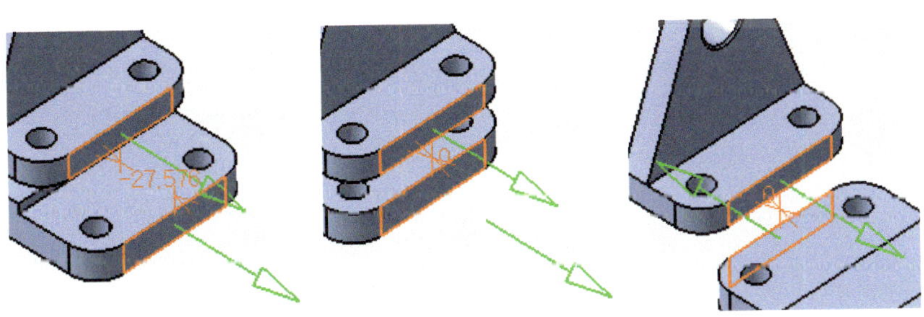

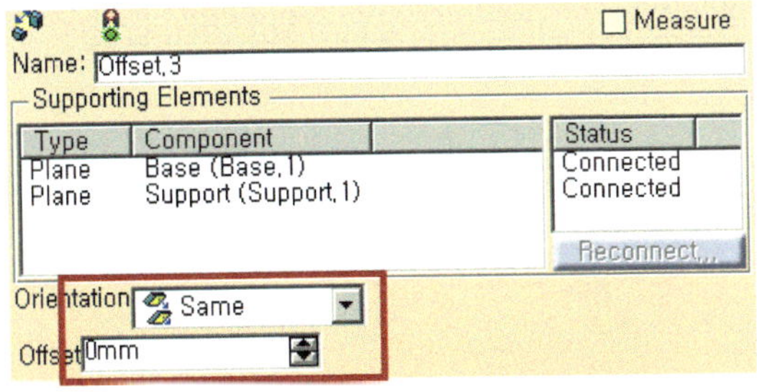

4) Angel Constraint ( )

두 Component 사이의 면의 각을 지정하여 조립하는 기능이다.

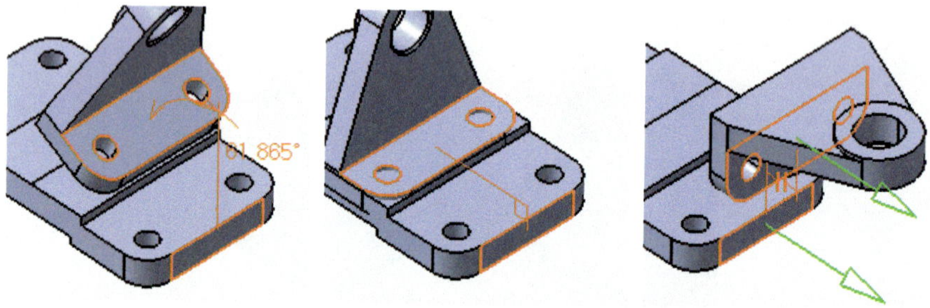

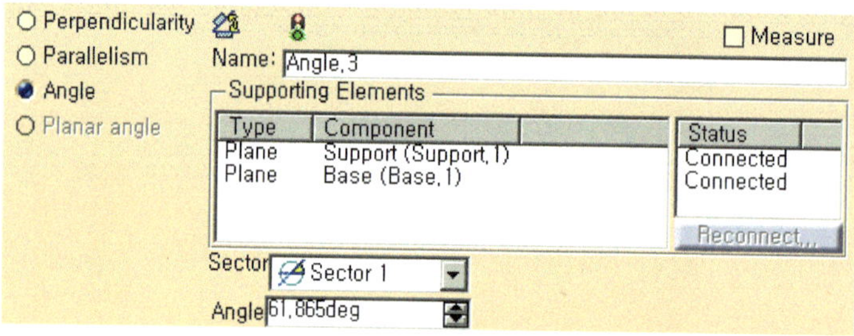

5) Fix Component ( )

Assembly 작업 중 움직이지 않고 고정되어있는 기준을 지정하는 기능이다.
아이콘을 클릭한 후 기준이 될 대상물을 선택하면 바로 고정이 된다.

6) Fix Together ( )

선택한 여러 Component를 함께 고정하는 기능이다.
함께 고정할 2개 이상의 단품을 선택하여 함께 고정시킨다.

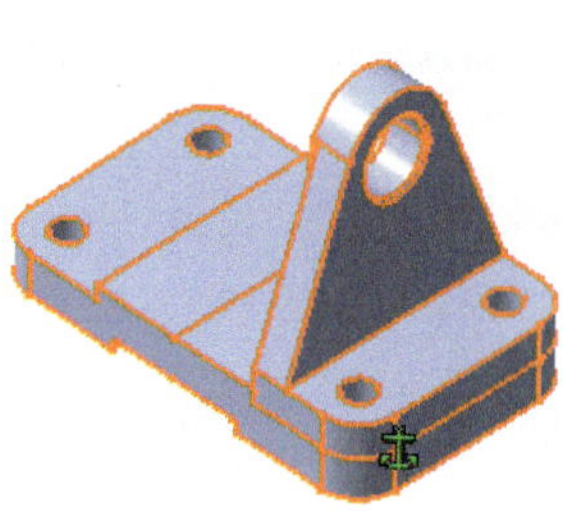

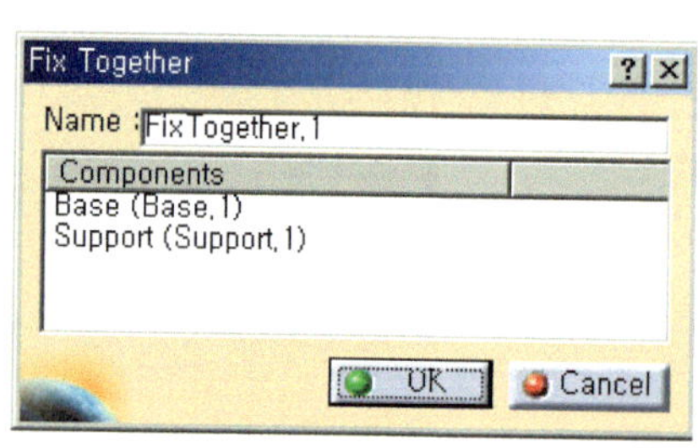

7) Quick Constraint ( )

Pull-Down Menu / Insert / Option / Product에서 설정해놓은 Quick Constraint의 우선순위에 의해 가능한 구속조건을 선택하여 적용하는 기능이다.

Quick Constraint 아이콘을 클릭한 후 두 축을 지정하면 선택한 두 대상에 가장 적합한 Coincidence Constraint가 부여된다.

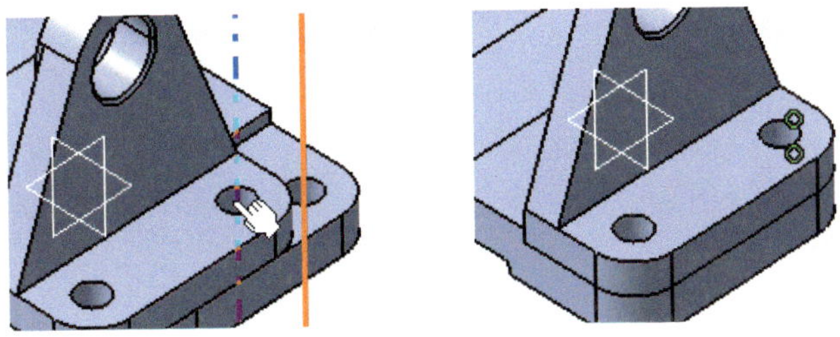

8) Flexible / Rigid Sub-Assembly ( )

Total Assembly에서 Sub Assembly가 조립되어 있는 상태에서 Sub Assembly 내에 있는 단품을 개별적으로 이용하는 기능이다.

현재 Product2 전체 Assembly에서 Product3의 Sub Assembly가 있다. Compass를 이용해 Product3 내의 단품을 이동시키면 Product3의 Sub Assembly가 전체적으로 이동된다. 그러나 Product3에 이 기능을 적용시키면 각 단품을 개별적으로 이동시킨다.

Flexible/Rigid Sub Assembly 아이콘을 클릭한 후 적용할 대상 Product3을 선택한다. Product3 아이콘이 우측과 같이 이전과 다른 형상으로 변경된다. Compass를 이동될 대상 위에 옮긴 채 대상을 이동시켜보면 그 결과를 확인할 수 있다.

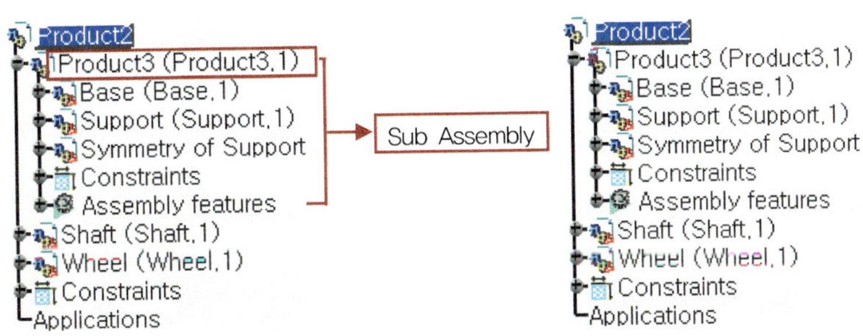

9) Change Constraint ( )

기존에 구속된 Constraint type을 다른 Constraint type을 교체하는 기능이다.
아이콘을 클릭한 후 Offset Constraint를 선택하여 Coincidence Constraint로 교체한다.

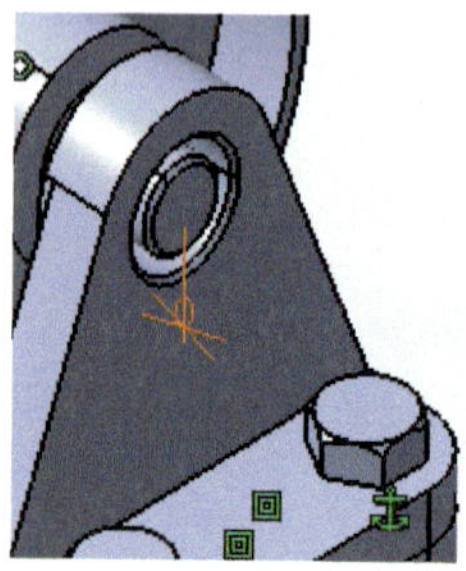
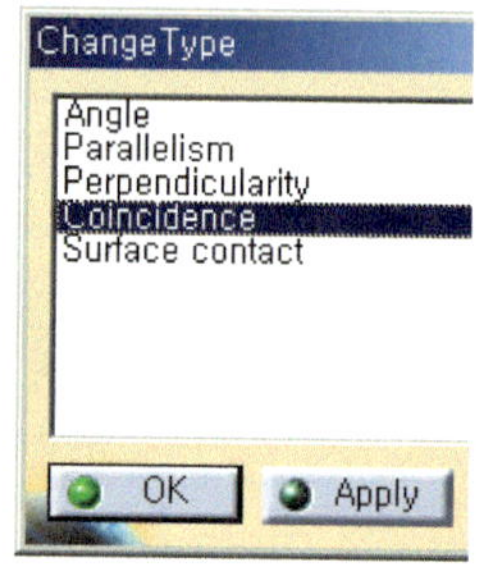

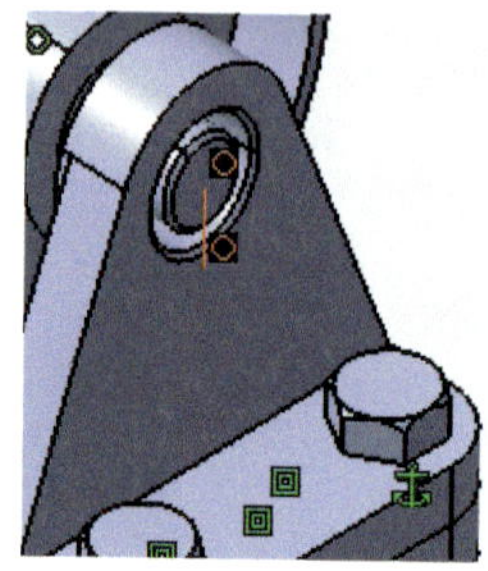

10) Reuse Pattern ( )

Assembly 작업 시 Part에 Pattern에 의해 작업된 곳에 결합해야할 경우 Part의 Pattern을 이용하여 Pattern의 수만큼 구성요소를 불러내어 결합하는 기능이다.

조립된 Bolt를 Base에 사용된 Pattern 개수만큼 재사용한다. Contact, Coincidence Constraint로 구속된 Bolt를 선택한 후 Reuse Pattern 아이콘을 클릭한다. Pattern으로 Base에 사용된 Pattern을 Tree에서 선택한다. 재사용하면서 부여된 구속을 적용하기 위해 generated constraints옵션을 체크한 후 Re-use Constraints에서 Surface contact만 선택한다. 이 구속만 적용하기 위해서이다.

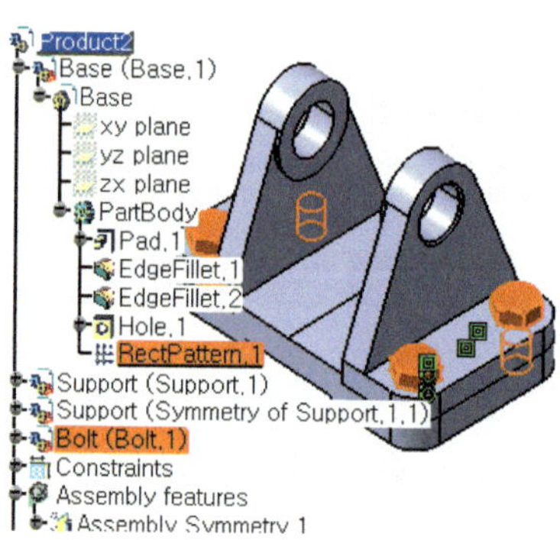

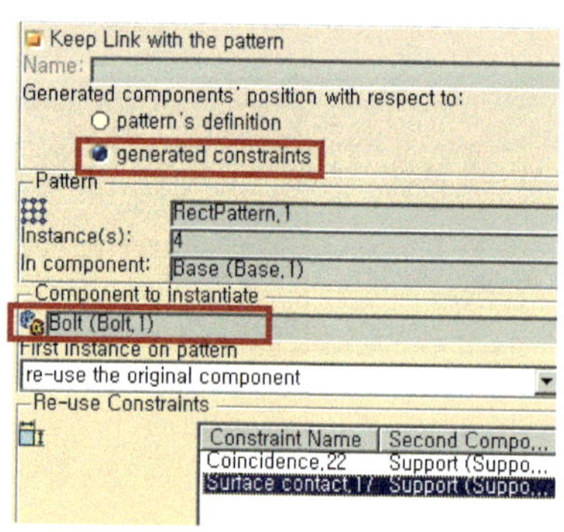

CHAPTER

02 Assembly Design 실습 도면

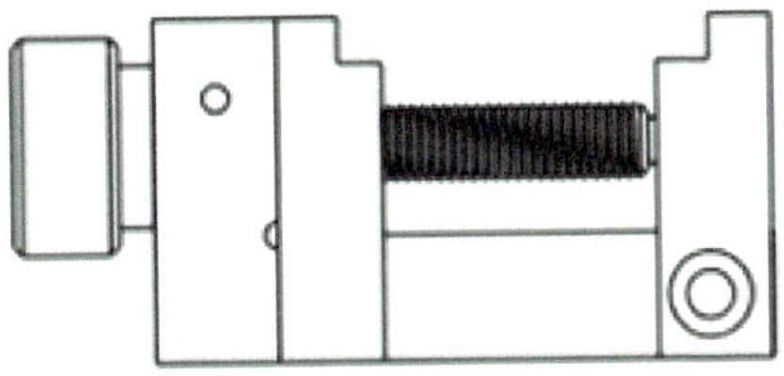

1

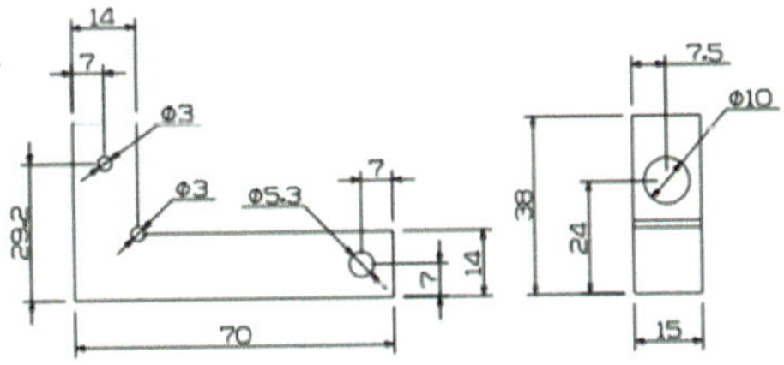

2

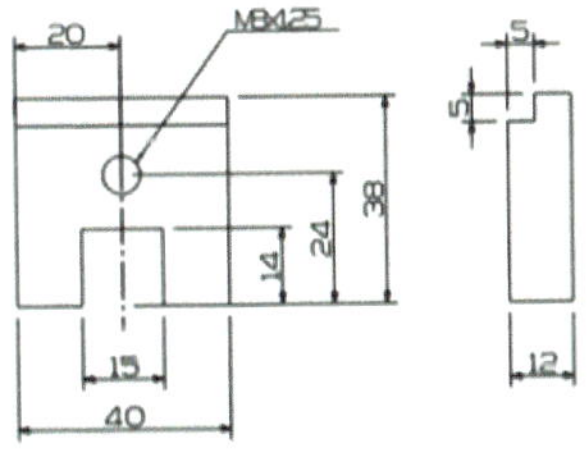

3

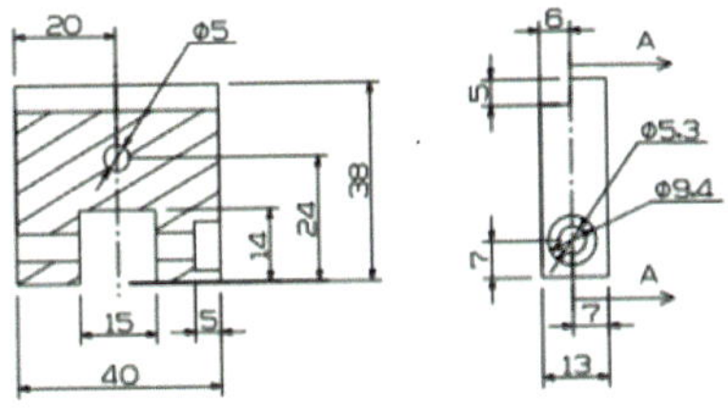

4

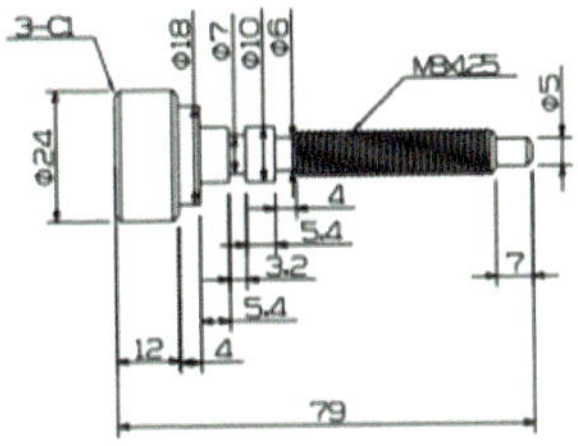

CHAPTER

03 Assembly Design 실습

CATIA를 실행한 뒤 Assembly Design을 눌러준다.

① (Existing Component)아이콘을 클릭하고 Product1을 눌러 이전에 작업했던 Part1~4를 열어준다.
그럼 아래 그림과 같이 형상이 나타난다.

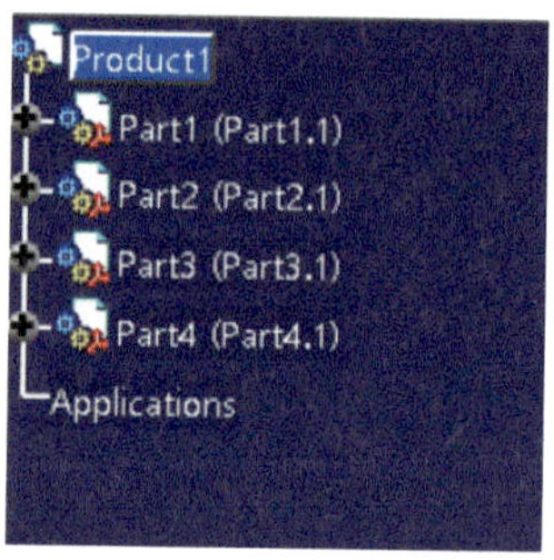

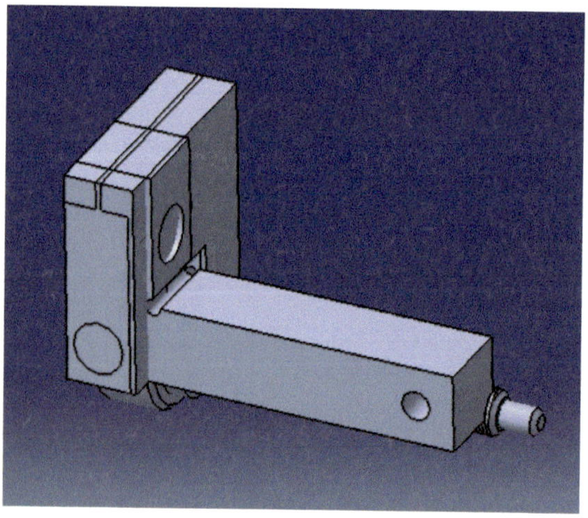

② (Explode)아이콘을 클릭하면 아래 그림과 같이 나타나는데 OK를 눌러주면

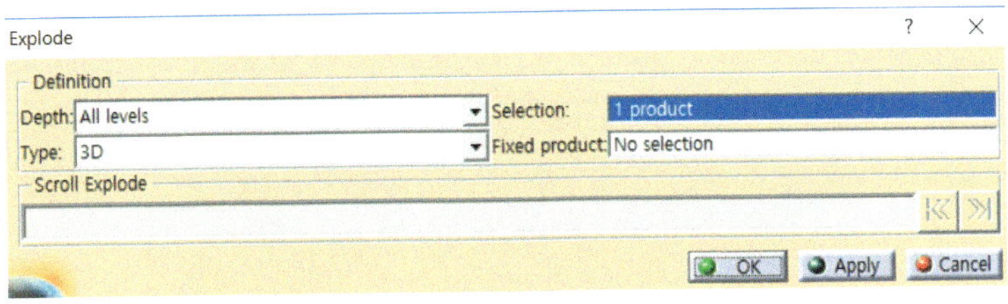

아래와 같이 구성요소들이 분산된다.

③ (Fix Component)아이콘을 클릭하여 Part.1(ㄴ자)을 기준으로 잡아준다.

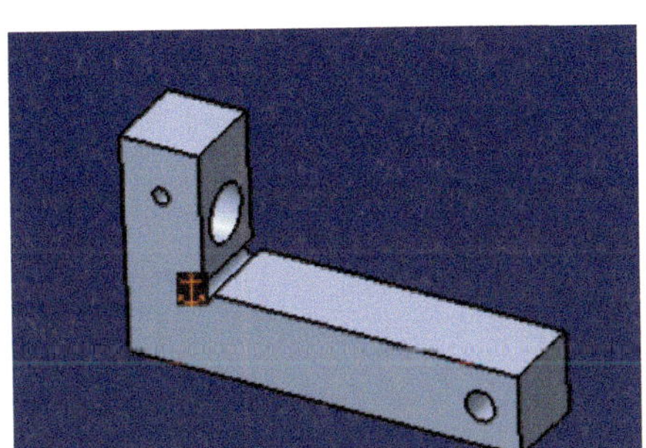

④ (Coincidence Constrain)아이콘을 클릭하여 아래 그림과 같이 Part.1의 Hole의 중심과 Part.2의 Hole의 중심을 클릭하여 (update)아이콘을 클릭한다.

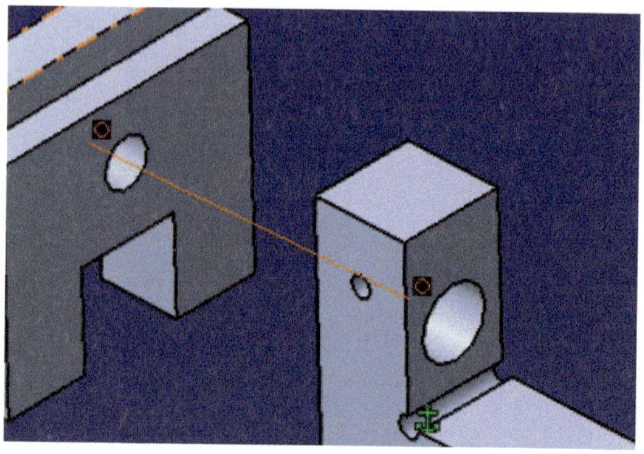

⑤ (Contact Constraint)아이콘을 클릭하여 아래 그림에 선택된 Part.1와 Part.2의 면을 눌러주고 (update)아이콘을 클릭하면

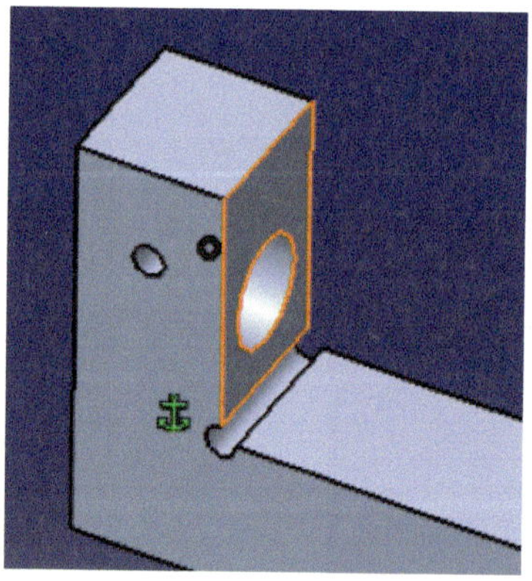 

아래 그림과 같이 조립이 된다.

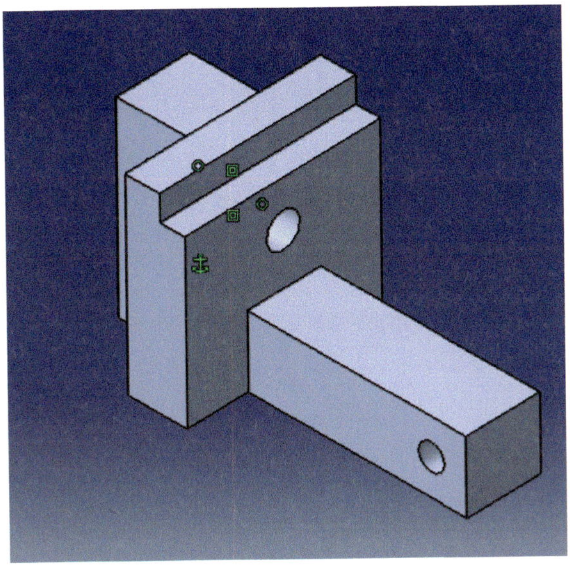

⑥ (Coincidence Constrain)아이콘을 클릭하여 아래 그림과 같이 Part.2의 Hole의 중심과 Part.3의 Hole의 중심을 클릭하여 (update)아이콘을 클릭한다.

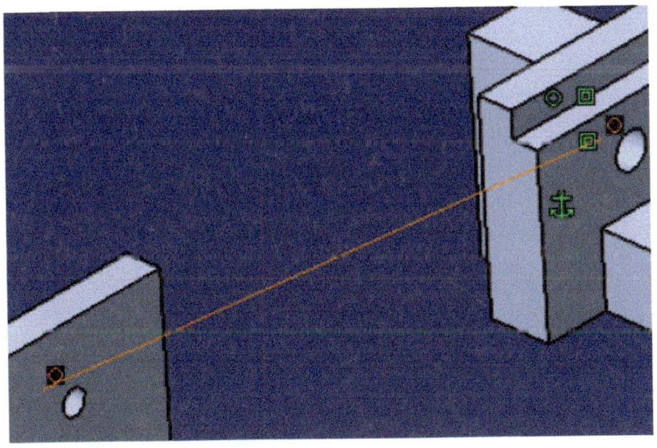

⑦ (Coincidence Constrain)아이콘을 클릭하여 아래 그림과 같이 Part.1의 Hole의 중심과 Part.3의 Hole의 중심을 클릭하여 (update)아이콘을 클릭해주면 아래 그림과 같이 조립이 된다.

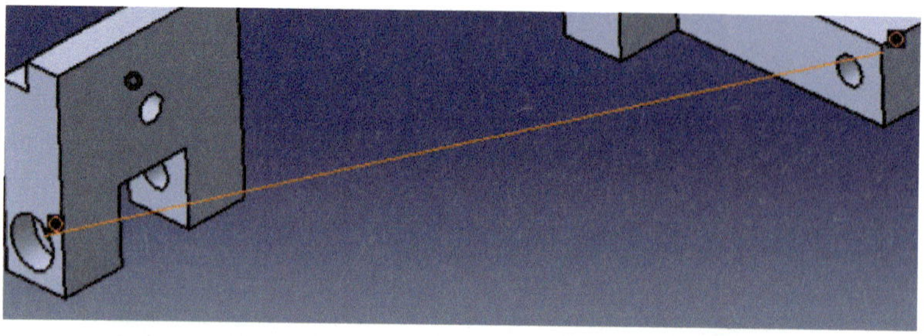

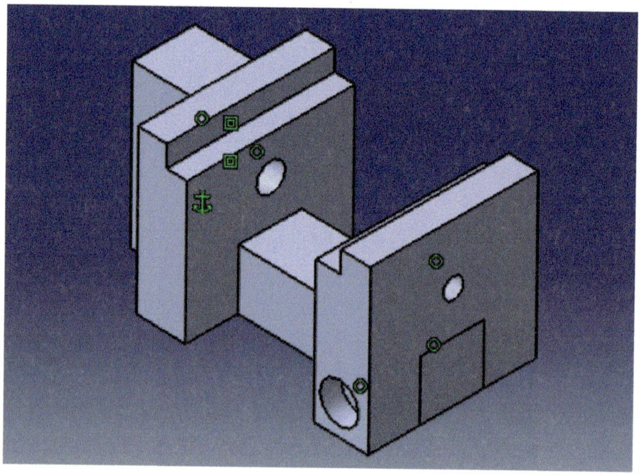

⑧ (Coincidence Constrain)아이콘을 클릭하여 아래 그림과 같이 Part.2의 Hole의 중심과 Part.4의 축의 중심을 클릭하여 (update)아이콘을 클릭한다.

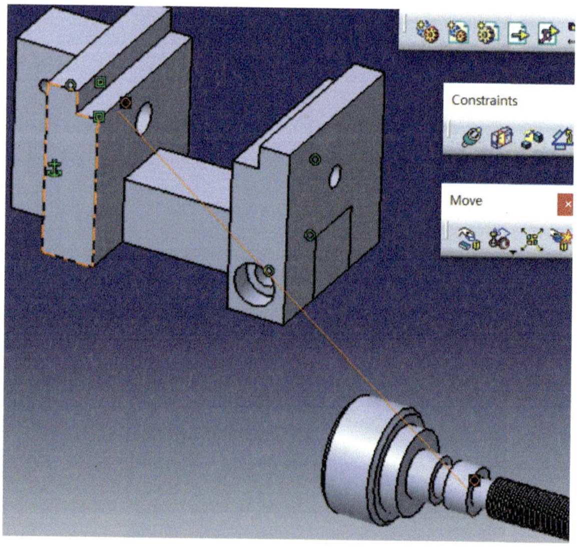

⑨ (Contact Constraint)아이콘을 클릭하여 아래 그림에 선택된 Part.1와 Part.4의 면을 눌러주고 (update)아이콘을 클릭해주면

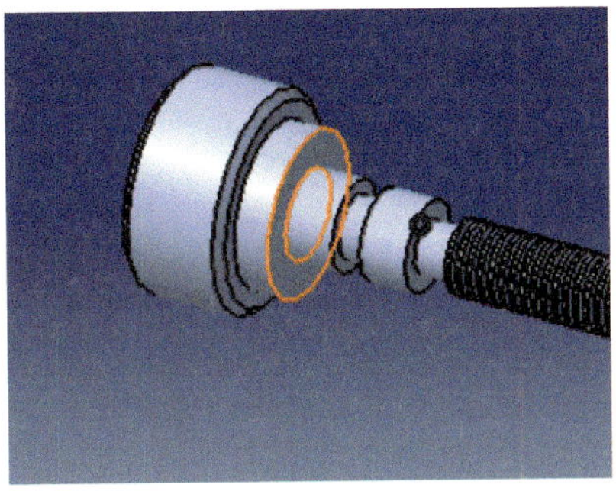 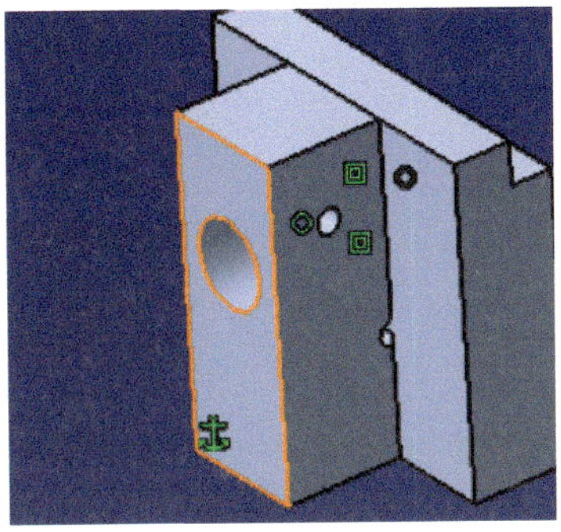

아래 그림과 같이 조립품이 완성된다.

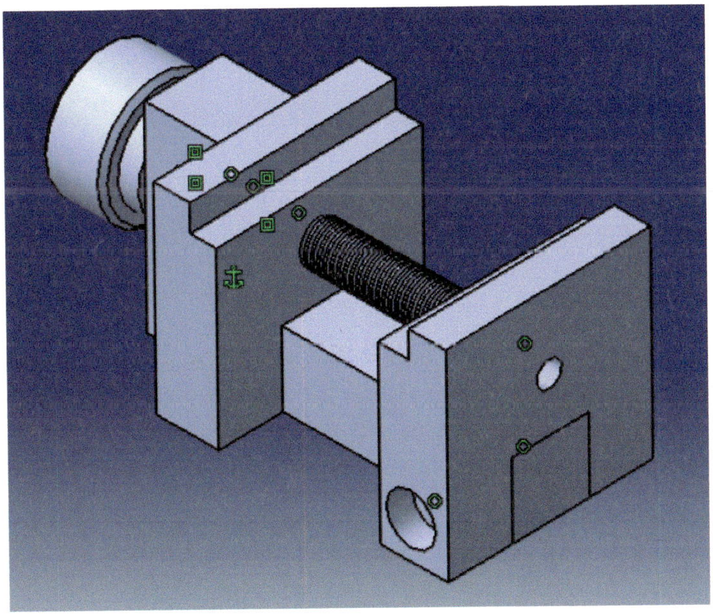

1 연습문제 1

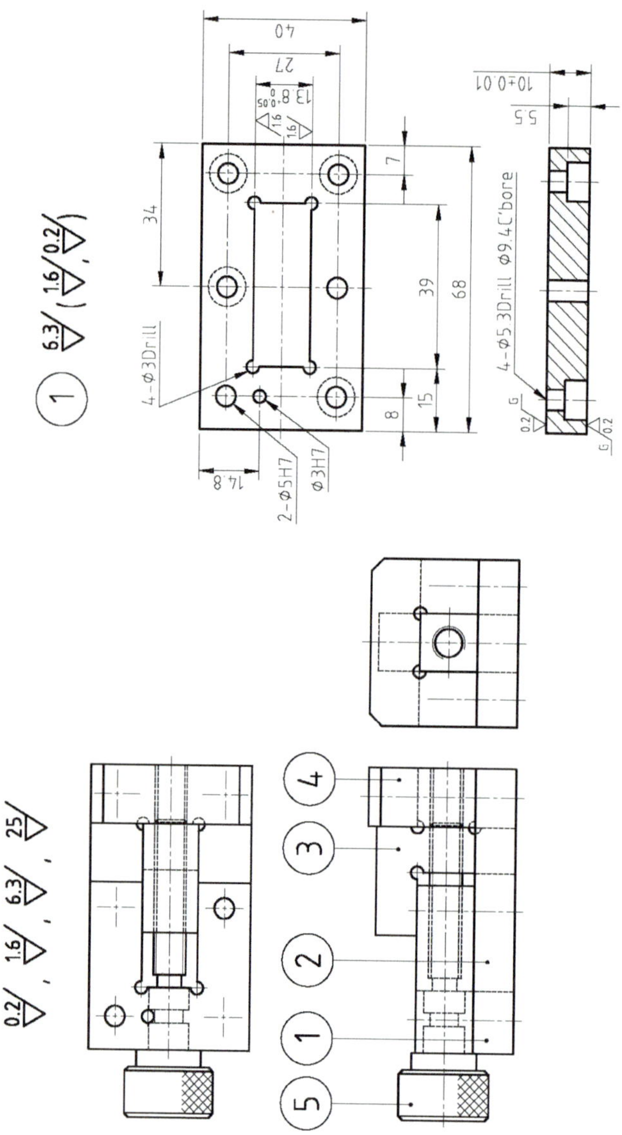
1
40
27
13.8
34
7
39
68
8
15
14.8
4-Φ3Drill
2-Φ5H7
Φ3H7
10±0.01
5.5
4-Φ5.3Drill Φ9.4C'bore
1
2
3
4
5

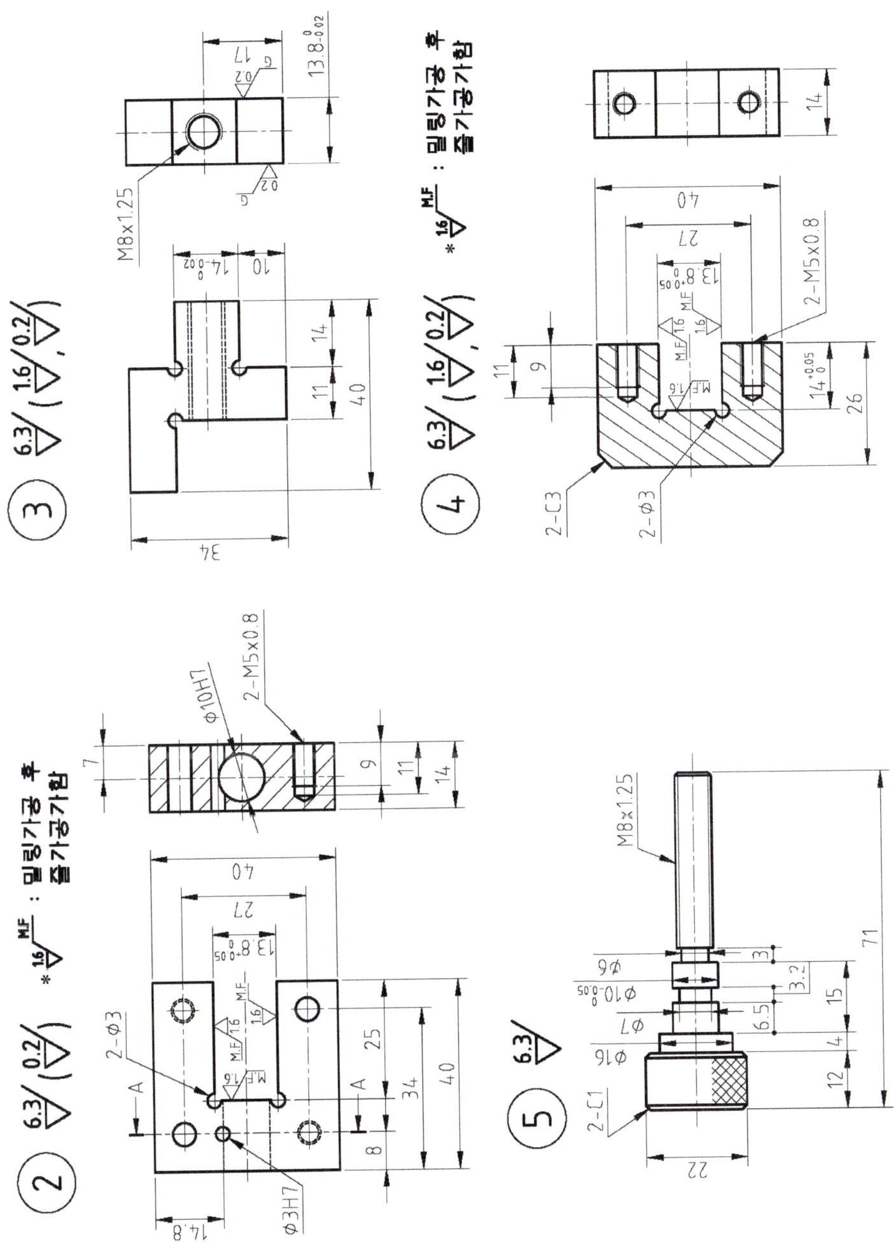

②
* M.F : 밀링가공 후 줄가공가함
③
④
* M.F : 밀링가공 후 줄가공가함
⑤

2 연습문제 2

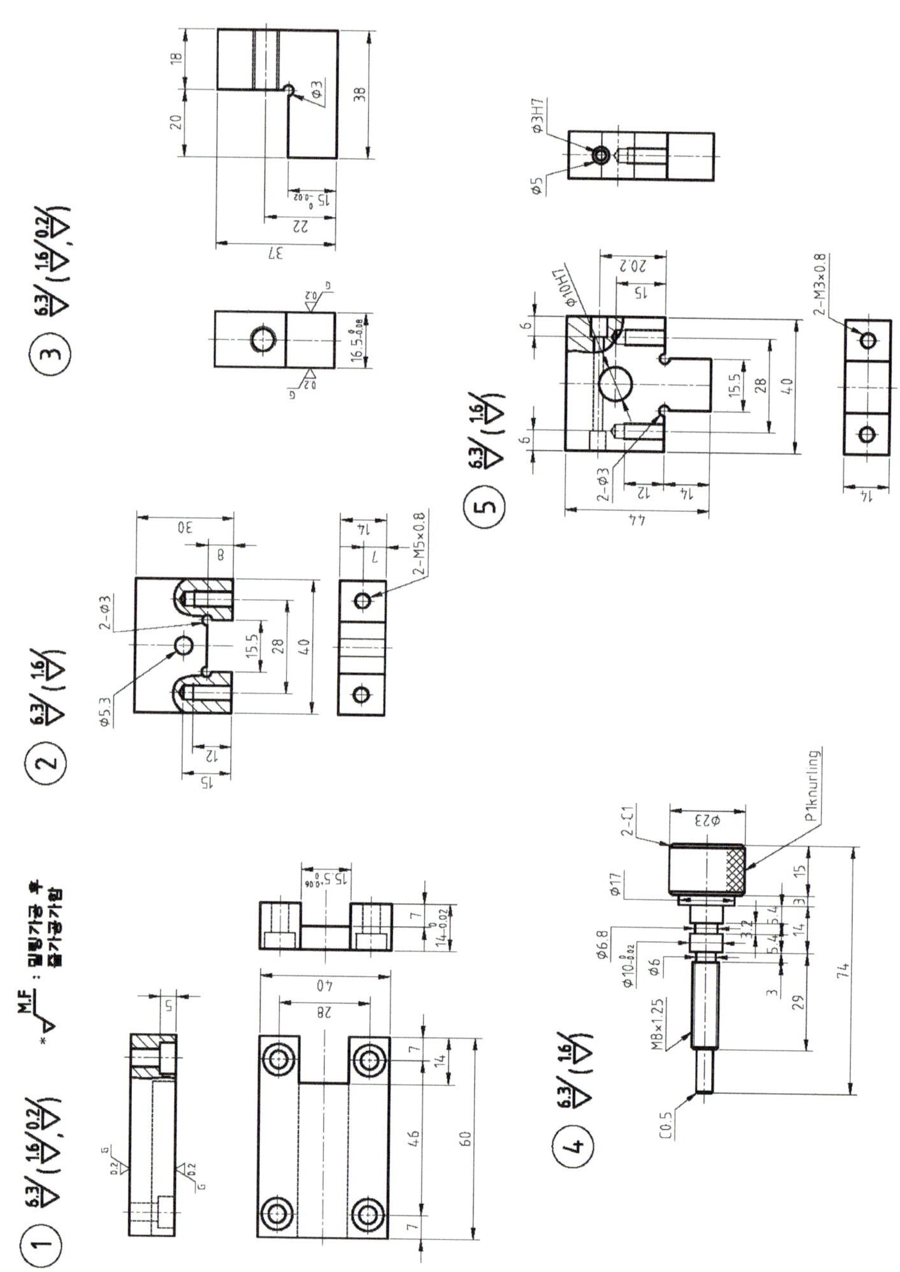

3 연습문제 3

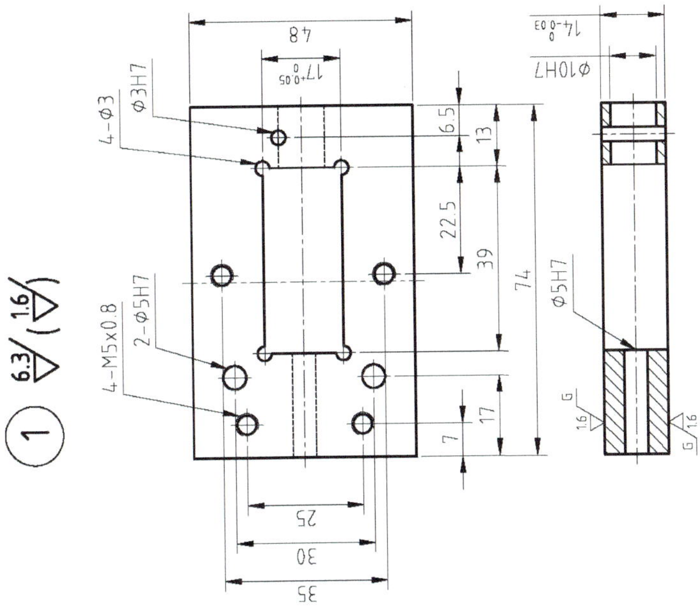

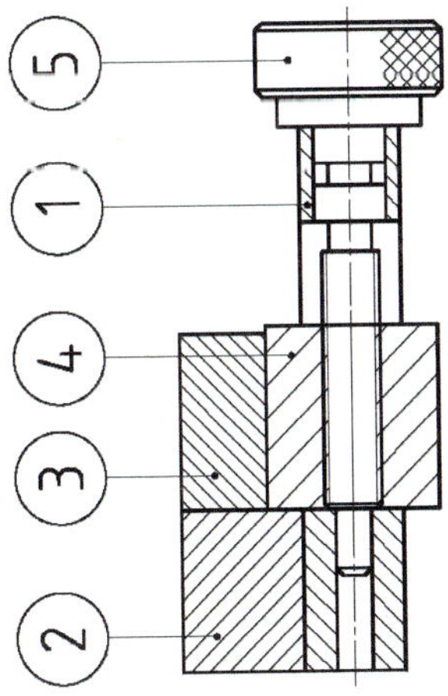

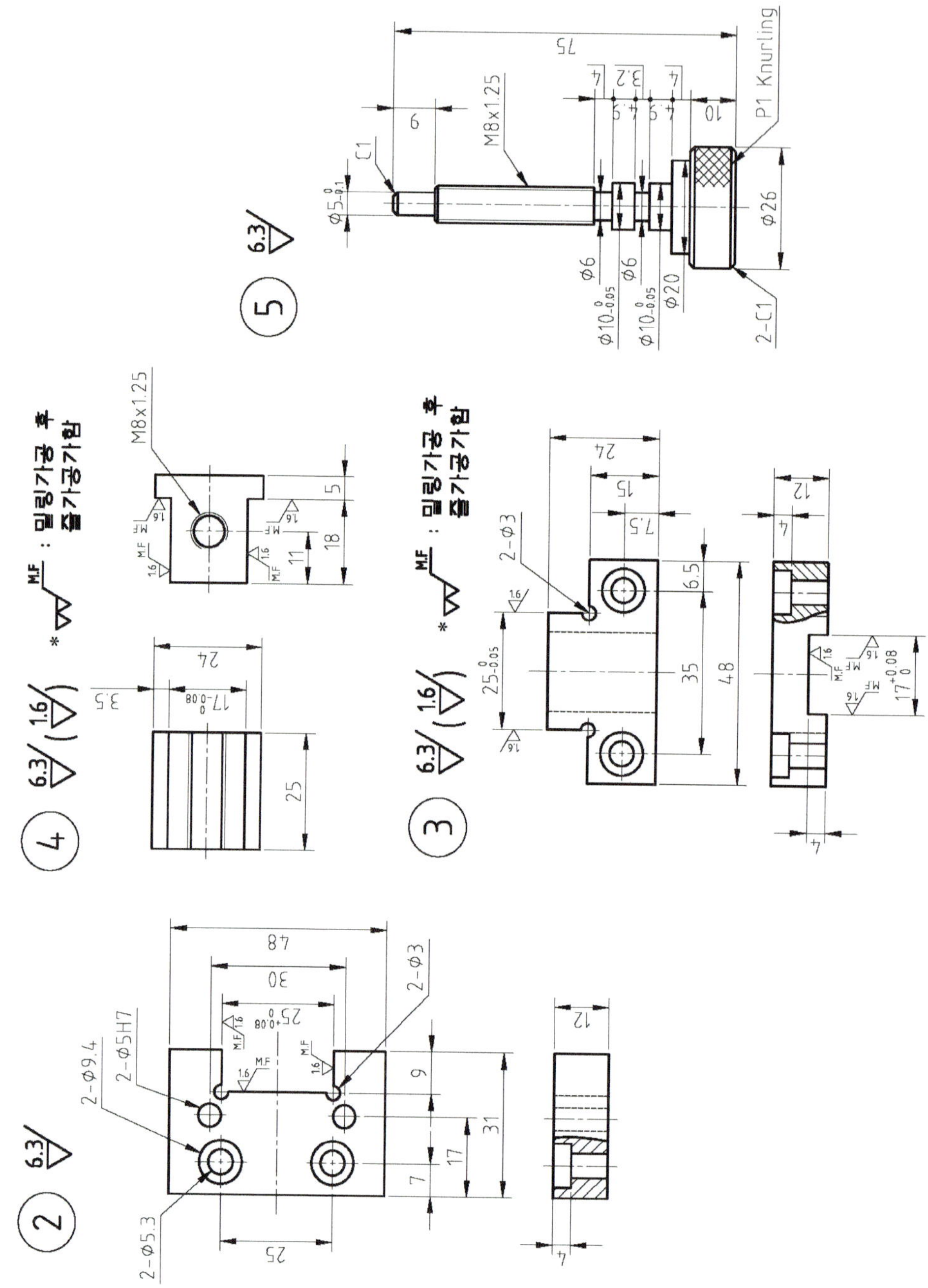
② 6.3
2-Φ9.4
2-Φ5H7
2-Φ5.3
2-Φ3
④ 6.3 (1.6)
* M.F : 밀링가공 후 줄가공가함
M8x1.25
③ 6.3 (1.6)
* M.F : 밀링가공 후 줄가공가함
2-Φ3
⑤ 6.3
M8x1.25
P1 Knurling
2-C1
C1
Φ26
Φ20

4 연습문제 4

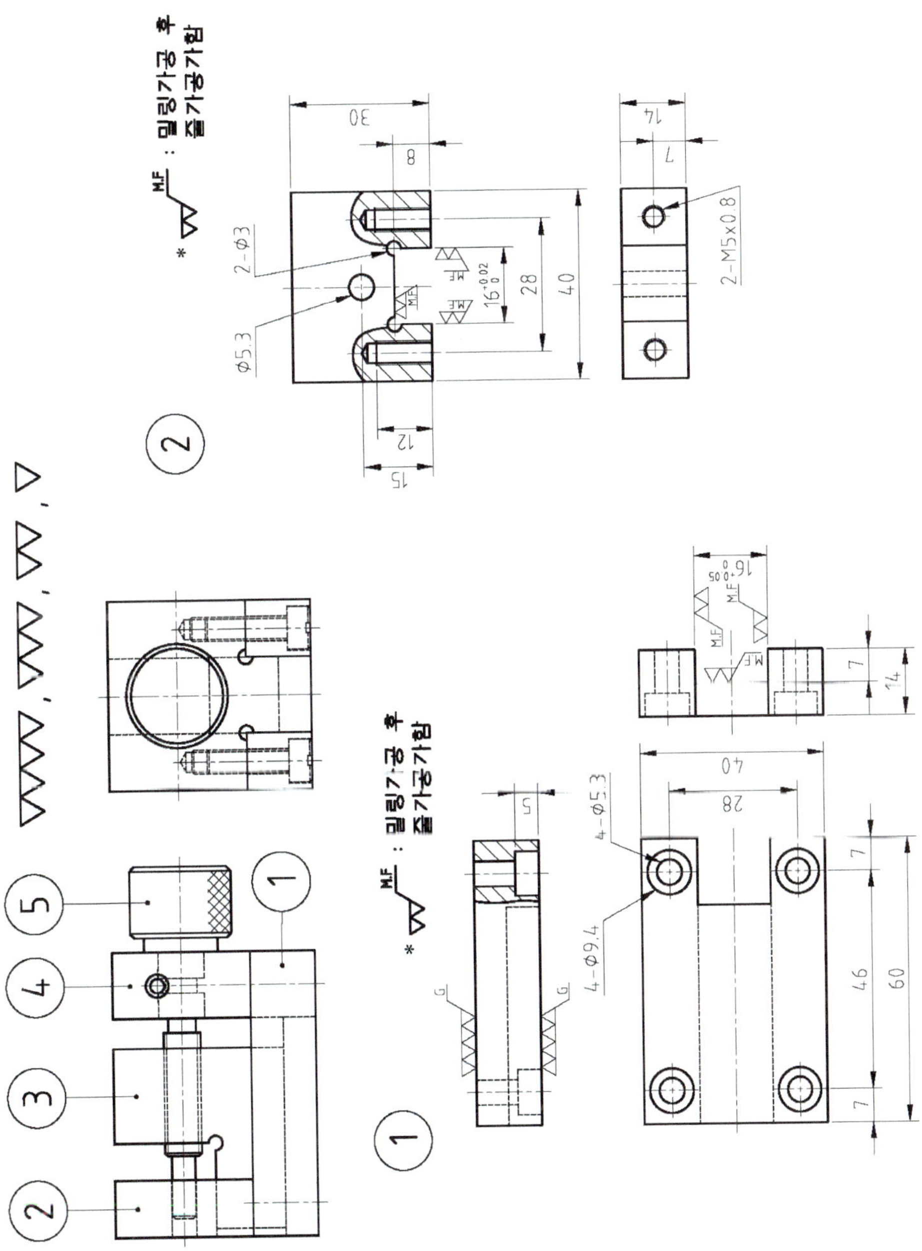

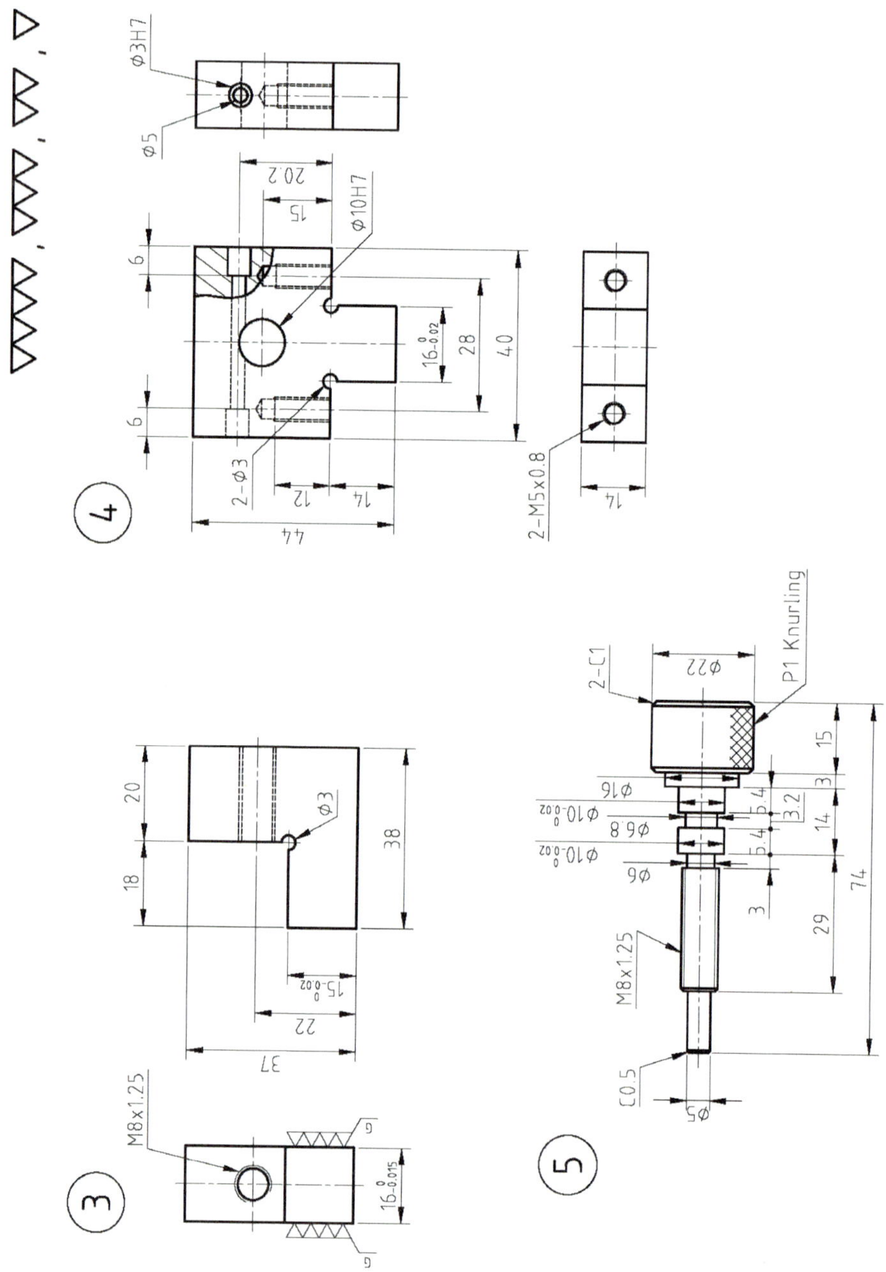

4
Φ3H7
Φ5
Φ10H7
2-Φ3
2-M5x0.8
3
M8x1.25
Φ3
5
2-C1
P1 Knurling
M8x1.25
C0.5

9

기계설계 요소부품 2D 예제

Computer Aided Three-Dimensional Interactive Applications

1

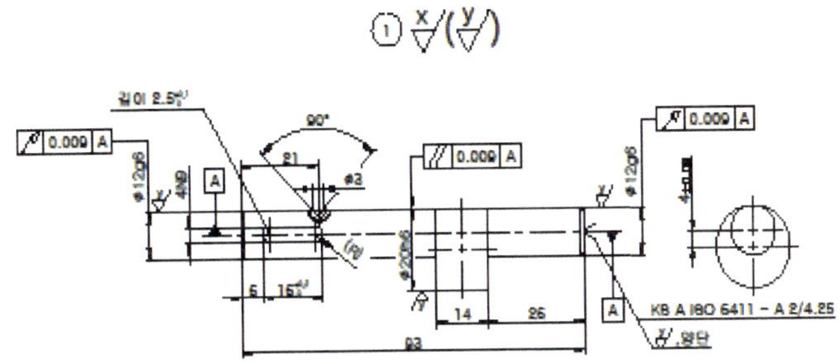

도시되고 지시없는 모떼기는 1x45°

2

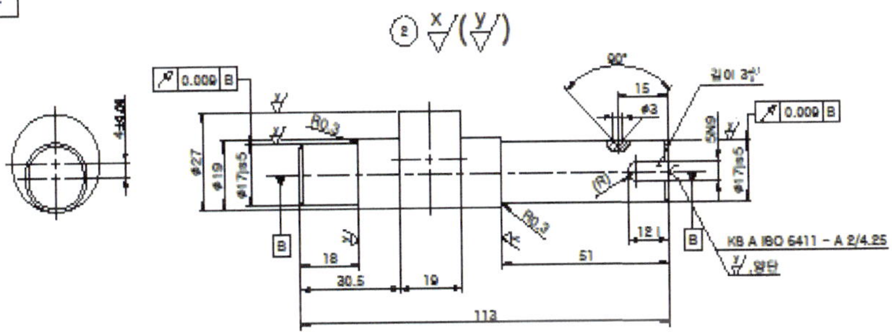

도시되고 지시없는 모떼기는 1x45°

3

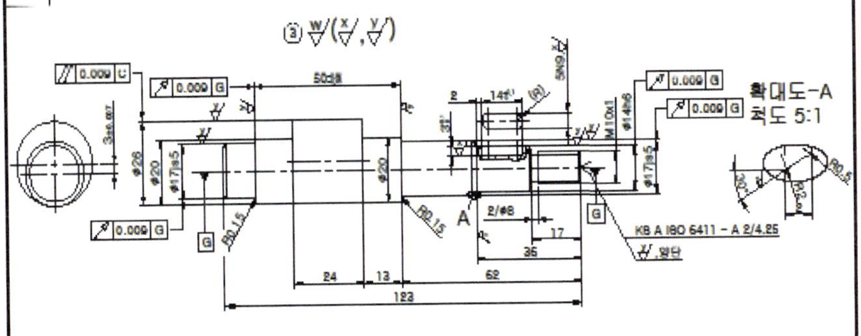

도시되고 지시없는 모떼기는 1x45°

척도	각법	과제명	도번
1 : 1		편심축	

1

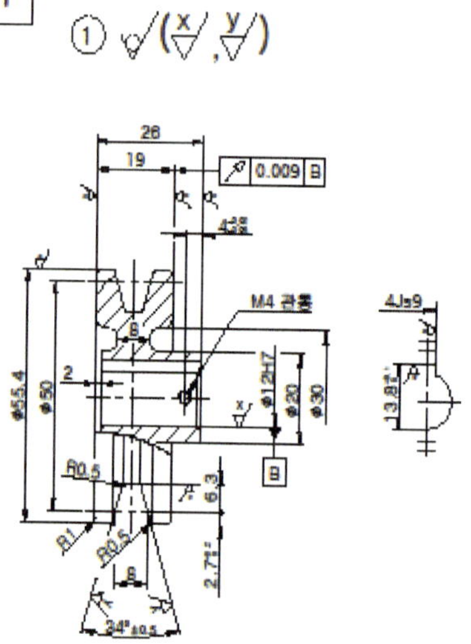

도시되고 지시없는 모떼기는 1x45°
필렛과 라운드는 R2

2

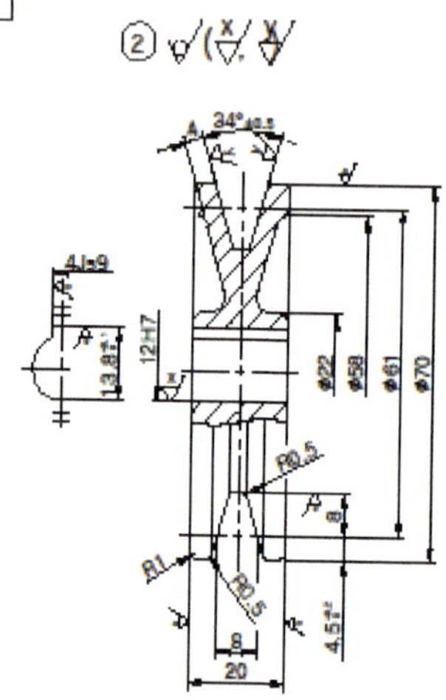

도시되고 지시없는 모떼기는 1x45°
필렛과 라운드는 R3

3

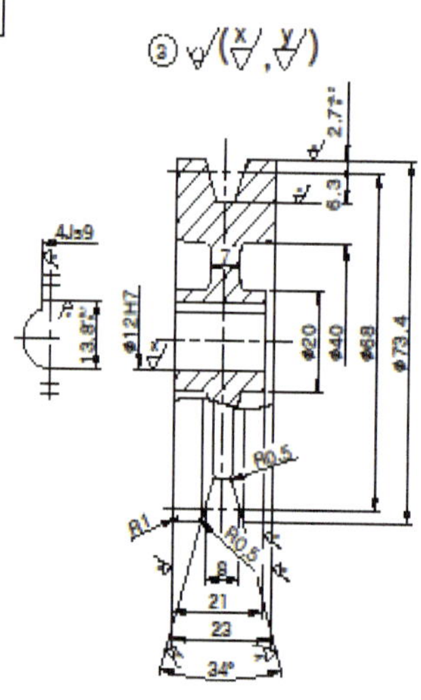

도시되고 지시없는 모떼기는 1x45°
필렛과 라운드는 R2

4

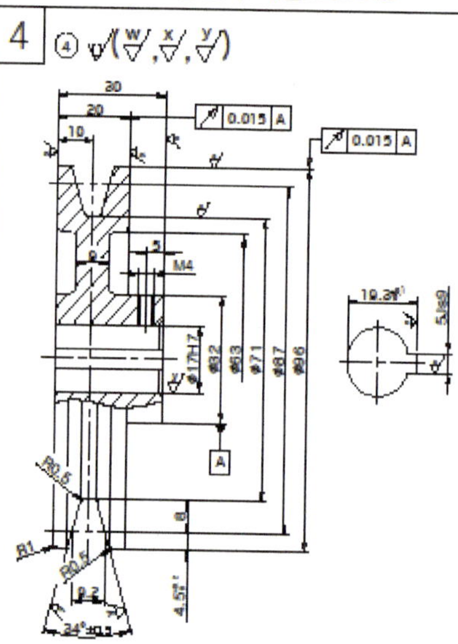

도시되고 지시없는 모떼기는 1x45°
필렛과 라운드는 R2

척도	각법	과제명	도번
1 : 1	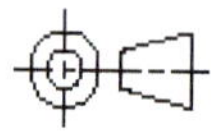	V-벨트풀리	

1

① w√(x√, y√)

도시되고 지시없는 모떼기는 1x45°
필렛과 라운드는 R3

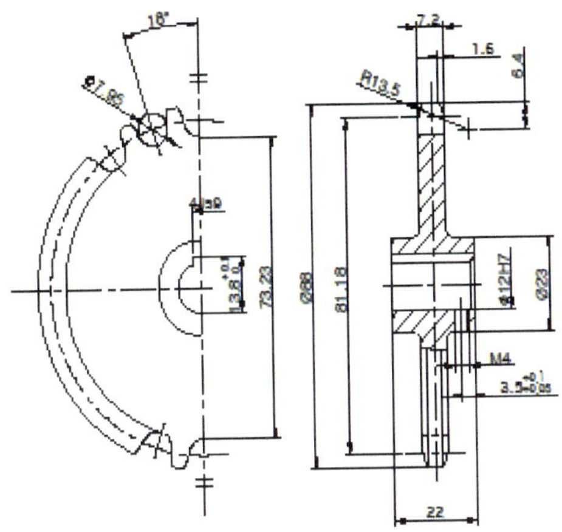

체인,스프로킷 요목표		
종 류	구분 \ 품번	①
호칭	호칭	40
	원주피치	12.7
	롤러외경	Ø7.95
호칭	잇수	20
	치형	U형
	피치원경	Ø81.18

2

② w√(x√, y√)

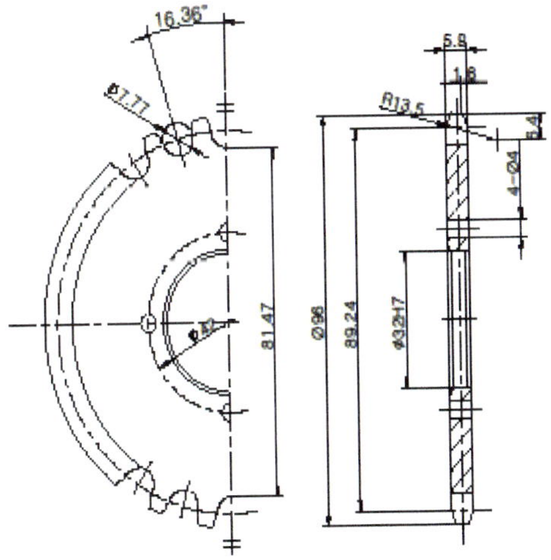

체인,스프로킷 요목표		
종 류	구분 \ 품번	②
호칭	호칭	41
	원주피치	12.7
	롤러외경	Ø7.77
호칭	잇수	22
	치형	U형
	피치원경	Ø89.24

척도	각법	과제명	도번
1 : 1		체인스프로킷-1	

3

③ $\sqrt{}$(x/, y/)

도시되고 지시없는 모떼기는 1x45°
필렛과 라운드는 R3

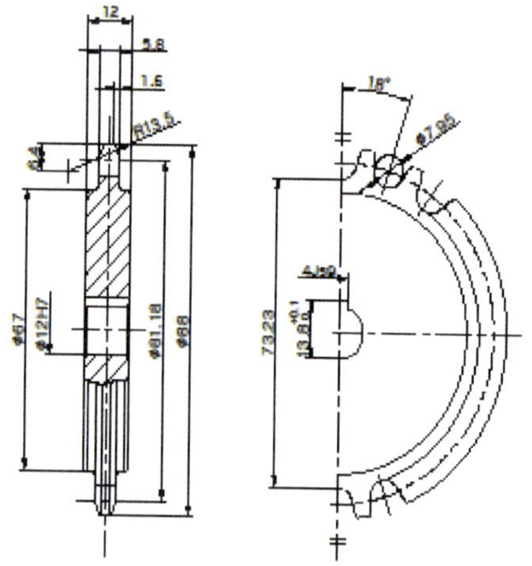

체인,스프로킷 요목표		
종 류	구분 \ 품번	③
호칭	호칭	40
	원주피치	12.7
	롤러외경	Ø7.95
호칭	잇수	20
	치형	U형
	피치원경	Ø81.18

4

④ $\sqrt{}$(x/, y/)

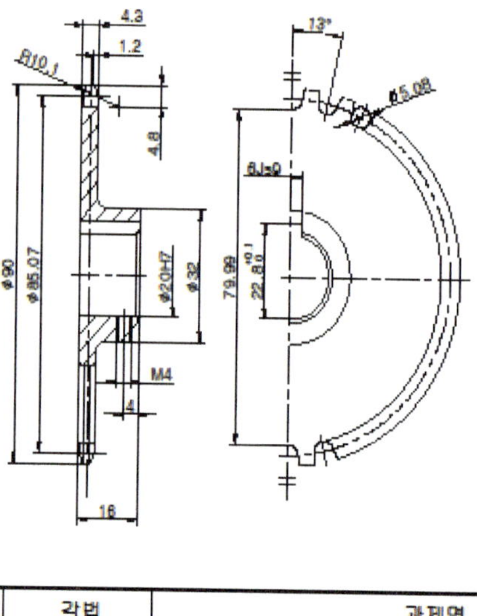

체인,스프로킷 요목표		
종 류	구분 \ 품번	④
호칭	호칭	35
	원주피치	9.525
	롤러외경	5.08
호칭	잇수	28
	치형	U형
	피치원경	Ø85.07

척도	각법	과제명	도번
1 : 1		체인스프로킷-2	

1 도시되고 지시없는 모떼기는 1x45°
필렛과 라운드는 R3

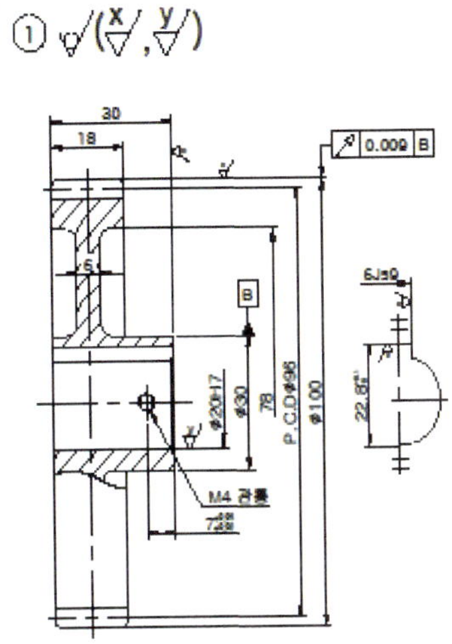

스퍼기어 요목표		
기어치형		표준
공구	치형	보통 이
	모듈	2
	압력각	20°
잇수		48
피치원 지름		ø96
전체 이 높이		4.5
다듬질 방법		호브절삭
정밀도		KS B 1405, 5급

2 도시되고 지시없는 모떼기는 1x45°
필렛과 라운드는 R3

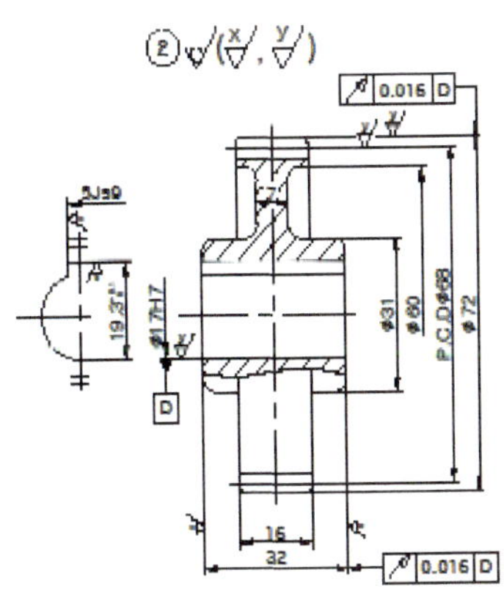

스퍼기어 요목표		
기어치형		표준
공구	치형	보통 이
	모듈	2
	압력각	20°
잇수		34
피치원 지름		ø68
전체 이 높이		4.5
다듬질 방법		호브절삭
정밀도		KS B 1405, 5급

척도	각법	과제명	도번
1 : 1		스퍼기어-1	

3 도시되고 지시없는 모떼기는 1x45°
필렛과 라운드는 R3

스퍼기어 요목표		
기어치형		표준
공구	치형	보통 이
	모듈	2
	압력각	20°
잇수		32
피치원 지름		φ64
전체 이 두께		4.5
다듬질 방법		호브 절삭
정밀도		KS B 1405, 5급

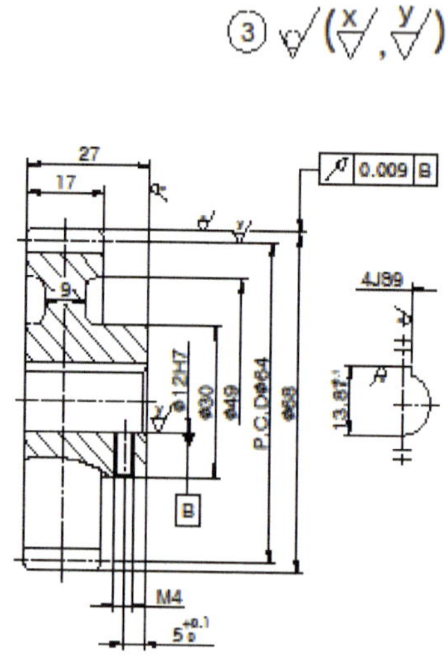

4 도시되고 지시없는 모떼기는 1x45°
필렛과 라운드는 R3

스퍼기어 요목표		
기어치형		표준
공구	치형	보통 이
	모듈	2
	압력각	20°
잇수		24
피치원 지름		φ48
전체 이 높이		4.5
다듬질 방법		호브절삭
정밀도		KS B 1405, 5급

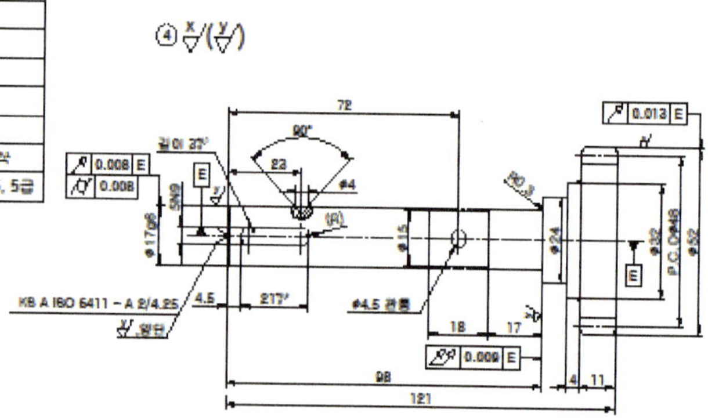

척도	각법	과제명	도번
1 : 1		스퍼기어-2	

1 도시되고 지시없는 모떼기는 1x45°

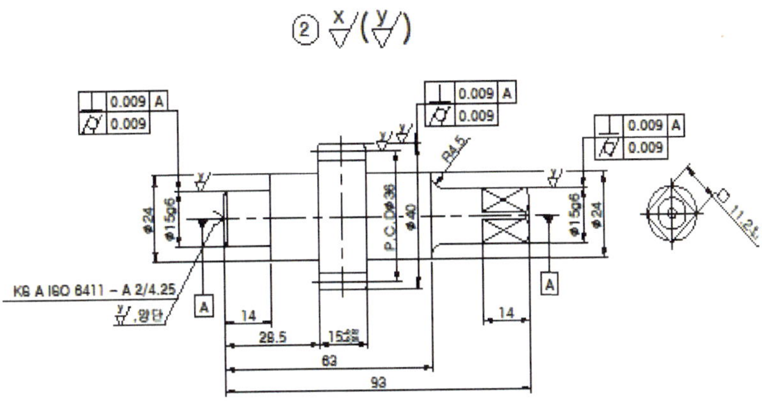

2 도시되고 지시없는 모떼기는 1x45°

래크, 피니언 요목표			
		②	③
기어치형		표준	
기준	치형	보통 이	
래크	모듈	2	
압력각		20°	
잇수		18	31
피치원 지름		⌀32	⌀62
전체 이 높이		4.5	
다듬질 방법		호브절삭	
정밀도		KS B 1405, 5급	

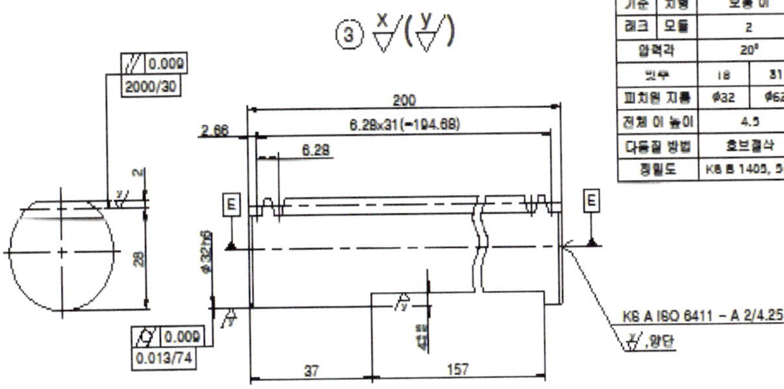

척도	각법	과제명	도번
1 : 1		래크와 피니언	

1 도시되고 지시없는 모떼기는 1x45°

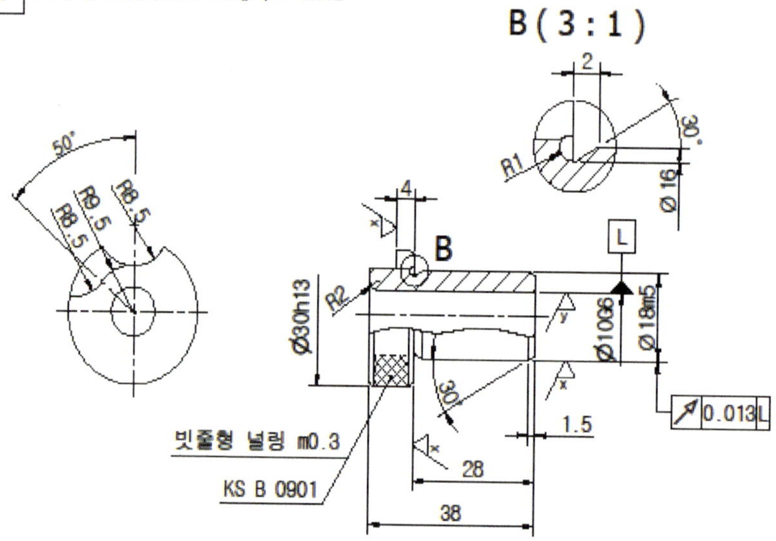

2 도시되고 지시없는 모떼기는 1x45°

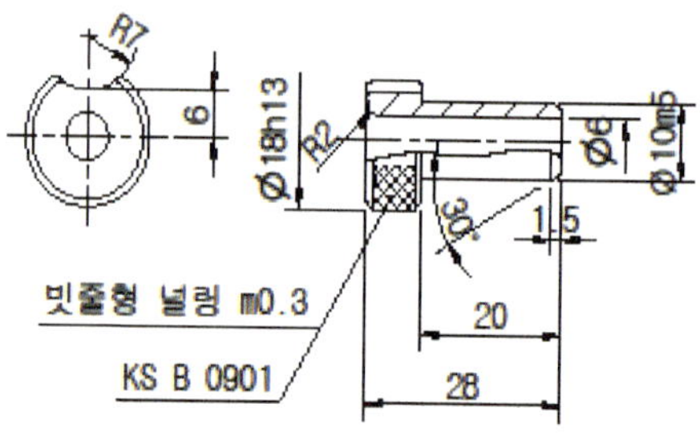

척도	각법	과제명	도번
1 : 1		드릴부시	

10

기계설계 모델링 3D 예제

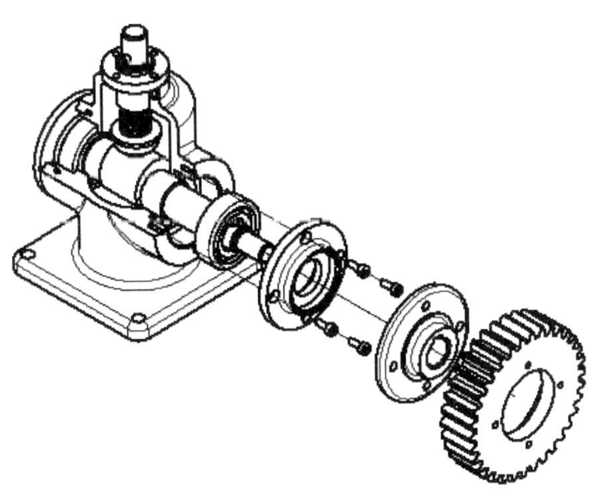

Computer Aided Three-Dimensional Interactive Applications

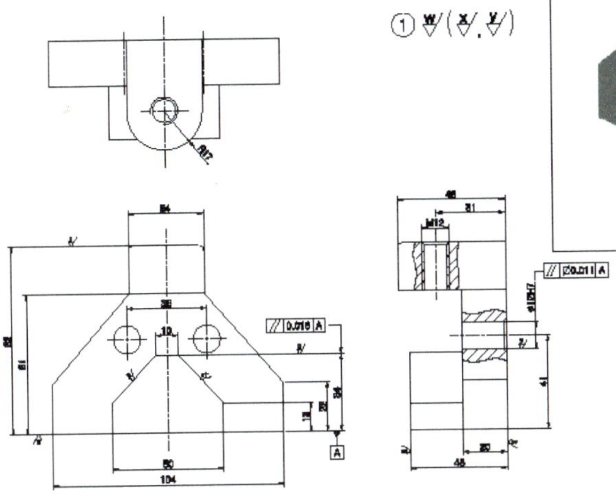

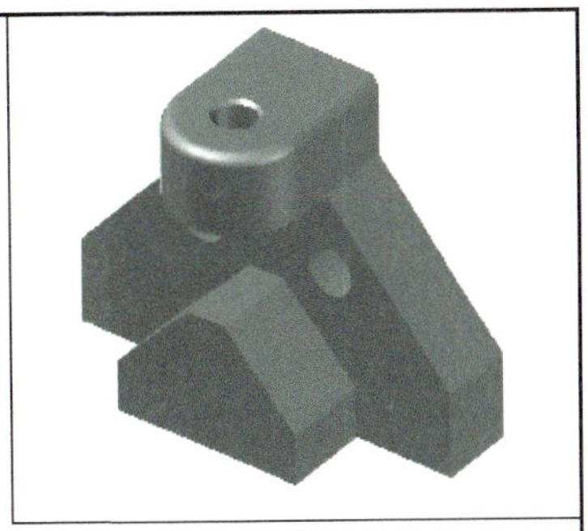

도시되고 지시없는 모떼기는 1x45°
필렛과 라운드는 R3

척도	각법	과제명	도번
1 : 1		본체-01	

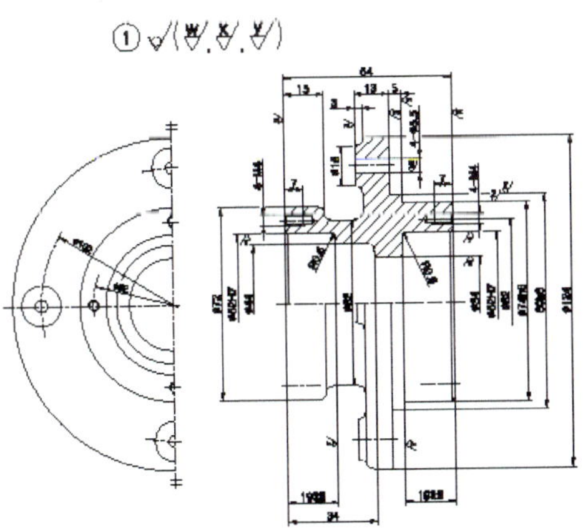

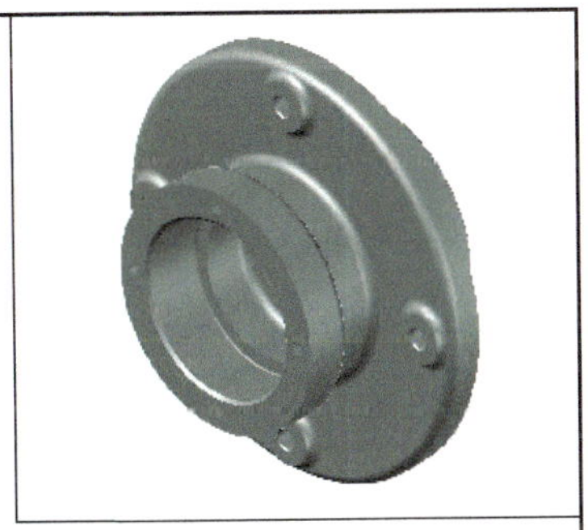

도시되고 지시없는 모떼기는 1x45°
필렛과 라운드는 R3

척도	각법	과제명	도번
1 : 1		본체-02	

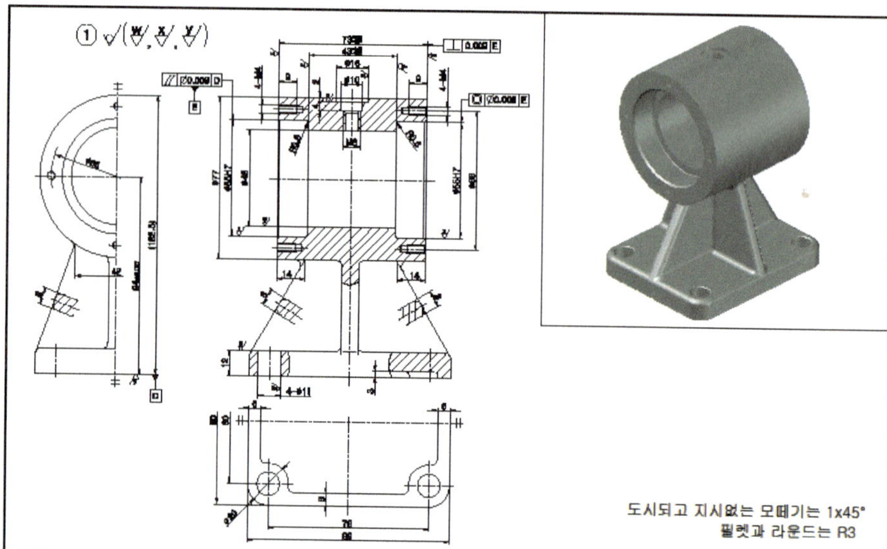

도시되고 지시없는 모떼기는 1x45°
필렛과 라운드는 R3

척도	각법	과제명	도번
1 : 1	⊕◁	본체-03	

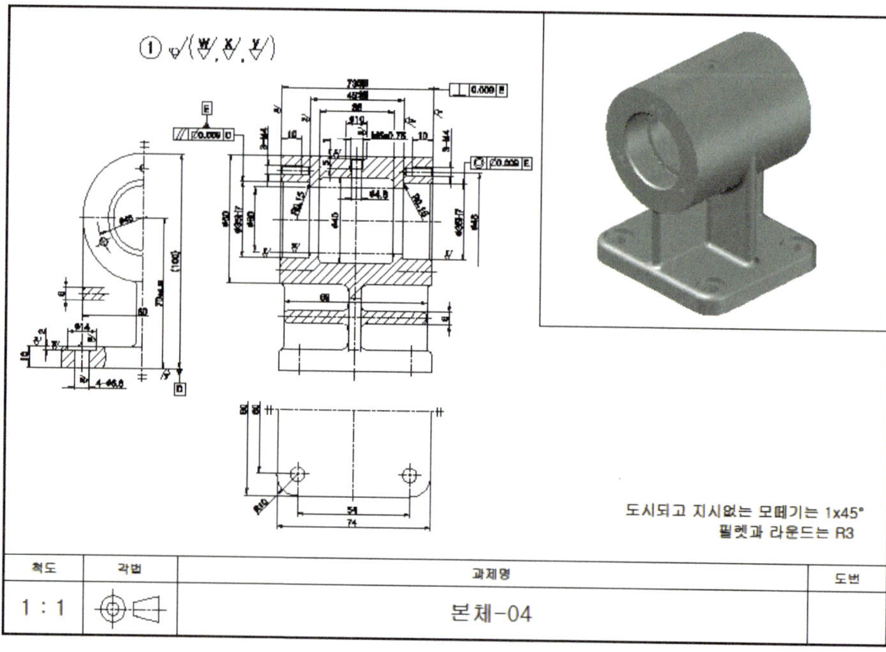

도시되고 지시없는 모떼기는 1x45°
필렛과 라운드는 R3

척도	각법	과제명	도번
1 : 1	⊕◁	본체-04	

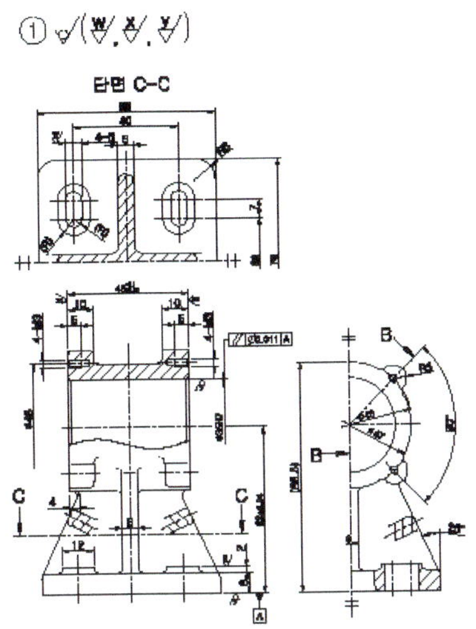

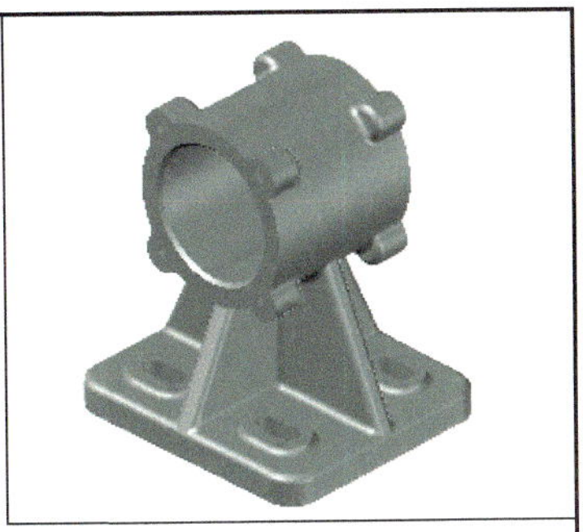

도시되고 지시없는 모떼기는 1x45°
필렛과 라운드는 R2

척도	각법	과제명	도번
1 : 1		본체-05	

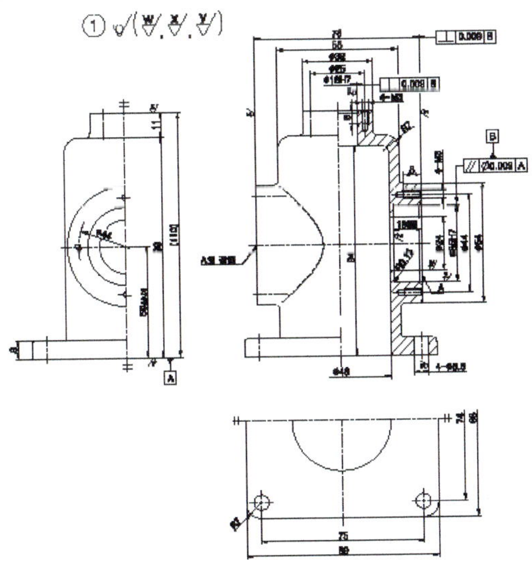

도시되고 지시없는 모떼기는 1x45°
필렛과 라운드는 R2

척도	각법	과제명	도번
1 : 1		본체-06	

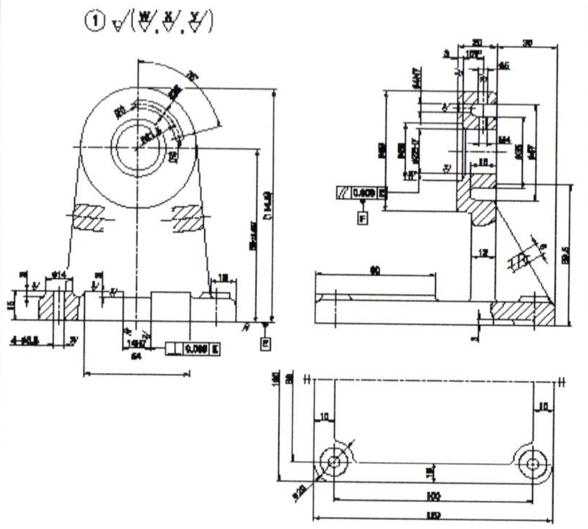

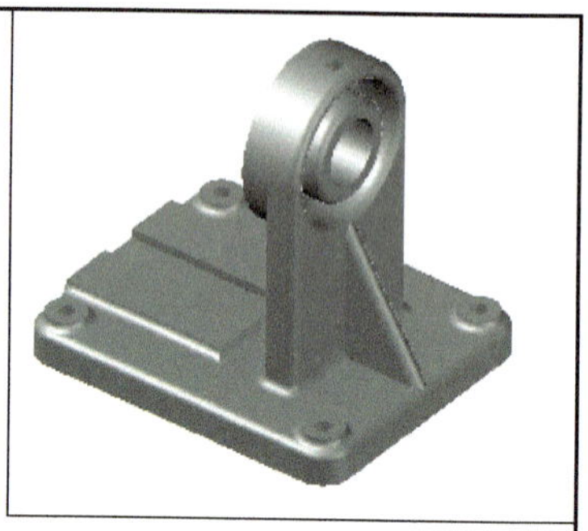

도시되고 지시없는 모떼기는 1x45°
필렛과 라운드는 R3

척도	각법	과제명	도번
1 : 1		본체-07	

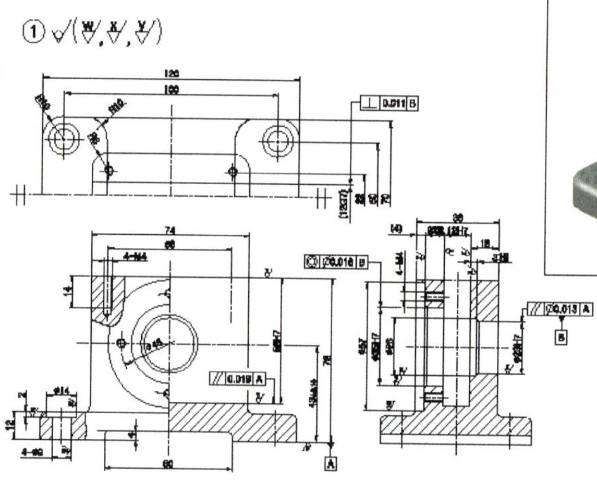

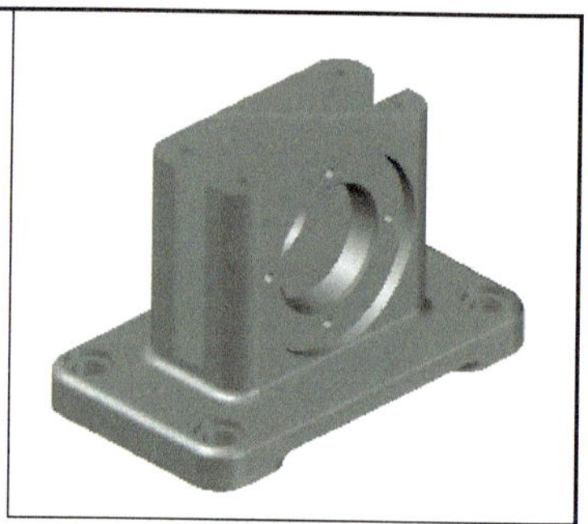

도시되고 지시없는 모떼기는 1x45°
필렛과 라운드는 R3

척도	각법	과제명	도번
1 : 1		본체-08	

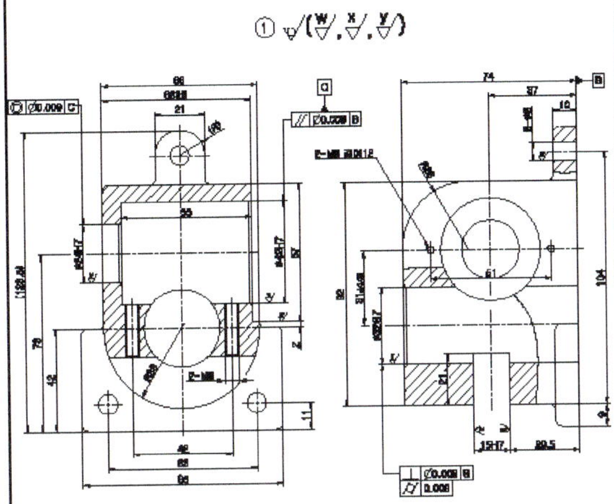

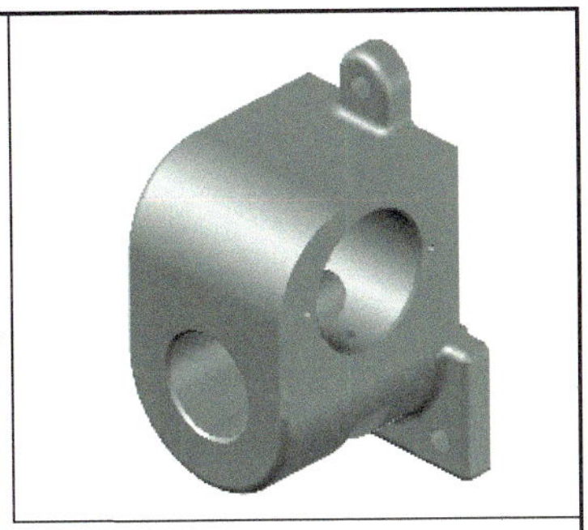

도시되고 지시없는 모떼기는 1x45°
필렛과 라운드는 R3

척도	각법	과제명	도번
1 : 1		본체-09	

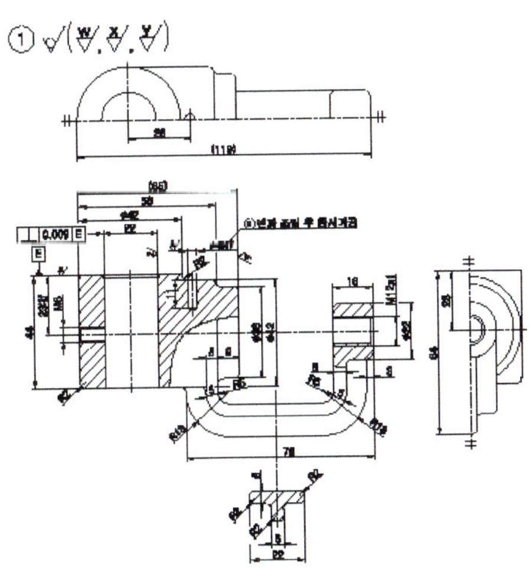

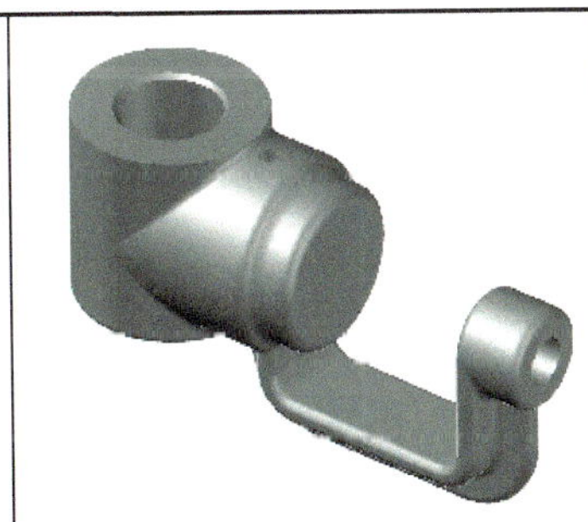

도시되고 지시없는 모떼기는 1x45°
필렛과 라운드는 R3

척도	각법	과제명	도번
1 : 1		본체-10	

부 록

기계설계 기출문제 예제도면

Computer Aided Three-Dimensional Interactive Applications

도면

자격종목	산업기사/기사	과제명	V 벨트타이트너	척도	1 : 1

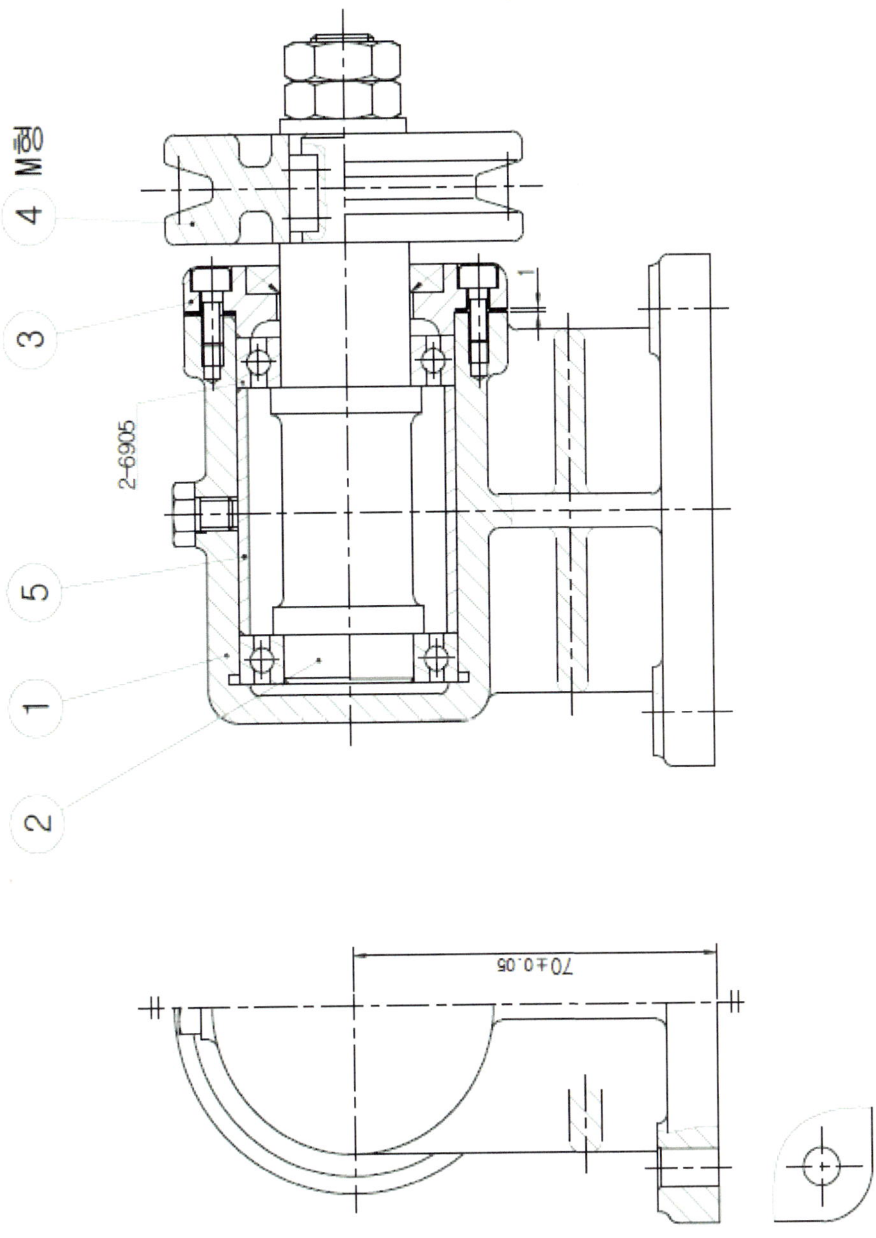

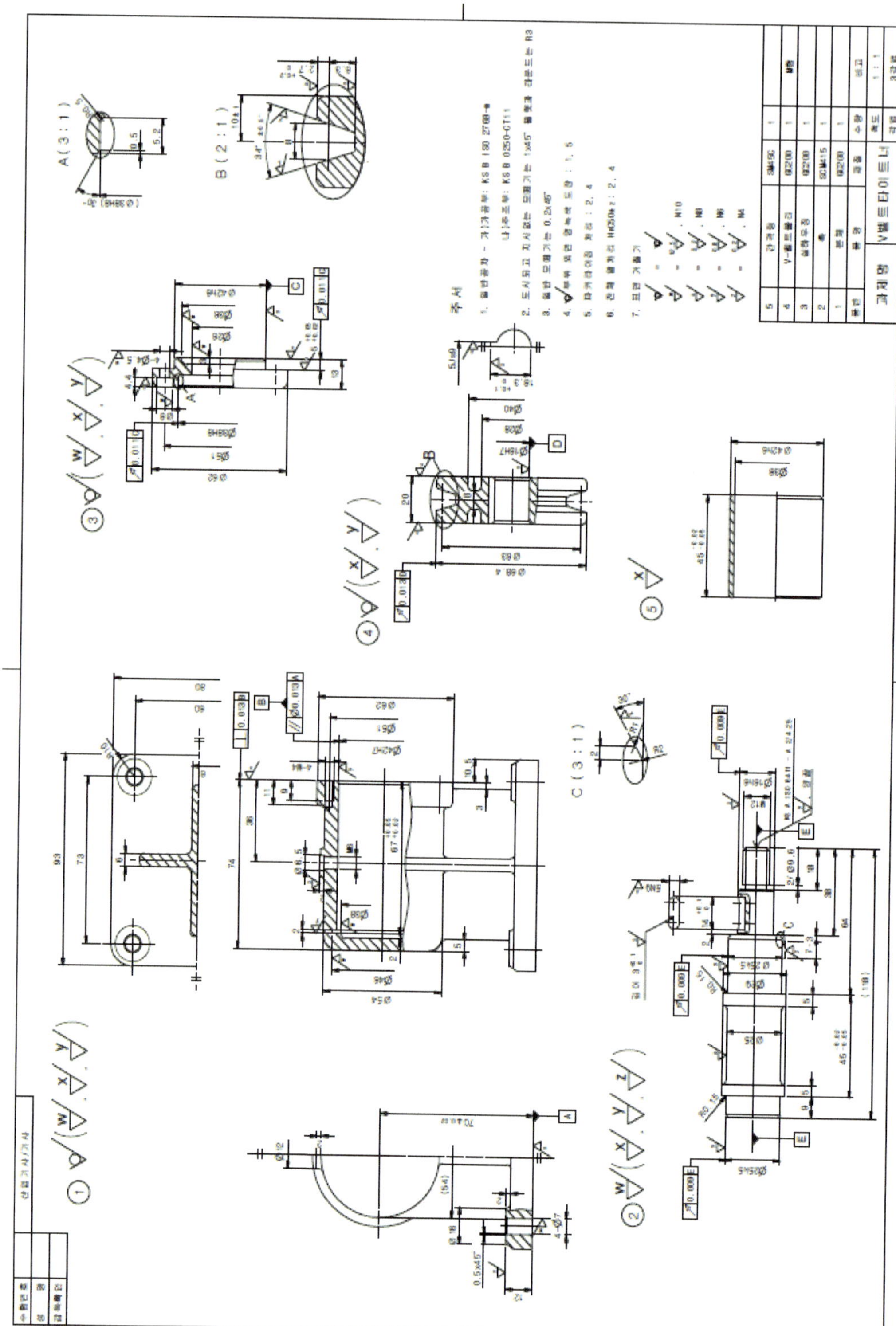

수험번호		산업기사/기사
성 명		
감독확인		

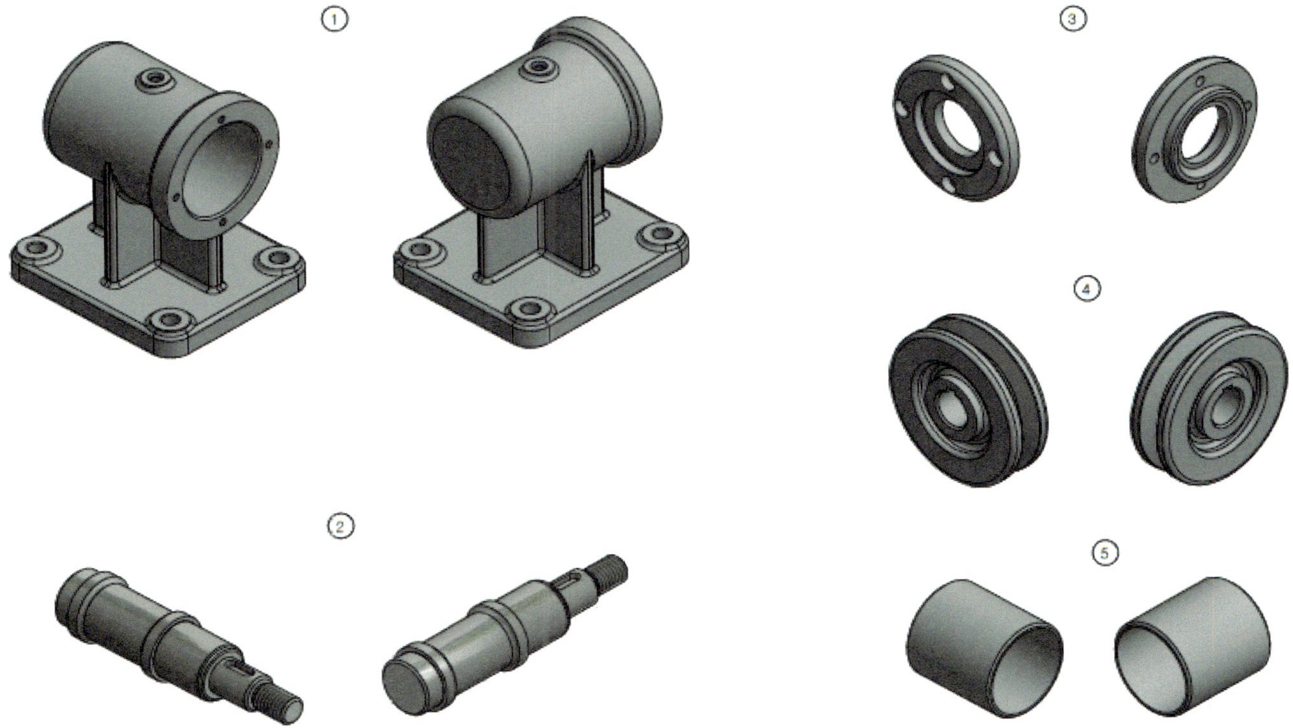

5	간격링	SM45C	1	
4	V-벨트풀리	GC200	1	M형
3	실하우징	GC200	1	
2	축	SCM415	1	
1	본체	GC200	1	
품번	품 명	재질	수량	비고
과제명	V벨트타이트너		척도	1 : 1
			각법	3각법

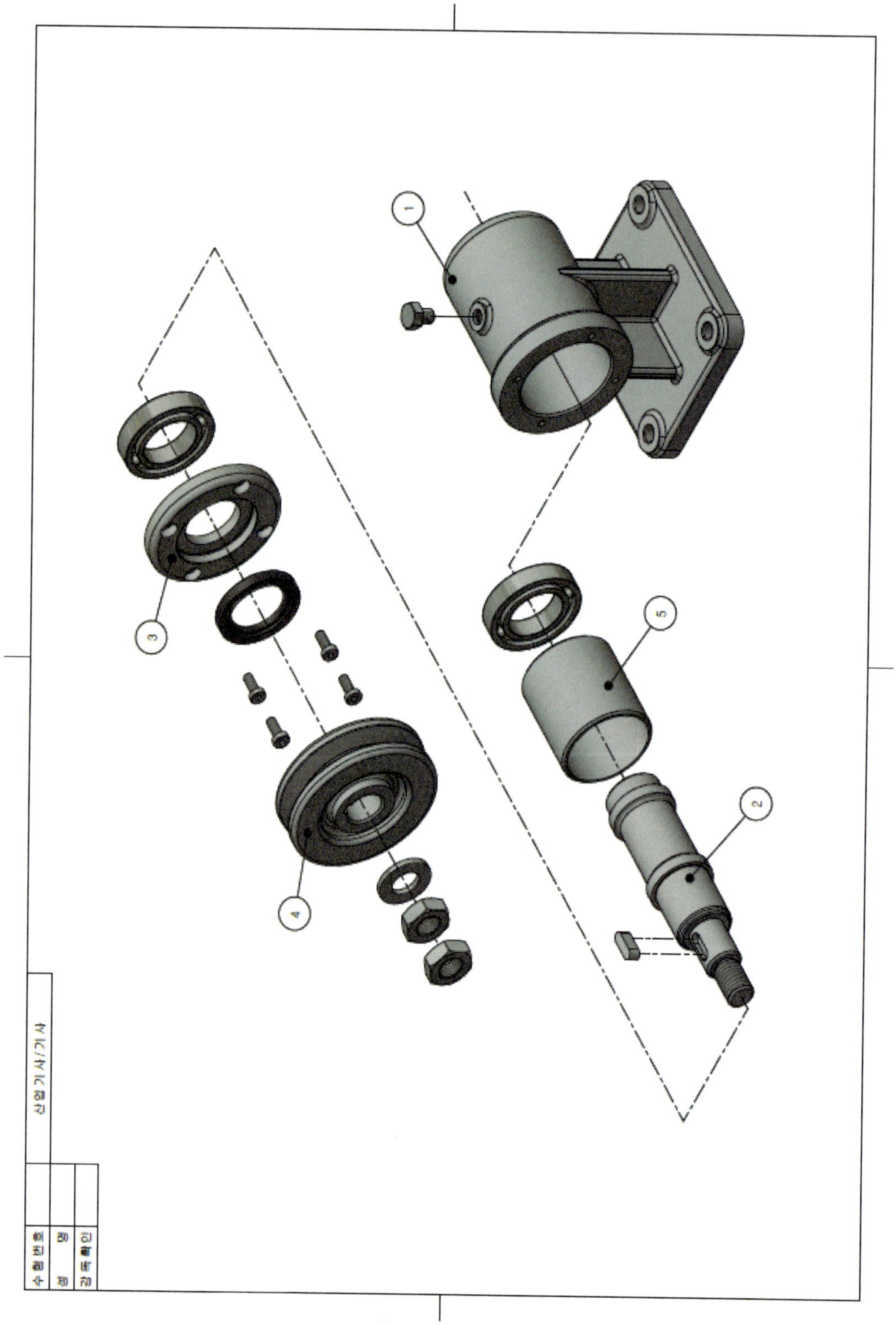
1
2
3
4
5
산업기사/기사
수험번호
성명
감독확인

도면

자격종목	산업기사/기사	과제명	편심왕복장치	척도	1 : 1

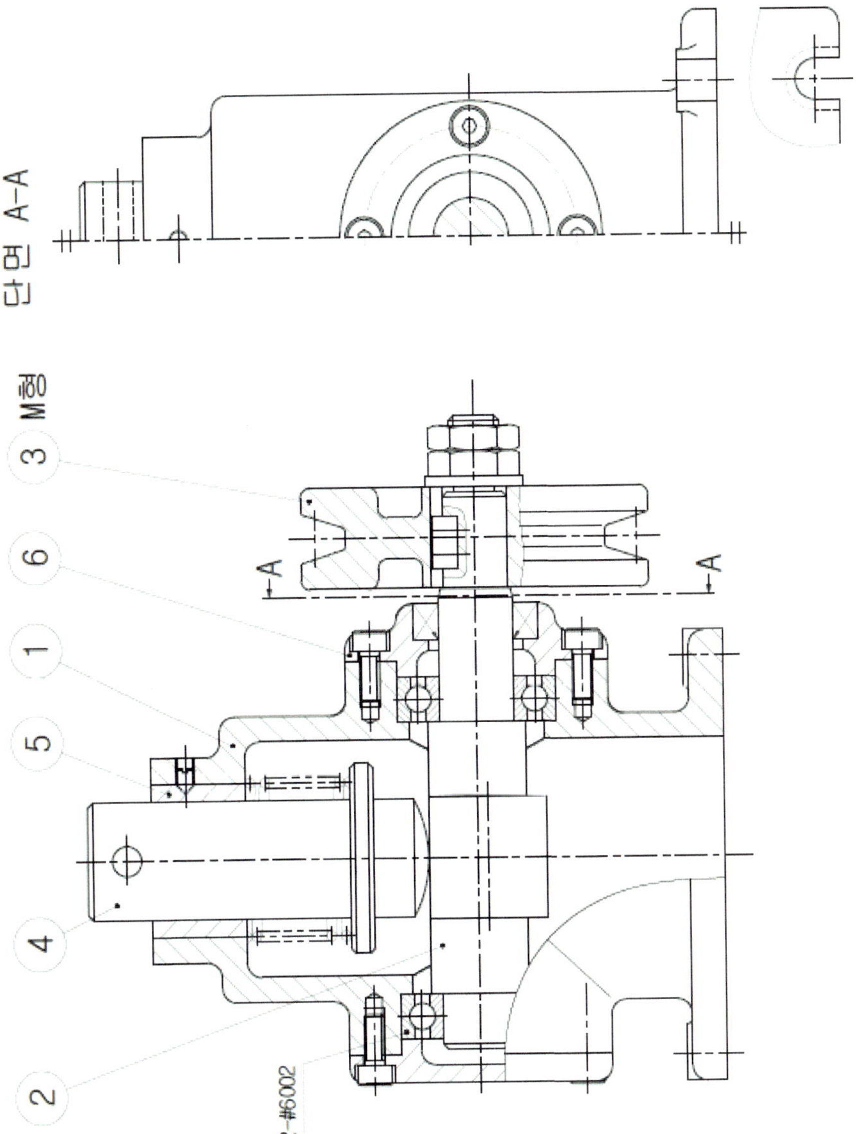

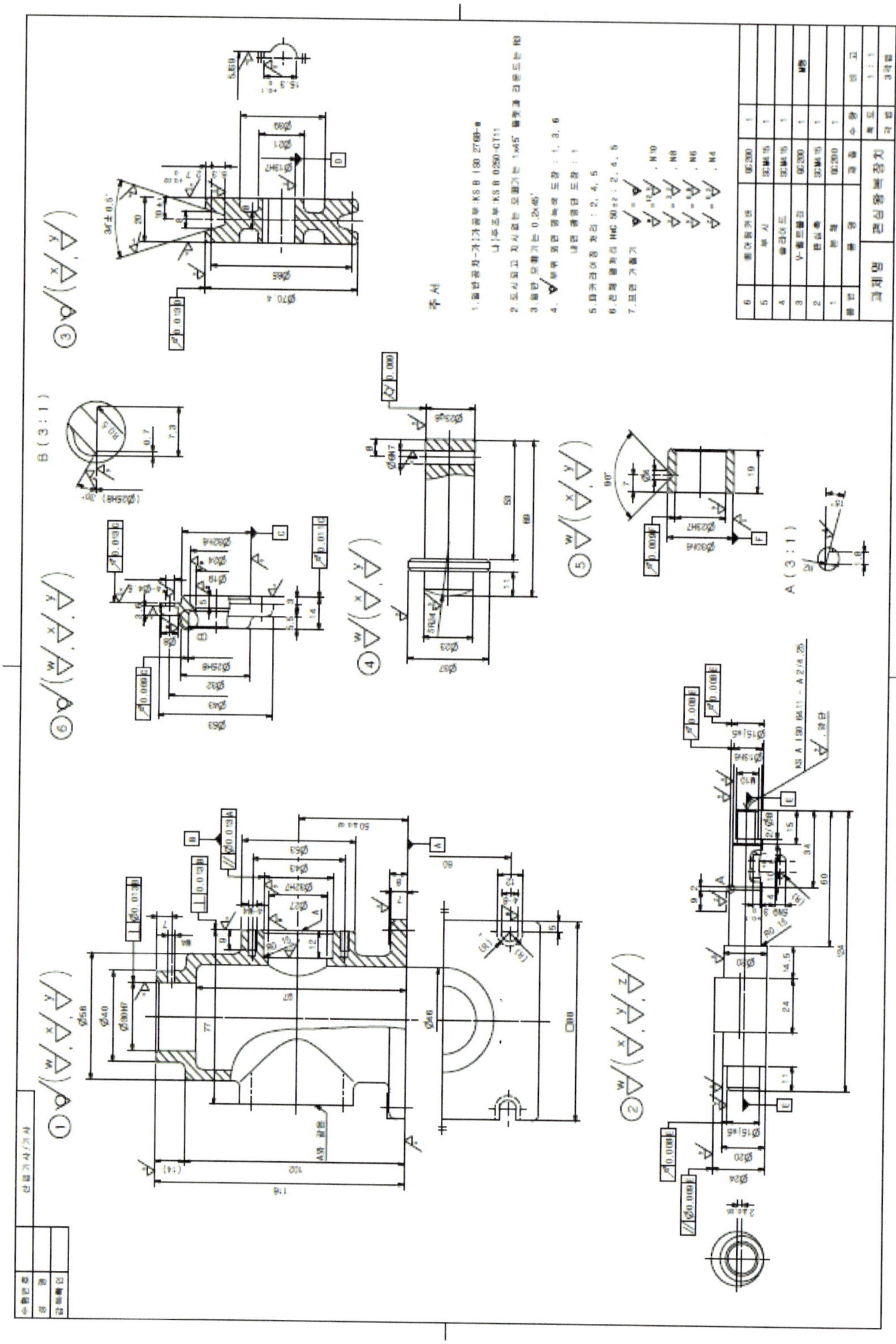

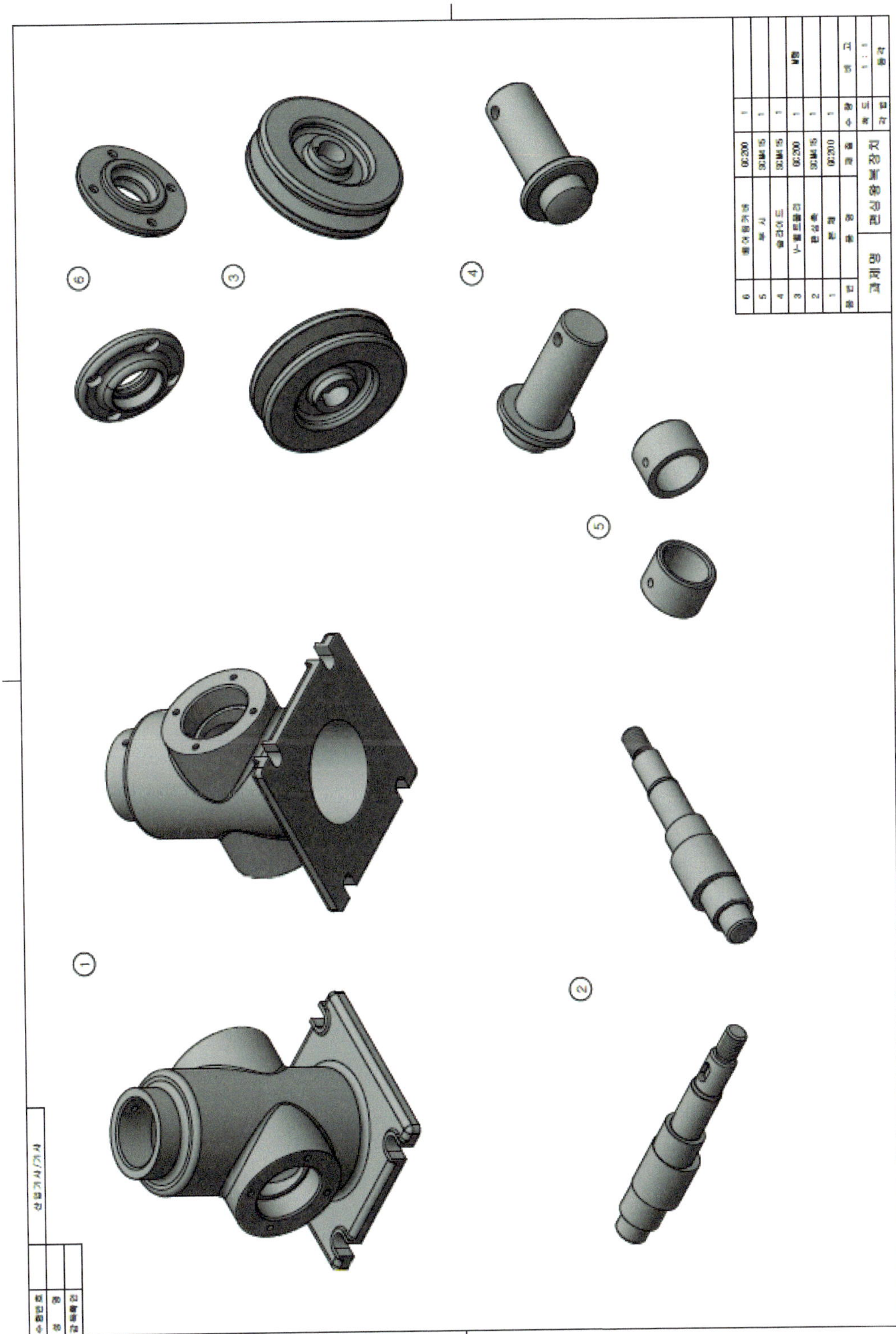

6 베어링커버 GC200 1
5 부시 SCM415 1
4 슬라이드 SCM415 1
3 V-벨트풀리 GC200 1 M형
2 편심축 SCM415 1
1 본체 GC200 1
품번 품명 재질 수량 비고
과제명 편심왕복장치
척도 1:1
각법 3각법
수험번호
성명
감독확인
산업기사/기사
①
②
③
④
⑤
⑥

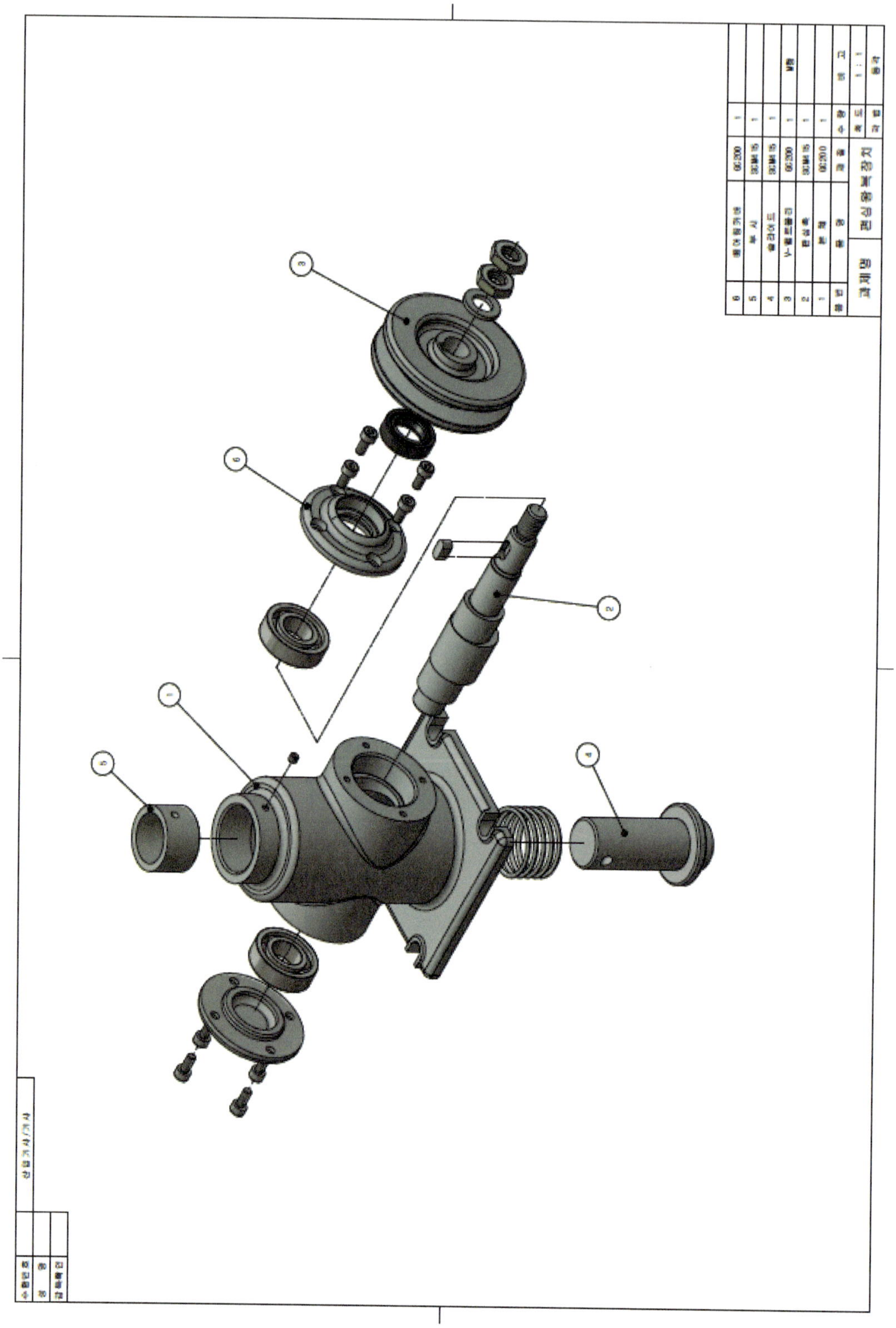

도면

자격종목	산업기사/기사	과제명	드릴지그	척도	1 : 1

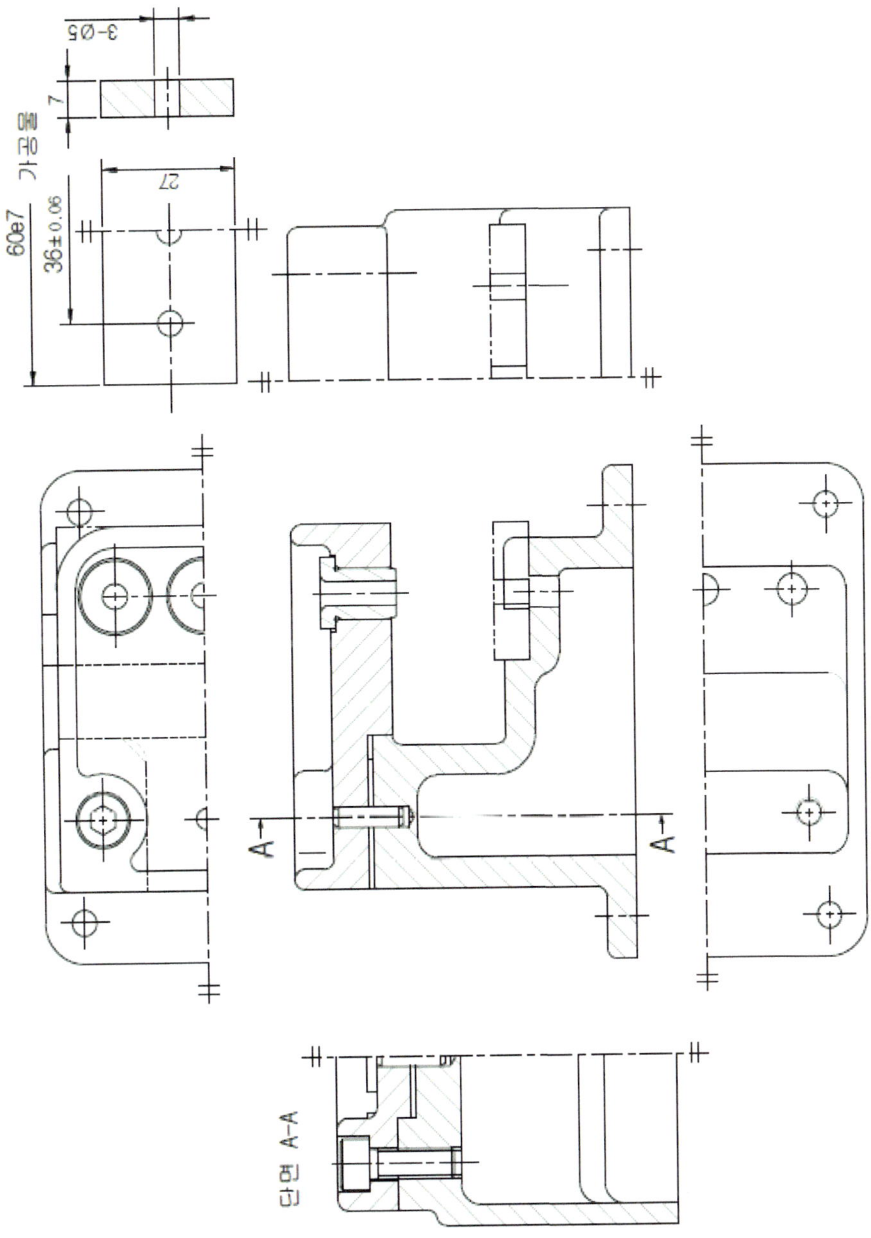

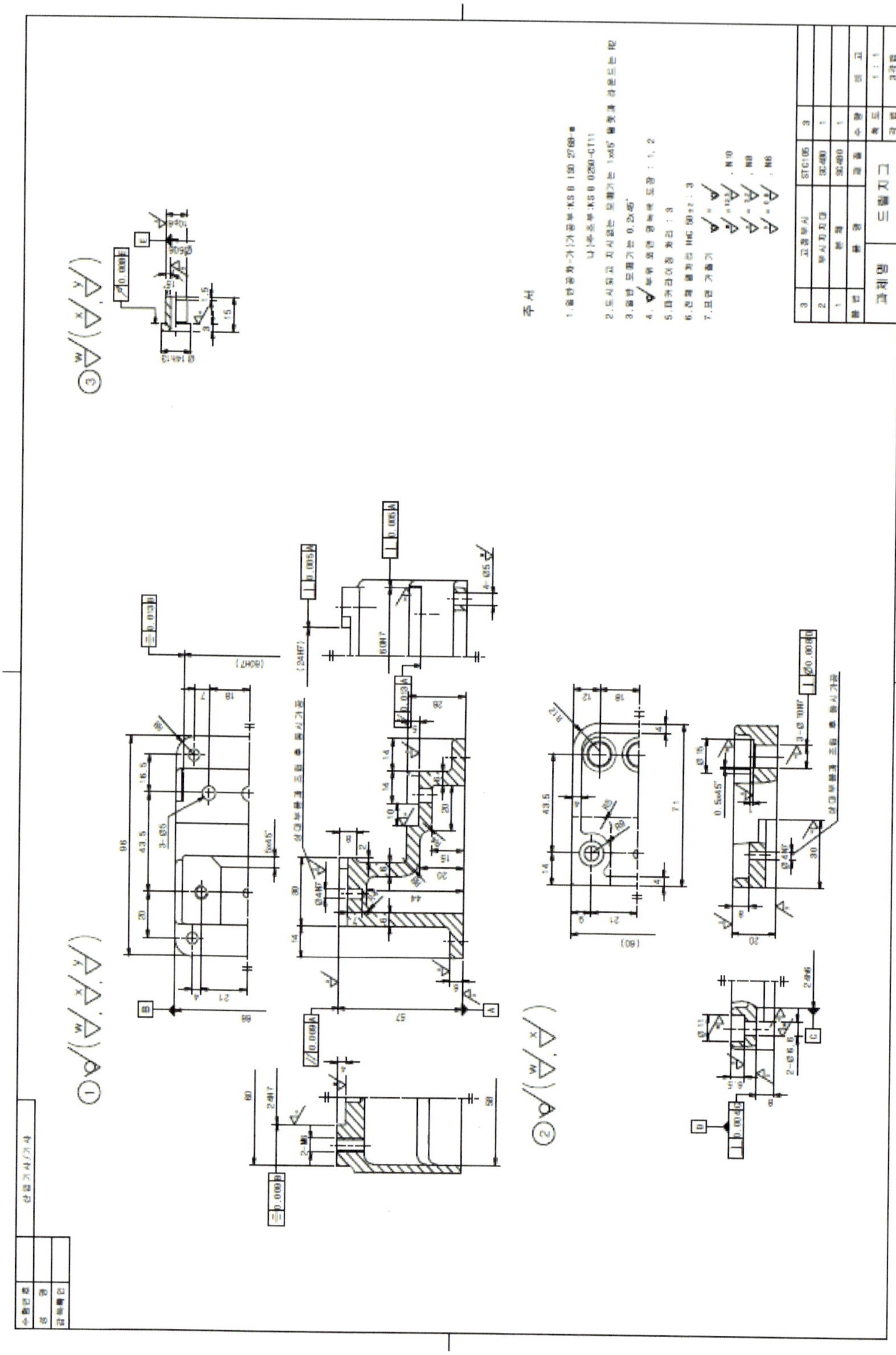

수험번호		산업기사/기사
성 명		
감독확인		

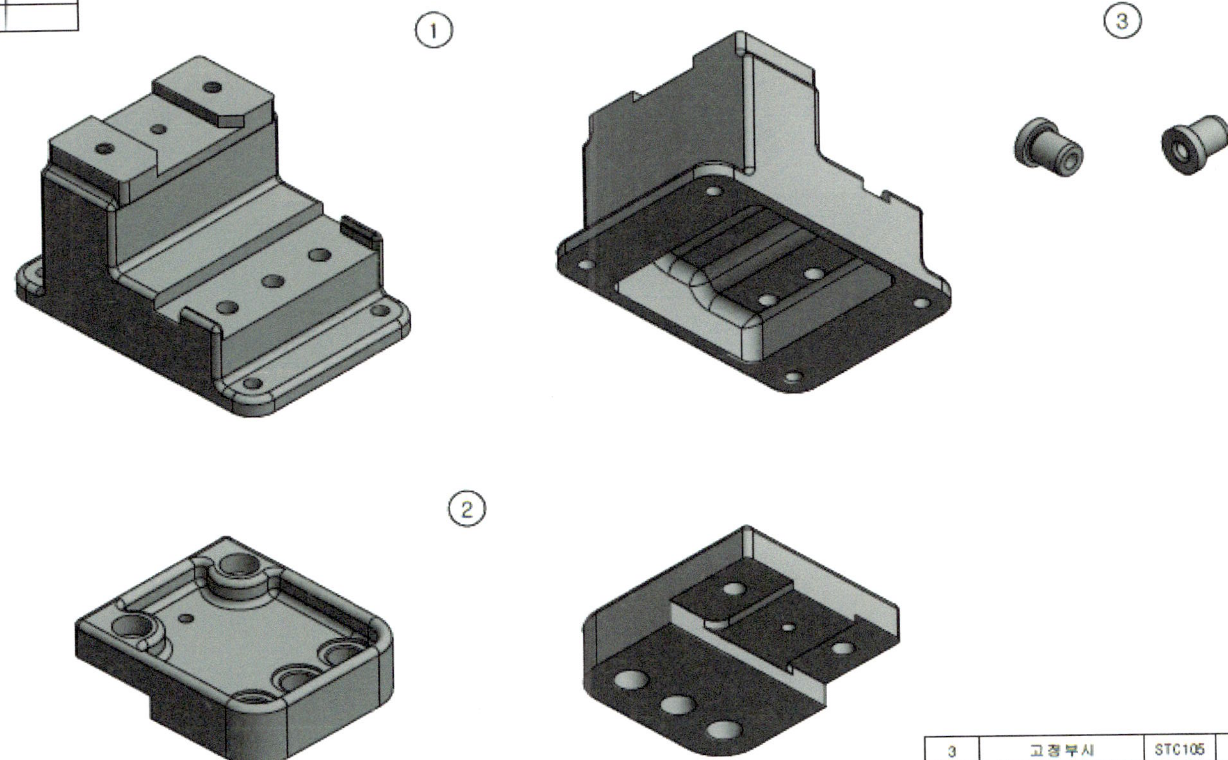

3	고정부시	STC105	3	
2	부시지지대	SC480	1	
1	본 체	SC480	1	
품 번	품 명	재 질	수 량	비 고
과제명	드릴지그		척 도	1 : 1
			각 법	3각

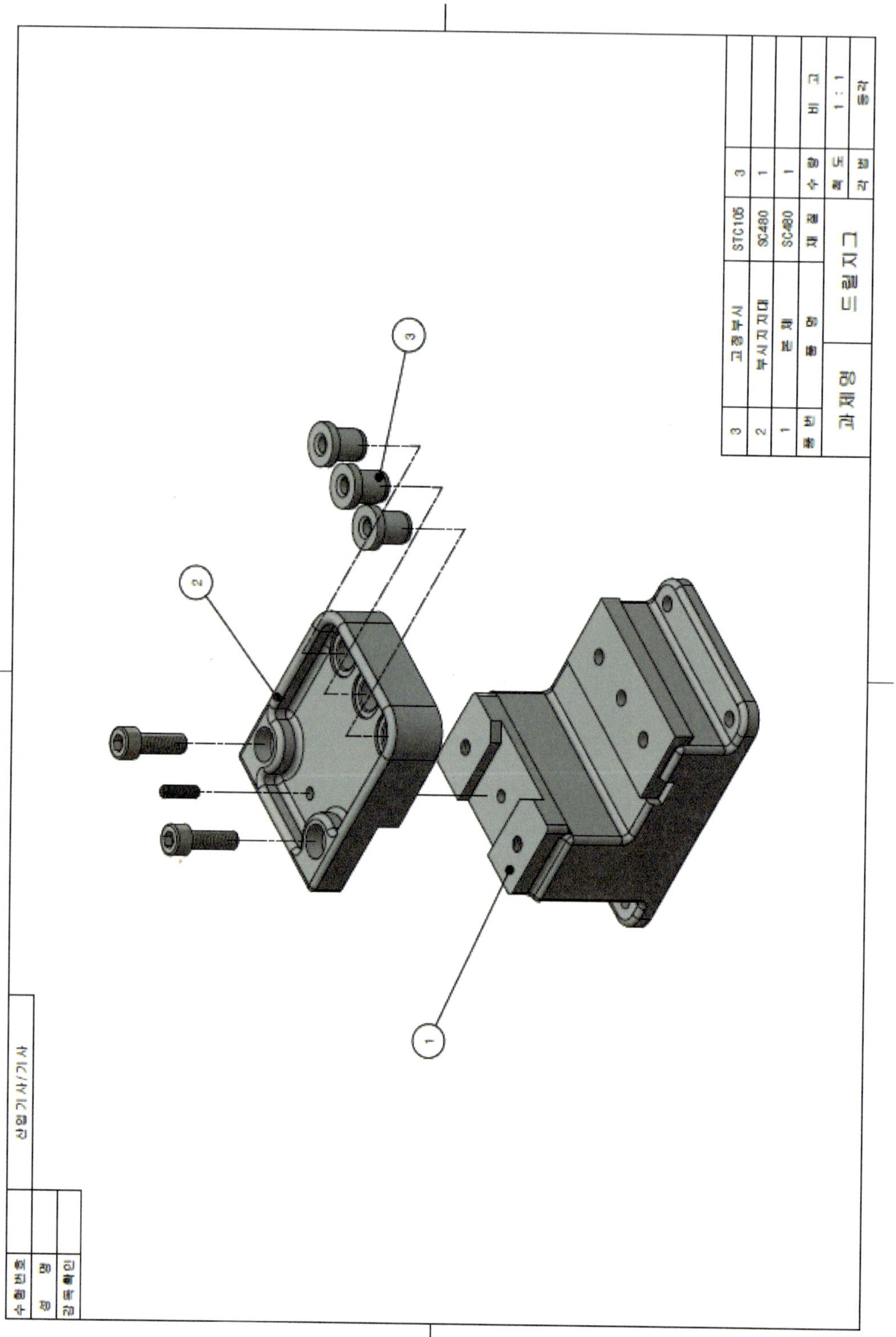
3
2
1
3 고정부시 STC105 3
2 부시지지대 SC480 1
1 본체 SC480 1
품번 품명 재질 수량 비고
과제명 드릴지그
척도 1 : 1
각법 3각
산업기사/기사
수험번호
성명
감독확인

도면

자격종목	산업기사/기사	과제명	편심왕복장치	척도	1 : 1

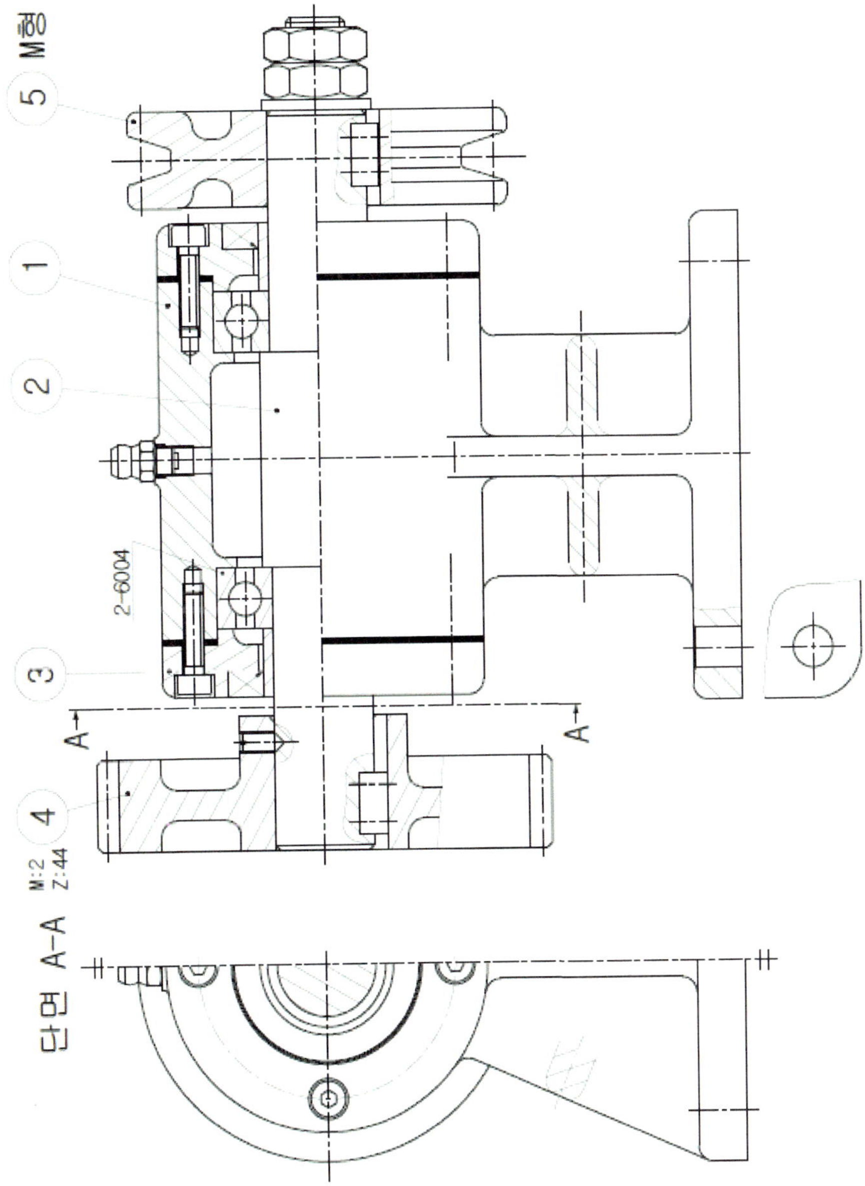

A

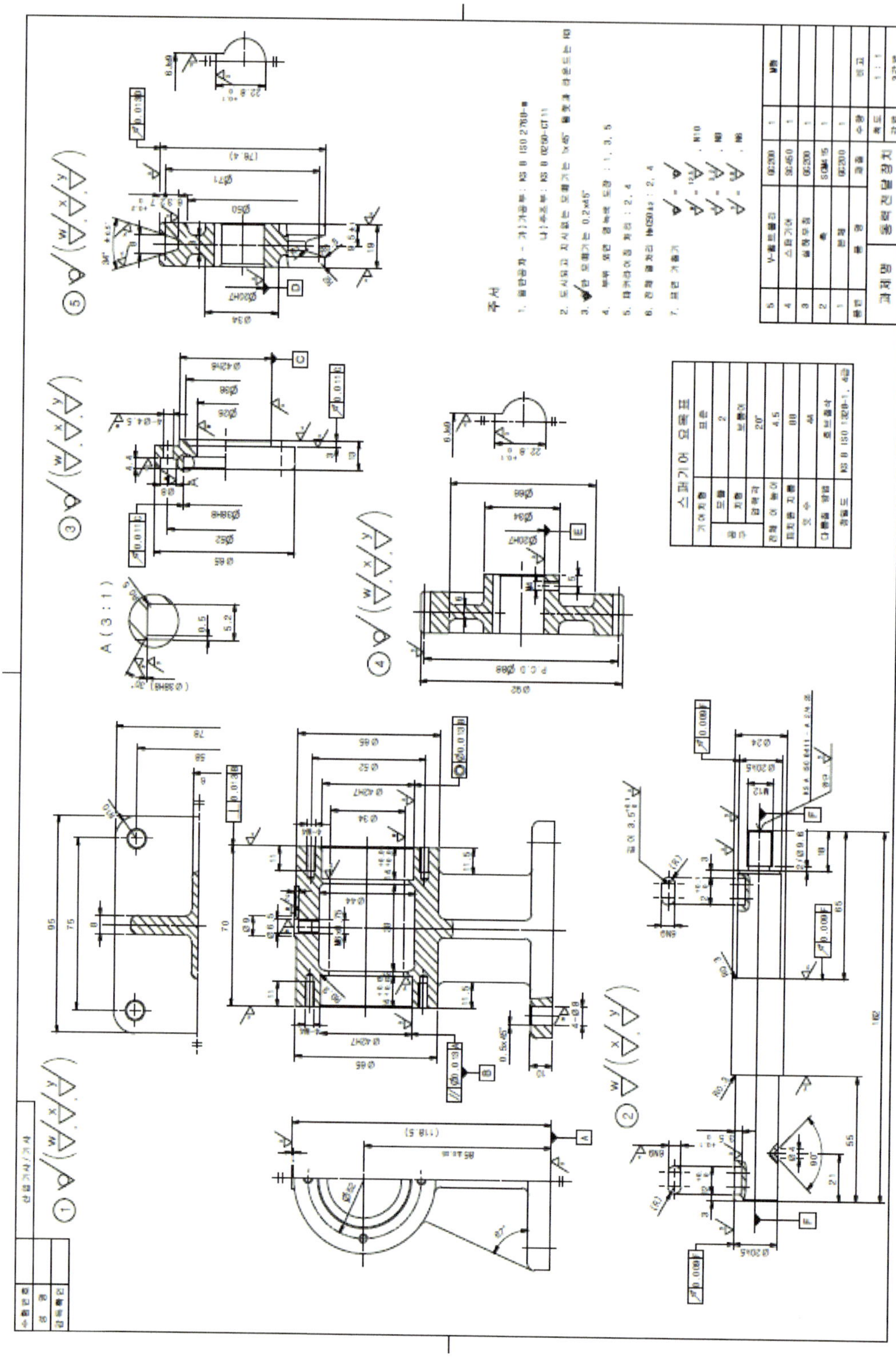

수험번호		산업기사/기사
성 명		
감독확인		

5	V-벨트풀리	GC200	1	M형
4	스퍼기어	SC450	1	
3	실하우징	GC200	1	
2	축	SCM415	1	
1	본체	GC200	1	
품번	품 명	재질	수량	비고
과제명	동력전달장치		척도	1 : 1
			각법	3각법

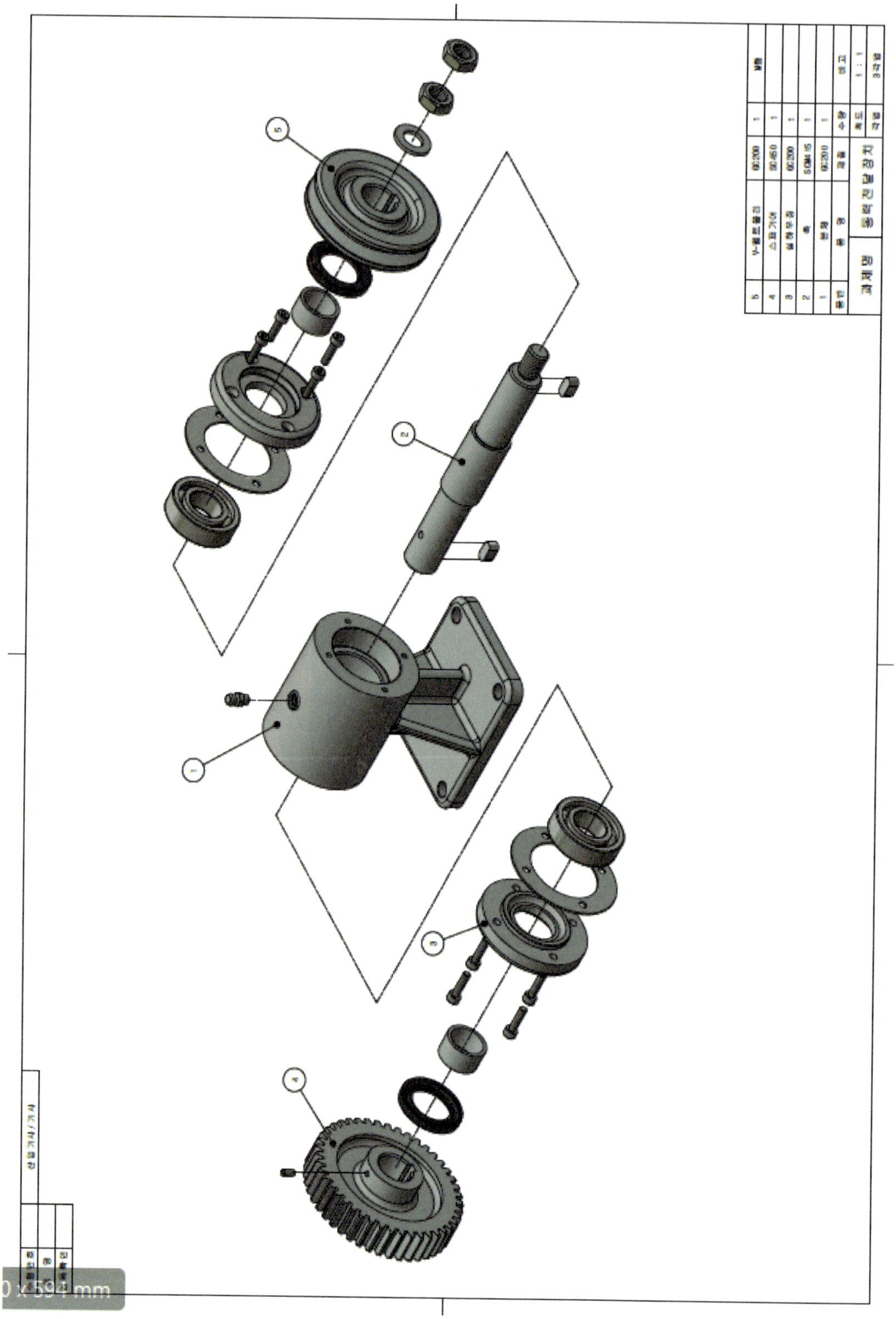

도면

자격종목	산업기사/기사	과제명	동력전달장치	척도	1 : 1

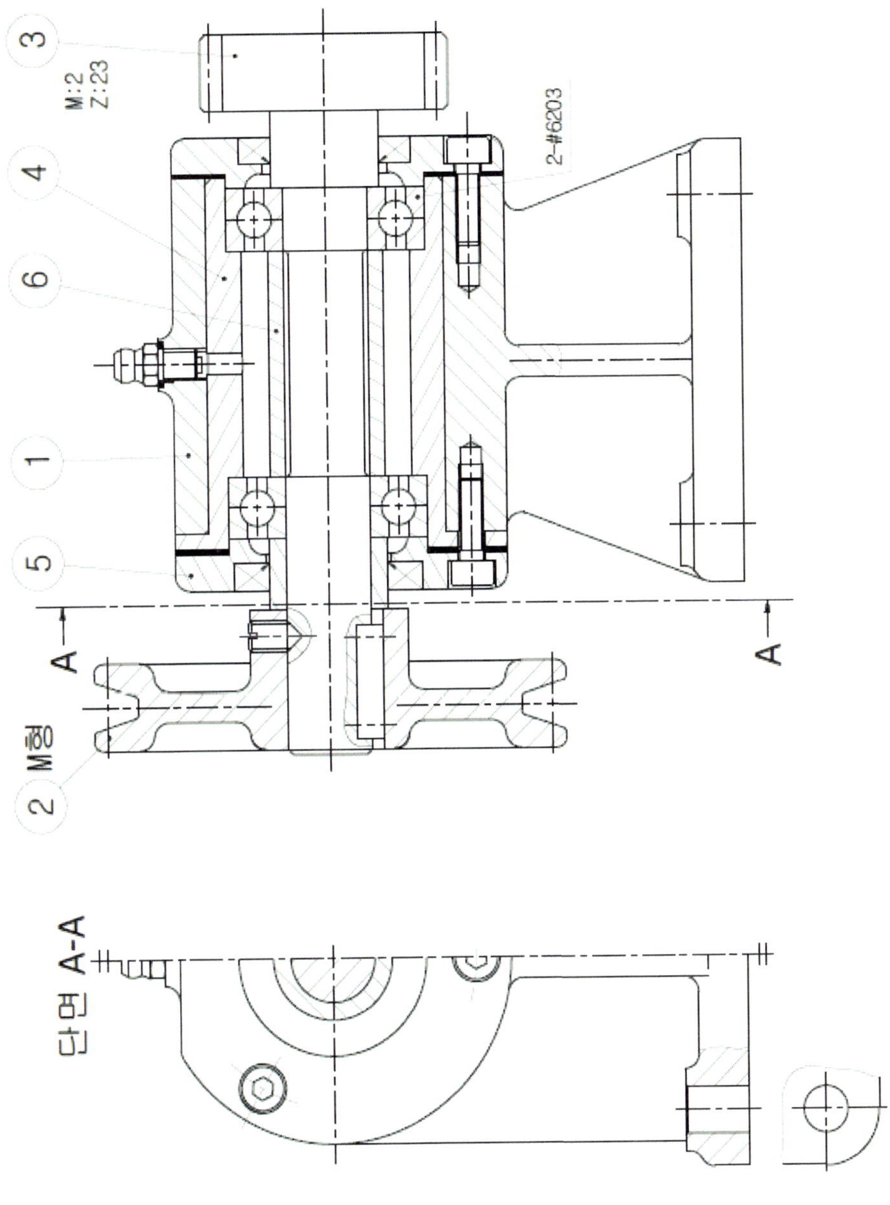

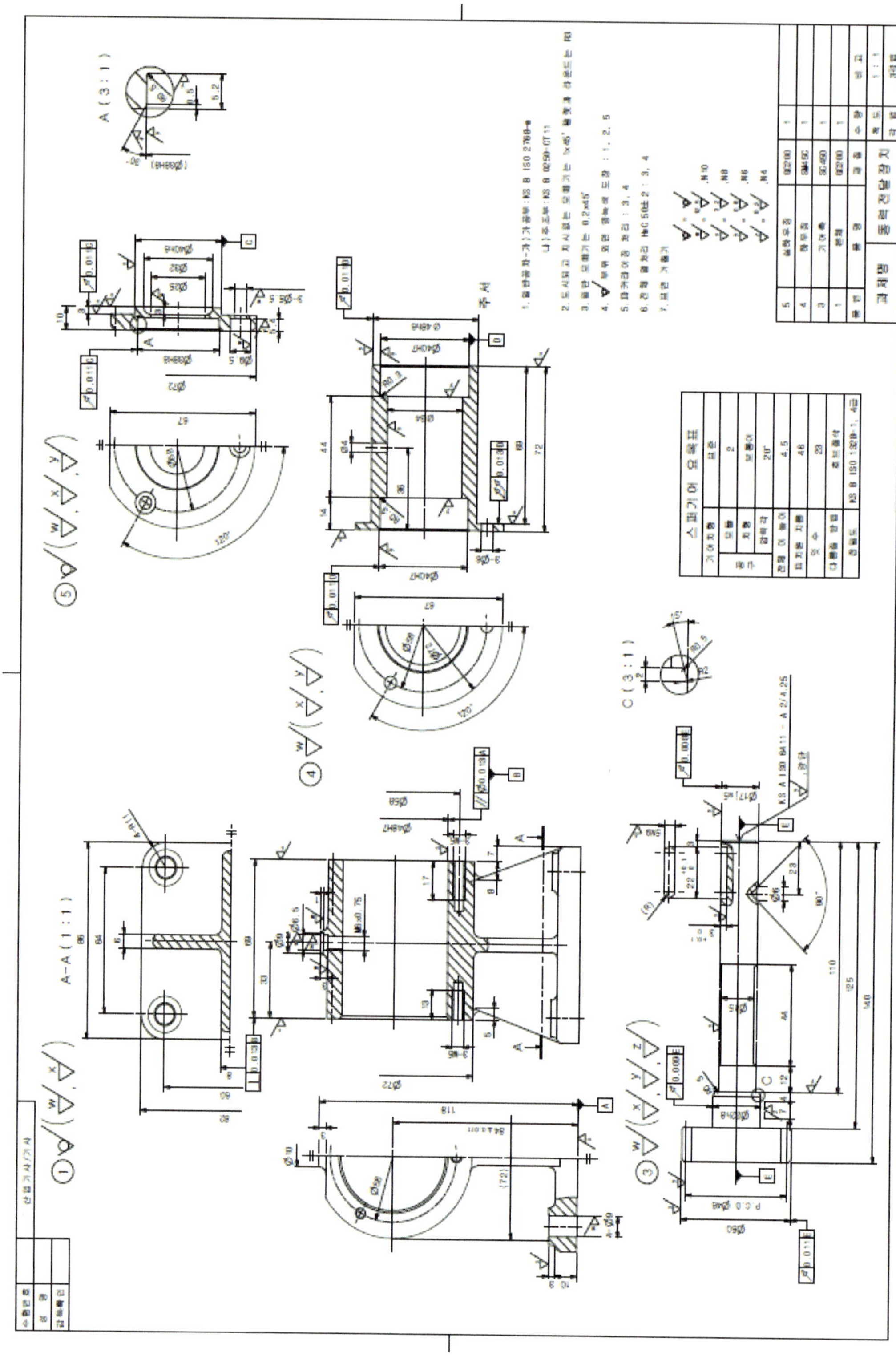

수험번호		산업기사/기사
성 명		
감독확인		

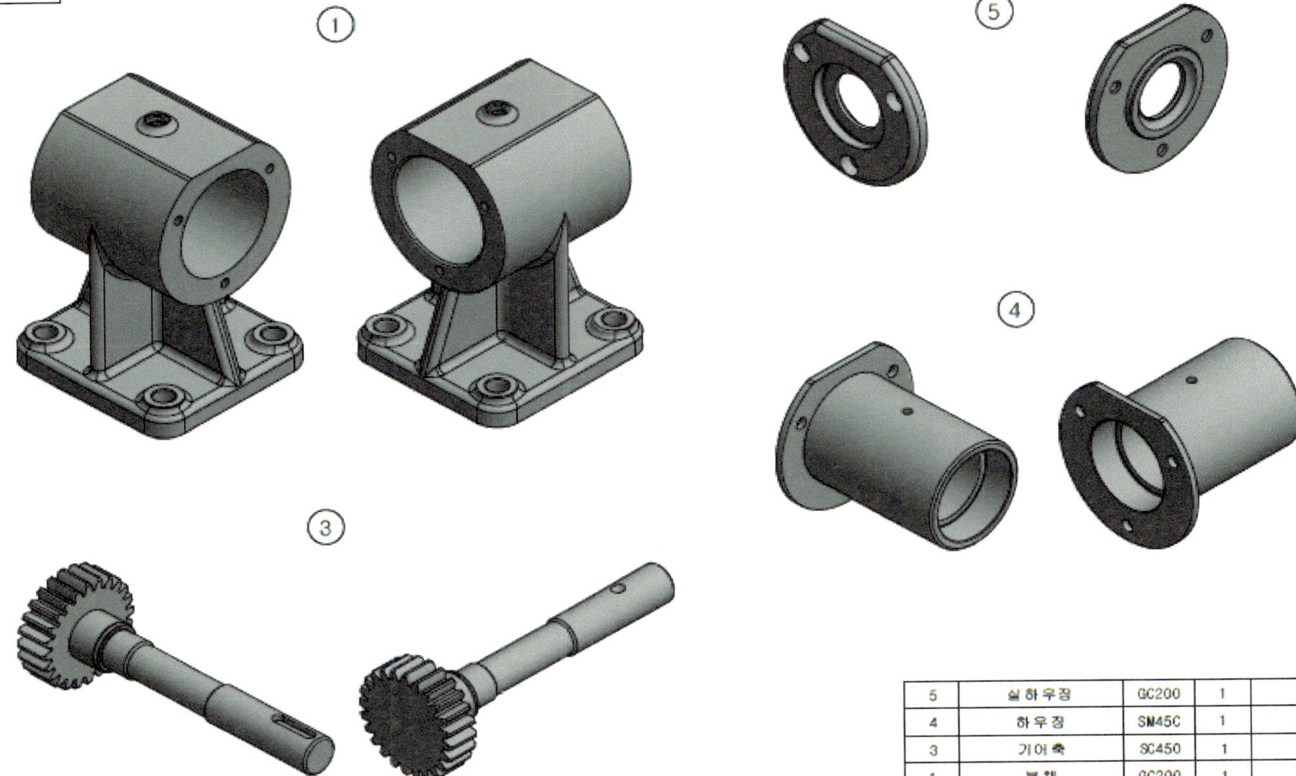

품번	품 명	재 질	수 량	비 고
5	실하우징	GC200	1	
4	하우징	SM45C	1	
3	기어축	SC450	1	
1	본체	GC200	1	

과제명	동력전달장치	척 도	N.S
		각 법	등각

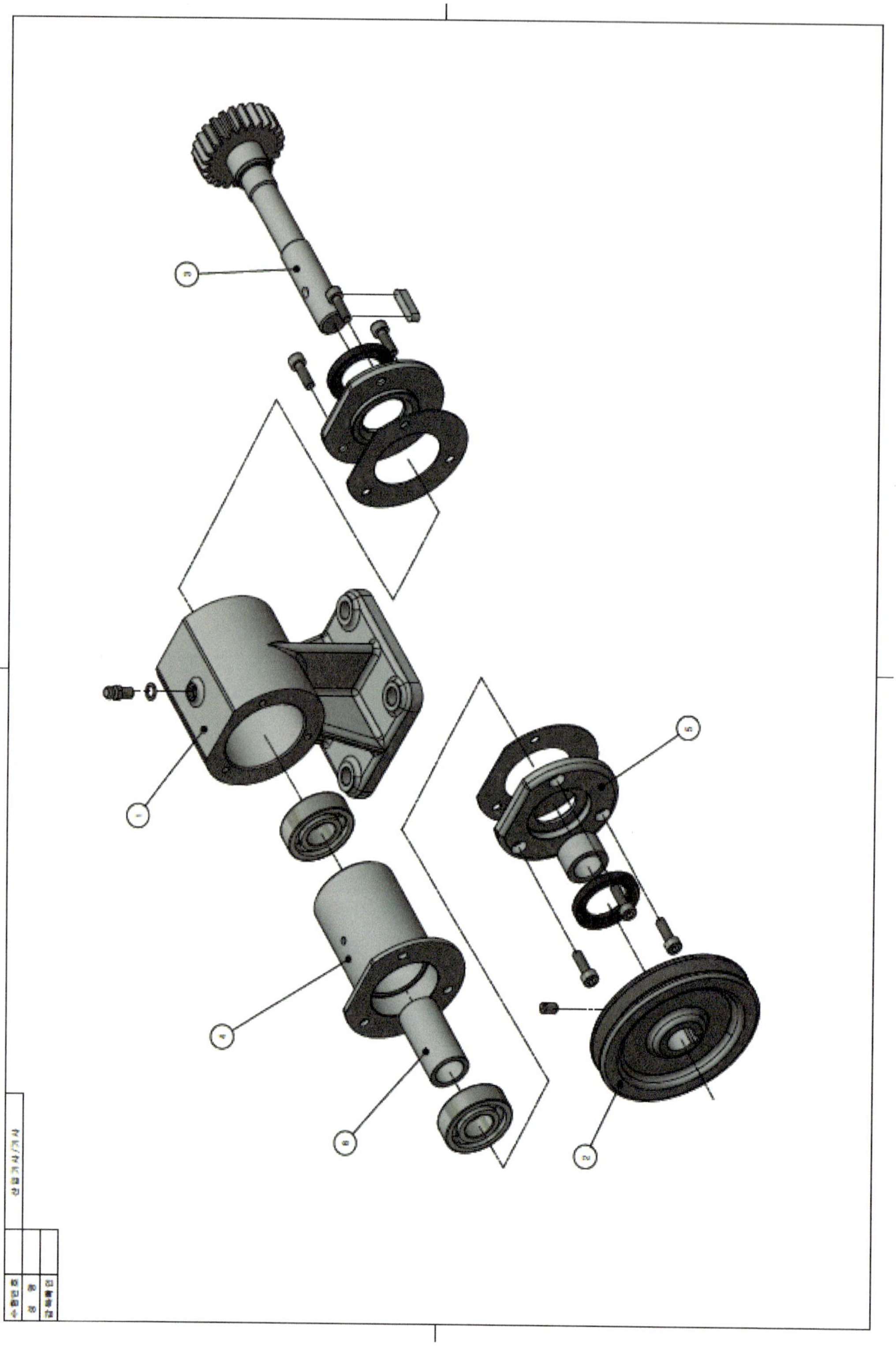

도면

자격종목	산업기사/기사	과제명	그라인더	척도	1 : 1

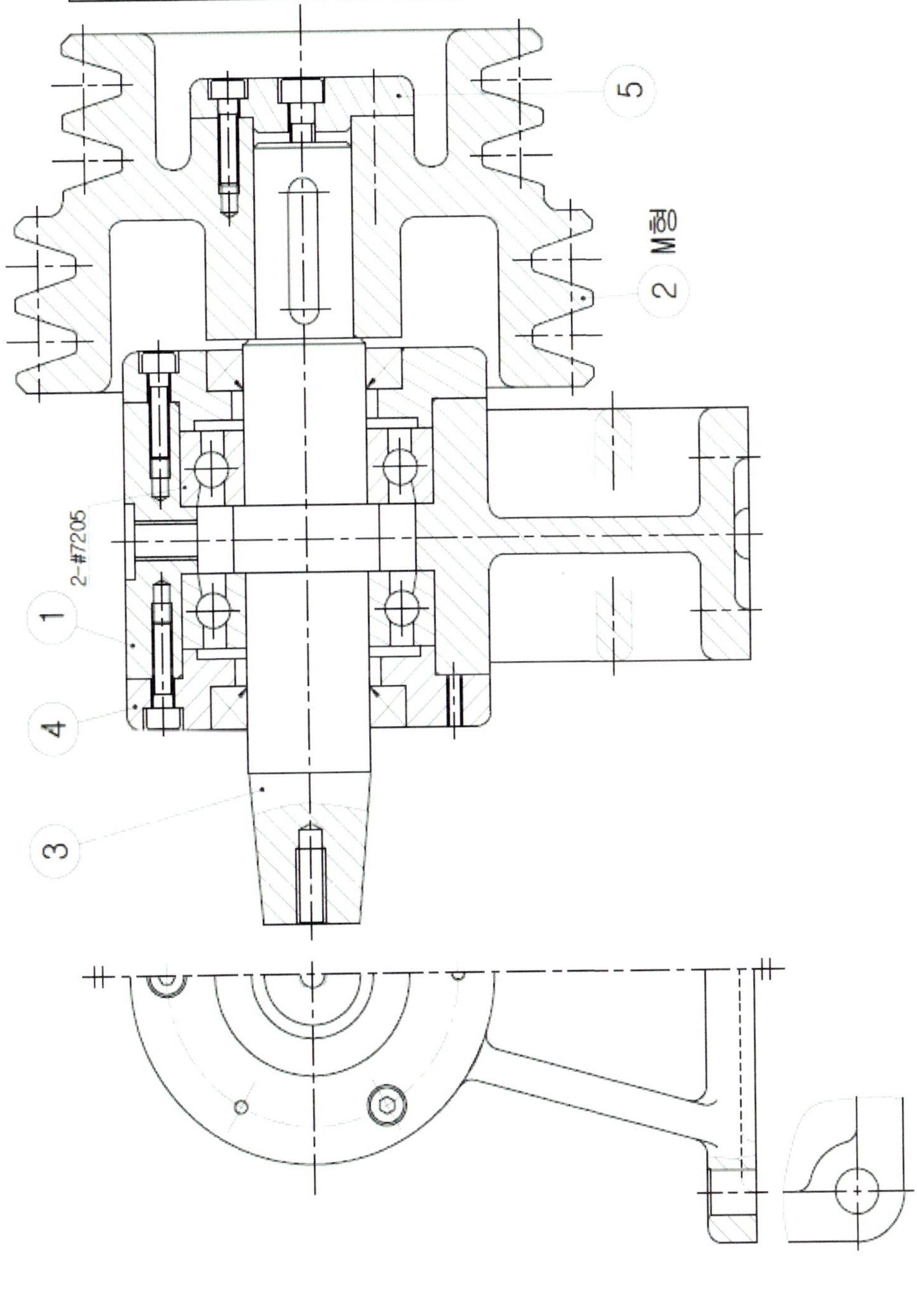

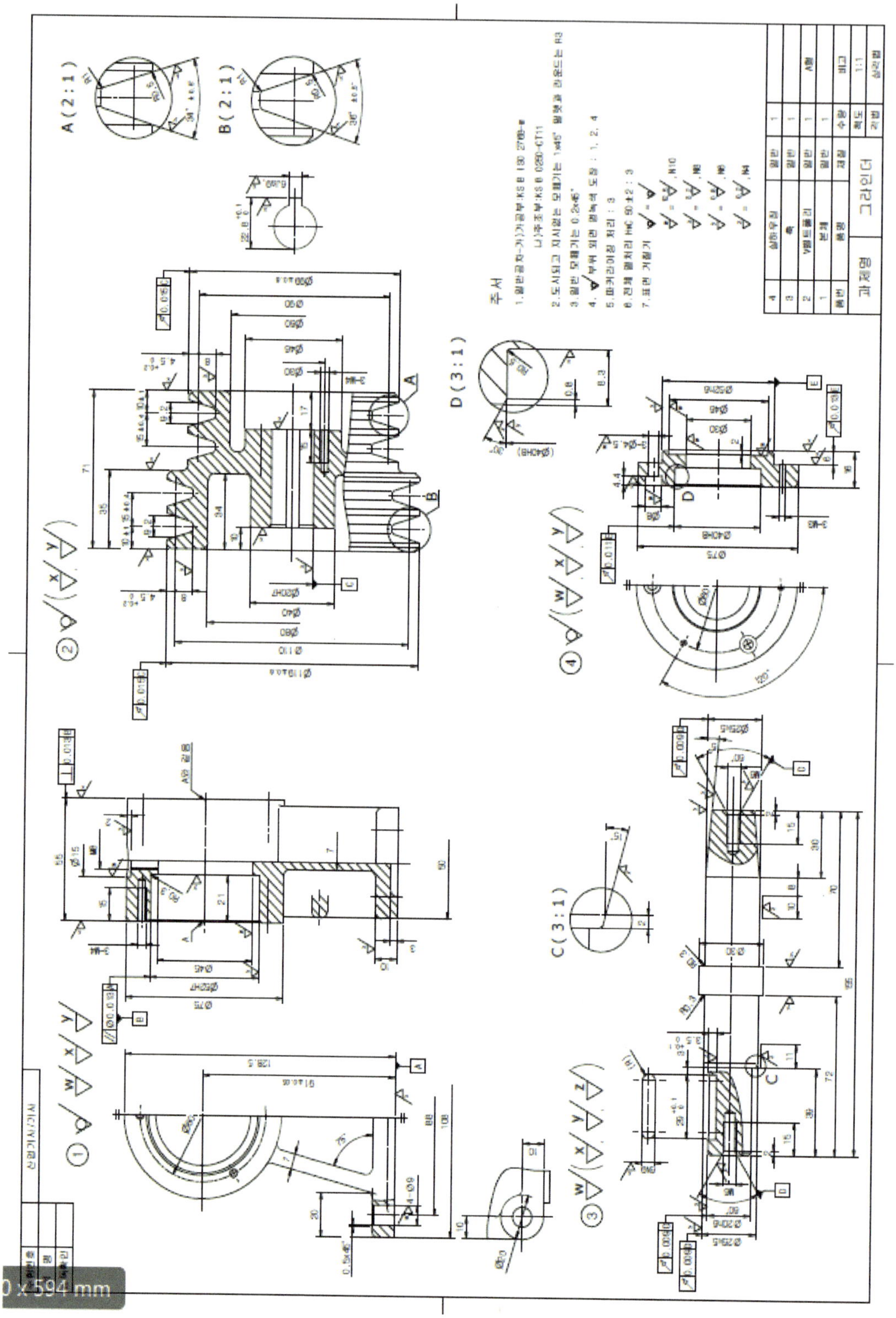

수험번호		산업기사/기사
성 명		
감독확인		

①

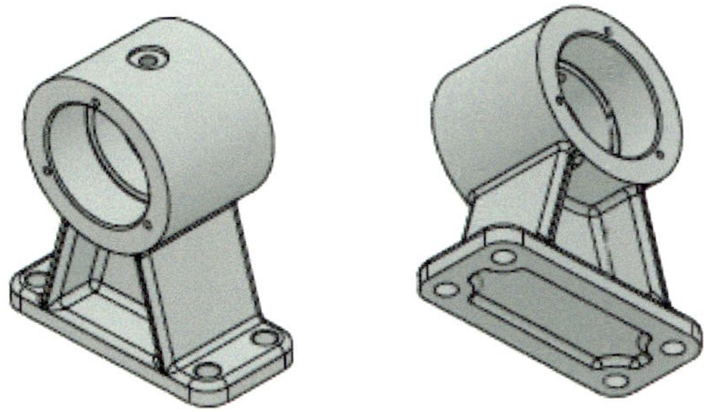

②

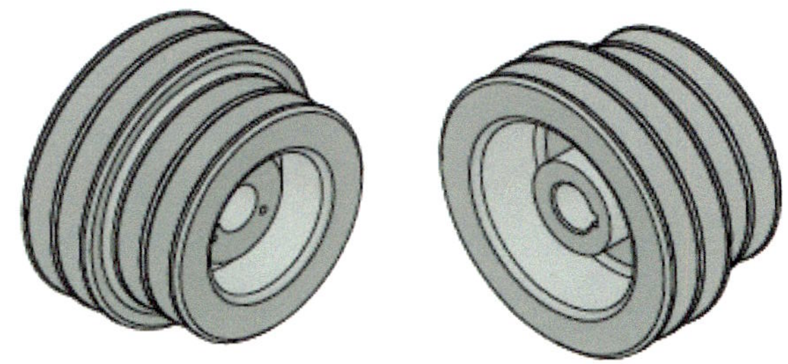

③

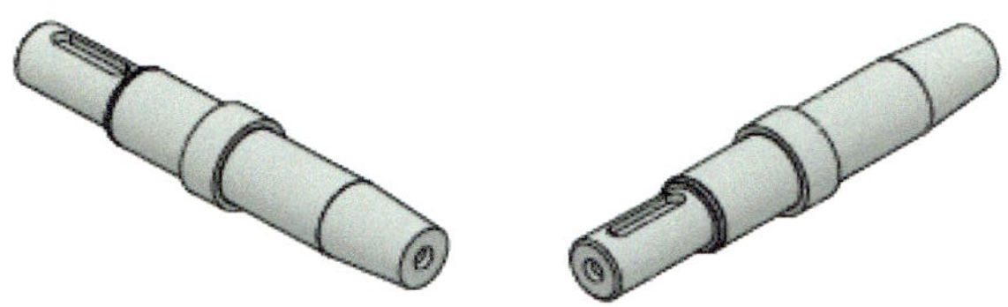

④

4	실하우징	일반	1	
3	축	일반	1	
2	V벨트풀리	일반	1	A형
1	본체	일반	1	
품번	품명	재질	수량	비고
과제명	그라인더		척도	N.S
			각법	등각

A

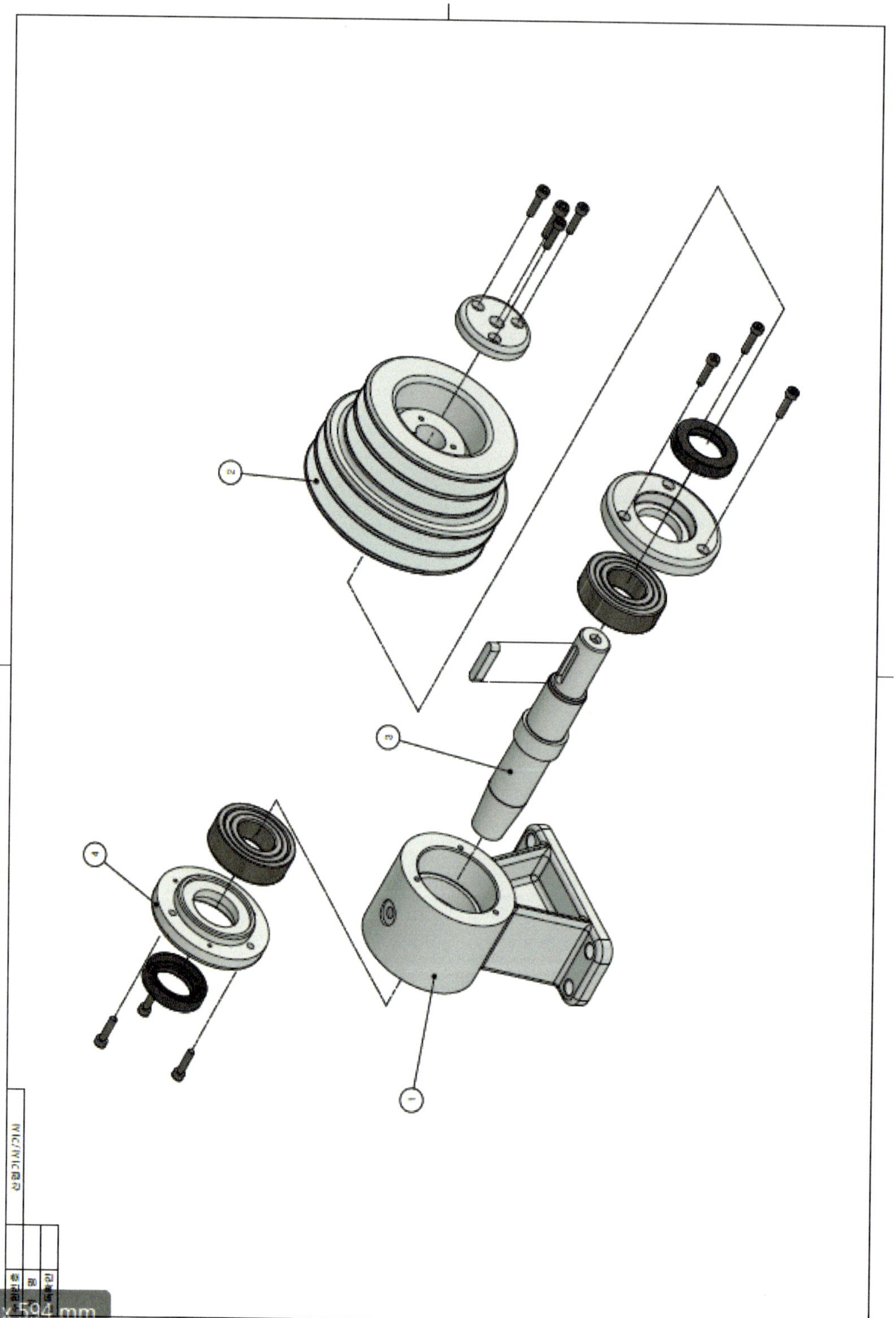

저자와의
협의에 의해
인지 생략

CATIA를 이용한 Mechanical Design

1판 1쇄 2022년 7월 20일

저 자 권대규 / 최성윤 / 박동민

발행인 송광헌
발행처 복두출판사
주 소 서울특별시 영등포구 경인로82길 3-4
센터플러스 807호
(우) 07371
전 화 02-2164-2580
F A X 02-2164-2584
등 록 1993. 11. 22. 제 10-902 호

정가 : 28,000원

ISBN : 979-11-6675-169-1 93550

한국과학기술출판협회 회원사

* 본 도서의 자료 업데이트가 있을 경우 본사 홈페이지 자료실에 업로드 됩니다. 정기적으로 들리시 유익한 자료를 받아가시기 바랍니다.